Rolf Klein

Demokratien im inszenierten Standortwettbewerb

AF608567

Rolf Klein

Demokratien im inszenierten Standortwettbewerb

Politik für die unteren 90 Prozent

Tectum Verlag

Rolf Klein
Demokratien im inszenierten Standortwettbewerb
Politik für die unteren 90 Prozent

© Tectum – ein Verlag in der Nomos Verlagsgesellschaft, Baden-Baden 2021
ISBN 978-3-8288-4594-7
ePDF 978-3-8288-7655-2
ePub 978-3-8288-7656-9

Umschlagabbildung: © Raimond Spekking | Wikimedia Commons

Gesamtverantwortung für Druck und Herstellung:
Nomos Verlagsgesellschaft mbH & Co. KG
Printed in Germany

Alle Rechte vorbehalten

Besuchen Sie uns im Internet
www.tectum-verlag.de

Bibliografische Informationen der Deutschen Nationalbibliothek
Die Deutsche Nationalbibliothek verzeichnet diese Publikation
in der Deutschen Nationalbibliografie; detaillierte bibliografische
Angaben sind im Internet über http://dnb.d-nb.de abrufbar.

„Aber so großartig die Leistungen der Naturwissenschaften und der Technik sind; noch sind zu den neuartigen Lebensumständen die entsprechenden Ordnungen nicht gefunden.“

Walter Eucken „Grundsätze der Wirtschaftspolitik“
(erschienen 1959)

Inhaltsübersicht

Inhaltsverzeichnis

Vorwort

Was passiert in den entwickelten Industrieländern mit der Mehrheit der Bevölkerung – den unteren 90 Prozent –, wenn sich die Staaten als Teilnehmer eines globalen Wettbewerbs betrachten? In Konkurrenz, wer Unternehmen den besten Standort bietet, wer als Exportnation weltweit die attraktivsten Angebote macht. Was bedeutet das Wettbewerbsdenken für den Wohlstand und die soziale Sicherheit jener „Normal-Bürger", zu denen die meisten von uns gehören? Was bedeutet es für die Versorgung mit öffentlichen Leistungen und den Einfluss auf demokratische Entscheidungsprozesse? Wie beeinflusst die Wettbewerbsorientierung die Anpassungsfähigkeit der Gesellschaft an sich wandelnde Umweltbedingungen, technologische Umbrüche und eine wachsende gesellschaftliche Komplexität? Wie können freier Handel und ein starker sozialer Staat miteinander vereinbart werden? Gibt es Möglichkeiten, die Position der unteren 90 Prozent gegenüber mächtigen Akteuren der Wirtschafts- und Finanzwelt zu stärken, ohne den erreichten Wohlstand zu gefährden?

Um diese Fragen dreht sich dieses Buch. Auf weite Strecken mit den Mitteln der so genannten Mainstream-Ökonomie ergreift es Partei für die Anliegen der breiten Mehrheit. Mit leicht verändert aufgestellten Scheinwerfern rückt es bekannte Theorien und Befunde in ein neues Licht. Zugleich geht es um eine interdisziplinäre Argumentation, die die Ökonomie, das Verfassungs- und Europarecht und die Politik miteinander verbindet.

Das Buch richtet sich an Leserinnen und Leser mit unterschiedlichen Interessen und Vorkenntnissen, an

– Bürgerinnen und Bürger, die ihr Gefühl von Unsicherheit und Ohnmacht der Wirtschafts- und Finanzwelt gegenüber überwinden wollen und sich dafür mit anspruchsvollen Sachverhalten auseinandersetzen,

- Studierende der Wirtschaftswissenschaften und anderer Fächer, die sich fragen, wie eine Wirtschaftswissenschaft mit alternativen Zielsetzungen möglich ist, die das traditionelle Handwerkszeug trotzdem nicht verwirft,
- Vertreter anderer, insbesondere gesellschaftswissenschaftlicher Fachrichtungen, die in ihrer Arbeit auf Deutungen wirtschaftlicher Zusammenhänge aufbauen,
- Angehörige von zivilgesellschaftlichen Organisationen, Verbänden und Gewerkschaften
- sowie nicht zuletzt an traditionelle, dem Liberalismus nahestehende Ökonominnen und Ökonomen, die sich der Maxime „audiatur et altera pars“[1] verpflichtet fühlen.

Mit Rücksicht auf die unterschiedlichen Zugänge der Leserinnen und Leser werden spezielle wirtschaftswissenschaftliche Kenntnisse nicht vorausgesetzt. Fachbegriffe werden erläutert, die Darstellung kommt ohne mathematische Formeln aus.[2] Dem Verständnis förderlich ist die Bereitschaft, hier und da Modelle mitzudenken, die Ursachen und Wirkungen veranschaulichen.

Das Buch ist über einen längeren Zeitraum entstanden. Die Arbeit an ihm wurde von unterschiedlichen tagesaktuellen Szenarien begleitet – von Kassandrarufen wegen eines angeblich drohenden Niedergangs der deutschen Wirtschaft als auch vom verbreiteten Selbstbewusstsein aufgrund einer beachtlichen deutschen Sonderkonjunktur. Darüber geriet es weniger aufgeregt, aber hoffentlich nicht weniger anregend und instruktiv. Am Ende hat die Corona-Krise die Arbeit eingeholt. Wie wenige andere Ereignisse steht die Krise für die Erkenntnis, wie unsicher jede Zukunftsprognose ist und wie sehr wir, über unsere Eigenverantwortung hinaus, auf einen funktionstüchtigen sozialen Staat angewiesen sind, der seinen immensen Aufgaben gerecht wird.

Remagen / Bonn im Oktober 2020

---

1 Man muss auch die Gegenseite hören.

2 In den Fußnoten werden allerdings auch schon einmal Fragen berührt, die sich eher Lesern mit fortgeschrittenen Kenntnissen stellen.

1. Darum geht es

Als wohlhabend galt die Bundesrepublik Deutschland, damals noch auf Westdeutschland beschränkt, schon vor 50 Jahren. Zwei Jahrzehnte „Wirtschaftswunder“ hatten 1970 einen Wohlstand hervorgebracht, von dem breite Schichten profitierten. Westdeutschland wurde um seine Entwicklung international beneidet. Der Begriff der „Überflussgesellschaft“ kam in Gebrauch, teils staunend und mit Bewunderung, teils mit einem leisen Unbehagen, das in den späteren Ökologiedebatten lauter werden sollte. Auch wenn das stürmische Wachstum der Nachkriegszeit nun bald zu Ende ging, blieb die Entwicklung keineswegs stehen. Zwar gab es diverse Konjunktureinbrüche. Insbesondere die beiden Ölpreiskrisen von 1973 und 1980 wurden als bedrohlich wahrgenommen und hinterließen Spuren auf dem Arbeitsmarkt. Aber der Wert der jährlich erzeugten Waren und Dienstleistungen stieg beständig weiter an. Erst die Wiedervereinigung führte 1991 zu einer Zäsur, wenn auch nur bei einer gesamtdeutschen Pro-Kopf-Betrachtung. Mit dem Beitritt der wirtschaftlich ausgebluteten DDR ging der durchschnittliche Wohlstand je Einwohner der Bundesrepublik zurück. In Westdeutschland spürte man dieses statistische Phänomen jedoch kaum, allenfalls in Form knapperer öffentlicher Mittel. Nicht wenigen erschloss die Wiedervereinigung sogar neue geschäftliche und berufliche Perspektiven. Im Osten dagegen kam es zu vielen Umbrüchen mit Gewinnern und Verlierern. Der statistische Rückschlag wurde aufgeholt. Und 2017 ist das wiedervereinigte Deutschland dann – inflationsbereinigt und pro Kopf der Bevölkerung – doppelt so einkommensreich wie jene Überflussgesellschaft des Jahres 1970, dem Jahr nach der ersten Landung von Menschen auf dem Mond.

Beste Voraussetzungen für ein gut funktionierendes, blühendes Gemeinwesen und für die unteren 90 Prozent der Bevölkerung, sollte man denken. Verglichen mit anderen Regionen der Welt gilt das ganz sicher. Vielen geht es wirtschaftlich sehr gut. Dennoch sind manche

Schatten erstaunlich tief, und die heutige Gesellschaft ist deutlich weniger zuversichtlich als jene vor 50 Jahren. Es wäre allerdings naiv, zu erwarten, angesichts des doppelten Wohlstands müsse das Befinden nun auch doppelt so gut sein. Das Glück – oder etwas bescheidener: das Wohlbefinden – steigt bekanntlich nicht im Gleichschritt mit dem Reichtum. Doch auch ohne eine so unrealistische Erwartung zeigen sich gewichtige Bereiche in überraschend schlechtem Zustand. Dass sich in Deutschland einmal Schlangen vor Essensausgaben bilden würden, die nicht mehr verkäufliche Lebensmittel zu Speisen für Bedürftige verarbeiten, konnte man sich 1970 noch nicht vorstellen, weder im Westen noch im Osten. Und wohl ebenso wenig, dass um 2020 eine siebenstellige Zahl von Kindern in Armut aufwachsen würde. Zwar werden unter dem Druck unserer auseinanderstrebenden Gesellschaft die Aufwendungen für Sozialleistungen nicht geringer. Doch wer Leistungen für seinen Unterhalt in Anspruch nehmen muss, stürzt heute nach einiger Zeit oft tiefer, als es ihm in früheren Jahrzehnten ergangen wäre. Ob die Unterstützung das abdeckt, was neben Essen, Wohnen und Kleidung längerfristig zu einer bescheidenen Teilhabe am sozialen Leben nötig ist, wie es die Rechtsprechung des Bundesverfassungsgerichts verlangt, ist fraglich.

Die Schwierigkeiten beschränken sich aber nicht auf arbeitslose Menschen. Viele Bürgerinnen und Bürger sorgen sich um ihre Alterssicherung. Jüngere erwarten für ihre alten Tage kaum Gutes, weder von der gesetzlichen Rentenversicherung, noch vom turbulenten Kapitalmarkt. Vor allem die Jüngeren leben zudem oft mit befristeten Stellen oder anderen Formen prekärer Beschäftigung, die die Gründung einer Familie behindern und die Vorsorge erschweren. Ihre Vergütungen unterschreiten nicht selten das, was ihre Vorgänger bekamen. Arbeitsverdichtung und eine entgrenzte, auf Wochenenden und Feierabend übergreifende Arbeit sind allgegenwärtig. Die Arbeitseinkommen haben mit der Entwicklung der Volkswirtschaft nicht Schritt gehalten. Die Reallöhne im unteren Lohnspektrum sind sogar niedriger als vor einem Vierteljahrhundert. Mancherorts wird das Wohnen unerschwinglich teuer. Und sobald es zu konjunkturellen Abschwüngen kommt, geht in der Mittelschicht die Angst vor dem Abstieg um. Das Menetekel der gesellschaftlichen Entwicklung in den USA steht ihr vor Augen. Schon vor Jahren hat eine deutsche Wochenzeitung die Menschen überspitzt, aber mit mehr als nur einer Prise Wahrheit in die „Abgehetzten und die Abgehängten“ unterteilt.[3]

Überlastung prägt auch weite Bereiche der öffentlichen Daseinsvorsorge, einschließlich des teilweise privaten Gesundheitswesens und der Pflege. In Krankenhäusern und Altenheimen mangelt es an Zeit und Zuwendung. Öffentliche Verwaltungen, vom Jugendamt über die Gewerbeaufsicht bis zur Polizei, sind unterbesetzt und überfordert. Förderungen für Kinder und Jugendliche, die drohen, den Anschluss an unsere hoch komplexe Leistungsgesellschaft zu verfehlen, bleiben unterfinanziert. In einer schlecht ausgestatteten Justiz dauern Zivilgerichtsverfahren so lange, dass es manchem Kläger wirtschaftlich den Hals bricht. Straftäter in Untersuchungshaft müssen wegen der Überlastung der Gerichte auf freien Fuß gesetzt werden. Beträchtliche Teile unserer öffentlichen Infrastruktur sind in Gefahr. Ob Schulen, Universitäten, Brücken oder Straßen: es bröckelt und zerfällt an vielen Stellen. Zur Eisenbahn braucht man nichts zu sagen. Schwimmbäder werden geschlossen, Theater und Orchester verkleinert oder aufgegeben, Stadtteilbibliotheken abgewickelt, Parks vernachlässigt. Das Bild der Städte wandelt sich, und sehr oft nicht zum Guten. Manches, was im öffentlichen Bereich früher finanzierbar war, können wir uns heute scheinbar nicht mehr leisten. Und dennoch geht es Deutschland besser als vielen seiner europäischen Partner, die unter gravierender Arbeitslosigkeit, Jugendarbeitslosigkeit zumal, und überbordender Staatsverschuldung leiden.

Vielleicht sollten wir uns einmal zunächst schlicht wundern… Nicht nur unser Wohlstand hat sich ja verdoppelt. Auch das Wissen und Können der Gesellschaft ist stetig gewachsen. Das Ausbildungsniveau der Bevölkerung ist gestiegen. Wir erleben, wie schon seit zwei Jahrhunderten, atemberaubende Fortschritte in Naturwissenschaft und Technik. Hinzu kommt der beständig wachsende Kapitalstock; die Werkzeuge, mit denen wir unsere Arbeitskraft vervielfachen, werden immer umfangreicher und wertvoller. Und nicht zuletzt bemühen sich auch jenseits des unmittelbaren Produktionsprozesses Scharen von Wissenschaftlerinnen und Wissenschaftlern, besser zu verstehen, wie Gesellschaft und Wirtschaft funktionieren. Auch das sollte eigentlich

3 Jessen (2006)

nicht ohne Nutzen bleiben. Ständig besser werden und dennoch wachsende Probleme – ist das nicht ein Widerspruch?

Natürlich fallen uns die Gefahren für Klima und Umwelt ein. Produzieren wir uns nicht zu Tode? Diese Sorgen rücken mehr und mehr an uns heran; aber die Umweltschäden und -risiken, so bedeutend sie sind, stellen nicht die Ursache der meisten heute zu spürenden Probleme dar.

Wenn wir den Gründen nachgehen, warum in vielen Bereichen öffentliche Aufgaben unterfinanziert und Löhne und Gehälter, trotz verschärfter Arbeitsbedingungen, hinter der Wirtschaftsentwicklung zurückgeblieben sind, die Alterssicherung abgemagert und die Ungleichheit gewachsen ist, treffen wir auf Argumente, die auf der Vorstellung eines globalen Wettbewerbs beruhen; eines Wettbewerbs, dem nach verbreiteter Meinung neben den einzelnen Unternehmen auch Staaten und Volkswirtschaften als Ganzes unterliegen.

Ausgedünnte öffentlichen Leistungen? – Mehr würde zu Steuererhöhungen führen und damit unsere Wettbewerbsfähigkeit beeinträchtigen. Zu wenig Personal für Pflege und Gesundheit? – Mehr würde über die Sozialversicherungsbeiträge die Lohnnebenkosten steigern. Eine sichere, auskömmliche Altersversorgung? – Würde angesichts der demographischen Entwicklung höhere Beiträge erfordern, die auch die Arbeitgeber treffen. Eine andere Lastenverteilung zwischen Kapital und Arbeit? – Würde uns im Wettbewerb um das hoch mobile Kapital zurückwerfen. Dem globalen Wettbewerb, so die allgemeine Ansicht, können sich Staaten und Volkswirtschaften nicht entziehen, ohne gravierende Wohlstandsverluste hinzunehmen. Der Wettbewerb erfordere beispielsweise, die Steuerlast von Unternehmen auf Arbeitnehmer, Verbraucher, Immobilieneigentümer und Mieter zu verlagern und lasse Umverteilungspolitiken, die die Unternehmen und deren Eigentümer belasten, nicht mehr zu. Mit diesen Vorstellungen vom internationalen Wettbewerb ist ein großer Teil des Paradoxons zu erklären, dass ein Land wie Deutschland zwar im Laufe der Zeit immer reicher geworden ist, aber trotzdem glaubt, sich Sinnvolles und Nötiges oft nicht mehr leisten zu können. Vieles, was nötig wäre, erscheint uns als zu teuer: von einer intensiven frühen Förderung benachteiligter Kinder über eine auskömmliche gesetzliche Rente bis zu einer hinreichenden

Ausstattung von Behörden und Justiz. Von einer schlagkräftigen Steuerfahndung mag man in diesem Zusammenhang gar nicht sprechen. Sie würde sich zwar letztendlich selber finanzieren. Aber wahrscheinlich wäre auch sie ein Nachteil im Wettbewerb.

Der Wohlstand der Bevölkerung setzt sich aus unterschiedlichen Komponenten zusammen: individuellen, wie dem persönlichen Einkommen als Grundlage einer selbstbestimmten Lebensführung, kollektiven, wie einer gut entwickelten öffentlichen Infrastruktur und nicht zuletzt aus stabilen sozialen Sicherungssystemen. Gute Lebensbedingungen erzeugt all das nur zusammen. Im weiteren Sinne kommen noch wichtige immaterielle Komponenten hinzu: genügend Zeit für sich und andere, sich aufgehoben fühlen in seiner Umgebung und die Freiheit, für seine Überzeugungen einzutreten, ohne Sanktionen des Staates, des Arbeitgebers oder anderer mächtiger Akteure fürchten zu müssen. In diesem Sinne erweitert sich der *Wohlstand* der unteren 90 Prozent zur *Wohlfahrt* der breiten Mehrheit. Dabei ist klar, dass die Gruppe der unteren 90 Prozent in gewissem Maße willkürlich gewählt ist. Denn vieles, was für die unteren 90 Prozent wichtig ist, betrifft ebenso die unteren 94 oder 97 Prozent, auch wenn sich die Gewichtungen zur Spitze des Wohlstands hin verschieben.

Viele Missstände und Probleme betreffen die breite Masse unmittelbarer als die ökonomischen Eliten. Sie schwächen das Gemeinwesen, von dem die unteren 90 Prozent stärker abhängen als die Oberschicht. Wer einen privaten Schwimmteich hat, braucht nicht unbedingt ein öffentliches Bad. In Deutschland und vielen Teilen der Welt eilt die Spitze der übrigen Gesellschaft davon. Das ist nicht zuletzt deshalb bedenklich, ja gefährlich, weil sich aus wirtschaftlicher Potenz immer auch politischer Einfluss gewinnen lässt.

Gerade mit Blick auf das mobile Kapital und die Einfluss- und Ausweichmöglichkeiten international agierender Konzerne ist von einer schleichenden Erosion staatlicher Gestaltungsmacht, insbesondere des klassischen Nationalstaats, die Rede. Aber ein Ersatz für den Staat – gerade als demokratischer Staat und Sozialstaat – ist nirgends in Sicht. Und es ist auch davon auszugehen, dass die öffentlichen Aufgaben weiter wachsen werden – auch wenn libertäre Strömungen von einer Welt träumen, in der die Staaten nur noch sehr eingeschränkt gebraucht werden und das demokratisch Verhandelbare vom Markt eng begrenzt wird. Die zunehmenden Aufgaben erwachsen aus der steigenden Komplexität entwickelter Industriegesellschaften, und niemand sollte sich der Hoffnung hingeben, dass ein Rückzug des Staates Kräften den Weg freimachen würde, die diesen Problemen besser oder kreativer begegneten. Aufgegebene staatliche Macht wird von mächtigen privaten Akteuren eingesammelt und genutzt.

Es muss gelingen, sich den wachsenden ökologischen Herausforderungen zu stellen. Gravierende Änderungen der Technik und des Arbeitsmarkts sind zu bewältigen, ebenso wie die demographischen Veränderungen. Zugleich ist die Zusammensetzung der Bevölkerung heterogener geworden, und die gemeinsamen kulturellen Standards haben sich verringert. Darauf sind Antworten zu finden, die in demokratischen Debatten vorbereitet werden müssen. Dementsprechend wird es viel weniger darauf ankommen, das letzte Prozent an Wachstum und Effizienz herauszuholen, wie es das Ziel der klassischen Wirtschaftswissenschaften ist, als vielmehr die Gesellschaft zu stabilisieren.

Durch die Bedrohung der Macht des demokratischen Staates verlieren Menschen das Vertrauen in die Institutionen, die Politik und die Wirksamkeit kollektiven Handelns. Wir haben im Laufe der Entwicklung gelernt, dass wir nur in zusammenhaltenden Gemeinschaften gut leben und überleben können; selbst wenn wir in modernen Großgesellschaften teilweise umdenken müssen. Wird das Bewusstsein, in einer funktionierenden Gemeinschaft zu leben, dauerhaft verletzt, steht am Ende ein Niedergang, der auch die Wirtschaft mitreißt.

Nicht nur die „einfachen Bürger" geraten in Bedrängnis, auch die Politiker. Eingeklemmt zwischen den oft begründeten Wünschen der Bürger und den „Sachzwängen der Wirtschaft", im Trommelfeuer der Medien, leben viele Politikerinnen und Politiker im Bewusstsein, ihre Wähler nicht anders als enttäuschen zu können und zu müssen. Wer ein öffentliches Amt übernimmt, schiebt Ressourcen zwischen Mangelbereichen hin und her, je nachdem, wo sich der letzte Skandal ereignet hat, versucht, die Fassade funktionierender Institutionen zu wahren, spielt auf Zeit, jongliert mit symbolischer Politik, appelliert gern und folgenlos über die Medien. Besonders in der Klemme sind Parteien, die sich früher als Volksparteien verstehen konnten Die Mitgliederzahlen von CDU und SPD haben sich zwischen 1990 und 2020 ungefähr halbiert. International sind sozialdemokratische Parteien aller Schattierungen in Bedrängnis, die sich in scheinbar unausweichlichen Sachzwängen gefangen sehen. Die Erosion dieser Parteien ist nicht nur Ausdruck einer vielfältiger gewordenen Wählerschaft. Sie ist auch Ausdruck des Dilemmas teilweise unter Druck geratener staatlicher Handlungsfähigkeit.

Wir haben also Grund, die Vorstellung vom zwischen Staaten ausgetragenen wirtschaftlichen Wettbewerb näher zu betrachten. Funktioniert der internationale Wettbewerb wirklich so, wie er fast überall gesehen wird? Was bedeutet er für breite Schichten der Bevölkerung? Der amerikanische Ökonom und Nobelpreisträger *Paul Krugman* hat ihn als Trugbild, als eine „gefährliche Obsession" gebrandmarkt;[4] die öffentliche Meinung nennenswert beeinflusst hat er damit nicht. Wir müssen also Antwort suchen auf die Fragen: Ist freier Handel nicht auch ohne jene Schattenseiten möglich? Ohne demokratische Steuerungsverluste? Ist die Selektionsfunktion des Wettbewerbs, bei dem die Schwächeren den Stärkeren zu weichen haben, außer für Unternehmen auch für Staaten – und die in ihnen lebenden Menschen – akzeptabel? Kann ein starker Sozialstaat in einer Welt globaler Handelsströme und Produktionssysteme erfolgreich sein?

Das Buch, das Sie vor sich haben, betrachtet die Dinge aus einer im wirtschaftspolitischen Schlachtgetümmel nicht übermäßig oft bezogenen Position: zwischen den Lagern. Es folgt einerseits in vielen Deutungen volkswirtschaftlicher Zusammenhänge den klassischen Theorien. Es verdammt diese nicht als nutzlose „Glasperlenspiele" und scheut sich nicht, grundlegende Kräfte, die am Werk sind, zunächst einmal auch anhand einfacher Tauschbeispiele zu illustrieren, bevor anschließend gefragt wird, welche zusätzlichen Momente durch das Geld und die Finanzwirtschaft ins Spiel kommen. Aber es huldigt auch keiner umfassenden klassischen Gleichgewichtsillusion, bei der „die unsichtbare Hand des Marktes" stets alles zum Besten lenkt und jede „Störung" absorbiert. Vor allem jedoch ergreift es Partei: Es will grundlegende wirtschaftswissenschaftliche Erkenntnisse darauf untersuchen, wie sie für eine Wirtschafts- und Sozialpolitik für die ökonomisch un-

4 Krugman (1994)

teren 90 Prozent der Bürger genutzt werden können. Damit geht es zugegebenermaßen um ein Gruppeninteresse, auch wenn die in den Blick genommene Gruppe weit über eine einzelne „Klasse“ oder gesellschaftliche Gruppierung hinausreicht und demokratisch bestens legitimiert ist.

Umgekehrt zählen zu den obersten 10 Prozent viele, die für das Funktionieren jeder Gesellschaft unerlässlich sind. Schon deshalb bedeutet der gewählte Ansatz nicht, dass ihnen ein fairer, motivierender Lohn für ihre Anstrengungen und ihre Qualifikation vorenthalten werden sollte. Schon aus Eigeninteresse ist eine Gesellschaft gut beraten, diese Fach- und Führungskräfte angemessen zu vergüten, gleichgültig ob sie selbständig oder unselbständig tätig sind. Eine Konzentration auf die unteren 90 Prozent wird deshalb vielen von ihnen nichts nehmen. Die Mehrzahl innerhalb der obersten 10 Prozent steht im Übrigen der Mehrheitsgesellschaft viel näher als der superreichen Spitze. Und die Erfahrung lehrt, dass diese obersten 10 Prozent, so sehr einzelne Mitglieder einen individuellen Abstieg vielleicht fürchten, aufgrund ihrer Möglichkeiten und ihres Einflusses meist wenig zu leiden haben. Jedenfalls, solange nicht Gewalt ins Spiel kommt, „die Straße regiert“ und eine Abwärtsspirale des Gemeinwesens in Gang setzt. *Adam Smith*, Moralphilosoph und berühmter Urahn der Wirtschaftswissenschaften, konnte 1776 das Verhältnis von Mehrheit und Gesamtgesellschaft noch ganz schlicht zu Papier bringen: „Aber was die Lebensumstände der Mehrheit verbessert, kann niemals als Unbill für das Ganze betrachtet werden.“[5]

Ein solcher Ansatz, so naheliegend er in einer Zeit ist, in der die ökonomische Spitze der übrigen Gesellschaft davonzieht, ist gleichwohl umstritten. Manche Wirtschaftswissenschaftler mögen die Perspektive der unteren 90 Prozent ablehnen, aus der ihr Fach hier angesehen wird. Das betrifft besonders jene, die fest davon ausgehen, dass jeder ökonomische Fortschritt, der sich politisch ungestört vollzieht, bald in der Gesamtgesellschaft ankommt, weil „die Flut alle Boote hebt“. Und für die deshalb auch die Sorge vor einer denkbaren Refeudalisierung der Gesellschaft keine Rolle spielt. Befremden kann der Ansatz aber auch jene, die es aus wissenschaftlicher Neutralität ablehnen, die Ökonomie aus

5 Smith (1776/2008) S. 481, übersetzt nach Herrmann (2016)

einem anderen als dem übergreifenden Blickwinkel der Gesamtwirtschaft zu betrachten – am liebsten der weltweiten. Letztere Wissenschaftler erfreuen sich oft eines besonderen Renommees, weil ihr Universalismus Machtfragen scheinbar umschifft und mit den Bedürfnissen von Gruppen harmoniert, die für die materielle Ausstattung und Wertschätzung des Fachs von Bedeutung sind.

Noch weniger als früher kann man sich heute angemessen mit Politik beschäftigen, ohne die grundsätzlichen Funktionsweisen von Volkswirtschaften zu verstehen. Gerade das verbreitete Wettbewerbsdenken macht fast alle Politikbereiche – ob zurecht oder zu Unrecht – zu Unterkapiteln der Wirtschaftspolitik. Das gilt von der Arbeitsmarkt- bis zur Gesundheitspolitik, von der Alterssicherung bis zur Infrastruktur, von der Bildungspolitik bis zur Forschungsförderung, der Kultur bis zum Umgang mit Zuwanderung. Volkswirtschaftliche Zusammenhänge lassen sich jedoch nicht rein intuitiv begreifen. Oder indem man Beobachtungen bei einigen wenigen Unternehmen verallgemeinert. Volkswirtschaften sind geprägt von zahllosen Aktionen und Reaktionen, die auf den ersten Blick kaum miteinander verbunden scheinen – und es dennoch sind. So ist es möglich, dass der Aufstieg der inländischen Automobilbranche die heimische Möbelindustrie mehr gefährdet als Verbesserungen, die ausländischen Möbelherstellern gelingen. Volkswirtschaften funktionieren in mancher Hinsicht anti-intuitiv. Deshalb sind die Erfahrungen, die Menschen bei ihrer Tätigkeit in der Wirtschaft sammeln – als Mitarbeiter, Manager oder erfolgreicher Unternehmer – für die Einschätzung volkswirtschaftlicher Zusammenhänge oft von begrenztem Wert. Andererseits machen aber gerade die nicht sofort ersichtlichen Effekte und Gegeneffekte dieses Gebiet so spannend. Die Volkswirtschaft ist ein Kraftfeld, das unser Leben mehr als vieles andere beeinflusst.

Weil das Geflecht der Wirkungen nicht einfach ist, begnügen sich Politiker und Medienvertreter gern mit Faustregeln in der Art: „Wenn die Gewinnmargen der Unternehmen steigen, kommen erst die Investitionen und dann der Arbeitsmarkt in Schwung.“ Doch so vordergründig laufen die Prozesse nicht. Wer Faustregeln folgt, kann zeitweilig Glück haben, aber die Gefahr ist groß, zu Lasten der Allgemeinheit substanzielle Fehler zu begehen. Und zu allem Überfluss gibt es dann auch noch die höchst eigennützige Neigung politischer Parteien, schlicht diejenigen zu Wirtschaftspolitikern zu küren, die über die besten Kontakte zur Wirtschaft verfügen.

Um herauszufinden, was die Globalisierung der Wirtschaft für den Wohlstand der unteren 90 Prozent der Bürger eines reichen Landes bedeutet, werden wir uns zunächst mit dem Wettbewerb um die Belieferung der Welt mit Waren und Dienstleistungen beschäftigen. Unsere Basis ist ein mittelgroßer, wirtschaftlich entwickelter Nationalstaat mit eigener Währung. Es wird sich zeigen, dass auch ein starker Staat, der sich zudem als Sozialstaat definiert, mit freiem weltweitem Handel gut vereinbar ist.

Danach schauen wir auf den Wettbewerb um Kapital. Hier geht es auch um die Frage, was dieser Wettbewerb politisch und rechtlich bedeutet. Nachdem wir zunächst von einem souveränen Staat ausgegangen sind, werfen wir anschließend einen Blick auf die Staaten innerhalb der Europäischen Union und die Gemeinschaft selbst.

Wir beschäftigen uns mit der verletzlichen „Ware" der menschlichen Arbeitskraft und fragen nach den Möglichkeiten einer soliden, auskömmlichen Alterssicherung. Die Unsicherheit über eine ausreichende Sicherung im Alter erscheint als eine der zentralen politischen Fragen. Auch sie führt uns zur Diskussion des internationalen Wettbewerbs zurück. Denn Alternativen zur Finanzierung der Alterssicherung begegnen häufig dem Einwand, sie gefährdeten die Wettbewerbsfähigkeit und trieben das Kapital außer Landes. Und ganz ähnlich wird gegen eine Verbesserung der Position der Arbeit im Verhältnis zum Kapital argumentiert.

So vorbereitet schauen wir uns noch einmal die wirtschaftliche Entwicklung von 1970 bis zur Gegenwart an. Zeigt sich in ihr nicht eher unsere wachsende Produktivität als eine vielleicht schwankende Position im internationalen Wettbewerb? Welche Ressourcen hat sie uns beschert? Welche aufgeregten Debatten über unsere Wirtschaftsentwicklung im Laufe der Zeit waren berechtigt?

Danach überlegen wir, ob unsere Vorstellung zutreffend ist, wie wirtschaftliches Wachstum funktioniert – jenes Wachstum, das wir in den wohlhabenden Ländern manchmal eher zur Bekämpfung von Arbeitslosigkeit, zum Abbau von Schulden oder zur Vermeidung sozialer

Spannungen anstreben als wegen der zusätzlichen materiellen Annehmlichkeiten, das es uns bringt.

Am Ende kommen wir auf die – all diese Überlegungen motivierende – Frage zurück, ob eine auf die unteren 90 Prozent der Bevölkerung fokussierte Politik denkbar und möglich ist. Eine Politik, die diese 90 (oder 95) Prozent nicht bedrängter, unsicherer und gehetzter macht, sondern besserstellt, ihr Bedürfnis nach sozialer Sicherheit erfüllt, erweiterte politische Spielräume – beispielsweise für die Vereinbarkeit von Familie und Beruf oder für den Umgang mit der nächsten technischen Revolution – eröffnet und einer angemessenen Gestaltung und Finanzierung der öffentlichen Aufgaben Raum lässt.

Die Aussagen jedes Kapitels fassen wir in einem Ergebnisblock zusammen. Und wir verdeutlichen die Themen häufig mit Beispielen und einfachen Modellen. Dabei müssen wir natürlich auch ein bisschen rechnen. Sie, liebe Leserin, lieber Leser, bleiben aber von jeder Darstellung mithilfe mathematischen Formeln verschont. Da auch Fachbegriffe jeweils erläutert werden, können Sie dem Text ohne wirtschaftswissenschaftliche Vorkenntnisse folgen. Gerade denen, die in einem anderen Bereich qualifiziert sind und sich mit Wirtschaftspolitik wegen deren zentraler Bedeutung beschäftigen möchten, soll eine informative und anregende Lektüre an die Hand gegeben werden. Den fachkundigen Leserinnen und Lesern wird dagegen eine vielleicht etwas ungewohnte Perspektive auf wirtschaftliche Zusammenhänge angeboten, die das bekannte Terrain mit anders aufgestellten Scheinwerfern ausleuchtet.

In allen Kapiteln bleiben freilich immer wieder Aspekte ausgespart, die zu einer erschöpfenden Abhandlung des jeweiligen Bereichs dazu gehören würden, im gegebenen Kontext aber doch entbehrlich scheinen. Das ist der Absicht geschuldet, die übergreifenden Zusammenhänge in einem Buch von überschaubarem Format darzustellen. Wie sonst ließe sich z.B. ein Zusammenhang von Handel, Kapitalmobilität, Alterssicherung und Europäischer Union erfassen? Wie ein Überblick über die Auswirkungen des verbreiteten Wettbewerbsdenkens gewinnen? Und gerade um diese, auch Fachgrenzen überschreitenden Zusammenhänge geht es.

Neun Kapitel liegen vor Ihnen, und Sie fragen sich vielleicht: Ist das nicht schrecklich abstrakt? – Nun, am Ende ist es eine ziemlich handfeste

Materie. Denn wir sprechen so konkret wie möglich über das tägliche Leben, über Einkommen, Arbeitsbedingungen, politischen Einfluss, soziale Sicherheit. Über die Grundlagen, um unser Leben zu gestalten. Ein gutes Leben hoffentlich, nicht nur in finanzieller Hinsicht. Auch wenn wir nicht wirklich miteinander reden können, kommen wir doch in einem Wechselspiel von Argumenten, Zweifeln und Begründungen voran. Wir beleuchten Zusammenhänge und entdecken Überraschendes. Berührt werden viele der spannendsten Fragen der Politik. Es wäre schön, wenn Sie am Ende auf die Lektüre wie auf eine gelungene Bergwanderung zurückblickten, auf einer ordentlich markierten Route: Der Untergrund war manchmal steinig, der Anstieg spürbar, aber die Panoramen waren umso eindrucksvoller. Vielleicht bleiben wir über einiges geteilter Meinung. Und doch haben wir eine gemeinsame Wegstrecke hinter uns gebracht.

Und die Corona-Krise?

Die Folgen der aktuellen Corona-Krise sind gegenwärtig schwer abschätzbar. Der Einbruch der Wirtschaftsleistung ist abrupt und tief. Anders als Kriege und Naturkatastrophen führen Krisen wie die Finanzkrise ab 2007 und heute die Corona-Krise jedoch nicht unmittelbar zu physischen Zerstörungen. Aber sie bringen Aktivitäten zum Erliegen und wirbeln die Beziehungen von Gläubigern und Schuldnern durcheinander. Das kann anhaltende strukturelle Verwerfungen erzeugen. Auf Krisen folgen glücklicherweise oft Nachholeffekte, die eine Erholung beschleunigen. Die Entwicklung nach dem zweiten Weltkrieg ist dafür ebenso ein Beispiel wie, in viel kleinerem Maßstab, die Erholung der deutschen Wirtschaft nach der Finanzkrise der Jahre 2007 bis 2009. Eine Garantie für eine schnelle Heilung gibt es nicht. Viel hängt von der Dauer der Krise und der Beschaffenheit der Strukturen ab, auf die sie trifft. Doch es besteht Hoffnung, dass das meiste reparierbar ist – auf der Ebene der Volkswirtschaft, wenn auch nicht in jedem Einzelfall.

Die Corona-Krise zeigt einmal mehr, wie fragwürdig es ist, aktuelle Entwicklungen prognostisch in die Zukunft zu verlängern. Damit ist es aber umso wichtiger, über Instrumente zu verfügen, mit denen auch Szenarien analysierbar sind, die sich unerwartet wandeln.

2. „Im immer schärferen internationalen Wettbewerb…“

a) Überlebensgroß: der internationale Wettbewerb

Das Konkurrenzprinzip ist tief in uns verwurzelt. Wir konkurrieren um die Gunst der Eltern, um Plätze an Schulen und Universitäten, um berufliche Positionen, Prestige, Wohnungen, Häuser, Hotelzimmer mit Seeblick, wir konkurrieren bei der Partnerwahl. Unseren Lebensunterhalt erarbeiten wir größtenteils im Wettbewerb. Dem internationalen Wettbewerb schreiben wir, global vernetzt, besondere Bedeutung zu. Landläufig wird er nicht nur als Wettbewerb zwischen Unternehmen verstanden, sondern darüber hinaus als ein Wettbewerb, in dem sich die Staaten als Ganzes gegenüberstehen: mit ihren mehr oder weniger wirtschaftsfreundlichen Steuern und Gesetzen, ihrer Rechtssicherheit, ihren Verwaltungen, ihrer Infrastruktur, ihrem Branchenmix und der Qualifikation der ansässigen Arbeitskräfte. Die Rede vom „immer schärferen internationalen Wettbewerb“, der vieles erzwingt und anderes nicht (mehr) zulässt, ist zu einem der schlagkräftigsten politischen Argumentationsmuster schlechthin geworden. Das gilt nicht nur in der Wirtschafts- und Steuerpolitik, sondern in nahezu jedem Bereich des öffentlichen Lebens, von der Bildung über das Gesundheitswesen bis zur Alterssicherung, einschließlich der damit verbundenen Kosten. Der Imperativ der internationalen Wettbewerbsfähigkeit wirkt umfassend.

Es scheint ja auch so offensichtlich: Der in Deutschland ansässige Automobilkonzern konkurriert mit dem japanischen, der deutsche Werkzeugmaschinenhersteller mit einem tschechischen, der Baukonzern mit spanischen und polnischen Anbietern und die heimische Rüstungsfirma mit Konkurrenten aus den USA. Ist das in Deutschland produzierende Unternehmen teurer oder sind seine Produkte bei den Kunden weniger geschätzt, gehen die Aufträge an das Ausland. Sind alle deutschen Unternehmen einer Branche zu teuer, bricht hierzulande die ganze Branche weg. An diese Entwicklungen gekoppelt sind Arbeitsplätze, Steuereinnahmen und die Finanzen der Sozialversicherungssysteme.

Alles also ganz einfach und naheliegend? – Immerhin hat, wie erwähnt, *Paul Krugman* bereits vor Jahren die gängigen Vorstellungen über den internationalen Wettbewerb als eine gefährliche Obsession gebrandmarkt. Es sei ein Fehler, die Logik von Unternehmen auf Staaten zu übertragen. Und auch ein in Deutschland sehr bekanntes amerikanisches Lehrbuch der Wirtschaftswissenschaften ging lange unter der Überschrift „Wettbewerbsfähigkeit versus Produktivität“ in dieselbe Richtung mit der Feststellung, die Geschichte des Wohlstands der USA sei nicht die Geschichte der Wettbewerbsfähigkeit der amerikanischen Wirtschaft, sondern die Geschichte ihrer wachsenden Produktivität.[6] Die aktuelle amerikanische Politik sieht das offensichtlich anders.

Wenn wir uns also fragen, was die Politik für den Wohlstand der unteren 90 Prozent bewirken kann und welchen Einschränkungen sie dabei unterliegt, müssen wir insbesondere ein vertieftes Verständnis des internationalen Wettbewerbs gewinnen. Die Frage ist zu klären, ob er eher Realität oder eher eine obsessive Vorstellung ist. Am Ende, um es vorweg zu nehmen, werden wir zu dem Ergebnis kommen, dass bestimmte Formen eines zwischenstaatlichen Wettbewerbs zwar existieren, dass dieser sehr spezielle Wettbewerb jedoch wesentlich von dem abweicht, was sich die meisten von uns vorstellen, Politiker, Publizisten und Verbandsvertreter eingeschlossen. Das hat Rückwirkungen auf die Einschätzung gängiger Politikmuster und bietet Perspektiven, wie wir, ohne Wohlstand einzubüßen, von ihnen abweichen könnten – nicht radikal, aber doch in einigen ausschlaggebenden Punkten.

Überraschen mag auch, dass wir ebenso viel über Wettbewerb wie über Zusammenarbeit sprechen müssen. Denn es gehört zu den Eigentümlichkeiten dieses speziellen Wettbewerbs, dass er kein schlichter Wettbewerb ist, wie zum Beispiel ein Hundertmeterlauf, wo jeder für sich so schnell läuft wie er kann. Sondern ein Wettbewerb darum, wer mit wem zusammenarbeitet, und also um die Vorzüge der Zusammen-

---

6 Samuelson/Nordhaus (1998), S. 846

arbeit. Und damit sind wir bei der ersten, noch vor dem Verhältnis zwischen Wettbewerb und Kooperation zu klärenden Frage: Was verstehen wir denn, etwas genauer, unter Wettbewerb?

b) Welche Form des Wettbewerbs?

Als Wettbewerb werden Phänomene mit sehr unterschiedlichen Folgen bezeichnet. Deshalb müssen wir den Begriff präzisieren. Der Wettbewerb, um den es uns geht, ist der wirtschaftliche Wettbewerb, der unmittelbar Einkommen verteilt – oder vorenthält. So wie in einer Stadt der Wettbewerb zwischen den Gasthäusern „Krone“ und „Schwan“. Der Gast, der im „Schwan“ sein Mittagessen einnimmt, ist an diesem Tag für die „Krone“ verloren. Der Vorteil des Einen gibt dem Anderen das Nachsehen.

Dieser Wettbewerb ist zu unterscheiden von anderen, die man als ideell bezeichnen kann. Nur ein ideeller Wettbewerb liegt vor, wenn beispielsweise verglichen wird, ob Frankreich oder Deutschland mehr Wirtschaftswachstum zu verzeichnen hat. Bei diesem ideellen Wettbewerb kann zwar das erfolgreiche Agieren eines Staates den anderen durch Vorbild und Ansporn beeinflussen und dessen Regierung unter Druck setzen: Die Wähler blicken auf das erfolgreichere Nachbarland und wollen nicht schlechter leben. Aber grundsätzlich wird dem unterlegenen Land nichts genommen. Man kann das mit einem Auto vergleichen, das dadurch, dass es überholt wird, nicht langsamer fährt.

Nur ideelle Formen stellen auch alle Arten von „Rankings“ dar, die internationale Organisationen, Forschungsinstitute, Zeitschriften oder Unternehmerverbände veranstalten, und bei denen Länder nach Gesichtspunkten wie Investitionsklima, Patenten, Entwicklungen auf dem Arbeitsmarkt usw. in eine Reihenfolge gebracht werden. Auch „Exportweltmeister“ zu werden, fällt in diese Kategorie. Um diese Art von Wettbewerb geht es uns nicht, sondern um den „harten“ Wettbewerb, der Wohlstand verteilt, Erfolg belohnt und Misserfolg mit mangelndem Einkommen bestraft.

Dieser Wettbewerb kann sich sowohl darum drehen, wer als Hersteller von Produkten zum Zuge kommt – was wir als Handelswettbewerb bezeichnen – als auch darum, wer für Investitionen zu welchen Konditionen eine Finanzierung erhält; das betrifft den Wettbewerb um Kapital. Möglich ist ferner ein internationaler Wettbewerb um Arbeitskräfte, der aber aufgrund von Sprachbarrieren, familiären und kulturellen Bindungen und weiteren Einschränkungen nur beschränkt stattfindet. Die genannten Wettbewerbsbereiche Handel, Kapital und Arbeit folgen teilweise unterschiedlichen Spielregeln. Wir werden sie deshalb nacheinander in diesem Kapitel und den Kapiteln 3 und 6 erkunden.

2.1 Produktive Arbeitsteilung

a) Wettbewerb ist Teil der Zusammenarbeit

Wettbewerb um den Absatz von Waren und Dienstleistungen ist immer mit Kooperation verbunden. Wer einem Anderen eine Ware anbietet, sucht zwar seinen Vorteil, will dazu aber notwendigerweise mit dem Anderen kooperieren. Nehmen wir einen Bauern und einen Bäcker als Beispiel.

Stören Sie sich bitte nicht daran, dass in unseren Beispielen oft keine High-Tech-Produkte vorkommen werden, sondern einfache Waren. Solche Beispiele haben den Vorzug, anschaulich zu sein und die entscheidenden Aspekte trotz ihrer Schlichtheit unmittelbar deutlich zu machen. Und stören Sie sich bitte auch nicht daran, dass der Bauer und der Bäcker jetzt gleich nicht ihre Portemonnaies zücken werden, sondern ihre Waren zunächst einmal miteinander tauschen. Damit wird der übliche Tausch Ware gegen Geld und, wenn das eingenommene Geld wieder ausgegeben wird, Geld gegen Ware abgekürzt. Auch das dient der besseren Anschaulichkeit. Und es entspricht einer Tradition in der klassischen Volkswirtschaftslehre, die sich dieser Vereinfachung zwecks größerer Transparenz immer wieder bedient. Trotzdem stehen Tauschbeispiele manchmal in Verruf. Denn sie gehen darüber hinweg, dass Geld ein erhebliches Eigenleben entfalten und damit Tauschprozesse verändern kann. Gleichwohl bleiben die ablaufenden Prozesse auch beim Einsatz von Geld Tauschprozesse. Der besonderen Rolle des Geldes werden wir Rechnung tragen, indem wir uns zwar in diesem Kapitel in einer Tauschwelt bewegen, die gewonnenen Einsichten aber im nächsten Kapitel in unserer gewohnten Geldwirtschaft überprüfen werden.[7]

Unser Bäcker bietet dem Bauern also Brötchen im Tausch gegen Kartoffeln an. Denn wenn er für seine Brötchen Kartoffeln bekommt, braucht er nicht selbst Kartoffeln anzubauen, sondern kann sich auf das Backen von Brot und Brötchen konzentrieren. Umgekehrt braucht der Bauer nicht zu backen. Damit entsteht eine Kooperation, die Spezialisierung und rationelleres Arbeiten ermöglicht. Wettbewerb setzt ein, wenn nun zwei oder mehr Anbieter ihre Brötchen gegen Kartoffeln tauschen wollen, der Bauer aber nur Bedarf nach einer bestimmten Anzahl von Brötchen hat oder nur eine begrenzte Menge Kartoffeln als Gegenleistung bieten kann und also nicht alle Bäcker zum Zuge kommen. Handel, lokaler genauso wie internationaler, ist deshalb, trotz des Wettbewerbs, Arbeitsteilung.

Was wissen wir über die Spielregeln der Arbeitsteilung? Obwohl wir ständig arbeitsteilig mit anderen zusammenarbeiten, ist das oft lückenhaft. Bevor wir also dem Wettbewerb nachgehen, müssen wir uns zunächst um die Arbeitsteilung kümmern, auf der er beruht. Um ein Beispiel einer einfachen Arbeitsteilung zu nehmen, wählen wir – antiquiert, aber anschaulich – eines aus einer vergangenen Zeit und versetzen uns zurück in die Tage vor der Nutzung des Personalcomputers, als an den Universitäten die vielen Seminararbeiten noch handschriftlich verfasst und anschließend mit der Schreibmaschine mühevoll „ins Reine“ getippt wurden – möglichst, ohne sich zu oft zu „vertippen“.

Die Studenten Sven und Hannes wohnen zusammen. Zu den Arbeiten, die für beide immer wieder anfallen, zählen das Tippen mit der Schreibmaschine und das Hemdenbügeln. Diese Arbeiten machen wenig Spaß und sollen so schnell wie möglich erledigt werden. Wenn nun Sven schneller bügeln und Hannes schneller tippen kann, liegt es auf der Hand, wie beide mehr Zeit für die angenehmeren Dinge des Lebens gewinnen können: Sven bügelt für Hannes mit und Hannes tippt auch für Sven. Wie viele Seiten Hannes für wie viele von Sven gebügelte Hemden tippen muss, ist Verhandlungssache. Um ein Geschäft zu-

7 Auch wenn wir uns damit auf klassischen Bahnen bewegen, kommen die Konsequenzen am Ende vielfach mehr den Intentionen nachfrageorientierter Wirtschaftstheorien entgegen. Dazu sei insbesondere auf Kapitel 9 verwiesen.

stande kommen zu lassen, gibt es einen Korridor von Möglichkeiten. Er reicht von dem Punkt, wo der Tausch für Hannes gerade noch lohnt, bis zu dem Punkt, wo er sich für Sven gerade noch lohnt. Wo sich die beiden treffen, hängt von ihrem taktischen Geschick ab. Wenn sie die üblichen Fairnessvorstellungen haben, werden sie wahrscheinlich eine Lösung wählen, bei der beide etwa gleich viel Zeit gewinnen.

Was passiert aber, wenn Sven sowohl beim Tippen als auch beim Bügeln der schnellere ist? Lohnt sich auch dann ein Tausch? – Der schnellere Sven schafft es, ein Hemd in 10 Minuten zu bügeln und eine Seite in 8 Minuten zu tippen. Hannes dagegen braucht für jedes Hemd 12 und für jede Seite sogar 14 Minuten. Um den Überblick zu behalten, schreiben wir das noch einmal in den nachfolgenden Kasten:

Tabelle 1

	Hemd bügeln	Seite tippen
Sven	10	8
Hannes	12	14

Zeitaufwand in Minuten

Wenn jeder der beiden 10 Hemden zu bügeln und 10 Seiten zu tippen hat, ist Sven ohne einen Tausch nach 3 Stunden fertig, Hannes dagegen erst nach 4 Stunden und 20 Minuten.[8]

Es mag überraschen, aber auch bei so unterschiedlich fitten Partnern winkt ein beiderseits lohnendes Geschäft. Wenn nämlich Sven für Hannes das komplette Tippen übernimmt und Hannes im Gegenzug für Sven alles bügelt, ist Sven nur noch 2 Stunden und 40 Minuten und Hannes nur noch 4 Stunden beschäftigt.[9] Beide sparen also jeweils 20 Minuten. Das gelingt, weil Sven sich auf sein rekordverdächtiges Tippen beschränken kann und Hannes auf das Bügeln, wo er Sven zwar ebenfalls unterlegen ist, aber doch nicht so sehr wie beim Tippen. Und

8 Für Sven: 10 x 10 Minuten + 10 x 8 Minuten = 180 Minuten.
Für Hannes: 10 x 12 Minuten + 10 x 14 Minuten = 260 Minuten.

9 Für Sven jetzt 20 x 8 Minuten = 160 Minuten. Für Hannes 20 x 12 Minuten = 240 Minuten.

das ist entscheidend. Sven tippt nun 20 Seiten, davon 10 für Hannes, und Hannes bügelt 20 Hemden, davon 10, um nicht tippen zu müssen. Auf diesem Effekt beruht ein erheblicher Teil der Weltwirtschaft.

Solche Arbeitsteilungen finden sich auch überall in unserer Arbeitswelt. Nehmen wir an, ein Anwältin ist gleichzeitig eine schnellere Schreiberin als jede Sekretärin. Sie wird trotzdem eine Schreibkraft einstellen, weil sie in der Zeit, die sie dadurch spart, wesentlich mehr Geld mit juristischer Arbeit verdienen kann, als wenn sie selber schreiben und die Kosten für die Sekretärin sparen würde.

Warum der Handel zwischen Sven und Hannes funktioniert und worauf es dabei ankommt, verdeutlicht ein Beispiel, in dem nun *kein* lohnender Handel möglich ist. So einen Fall zeigt der nächste Kasten, bei dem die Zeiten für Hannes etwas verändert wurden:

Tabelle 2 ***Ein Beispiel, bei dem kein Handel zustande kommt:***

	Hemd bügeln	Seite tippen
Sven	10	8
Hannes	15	12

Zeitaufwand in Minuten

Wenn jeder seine Aufgaben selbst erledigt, braucht Sven wieder 3 Stunden. Hannes braucht 4 Stunden und 30 Minuten. Wenn Sven stattdessen alles bügeln und Hannes alles tippen würde, brauchte Sven länger, nämlich 3 Stunden und 20 Minuten. Wenn Sven dagegen alles tippt, braucht er zwar nur 2 Stunden und 40 Minuten. Dafür braucht Hannes dann aber 5 Stunden für das Bügeln und damit 30 Minuten länger als ohne das Geschäft. Es gibt keinen Weg, der gleichzeitig Sven und Hannes Zeit sparen lässt. Ein Tausch kommt nicht zustande.

Des Rätsels Lösung, warum es einmal klappt und einmal nicht, ist zugleich ein Kernsatz: In Austauschbeziehungen gilt es, zwischen absoluten Vorteilen und relativen, also vergleichsweisen oder, wie die Ökonomen sagen, komparativen Vorteilen zu unterscheiden. Wenn Sven ein Hemd in 10 Minuten bügelt und Hannes in 15 Minuten, hat Sven beim Bügeln einen absoluten Vorteil von 5 Minuten. Dieser absolute Vorteil spielt für einen möglichen Tausch – vielleicht überraschenderweise – aber überhaupt keine Rolle. Was zählt ist allein, dass Sven für das Tippen einer Seite 80 Prozent der Zeit braucht, die ihn das Bügeln eines Hemdes kostet. Wenn nun auch Hannes für das Tippen einer Seite 80 Prozent der Bügelzeit eines Hemdes aufwenden muss, bringt ein Handel keinen Vorteil, gleichgültig, ob Hannes in 12 Minuten tippt und in 15 Minuten bügelt oder für beides vielleicht halb oder doppelt so lange braucht. Denn dass beide Seiten durch einen Tausch gewinnen, setzt voraus, dass der Wert, den die Tauschpartner einem Tauschobjekt für sich beimessen, unterschiedlich ist. Erst wenn sich also die Relationen bei Sven und Hannes unterscheiden, eröffnet sich ihnen die Chance für ein Geschäft.

In unserem ersten Fall hat Sven beim Tippen und Hannes beim Bügeln einen vergleichsweisen – einen komparativen – Vorteil. Sven kostet das Bügeln eines Hemdes 125 Prozent der Zeit für das Tippen einer Schreibmaschinenseite, Hannes hingegen nur 86 Prozent, und das Geschäft ist für beide lohnend. Natürlich kann da, wo ein komparativer Vorteil besteht, gleichzeitig auch ein absoluter Vorteil gegeben sein. Aber das ist für den Handel irrelevant und ändert nichts daran, dass allein der komparative Vorteil zählt.

Wir halten fest: Sven ist produktiver, wenn er sich die 10 gebügelten Hemden durch tippen erarbeitet, und Hannes ist ebenfalls produktiver, wenn er sich die getippten Seiten „erbügelt" – ohne dass es darauf ankommt, dass Sven in allem schneller ist. Sven kann und wird Hannes nicht „niederkonkurrieren" – es sei denn, in einem „ideellen" Bügelwettbewerb an einem Polterabend.

Die Entdeckung des komparativen Vorteils verdanken wir *David Ricardo*, einem englischen Ökonomen, der diese Zusammenhänge beim Handel zweier Länder bereits 1817 publiziert hat.[10] Seit *Ricardo* wissen wir, dass Länder auch dann zum beiderseitigen Vorteil miteinander Handel treiben können, wenn ein Land alle Güter günstiger produzie-

10 Ricardo (1817/1959). Ein detaillierter Überblick über die Entwicklung der Theorie des komparativen Vorteils findet sich z. B. bei Sauber (2012, Kapitel 2.1.) *Robert Torrens* (1780 bis 1846) erkannte den komparativen Vorteil bereits 1815 in seinem *„Essay on the External Corn Trade"* (Torrens, 1815/2008), ohne ihn allerdings theoretisch zu vertiefen.

ren kann als das andere. Denn dabei kann sich nicht nur das stärkere Land auf die Güter spezialisieren, bei denen sein Vorteil besonders groß ist, sondern auch das schwächere auf jene, bei denen sein Nachteil am geringsten ist.

Zwischen Sven und Hannes und zwei Ländern, die in zwei Branchen produzieren, besteht insoweit kein Unterschied. Svens Branche Hemdenbügeln, obwohl absolut leistungsfähig, verliert zwar gegen die „ausländische Konkurrenz". Aber nur so kann seine Branche „Tippen" expandieren und er am Ende besser dastehen als zuvor. Gegen was sollte er sein Tippen tauschen, wenn er sich nicht aus dem Bügeln zurückzöge? Würde er neben dem Tippen weiter bügeln, müsste er sein Tippen verschenken. Und bei Hannes gilt umgekehrt dasselbe.

Um *David Ricardo* zu zitieren: Niemand kann dauerhaft exportieren, ohne entsprechend zu importieren, und importieren, ohne entsprechend zu exportieren. – Scheinbar anders sieht das nur aus, wenn immer weiter auf Kredit exportiert wird und sich die Schulden des Auslands häufen, bis sie irgendwann nicht mehr zurückgezahlt werden können.

Der Export – das ist die zweite wichtige Erkenntnis, auf die wir später noch näher eingehen – ist damit keine zusätzliche Produktion neben der Befriedigung des Inlandskonsums. Er ist mittelbare Inlandsversorgung, die durch den Export von Gütern und den Import von Gegenleistungen erfolgt. Er ist, wie es beim Billard heißt, ein „Spiel über die Bande". Exporte lösen Importe aus, die heimische Eigenproduktionen verdrängen. Der Vorteil dieser indirekten Versorgung liegt in der durch die Spezialisierung gesteigerten Produktivität. Und es ist die Produktivität, die über die Höhe des Wohlstands entscheidet.

Weil es oft so schwerfällt, das Prinzip des komparativen Vorteils auch dann im Kopf zu behalten, wenn es scheinbar um ganz andere Dinge geht,[11] möchte ich versuchen, es noch mit einem zusätzlichen Bild bei Ihnen zu verankern. Denken Sie an einen reisenden Kaufmann aus früheren Zeiten. (Das ist einprägsamer als ein Beispiel aus dem Com-

11 Das könnte daran liegen, dass das Prinzip kontra-intuitiv erscheint, komparative Vorteile oft mit absoluten verwechselt werden und das Prinzip deshalb manchmal zwar mathematisch richtig dargestellt wird, ohne aber die grundlegende Logik zu verstehen. (Suranovic, 2007)

puterhandel.) Die Vorstellung, dass er viel damit verdienen könnte, Waren aus einem anderen Land zu importieren, in dem es erstens nichts Anderes als zuhause zu kaufen gibt und in dem zweitens sogar alles teurer ist, drängt sich nicht gerade auf. Dennoch kennt er einen Weg: In seinem Heimatland kosten Zwiebeln so viel wie Rosinen. In dem fremden Land kosten Rosinen dagegen das 1,3-fache von Zwiebeln. Also reist er mit 100 Kisten Rosinen, die er zuhause erworben hat, in jenes fremde Land. Dort tauscht er sie gegen 130 Kisten Zwiebeln und kehrt mit ihnen zurück. Wenn er will, kann er sie zuhause wieder gegen 130 Kisten Rosinen tauschen – und hat 30 Prozent gewonnen. Sein Heimatland hat einen komparativen Vorteil bei Rosinen, umgekehrt und spiegelbildlich das fremde Land bei Zwiebeln.

b) Drei Länder im Versuchslabor

Zur Darstellung der Wirkungen des komparativen Vorteils reichen Modelle mit zwei Ländern und zwei Gütern aus – genauso, wie wir das mit Sven und Hannes oder gerade im Beispiel des reisenden Kaufmanns gemacht haben. Zur Untersuchung von Konkurrenzverhältnissen, auf die wir nun zu sprechen kommen, sind aber Modelle mit drei Ländern anschaulicher, wenn auch aufwändiger zu rechnen. Mit einem solchen Drei-Länder-Modell wollen wir *Ricardos* Entdeckung jetzt weiter testen. Der größeren Transparenz wegen lassen wir den Handel wieder als Tauschhandel stattfinden. Wie angekündigt, werden wir später zu dem uns geläufigen geldgestützten Handel übergehen und untersuchen, ob sich Abweichungen ergeben. Es wird sich zeigen, dass *Ricardos* Theorie auch für die Anwendung auf Wettbewerbsverhältnisse gut geeignet ist.

Stellen Sie sich also drei Länder vor. Sie heißen A-Land, B-Land und C-Land. Sie treiben nur untereinander Handel, nicht mit der übrigen Welt. Das dient allein der Vereinfachung, ohne Erkenntnisse einzuschränken. Trotz ihrer prosaischen Namen sind sie vielleicht drei schöne Inseln im weiten Meer, die untereinander Handel mit Agrarprodukten treiben. Da die Produkte grundsätzlich auf allen Inseln gedeihen, wenn auch wegen des jeweiligen Klimas, der Bewässerung und des Bodens unterschiedlich gut, herrscht Wettbewerb unter den Anbietern.

Gehandelt wird mit Mais, Ananas und Bananen.[12] Der Anbau erfordert den Einsatz von Produktionsfaktoren wie Bodennutzung, Arbeit, Düngemitteln usw. Der Aufwand, der pro geernteter Partie zu treiben ist, wird abstrakt, wie in den Wirtschaftswissenschaften üblich, in Faktoreinheiten ausgedrückt. Dabei ist es gleichgültig, ob diese Faktoreinheiten aus Arbeitsstunden, Kapitaleinheiten, Bodennutzung oder einer Kombination aus alledem bestehen. (Bei dem Beispiel mit Sven und Hannes waren die Faktoreinheiten die Minuten, die sie für die jeweiligen Arbeiten brauchten.[13])

Unsere Inselbewohner wollen jedoch nicht nur essen, sie haben auch kulturelle Bedürfnisse. Deshalb gibt es in jedem Land ein Theater. Es wird jeweils aus einer Steuer finanziert, die von den Produzenten als Naturalabgabe auf die Produktion erhoben wird, also beispielsweise 20 Prozent der Ernte. Für die Produzenten wirkt sie damit wie eine Steigerung des Produktionsaufwands.[14] Die Produzenten müssen also nicht nur ihre Plantagen unterhalten, sondern auch die Musentempel.

Eines Tages entschließt man sich in B-Land, auf das Theater zu verzichten und die Steuer abzuschaffen. Die Produzenten sind begeistert. Für Theaterbesuche hatten sie ohnehin kaum Zeit, und die Produkte des Landes sind von nun an nicht mehr durch die Steuer belastet. Hiervon aufgeschreckt und um seine Wettbewerbsfähigkeit besorgt, macht bald darauf auch C-Land sein Theater zu und schafft die Steuer ab. Die Bürger in A-Land fragen sich nun, ob sie ebenfalls ihr Theater schließen müssen, um nicht die Unverkäuflichkeit ihrer durch die Theatersteuer verteuerten Produkte zu riskieren. Viele halten diesen Schritt für unausweichlich. Andere suchen in alten Büchern, ob sich

12 Um möglichst anschaulich zu sein, sollte die Zahl der gehandelten Güter nicht kleiner als die Zahl der am Handel beteiligten Länder sein. Das bedeutet ein Modell mit drei Ländern und drei Gütern.

13 Die Angabe des Faktoraufwands ist eine Kostenangabe. Wettbewerb spielt sich jedoch unmittelbar auf der Ebene der Preise und nur mittelbar auf der der Kosten ab. Da aber die Preise unter Wettbewerbsbedingungen idealtypisch aus den Kosten, zuzüglich eines Unternehmerlohns, abgeleitet sind, werden zur Vereinfachung nur Angaben zum Faktoraufwand gemacht, ohne dass die Aussagekraft des Modells darunter leidet.

14 Wenn z.B. 20 Prozent der Ernte als Steuer abgegeben werden müssen, steigt der Faktoreinsatz, umgelegt auf den verbleibenden Teil der Ernte, der auf den Markt kommt, um 25 Prozent.

durch eine allgemeine Senkung der Produktionskosten in einem Land der internationale Handel ändert.

Um das Modell zu komplettieren, sind allerdings noch Festsetzungen über die Aufteilung der Tauschgewinne zwischen den Ländern zu treffen sowie darüber, ob die Produktivitätsgewinne aus dem Handel genutzt werden, um mehr zu produzieren oder um für eine gegebene Produktionsmenge weniger Faktoreinheiten einzusetzen. Wie wir uns hier entscheiden, ist für die Aussagekraft des Modells nicht erheblich, aber eine Entscheidung gleichwohl nötig.

So wie im Fall von Sven und Hannes kommt Handel nur zustande, wenn er für beide Partner vorteilhafter ist, als alle Güter selbst herzustellen. Diese Bedingung kann regelmäßig innerhalb eines Korridors von möglichen Verteilungen der Tauschgewinne erfüllt werden, solange nur ein gewisser Vorteil für jede Seite gewahrt bleibt. Auch im nachfolgenden Modell soll wieder, wie bei Sven und Hannes, von einer hälftigen Teilung der Tauschgewinne je Transaktion ausgegangen werden. Bestimmte Mechanismen wirken in eine solche Richtung, ohne sich immer durchzusetzen. Das braucht an dieser Stelle aber nicht vertieft zu werden, denn die ausgewogene Verteilung der Tauschgewinne ist, wie gesagt, eine Festlegung bzw. Setzung, die für die Frage, ob eine allgemeine Veränderung der Kosten und Preise den Außenhandel beeinflusst, ohne Bedeutung ist.[15]

---

15 Die Verteilung von Tauschgewinnen wird in den Wirtschaftswissenschaften unter dem Begriff der *Terms of Trade* betrachtet. Die *Terms of Trade* entscheiden darüber, welchen Teil vom Tauschgewinn ein Land bekommt. Veränderungen der *Terms of Trade* haben für Deutschland bisher nur im Rahmen der beiden Ölpreiskrisen eine spürbare Rolle gespielt. Für kleine Länder mit wenigen Exportprodukten kann sich ihre Verschlechterung aber auch sehr ungünstig auswirken. Die *Terms of Trade* hängen von diversen Faktoren ab. Zu einer ungleichen Verteilung der Handelsgewinne kommt es beispielsweise, wenn auf der einen Seite Anbieter stehen, die miteinander konkurrieren, während auf der anderen Seite Monopolstrukturen herrschen, wie dies etwa bei bestimmten Rohstoffen vorkommt. Das Land mit den Monopolstrukturen wird dann den größeren Teil der Vorteile für sich verbuchen. Monopolartige Strukturen können aber nicht nur entstehen, weil ein Land sie zulässt oder fördert, sondern auch, wenn es in seiner Exportpalette relativ viele Güter gibt, die durch Patente geschützt sind. Von diesem Effekt profitieren die Industrieländer. Für ein großes Land ist ein solcher Effekt aufs Ganze gesehen aber eher gering. Treiben Länder mit Produkten Handel, bei denen auf beiden Seiten reger Wettbewerb herrscht, werden sich die Handelsvorteile eher gleich-

Die weitere Setzung betrifft die Verwendung der anfallenden Tauschgewinne. Die Einsparung von Faktoreinsatz kann sowohl zur Ausweitung der Produktion bei gleichbleibendem Faktoreinsatz (Expansion) als auch zur Verringerung des Faktoreinsatzes bei gleichbleibender Produktion (Rationalisierung) oder zu beliebigen Kombinationen aus beidem verwendet werden. Für unser Modell wählen wir die zweite Variante. Oft ist es einfacher, zu rationalisieren, als den Absatz zu steigern. Vor allem aber setzt jede Steigerung der Produktivität zunächst einmal Ressourcen frei, und erst in einem zweiten Schritt entscheidet sich, ob diese Ressourcen in neuer Form für eine zusätzliche Produktion verwendet werden. Aber auch diese Entscheidung ist für unsere Fragestellung folgenlos. (Übrigens hatten auch Sven und Hannes sich für die Rationalisierungsvariante entschieden, nämlich schneller fertig zu werden, statt die Zahl der gebügelten Hemden und der Seminararbeiten zu erhöhen.)

Um nun zu verstehen, was mit unseren drei Ländern rund um die Abschaffung der Theater und der Theatersteuer passiert, beginnen wir mit dem Autarkiezustand, in dem jedes Land nur sich selbst versorgt, lassen die Länder dann Handel aufnehmen und versuchen schließlich, den Handel durch Kostensenkungen – die Abschaffung der Theatersteuer – zu beeinflussen.

Den Zustand der Autarkie – es findet kein Handel statt – zeigt die folgende Tabelle:

---

mäßig verteilen, zumal begünstigte Sektoren zusätzliche Investoren anziehen, die den Wettbewerb verschärfen.

Tabelle 3 ***Autarkie:***

		Mais	Ananas	Bananen	Gesamt-aufwand
A-Land	Aufwand je Partie	24	19	15	
	Partien	100	100	100	5.800
B-Land	Aufwand je Partie	18	16	12	
	Partien	100	100	100	4.600
C-Land	Aufwand je Partie	26	34	22	
	Partien	100	100	100	8.200

Aufwand in Faktoreinheiten

Aus der Tabelle lässt sich beispielsweise ablesen, dass A-Land 100 Partien Mais mit einem Aufwand von 24 Faktoreinheiten je Partie produziert.

Wie in der Spalte ganz rechts zu sehen, erzeugen die Länder ihre Produkte insgesamt mit unterschiedlichem Aufwand. Während B-Land für den aus 3 Gütern zu je 100 Partien bestehenden Warenkorb nur 4.600 Faktoreinheiten benötigt, braucht A-Land 5.800 und C-Land sogar 8.200 Einheiten. C-Land produziert damit insgesamt am aufwändigsten und ist den anderen Ländern auch bei jedem einzelnen Produkt unterlegen.

Die Länder öffnen sich nun für den Handel und spezialisieren sich auf die Güter, bei denen sie einen komparativen Vorteil haben. Um festzustellen, welche Veränderungen sich daraus ergeben, ist eine Optimierungsrechnung erforderlich. Die Wiedergabe der Rechnung im Einzelfall erspare ich Ihnen.[16] Nach erfolgtem Handel sieht das Ergebnis so aus:

Tabelle 4 ***Ergebnis nach Handel:***

		Mais	Ananas	Bananen	Gesamtaufwand
A-Land	Aufwand je Partie	24	19	15	
	Partien	0	275	0	5.225

Ersparnis gegenüber Autarkie: 9,9 %

		Mais	Ananas	Bananen	Gesamtaufwand
B-Land	Aufwand je Partie	18	16	12	
	Partien	24	25	300	4.432

Ersparnis gegenüber Autarkie: 3,7 %

		Mais	Ananas	Bananen	Gesamtaufwand
C-Land	Aufwand je Partie	26	34	22	
	Partien	276	0	0	7.176

Ersparnis gegenüber Autarkie: 12,5 %

Die Spezialisierungen sind sofort ersichtlich. A-Land produziert jetzt beispielsweise keinen Mais mehr. Es hat sich komplett auf Ananas verlegt und erzeugt sie mit einem Aufwand von 19 Faktoreinheiten je Partie. C-Land baut nur noch Mais an. Es ist zwar der Anbieter, der den

16 Grundsätzlich erfolgt eine solche Rechnung in der Weise, dass für alle denkbaren Tauschgeschäfte die Gewinne bzw. Verluste ermittelt und die beiderseits profitablen Tauschgeschäfte dann, beginnend mit dem günstigsten, in eine Reihenfolge gebracht werden. Dieser Reihenfolge entsprechend werden die Transaktionen ausgeführt, soweit der Bedarf des Landes nach dem Gut nicht bereits durch vorrangegangene Tauschaktionen befriedigt worden ist.

Mais absolut am teuersten produziert, aber darauf kommt es nicht an, wie wir ja schon wissen. Entscheidend ist allein, dass in C-Land der Mais *im Vergleich zu Ananas und Bananen* relativ preisgünstig ist. B-Land kann sich weitgehend auf Bananen spezialisieren, muss aber in geringem Umfang auch noch Mais und Ananas anbauen.

Alle Länder haben vom Handel profitiert, aber in unterschiedlichem Ausmaß. Die geringste Verbesserung hat B-Land erzielt. Der Grund liegt darin, dass A-Land und C-Land sich jeweils komplett auf die Produktion eines Gutes spezialisieren können, das einen relativ hohen Tauschgewinn ermöglicht, während für B-Land, obwohl es überall die günstigsten Produktionskosten aufweist, im Wesentlichen nur die Erzeugung der die geringste Gewinnspanne bietenden Bananen bleibt, ergänzt durch die Tatsache, dass mit diesem Gut auch keine vollständige Spezialisierung möglich wurde. In diese Position ist das Land geraten, weil es zwar alle Güter absolut am günstigsten produziert, aber in seinem landesinternen Preisgefüge Mais und Ananas relativ teurer sind als in den beiden anderen Ländern. Am meisten hat das schwache C-Land profitiert.

Nun kommt es zu dem Ereignis, das unsere Untersuchung spannend macht: B-Land und C-Land schaffen die Theatersteuer ab. Die Produktion soll sich dadurch in diesen beiden Ländern für alle Güter um 20 Prozent verbilligen. In unserer Darstellung sinkt entsprechend der Aufwand.[17] A-Land behält seine Steuer bei. Das Ergebnis sehen Sie hier:

17 Der Wegfall der Steuer wirkt wie ein weggefallener Produktionsaufwand und kann entsprechend behandelt werden.

Tabelle 5 ***Ergebnis nach Preissenkungen von 20 % in B-Land und C-Land:***

		Mais	Ananas	Bananen	Gesamt-aufwand
A-Land	Aufwand je Partie	24	19	15	
	Partien	0	275	0	5.225
B-Land	Aufwand je Partie	14,4	12,8	9,6	
	Partien	24	25	300	3.545,6
C-Land	Aufwand je Partie	20,8	27,2	17,6	
	Partien	276	0	0	5.740,8

Man könnte sagen: Sie sehen, dass Sie nichts sehen, oder zumindest nur sehr wenig. Denn beim Handel hat sich nicht das Geringste geändert. Nur der Produktionsaufwand ist in B-Land und C-Land um 20 Prozent gesunken. Sie hatten sicher schon vermutet, dass sich beim Handel gar nichts ändert. Denn es kommt ja nicht auf die absoluten Preise an, sondern allein auf das jeweilige interne Preisgefüge der beteiligten Länder. Es bleibt deshalb dabei, dass A-Land 275 Einheiten Ananas gegen 100 Einheiten Mais und 100 Einheiten Bananen eintauscht. Die Verbilligung der Produktion in B- und C-Land, auf die A-Land nicht reagiert, ist damit ohne Einfluss auf seine Produktion und seine Konsummöglichkeiten geblieben.

Damit ist unser Theaterfall entschieden. Da weder die Abschaffung noch die Beibehaltung der auf *alle* Produkte erhobenen Theatersteuer die allein maßgeblichen landesinternen Preisrelationen verändert, ergeben sich keine Auswirkungen auf den grenzüberschreitenden Handel. A-Land kann also sein Theater beibehalten, ohne Handelsnachteile zu erleiden, auch wenn B-Land und C-Land ihr Theater abschaffen. **Die Beibehaltung oder Abschaffung der Steuer beeinflusst allein die inländische Verteilung der verfügbaren Mittel, nicht die Position im Außenhandel.**

c) Weitere Beobachtungen: Strategische Wirtschaftspolitik

Um unsere Kenntnisse über den spannenden grenzüberschreitenden Tauschhandel zusätzlich ein bisschen auszudehnen, wollen wir unser Modell noch weitertreiben: B-Land zum Beispiel, das bisher den geringsten Vorteil aus dem internationalen Handel zieht, könnte sich entschließen, eine strategische Handelspolitik zu betreiben mit dem Ziel, die Produzentenstellung für den lukrativen Maismarkt zu erobern. Klar ist, dass eine allgemeine Kostensenkung ihm dabei nicht hilft. Um sein Ziel zu erreichen, soll es B-Land vielmehr gelingen, seinen Produktionsaufwand nur für den Mais von 18 auf 12 Faktoreinheiten zu senken. Die übrigen Zahlen bleiben unverändert zu Tabelle 4. Wir rechnen wie zuvor und erhalten folgendes Ergebnis:

Tabelle 6 ***Die Offensive von B-Land:***

		Mais	Ananas	Bananen	Gesamt-aufwand
A-Land	Aufwand je Partie	24	19	15	
	Partien	0	269	0	5.111

Ersparnis gegenüber Autarkie: 11,9 %

		Mais	Ananas	Bananen	Gesamt-aufwand
B-Land	Aufwand je Partie	12	16	12	
	Partien	295	0	0	3.540

Ersparnis gegenüber Autarkie: 11,5 %

		Mais	Ananas	Bananen	Gesamt-aufwand
C-Land	Aufwand je Partie	26	34	22	
	Partien	5	31	300	7.784

Ersparnis gegenüber Autarkie: 5,1 %

B-Lands Plan ist aufgegangen: Es hat die Produzentenstellung für den Mais weitgehend erobert, seinen Tauschgewinn auf 11,5 Prozent erhöht und damit mehr als verdreifacht. Das war möglich, weil sich das interne Preisgefüge in B-Land verändert hat. Dass B-Land die Eroberung gleichzeitig mit dem Verlust seiner Stellung als Bananenproduzent bezahlt, obwohl sich bei dem Produktionsaufwand für Bananen weder im Inland noch im Ausland etwas geändert hat, darf nach den gewonnenen Erkenntnissen nicht wundern.

Halten wir fest: Es ist einem Land nicht möglich, seine Position im internationalen Handel durch eine generelle Verminderung oder Erhöhung seiner Produktionskosten zu ändern. Es kommt allein

auf das inländische Preisgefüge an, in dem die produzierten Güter zueinander stehen.

Dies gilt uneingeschränkt für den Tauschhandel. Im Kapitel 2.2 werden wir sehen, dass diese Feststellung, bei längerfristiger Betrachtung, grundsätzlich auch für eine Wirtschaft zutrifft, die Geld als Zahlungsmittel einsetzt.[18]

Wir sehen an diesen Beispielen, wie sich Spezialisierungsmuster verändern können und wie hintergründig und gleichsam versteckt diese Effekte ablaufen. Wir sehen, dass sich mit der Änderung von Spezialisierungsmustern auch Spezialisierungsgewinne ändern können, ohne dass deshalb Länder aus den Austauschbeziehungen „herauskonkurriert" werden. Und wir sehen, um es noch einmal zu betonen, dass Spezialisierungsmuster nicht vom allgemeinen, höheren oder niedrigeren Preisniveau der Länder beeinflusst werden, sondern immer nur vom inneren Preisgefüge der beteiligten Länder.[19]

d) Ricardos Theorie: Kritik und Relativierungen

Wie bei jeder Theorie ergeben sich auch für *Ricardos* Theorie des komparativen Vorteils Einschränkungen, sobald man tiefer über ihr Verhältnis zum vielfältigen wirklichen Leben nachdenkt. Zahlreiche kritische Auseinandersetzungen haben das im Laufe der Zeit offengelegt. Wenn wir darauf erst jetzt eingehen, nachdem wir die Theorie bereits angewandt haben, so deshalb, weil diese Einwendungen unsere Art der Anwendung und die gefundenen Ergebnisse nicht infrage stellen. Das Besondere dieser fundamentalen Theorie ist es nämlich, dass sie sich bei ganz unterschiedlichen Fragestellungen nutzen lässt. Die Einwen-

18 Die Besonderheiten für Länder mit einer gemeinsamen Währung werden im Kapitel 5 über die Europäische Union behandelt.

19 Wenn wir kritisch nachdenken, könnten wir uns noch fragen, was in *Ricardos* maximal abstrahierendem Modell eigentlich ein „Land" ausmacht. Schließlich kommen ausdrücklich weder Grenzen noch Währungen, Sprachen oder geschichtliche Gegebenheiten vor. Im Endeffekt ist ein „Land" schlicht der Raum, in dem Faktoreinheiten einheitlich bewertet werden und Produktionsfaktoren weder nennenswert zu- noch abwandern. Auf Fragen der Faktorwanderungen – insbesondere der Kapitalmobilität – kommen wir in Kapitel 3 zu sprechen.

dungen und Relativierungen sind trotzdem auch für uns instruktiv – und in manchen Fällen auch politisch relevant.

Die unterschiedlichen Anwendungsmöglichkeiten von *Ricardos* Theorie lassen sich zu drei Bereichen zusammenfassen:

1. Wie wir gesehen haben, entstehen durch Handel Spezialisierungsmuster. Man kann folglich mit der Theorie untersuchen, warum Land A bestimmte Güter herstellt, zum Beispiel solche der Schwerindustrie, Land B dagegen eine andere Güter- oder Dienstleistungspalette, bei der vielleicht die Textilindustrie oder der Tourismus dominieren. Jedes Land spezialisiert sich auf die Güter, bei denen es einen komparativen Vorteil hat. Traditionell stellt der Versuch, die Spezialisierungsmuster der am internationalen Handel teilnehmenden Länder zu erklären, einen besonders häufigen Anwendungsfall von *Ricardos* Theorie dar.[20]
2. Man kann auf dem Boden der Theorie ferner postulieren, dass freier Handel für alle teilnehmenden Länder stets vorteilhafter sei als Protektionismus und Abschottung. Das ist der politisch prominenteste Teil. Diese Zielrichtung verfolgte bereits *Ricardo* selbst. Viele sind ihm darin gefolgt, andere schränken die These mehr oder weniger weitgehend ein.
3. Und man kann, wie wir es getan haben, zeigen, dass allgemeine Unterbietungswettkämpfe zwischen Ländern sinnlos sind. Da auch unterschiedlich leistungsfähige Länder erfolgreich miteinander Handel treiben können, kann es sich ein Land leisten, wegen höherer Steuern, Umweltstandards, Arbeitsschutzbestimmungen usw. insgesamt mit teureren Kostenstrukturen zu produzieren als andere, ohne als Konkurrent zu unterliegen. Es verteilt nur landesintern seinen Wohlstand anders.[21]

Nach diesem Überblick lassen sich die Relativierungen der Theorie den jeweiligen Anwendungsbereichen zuordnen.

---

20 Ins Auge springen dann allerdings oft Fälle, in denen der komparative mit dem absoluten Vorteil zusammenfällt, während das Besondere des komparativen Vorteils gerade darin besteht, dass er auch zu untergründigen, erst auf den zweiten Blick erkennbaren Wirkungen führt.

21 Einschränkungen für Mitglieder der Europäischen Union werden in Kapitel 5 behandelt. Da wir zum Thema Kapitalmobilität im Kapitel 3 kommen, gehen wir hier außerdem von standortgebundenen Produktionsfaktoren aus.

aa) Ein Modell ohne Transportkosten und Informationsprobleme

In *Ricardos* Welt gibt es keine Transportkosten, und die Menschen sind überall über alle Waren und Preise bestens informiert. Das entspricht nicht der Realität, auch wenn die Welt – wegen wachsender Informationsmöglichkeiten und gesunkener Transportkosten – *Ricardos* Modell in den letzten Jahrzehnten näher gekommen ist. Ein Modell, das die Transportkosten ausblendet und unterstellt, alle Marktteilnehmer seien über alle Preise so gut informiert, dass sie jeden Vorteil nutzen können, lässt Wettbewerb umfassender erscheinen, als er tatsächlich ist. Der Erzeuger eines sperrigen, aber nicht besonders wertvollen Produkts in Neuseeland konkurriert dann theoretisch mit einem in der Schweiz, obwohl eine Konkurrenz in der Realität wegen der Transportkosten ausscheidet. Kalksandsteine werden kaum rund um die Welt verschifft, um komparative Vorteile zu nutzen. Die Vernachlässigung von Transport und Information schränkt die Tauglichkeit der Theorie zur Erklärung von Spezialisierungsmustern ein. Im Rahmen unserer Fragestellung ist die Überzeichnung der Schärfe des Wettbewerbs allerdings irrelevant. Die These, dass ein allgemeiner Kostensenkungswettbewerb für Staaten nicht lohnt, gilt natürlich auch, wenn der Wettbewerb in manchen Bereichen weniger scharf ausfällt.

bb) Spezialisierungsmuster, die uns diffus erscheinen

Ein weiterer Einwand gegen *Ricardos* Theorie lautet: Heute, da fast alles an fast jedem Ort produziert werden könne, es zum Beispiel auf die Nähe zu Kohlevorkommen oder großen Flüssen kaum mehr ankomme, habe der komparative Vorteil seine Bedeutung verloren.[22] Wo solle Spezialisierung zu finden sein, wenn Autos von Deutschland nach Frankreich und gleichzeitig von Frankreich nach Deutschland exportiert werden? Der Einwand ist insoweit berechtigt, als die Theorie des komparativen Vorteils ein oft schwer handhabbares Werkzeug ist, um Ansiedlungsmuster wirtschaftsgeographisch nachzuvollziehen. Für unser Thema läuft er dagegen ins Leere.

22 Meist geht es in solchen Beispielen, wie schon erwähnt, dann doch eher um absolute Vorteile, die in diesen Fällen mit den letztlich entscheidenden komparativen Vorteilen deckungsgleich sind.

Eine wichtige Einsicht ist, dass es gleichgültig ist, auf welchen Umständen komparative Vorteile beruhen. Die Unterschiede müssen keineswegs an natürlichen Gegebenheiten – z.B. warmem Klima hier, Bodenschätzen dort – liegen. Komparative Vorteile können in zwei ansonsten identischen Ländern auch dadurch entstehen, dass es in dem einen Land viele effiziente Großbetriebe gibt und in dem anderen nur kleinbetriebliche Strukturen. Nehmen wir als Branchen die Automobil- und die Textilindustrie und nehmen wir an, in beiden Branchen sind großbetriebliche Strukturen effizienter als kleine. Aber in der Automobilindustrie sind kleinbetriebliche Strukturen noch nachteiliger als in der Textilindustrie. Dann wird das Land mit den großbetrieblichen Strukturen komparative Vorteile im Automobilbau haben, während das Land mit den kleinbetrieblichen Strukturen die Textilindustrie übernimmt – obwohl auch in der Textilindustrie die großbetrieblichen Strukturen effizienter wären.

Die Spezialisierung auf Güter, die durch die äußeren Umstände begünstigt werden – z.B. Zitrusfrüchte in warmen Ländern – ist naheliegend. Ein Spezialisierungsmuster, welches das eine Produkt komplett Land A zuordnet und das andere Land B, also entlang von Produktgrenzen verläuft, ist aber keineswegs zwingend. Schon an einem sehr einfachen (stilisierten) Beispiel kann das gezeigt werden.

In A-Land und B-Land, beide ungefähr gleich groß, konsumieren die Menschen Reis und Bananen. Und aus irgendwelchen Gründen legen sie Wert darauf, Reis und Bananen zu jeweils gleichen Teilen zu essen; wahrscheinlich sind ihre Kochrezepte entsprechend. Die Anbauflächen sind für Reis und Bananen jedoch unterschiedlich gut geeignet. In A-Land eignen sich 70 Prozent der Flächen besser für Reis und 30 Prozent besser für Bananen. Um die Nachfrage nach Bananen zu decken, müssen vor der Aufnahme von Handel trotzdem Flächen, die eigentlich besser für Reis geeignet wären, teilweise für Bananenkulturen genutzt werden. In B-Land verhält es sich umgekehrt. 70 Prozent sind besser für Bananen geeignet, 30 Prozent besser für Reis. Auch hier erzwingt die Nachfrage, einen Teil der Flächen nicht optimal zu nutzen. Nach der Aufnahme des Handels wird sich keines der beiden Länder auf nur ein Gut – Reis oder Bananen – spezialisieren, sondern beide Länder werden ihre Anbauflächen für die Produktion des jeweils am besten geeigneten Gutes nutzen. A-Land spezialisiert sich zu 70 Prozent auf Reis und zu 30 Prozent auf Bananen, B-Land macht es umgekehrt. Die Spezialisierung erfolgt also nicht auf bestimmte Güter, sondern auf die günstigsten Produktionsmöglichkeiten. Damit sind die Spezialisierungseffekte natürlich viel weniger sichtbar, aber nicht weniger wirksam.[23]

Es muss uns also nicht wundern, dass in vielen Ländern eine unüberschaubare Vielfalt von Produkten hergestellt wird. Das ist mühselig für die Wirtschaftsgeographen.[24] Die für unsere Fragestellung grundlegenden Aussagen bleiben davon jedoch unberührt.

cc) Umstellungskosten können Vorteile reduzieren

Aus *Ricardos* Theorie wird abgeleitet, dass der freie internationale Handel allen Teilnehmern unter dem Strich Vorteile bringt. Wie wir in unserem Modell gesehen haben, kann Handel jedoch dazu führen, dass sich Spezialisierungsmuster ändern und ein Land die Produktion eines Gutes zugunsten eines anderen aufgeben und sich umstellen muss. Solche Umstellungen können viel kosten und sogar misslingen,[25] ohne dass die Theorie darauf Rücksicht nimmt. Produktionsanlagen sind nun nicht mehr brauchbar und müssen durch andere ersetzt werden, Menschen werden arbeitslos, müssen ihre Berufe wechseln, für neue Produktionen umgeschult werden und vielleicht auch umziehen. Das alles kann sich zu erheblichen Einbußen summieren. Wenn die Spezialisierungen hohe Gewinne erbringen und ein Wechsel der Spezialisierung relativ selten vorkommt, können diese Kosten gegenüber den Gewinnen vernachlässigt werden. Wenn aber die Spezialisierungsgewinne niedriger und die Umbrüche einschneidend sind oder zeitlich zu dicht aufeinander folgen, kann es passieren, dass die Umstellungskosten die Spezialisierungsgewinne aufzehren und die An-

23 Wenn A-Land und B-Land, abgesehen von der Bodenverteilung, gleichermaßen produktiv sind, fällt in diesem Beispiel der komparative Vorteil mit dem absoluten zusammen. Sind sie unterschiedlich produktiv, zählt allein der komparative Vorteil. In beiden Varianten kommt es zu der genannten Spezialisierung.

24 In Kapitel 3.5.b) kommen wir sogar noch auf eine weitere „wirtschaftsgeographische" Einschränkung zu sprechen.

25 Dann ergibt sich im schlechtesten Fall ein neues Gleichgewicht auf reduziertem Niveau. Wir kommen im Kapitel 9 über das Wachstum darauf zurück.

nahme, dass der Handel allen an ihm Beteiligten Vorteile bringt, nicht mehr zutrifft.

Vorteile, die darauf beruhen, dass es zum Beispiel in einem Land Bodenschätze gibt und in dem anderen Land ein Klima, das den Anbau von Zitrusfrüchten begünstigt, sind relativ stabil, und es wird nur selten zu kostenträchtigen Wechseln der Spezialisierungsrichtung kommen. Auf solche Gegebenheiten gegründete Vorteile spielen aber in der heutigen Wirtschaft eine geringere Rolle als früher. Oft sind die komparativen Vorteile nicht so ausgeprägt. Manchmal reduzieren sie sich auf die Tatsache, dass in einem Land gewachsene Strukturen aus Zulieferern und weiterverarbeitenden Betrieben bestehen oder sich große, leistungsfähige Unternehmen gebildet haben, die ein besonders kostengünstiges Produzieren ermöglichen. Solche Vorteile können leicht verloren gehen, womit teure Umbrüche wahrscheinlicher werden.

In entsprechenden Lagen könnte sich ein Eingreifen der Regierung als sinnvoll erweisen, sofern es gelingt, Umstellungskosten in Grenzen zu halten oder zeitlich zu strecken. Allerdings ist das problematisch. Für Regierungen ist es oft schwer zu erkennen, wann es sich lohnt, einen Wechsel zu steuern oder gar Widerstand zu versuchen und wann das in eine Sackgasse führt. Und wenn sich eine Regierung auf dieses schwierige Gebiet begibt, werden gewiss Gruppierungen auf den Plan treten, die egoistisch Druck ausüben, um die Regierung zu Interventionen auch da zu bewegen, wo es volkswirtschaftlich nicht sinnvoll ist.

dd) Bessere und schlechtere Entwicklungspfade – Ein Wettbewerb um die Spezialisierungen mit den besten Entwicklungsperspektiven

Hier kommen wir zu einem wichtigen Punkt, der unsere These, dass allgemeine Unterbietungswettkämpfe sinnlos sind, zwar ebenfalls nicht einschränkt, aber zeigt, dass Staaten trotzdem – auf eine subtilere Weise – miteinander konkurrieren können. Umstellungskosten sind nämlich nicht die einzige Einschränkung jener Verheißung, dass internationaler Handel beständig allen nutzt. Der Handel kann eine Spezialisierung bewirken, die ein Land auf einen vergleichsweise schlechten Wachstumspfad führt und sich längerfristig als strategisch nachteilig erweist. *David Ricardo* hat die Vorteile der Spezialisierung durch internationalen Handel 1817 an den Ländern England und Portugal demonstriert. Damals konnte Portugal nicht nur Wein, sondern auch Tuch günstiger produzieren als England. Trotzdem spezialisierte sich England gewinnbringend auf die Produktion von Tuchen und Portugal auf den Anbau von in England begehrtem Wein. Das war zunächst für beide Seiten vorteilhaft. Wir wissen aber, wie die Geschichte weiter verlief und dass sie für Portugal nicht gut ausging. England hat bei der Tuchproduktion viel gelernt: wie man Dampfmaschinen einsetzt, wie man Fabriken aufbaut und sie immer rationeller organisiert. Portugal dagegen konnte beim Weinbau viel weniger lernen und wurde im Laufe der Zeit von katastrophalen Rebkrankheiten heimgesucht. Mit Spezialisierungen können also sehr unterschiedliche Lernmöglichkeiten, Entwicklungen der Infrastruktur und unterschiedliche Risiken verbunden sein.

Portugal hätte vielleicht besser daran getan, eine zu weitgehende Spezialisierung auf Wein zu vermeiden und stattdessen auf den wachstumsträchtigen Feldern des beginnenden Industriezeitalters technologisch Anschluss zu suchen. Dafür hätte es allerdings auf einen Teil seines lukrativen Weinabsatzes verzichten müssen, denn hätte es – zum Training seiner Wirtschaft und zeitweilig durchaus protektionistisch – einen Teil seines Tuchbedarfs selbst produziert, hätte England weniger Tuch verkaufen und damit auch weniger portugiesischen Wein abnehmen können. Langfristig betrachtet hätte die portugiesische Regierung also wohl Industriepolitik betreiben sollen.[26] Denn Länder stehen gut da, in denen die Menschen bei der Produktion viel lernen und erfinden und eine Infrastruktur aufbauen, die sich Änderungen der Spezialisierung flexibel anpassen lässt. Schlechter fährt dagegen, wer wenig lernt und allen Risiken einer Monokultur ausgesetzt ist, von der Reblaus bis zum Verfall des Weltmarktpreises für ein einzelnes Produkt.

26 Die Ökonomin Mariana Mazzucato hat untersucht, wie es zu den technischen Erfindungen kam, die neue Produkte wie beispielsweise Smartphones oder komplexe Krebstherapien möglich machten. Ergebnis: Die nötigen Erkenntnisse sind immer in staatlichen Labors entstanden. Private Firmen haben diese Innovationen zu marktfähigen Waren weiterentwickelt. (Mazzucato, 2014)

Insgesamt bedeutet das: Es kann sinnvoll sein, einen zukunftsträchtigen Wirtschaftszweig zeitweilig staatlich zu fördern.[27] Und damit kann auch eine Konkurrenz um die vorteilhaftesten Produktionsfelder und Entwicklungspfade mit anderen Staaten entstehen, die sich in diesem Wirtschaftszweig ebenfalls etablieren wollen. In diesem Sinne ist eine wirtschaftliche Konkurrenz der Staaten ohne weiteres möglich. Staaten konkurrieren um Entwicklungspfade, die die Produktivität am meisten steigern. Aber es ist nicht möglich, diese strategische Konkurrenz durch eine allgemeine Kostensenkung zu gewinnen. Im Rahmen einer solchen Strategie müssen und dürfen nicht alle Kosten gesenkt werden. Vielmehr müssen die strategisch wichtigen Produkte im Verhältnis zu den übrigen Produkten relativ günstiger werden.

ee) Spezialisierungsvorteile auch bei Unterbeschäftigung?

Gelegentlich ist der Einwand zu hören, *Ricardos* Theorie – oder genauer: der mit ihr postulierte Nutzen – setze voraus, dass in den am Handel beteiligten Ländern Vollbeschäftigung herrsche. Das trifft in dieser Form nicht zu. Richtig ist, dass die Spezialisierung durch Handel zur Einsparung von Faktoreinsatz, also von Arbeit und Kapital, führt. Derselbe Wohlstand wie zuvor kann nun mit weniger Einsatz erwirtschaftet werden. Die inländischen Arbeitskräfte könnten also an den Segnungen der ausgeweiteten internationalen Arbeitsteilung durch eine Verkürzung der Arbeitszeit bei ungeschmälertem Lohn beteiligt werden. Das wird aufgrund des Wettbewerbs der Arbeitskräfte untereinander und der politischen Kräfteverhältnisse allerdings meist unterbleiben. Dann ist ggf. vermehrte Arbeitslosigkeit die Folge; jedenfalls zeitweilig, solange die Produktion nicht an anderen Stellen ausgeweitet wird. Trotz eines insgesamt konstanten Produktionsniveaus führt die Arbeitslosigkeit zu mehr Ungleichheit und zu sozialen „Schieflagen". Zuzugeben ist auch, dass in manchen Ländern eine durch den Handel geförderte Spezialisierung auf kapitalintensive Waren zu Lasten von arbeitsintensiven die Bekämpfung der Arbeitslosigkeit erschweren kann. Unterbeschäftigung stellt aber keine Einschränkung der Wirkmechanismen des komparati-

27 Und im Extremfall vielleicht sogar zeitweilig auf die Vorteile des Freihandels und einer nur kurzfristig vorteilhaften Spezialisierung zu verzichten.

ven Vorteils dar. In einem ersten Schritt senkt die vertiefte Arbeitsteilung den Einsatz, in einem zweiten ermöglicht sie mehr Produktion, erhöht den Wohlstand der Volkswirtschaft und gleicht Arbeitsplatzverluste aus. Oft geschieht das allerdings mit zeitlicher Verzögerung, die die Erwerbsbiographie vieler Menschen belastet. Den mit der Bekämpfung von Arbeitslosigkeit verbundenen Fragen werden wir in den Kapiteln 6 über die Arbeit und 9 über das Wachstum weiter nachgehen.

ff) Ausufernde Kredite sind für Schuldner und Gläubiger gefährlich

Die positiven Wirkungen der Arbeitsteilung werden eingeschränkt, wenn eine Seite die andere immer weiter beliefert, aber lange Zeit (teilweise) auf Gegenleistungen verzichtet und also Kredit gibt; wenn die Kredite immer wieder verlängert oder durch neue ersetzt werden. Vielleicht wundern Sie sich, dass das Problem der Kredite bereits hier und nicht erst im nächsten Kapitel 2.2, in dem wir uns mit der Geldwirtschaft beschäftigen, besprochen wird. Die grundsätzliche Frage, wie sich ständig wachsende Kredite auf die Arbeitsteilung auswirken, kann aber schon jetzt angesprochen werden, bevor wir uns in den Bereich des Geldes begeben, weil Kredite auch im Bereich des Tauschens möglich sind. Auch im Tauschhandel ist es denkbar, dass die Gegenleistung aufgeschoben wird: Ich gebe Saatgut und bekomme später einen Anteil an der Ernte. Und um das Beispiel von Sven und Hannes wieder aufzugreifen: Wenn Sven für Hannes tippt, aber immer wieder darauf verzichtet, dass Hannes für ihn bügelt, macht Sven bis auf weiteres alles und Hannes nichts. Von Arbeitsteilung kann hier nicht die Rede sein. Hannes, obwohl zunächst ohne eigenen Einsatz gut versorgt, gerät irgendwann auf eine riskante Bahn. Sven dagegen führt zwar ein unbequemes Leben, ist aber „vollbeschäftigt“ und baut gegenüber Hannes ein wachsendes Guthaben auf. Neben dem ausbleibenden Spezialisierungsvorteil – er tippt und bügelt – besteht der Pferdefuß für ihn darin, dass er mit seinen notorischen Vorleistungen seinen Schuldner schwächt und so am Ende seine Forderungen mehr und mehr gefährdet. (Hannes verlernt das Bügeln.) Ähnliches gilt im Großen bei exzessiven Ungleichgewichten im Handel zwischen Staaten. Die Länder mit den kontinuierlich hohen Überschüssen sind beschäftigt, lernen beständig dazu und freuen sich über die immer höheren Guthaben, die sie gegenüber dem Ausland halten. Möglicherweise sind das aber nur Guthabenillusionen. Diese Guthaben können nicht nur schlicht verloren gehen. Der Verlust kann auch Kettenreaktionen auslösen, die ganze Finanzsysteme zum Einsturz bringen. Notorische Defizitländer dagegen leiden unter hoher Arbeitslosigkeit, gewinnen keine Fähigkeiten, verlieren ihre vorhandenen und lassen mit der Zeit die Rückzahlung ihrer Schulden immer unwahrscheinlicher werden.

e) Ist das Theater für immer gerettet?

Wir haben die Zusammenhänge des internationalen Handels am Beispiel unserer drei Länder mit ihren Theatern und den Theatersteuern erläutert und sind zu dem beruhigenden – und vielleicht überraschenden – Ergebnis gekommen, dass A-Land sein Theater behalten kann, auch wenn die anderen Länder es abschaffen. A-Land kann sein Theater weiter finanzieren, ohne dadurch Nachteile im internationalen Handel zu erleiden. Ist damit die Existenz des Theaters in A-Land nun ein für alle Mal gesichert?

Leider müssen wir diese Frage, trotz des grundsätzlich beruhigenden Befunds, verneinen. Der Umstand, dass komparative Vorteile entscheidend sind und nicht absolute, bedeutet nicht, dass ein Land sich sein Theater immer leisten kann. Ein Land kann zwar seine Position im Weltmarkt nicht durch allgemeine Kostensenkungen oder Steigerungen verändern. Es kann aber passieren, dass der Weltmarktpreis für das Gut oder die Güter, auf die ein Land spezialisiert ist, deutlich fällt und dass das Land für seine Exportproduktion dann weniger eintauschen kann. Das wirkt so, als wäre seine Produktivität gesunken. In diesem Fall ist es möglich, dass eine weiter erhobene Theatersteuer der Wirtschaft die Mittel nehmen würde, die sie zu ihrem Fortbestand braucht. Im Rahmen der landesinternen Mittelverteilung muss also möglicherweise so umgeschichtet werden, dass die lebenswichtigen Bereiche, die produzierenden Unternehmen genauso wie Schulen und Krankenhäuser, weiter über ausreichend Mittel verfügen. In diesem Fall müsste das Theater wohl zurückstehen, auch wenn durch seine Schließung nur landesintern umverteilt wird und sich an den grenzüberschreitenden Handelsverhältnissen nichts ändert.

Zusammenfassung:

- Export ist Selbstversorgung über einen produktivitätssteigernden „Umweg". Jedes Land produziert letztlich nur für sich selbst; von Geschenken (Entwicklungshilfe, verlorenen Krediten) abgesehen, ist eine Versorgung des Inlands durch das Ausland nicht möglich.
- In einem Tauschmodell ist es einem Land nicht möglich, seine Position im internationalen Handel durch eine generelle Verminderung oder Erhöhung seiner Produktionskosten zu verändern. Es kommt nicht auf die absoluten, sondern ausschließlich auf die komparativen Vorteile an; das heißt, auf das jeweilige inländische Preisgefüge, in dem die Güter zueinander stehen.
- Kostensenkungen oder Erhöhungen, zum Beispiel durch Änderungen bei Steuern, Sozialabgaben oder Umweltschutzauflagen, beeinflussen die inländische Verteilung der erwirtschafteten Mittel, aber, soweit sie branchenübergreifend gelten, nicht die Position im internationalen Handel.
- Es ist allerdings möglich, durch gezielte Maßnahmen (Forschung, Weiterbildung, Subventionen, fokussierte Verbesserungen der Infrastruktur usw.) zugunsten einzelner Produkte und Branchen Entwicklungspfade anzustreben, die mehr Produktivitätszuwachs versprechen als andere. Um attraktive Spezialisierungsmöglichkeiten kann Wettbewerb entstehen.

2.2 Vom Tauschmodell zur Geldwirtschaft

Wegen der größeren Anschaulichkeit haben wir den Handel zunächst als Tauschhandel untersucht. Aber natürlich werden fast alle Geschäfte mit Geld abgewickelt. Aus dem letzten Kapitel haben wir die Botschaft mitgenommen: In einem Tauschmodell ist es einem Land nicht möglich, seine Position im internationalen Handel zu verändern, indem es seine Produktionskosten generell vermindert oder erhöht. Jetzt geht es darum, ob dies auch zutrifft, wenn Geld verwendet wird. Wir werden sehen, dass der komparative Vorteil auch wirkt, wenn wir mit Geld bezahlen und also Ware gegen Geld und Geld wieder gegen Ware tauschen. Allerdings sind verzerrende Einflüsse zu beachten.

a) Die Wechselkurse verwandeln komparative Vorteile in Preisvorteile

Sofern Staaten sich nicht zu einer Währungsunion zusammengeschlossen[28] oder ausnahmsweise eine fremde Währung übernommen haben, verfügen sie über ihre eigene Währung. Die Wertverhältnisse der Währungen werden durch die Wechselkurse ausgedrückt. Sie verwandeln komparative Vorteile in die für uns im Alltag sichtbaren Preisvorteile. Ein Beispiel soll das zeigen:

A-Land hat komparative Vorteile beim Reisanbau, B-Land bei der Produktion von Bananen. Der Produktionsaufwand wird wieder, wie uns aus dem vorangegangenen Kapitel geläufig, in Faktoreinheiten ausgedrückt.

Tabelle 7 ***Aufwand in Faktoreinheiten***

		Reis	Bananen
A-Land Währung: Taler	Aufwand je Partie	16	20
B-Land Währung: Gulden	Aufwand je Partie	10	8

Wir nehmen an, dass in A-Land für eine Faktoreinheit ein Taler zu bezahlen ist, in B-Land dagegen ein Gulden. Wenn nun beispielsweise der Wechselkurs von Taler in Gulden 2 zu 1 beträgt, d.h. man bekommt zwei Taler für einen Gulden, sehen wir, in Talern ausgedrückt, folgende Preise:

28 Zu den Problemen der Europäischen Währungsunion, zu der Deutschland gehört, kommen wir im Kapitel 5.

Tabelle 8 ***Preise, in Talern gerechnet***

		Reis	Bananen
A-Land	Preis je Partie	16	20
B-Land	Preis je Partie	20	16

Damit kann man in A-Land Reis günstiger einkaufen als in B-Land. Bananen dagegen sind in B-Land günstiger. A-Land wird also, genauso wie im Tauschmodell, Reis exportieren und Bananen einführen, B-Land umgekehrt.

Wie aber kommen die entsprechenden Wechselkurse – also zum Beispiel 2 zu 1 – zustande? In dem seit vielen Jahren vorherrschenden System flexibler Wechselkurse lautet die Antwort, wie regelmäßig in der Marktwirtschaft: durch Angebot und Nachfrage. (Auf den Unterschied zwischen festen und flexiblen Wechselkursen werden wir etwas später eingehen.)

Stellen Sie sich nun vor, der Wechselkurs betrüge statt 2 zu 1 nur 1,5 zu 1,0. Man bekäme also für 1,00 Gulden nur 1,50 Taler. Dann wären sowohl Reis wie Bananen in B-Land billiger als in A-Land. In Talern ausgedrückt, würde Reis aus B-Land 15 Taler kosten, Bananen aus B-Land würden 12 Taler kosten. Alles wäre nun in B-Land billiger zu haben als in A-Land. Die Bürger A-Lands würden deshalb versuchen, das, was sie benötigen, in B-Land einzukaufen. Dafür brauchten sie jedoch Gulden, die sie gegen ihre Taler eintauschen müssten. Da aber bei den gegebenen Preisverhältnissen kein Mensch Lust hätte, in A-Land einzukaufen, wäre auch keiner, der Gulden in der Tasche hat, an einem Geldwechsel in Taler interessiert. Das würde sich erst ändern, wenn die Bürger A-Lands den Bürgern aus B-Land deutlich mehr als 1,50 Taler für den Gulden bieten würden. Damit würde sich der falsche, den Handel verhindernde Wechselkurs zu einem richtigen bewegen, solange, bis sich die Taler-Nachfrage der Menschen aus B-Land, die in A-Land einkaufen wollen, mit der Gulden-Nachfrage von Menschen aus A-Land, die in B-Land kaufen wollen, deckt.

Das Ergebnis eines solchen Prozesses sollte man vorhersagen können. Zum Grundbestand der Volkswirtschaftslehre gehört deshalb die

„Kaufkraftparitätentheorie". Ihre ersten Ansätze gehen bis auf das 17. Jahrhundert zurück. Korrekt wurde sie jedoch erst von dem schwedischen Ökonomen *Gustav Kassel* (1866–1945) formuliert. Danach ist der Wechselkurs im Gleichgewicht, wenn ein Korb aus allen grenzüberschreitend gehandelten Waren, nach diesem Wechselkurs berechnet, in A-Land und B-Land dasselbe kostet. Denn bei Abweichungen wird ein *Arbitrage* genannter Vorgang einsetzen: Händler werden Waren in dem billigeren Land einkaufen, um sie anschließend in dem teureren zu verkaufen. Die dadurch wachsende Nachfrage nach den Waren des billigeren Landes führt zu einer wachsenden Nachfrage nach dessen Währung, verteuert sie und lenkt damit den Kurs auf den gleichgewichtigen, den Relationen des Tauschhandels entsprechenden Wert. Sinken[29] also in einem Land die Preise der grenzüberschreitend handelbaren Waren (und Dienstleistungen), wird die Währung teurer; steigen sie, so verbilligt sie sich. Damit neutralisiert die Entwicklung des Währungspreises die Entwicklung der Warenpreise. In dem von verzerrenden Einflüssen freien Modell der Kaufkraftparitätentheorie neutralisiert der Wechselkurs die Änderung komplett.

Dieser Prozess konkurriert allerdings mit Wirkungen, die Finanzmarktgeschäfte bis hin zu Währungsspekulationen auf die Wechselkurse ausüben. Und selbst wenn Devisen allein getauscht würden, um damit Handelsgeschäfte zu finanzieren, entwickelten sich die Wechselkurse, insbesondere kurzfristig, doch nicht genau so, wie es die Kaufkraftparitätentheorie vorhersagt. Die Frage, wie sie sich in einem kürzeren bis mittleren Zeitraum bewegen werden, gehört zu den besonders schwierigen ökonomischen Fragen. Zu groß ist das Knäuel möglicher Einflussfaktoren. Wer kurzfristige Kursbewegungen sicher vorhersagen könnte, hätte den Schlüssel, um risikolos reich zu werden. Wegen dieser Unsicherheiten stehen Argumentationen, in denen der Wechselkurs eine Rolle spielt, vor einem Problem. Immerhin aber lassen sich die Einflüsse systematisieren. Und zusätzlich können wir uns unsere Aufgabe durch eine Beschränkung ein wenig erleichtern. Wir wollen Kurse ja nicht im Einzelfall voraussagen. Im Zusammenhang unserer Untersuchung reicht es aus, zu fragen, ob ein Land, das teurer produ-

29 Die Preisminderung muss nicht nominal erfolgen. Eine Verbilligung in Relation zu steigenden Preisen im Ausland reicht.

ziert als andere, weil es die Produktion mit höheren Abgaben belastet, sich damit größeren Gefahren aussetzt, Opfer eines handelsschädlichen überhöhten Wechselkurses zu werden als „billigere“ Länder. Konkret werden wir der Frage im Abschnitt 2.2 e) nachgehen. Die Grundlagen dafür sollen im Folgenden besprochen werden.

Transportkosten verhindern, dass alle Arbitragemöglichkeiten ausgenutzt werden. Damit vermindert sich der Einfluss der Arbitrage auf die Währungsnachfrage, und der Einfluss auf die Wechselkurse fällt entsprechend schwächer aus. Außerdem wird die Korrektur „falscher“ Wechselkurse noch durch ein weiteres Phänomen des grenzüberschreitenden Handels reduziert: Zwar verteuert eine zu hoch bewertete Währung die Exportprodukte. Aber in viele dieser Produkte gehen ausländische Vorleistungen ein. Und diese Vorleistungen werden durch den überhöhten Wechselkurs umgekehrt verbilligt. Als Beispiel seien aus dem Ausland bezogene Stahlbleche genannt, die im Automobilbau verwendet werden. Bei näherem Hinsehen gehen ausländische Vorleistungen sogar in so gut wie alle Produktionen ein, und sei es nur, dass die an der Produktion beteiligten Arbeitskräfte Importprodukte, vom Kraftstoff bis zu Textilien und Südfrüchten, billiger konsumieren können und deshalb ihre Lohnforderungen vielleicht weniger hochschrauben. Eine um 10 Prozent „überteuerte“ Währung führt damit nicht im selben Ausmaß zu überteuerten Exporten.

Die Realwirtschaft verkraftet bis zu einem gewissen Grad Abweichungen des tatsächlichen vom unter Handelsgesichtspunkten optimalen Wechselkurs recht gut. Bei vielen Austauschprozessen gibt es nicht nur *einen* möglichen Preis, sondern eine Spanne, innerhalb der der Austausch für beide Seiten lohnend ist. Solange diese Spannen nicht verlassen werden, wird der Handel weitergehen.

Diese Effekte dämpfen die Auswirkungen von Wechselkursschwankungen und führen zu einer Abschwächung der auf Anpassung gerichteten Kräfte. Die sich aus dem Handel ergebenden Kräfte führen den Kurs daher an einem elastischen Zügel, der sich bei kleineren Abweichungen nur zögernd strafft, aber immer stärker anspannt, je größer die Abweichungen werden. Und entsprechend kann es, wenn der Druck zu groß wird, auch zu abrupten und überschießenden Korrekturen in die Gegenrichtung kommen. Ein Land, das darauf hofft,

„schleichend" billiger für den Export zu produzieren, ohne dass der Wechselkurs reagiert, kann deshalb eine böse Überraschung erleben.

Fazit: Längerfristig wertet eine Währung auf, wird also teurer, wenn es einem Land gelingt, in Relation zu anderen Ländern billiger zu produzieren. Dementsprechend bekam es die Bundesrepublik zu DM-Zeiten mehrfach mit Aufwertungen zu tun. Ihre gegenüber ihren Handelspartnern beständig wachsenden Produktivitätsvorteile und ihre geringeren Inflationsraten wurden so von den wiederkehrenden Aufwertungen der Deutschen Mark neutralisiert. Umgekehrt wertet eine Währung ab, wenn sich die heimische Produktion im Verhältnis zu anderen Ländern verteuert.

b) Der Kapitalmarkt beeinflusst ebenfalls den Wechselkurs

Der Wechselkurs wird nicht nur durch den Austausch von Waren und Dienstleistungen beeinflusst, sondern auch von zahllosen Finanztransaktionen. Nicht nur die Güter und Dienstleistungen eines Landes können vom Ausland stark nachgefragt werden und damit den Wechselkurs nach oben treiben. Dasselbe kann geschehen, wenn Finanzanlagen in der betreffenden Währung sehr beliebt sind, sei es wegen der erwarteten Renditen, sei es, weil das Land als politisch besonders stabil oder vielleicht auch als verschwiegen gegenüber den Steuer- und Strafverfolgungsbehörden anderer Länder gilt.

Ein wichtiger Grund für vom Kapitalmarkt beeinflusste Wechselkurse sind unterschiedliche nationale Zinsniveaus. Wenn man in A-Land für eine Geldanlage 4 Prozent Zinsen bekommt, in B-Land dagegen nur 2 Prozent, werden viele ausländische Anleger in A-Land Geld anlegen wollen. Dafür müssen sie die dortige Währung erwerben, die sich aufgrund der steigenden Nachfrage verteuern und also aufwerten wird. Allerdings müssen die Anleger auch darauf hoffen, dass es während der Laufzeit ihrer Geldanlagen nicht zu einer Abwertung der A-ländischen Währung kommt, die den Zinsvorteil auffrisst oder die Geldanlage sogar zu einem Verlustgeschäft macht.

Bei der Geldanlage kann sich der Wunsch, eine bestehende Zinsdifferenz zu nutzen, durchaus mit der Spekulation auf eine Aufwertung der

Währung, in der man investiert, verbinden. Für Aktien gilt dasselbe. Kurssteigerungen können durch Wechselkurseffekte noch lukrativer werden. Ebenfalls spekulieren können Exporteure, wenn sie den Umtausch ihrer Auslandserlöse in die heimische Währung hinausschieben, weil sie erwarten, dass es zwischenzeitlich noch zu einer Wertsteigerung durch eine Wechselkursänderung kommt.

Neben den mit anderen Geld- oder Warengeschäften verbundenen Spekulationen gibt es die reine Währungsspekulation. Reine Währungsspekulanten wollen nicht primär Zinsen verdienen. Sie setzen – meist kurzfristig – darauf, an der Auf- oder Abwertung von Währungen zu verdienen. Die Aufwertungsspekulation ist einfach: Man erwirbt eine Währung vor ihrer Aufwertung und verkauft sie im Anschluss. Die Abwertungsspekulation ist hingegen ein wenig komplizierter. Sie nutzt so genannte Termingeschäfte. Der Spekulant sucht einen Käufer, der sich verpflichtet, ihm beispielsweise in drei Monaten zum heutigen Kurs einen Betrag in der betreffenden Währung abzukaufen. Der Spekulant, der aktuell noch nicht über den betreffenden Währungsbetrag verfügt, setzt darauf, kurz vor dem Zahltag die Währung zu einem billigeren als dem heutigen Kurs erwerben und den Vertrag damit erfüllen zu können. Die Differenz abzüglich Spesen ist sein Geschäft. Das alles lässt sich natürlich auch auf Kreditbasis finanzieren mit der Folge, dass bei einer Fehlspekulation die Kreditgläubiger mit ins Verderben gerissen werden können – und nicht nur sie, sondern auch all jene, die wirtschaftlich von ihnen abhängen.

Professionelle Spekulanten behalten die so genannten Fundamentaldaten der Volkswirtschaften im Auge: die Produktivität, die Exportentwicklung, die Inflation, die Zinsen und weitere Faktoren. Aber noch mehr fragen sie sich, was andere Spekulanten von der künftigen Entwicklung dieser oder jener Währung wohl erwarten. Das heißt, sie versuchen, die Prognosen der Anderen zu prognostizieren. Damit ist psychologischen Effekten, vor allem dem Herdentrieb, Tür und Tor geöffnet. Und Spekulationen lohnen sich ja auch erst richtig, wenn sie andere dazu verführen, in dieselbe Richtung mitzugehen und den Effekt zu verstärken.

Reine Finanztransaktionen, denen kein Handelsgeschäft zugrunde liegt, übertreffen die realwirtschaftlich veranlassten Geldgeschäfte auf den Kapitalmärkten um ein Vielfaches. Allerdings muss man bei den gigantischen Mengen von Geschäftsvorgängen berücksichtigen, dass eine Order regelmäßig mehrere Ausführungsgeschäfte nach sich zieht und dass sich viele Finanztransaktionen auf den Märkten gegenseitig neutralisieren.

Es ist der Zustrom ausländischen Geldes, der den Wechselkurs nach oben treibt, nicht die Menge des bereits zugeflossenen Kapitals. Das macht auch deutlich, warum jede Spekulation den Keim der – oft abrupten – Trendumkehr bereits in sich trägt.

c) Flexible und feste Wechselkurse

Das hier beschriebene System ist das System flexibler Wechselkurse, wie es heute weit verbreitet ist. Der Preis der Währungen richtet sich nach Angebot und Nachfrage.

Bis 1973, als das System von *Bretton Woods* zusammenbrach, galten dagegen administrierte Wechselkurse. Dollar, DM, Franc und andere Währungen standen in einem vereinbarten Verhältnis zueinander. Auf einer noch während des Zweiten Weltkriegs, im Juli 1944 in *Bretton Woods* in den USA abgehaltenen Konferenz vereinbarten 44 Staaten unter der Führung der USA ein möglichst stabiles Währungssystem mit festen Wechselkursen.[30] Die Bundesrepublik Deutschland wurde später Teil dieses Systems. Die Währungen der teilnehmenden Länder wurden vertraglich mit einem festen Kurs an den Dollar als so genannte Leitwährung gebunden, und die Notenbanken wurden verpflichtet, mit den ihnen zur Verfügung stehenden Mitteln diesen Kurs zu verteidigen. Nur wenn sich dauerhafte Ungleichgewichte ergaben, konnten die Wechselkurse im Rahmen einer internationalen Vereinbarung verändert, die Währungen also auf- oder abgewertet werden. Das System scheiterte Anfang der 1970er Jahre, nicht zuletzt aufgrund einer inflationären Politik der USA, die mit der Finanzierung des Vietnam-Kriegs im Zusammenhang stand.

30 Ergänzend gründete man den internationalen Währungsfond (IWF) und die Weltbank.

Sowohl feste als auch flexible Wechselkurse haben Vor- und Nachteile. Ohne ihr Für und Wider erschöpfend zu erörtern, geht es doch darum, dass feste Wechselkurse den exportierenden Unternehmen und internationalen Investoren eine gewisse Sicherheit für längerfristige Dispositionen bieten. Wer ein Produkt in fremder Währung verkauft, das er in sechs Monaten zu liefern hat, kann hoffen, dass seine Kalkulation auch zum Zahltermin noch stimmt. Feste Wechselkurse vermeiden die beinahe täglichen Kursschwankungen, die den internationalen Handel erschweren und – zum Beispiel durch Versicherungen gegen Kursschwankungen (sog. Terminsicherungsgeschäfte) – verteuern. Die Nachteile fester Kurse jedoch zeigen sich dann, wenn der Auf- oder Abwertungsdruck auf eine Währung so stark wird, dass die Notenbank den Kurs nicht mehr verteidigen kann und kapitulieren muss. Es kommt dann zu einer abrupten größeren Kursveränderung, die einschneidend wirkt und oft von politischen Auseinandersetzungen mit den betroffenen Wirtschaftskreisen und anderen Staaten begleitet wird.

Aufgrund der auch bei festen Wechselkursen immer wieder notwendig werdenden Korrekturen ist dieses System mit gewissem Recht nicht als ein fixes System, sondern als System einer stufenweisen Flexibilität bezeichnet worden. Um den Druck auf die eigene Währung nicht so groß werden zu lassen, dass die Mittel der Notenbank zur Stabilisierung des Kurses nicht mehr reichen, ist zudem eine zwischen den beteiligten Staaten abgestimmte Wirtschaftspolitik erforderlich, womit ein Verlust an innenpolitischem Gestaltungsspielraum verbunden ist.

Auf der anderen Seite ist auch ein flexibler Wechselkurs nicht frei von Interventionen der Notenbank, denn diese kann versuchen, Kursänderungen durch An- oder Verkäufe von Devisen zu dämpfen. Ein solches Mischsystem wird auch als „schmutziges Floaten“ der Kurse bezeichnet.

Die vielen, zum Teil sprunghaften und im Einzelnen manchmal schwer erklärbaren Wechselkursänderungen seit dem Ende des Systems von *Bretton Woods* haben dazu geführt, dass sich manche der bei der Einführung flexibler Wechselkurse gehegten Hoffnungen nicht erfüllt haben. Die Kurse passen sich den Gegebenheiten der Realwirtschaft nicht so geschmeidig an, wie das erwartet wurde. Das hohe Volumen der Spekulation hat daran einen nennenswerten Anteil. Denn mit dem Ende des Systems von *Bretton Woods* wurde zugleich der internationale Kapitalverkehr liberalisiert und die Spekulation erleichtert. Deren Eindämmung durch internationale Vereinbarungen, Regulierungen und ggf. auch eine Steuer auf grenzüberschreitende Kapitaltransfers wäre deshalb wünschenswert.

d) Zentralbanken als Übeltäter

Die Zentralbanken können mit ihren Möglichkeiten Kursschwankungen dämpfen und Kurse in Richtung der Kaufkraftparität stützen. Aber sie werden dieser Aufgabe nicht immer und überall gerecht. Manche betätigen sich als Kurs-Manipulateure im gegenteiligen Sinn. Sie versuchen, die Währung ihres Landes billiger zu machen, als es der Kaufkraftparität entspricht, um die Exporte der heimischen Wirtschaft zu fördern. Faktisch stellt das eine Subventionierung der Exporte zu Lasten des inländischen Verbrauchs dar. Damit schaden sie der internationalen Arbeitsteilung. Solche Aktionen durch internationale Abkommen zu unterbinden, gerade wenn sie von großen Ländern betrieben werden, ist nicht weniger wichtig als der Kampf gegen protektionistische Handelsbeschränkungen. *Peter Bofinger*, bis 2019 Mitglied im deutschen „Sachverständigenrat zur Begutachtung der gesamtwirtschaftlichen Entwicklung", hat es auf den Punkt gebracht: „Wenn ein Land seine Industrie durch Zölle schützt, nennt man das Protektionismus. Da ein solches Verhalten dem internationalen Handel und damit der Weltwirtschaft insgesamt schadet, haben sich die meisten Staaten in der Welthandelsorganisation WTO (World Trade Organisation) zusammengeschlossen. Deren Statuten verbieten es den Mitgliedsländern, sich durch die Einführung von Zöllen unfaire Wettbewerbsvorteile zu verschaffen. Doch wenn ein Land das Instrument des Wechselkurses einsetzt, mit dem es grundsätzlich den gleichen Effekt erzielen kann, fällt dies nicht unter die Regeln der WTO. (…) Wechselkurspolitik darf keine nationale Angelegenheit sein. Jedes Land, das am Devisenmarkt interveniert, beeinflusst die Wirtschaftslage einer anderen Volkswirtschaft. Wenn man für einen freien Welthandel plädiert, weil man sich davon Wohlstand für die Menschheit verspricht, muss man durch eine funktionsfähige globale Währungsordnung dafür sorgen, dass der Protektionismus nicht über die Hintertür der Wechselkursmanipulation wieder auf der Bühne erscheint. (…) Eine stabile internationale Währungsordnung ist eine entscheidende Voraussetzung für eine widerstandsfähige Finanzmarktarchitektur."[31]

e) Komparative Vorteile angesichts schlingernder Wechselkurse

Fassen wir zunächst noch einmal zusammen, was wir auf den letzten Seiten erörtert haben: Die Wechselkurse sind das Scharnier, das es ermöglicht, dass teurer und billiger produzierende Länder zum gegenseitigen Vorteil miteinander Handel treiben, so wie dies auch in einer Tauschwirtschaft der Fall wäre. Der Wechselkurs wird aber nicht nur durch den Handel beeinflusst, sondern in erheblichem Maße auch durch Vorgänge auf dem Kapitalmarkt. Insbesondere erzeugen unterschiedliche Zinsniveaus Kapitalflüsse, die die Wechselkurse beeinflussen. Ferner spielt die meist kurzfristig angelegte Währungsspekulation eine Rolle. Die Zentralbanken können Kursschwankungen durch Interventionen dämpfen. In bestimmten Fällen betätigen sich einige jedoch eher als Kurs-Manipulateure, die die eigene Währung billiger machen wollen, als es einem an gleichgewichtigen Handelsverhältnissen orientierten Kurs entspricht. Internationale Abkommen zur Verhinderung sowohl der Kursmanipulation als auch von Währungsspekulationen wären deshalb wichtiger als der Abschluss zusätzlicher Handelsabkommen. Klar ist, dass sich freie, nicht administrierte Wechselkurse aus dem Angebot und der Nachfrage nach einer Währung ergeben. Warum aber zu bestimmten Zeiten viele Menschen oder auch einzelne große Akteure in den Besitz einer bestimmten Währung kommen oder diese loswerden wollen und zu welchem Preis, liegt zwar oft auf der Hand, bleibt in anderen Fällen aber unklar. Glücklicherweise funktioniert der Handel und damit die produktive Arbeitsteilung nicht nur bei einem ganz bestimmten Wechselkurs, sondern auch, solange sich der Wechselkurs in einem bestimmten, verträglichen Korridor bewegt.

---

31 Bofinger (2010), S. 73ff.

Was bedeuten die Unsicherheiten der Wechselkurse nun für unsere These, dass generelle Preisänderungen in einer Volkswirtschaft – wie zum Beispiel eine generelle Senkung der Lohn- oder Lohnnebenkosten – längerfristig ohne Einfluss auf den internationalen Handel bleiben? Und, dass es für ein Land mit eigener Währung also keine nachhaltige Strategie ist, seine Position im internationalen Handel durch allgemeine Kostensenkungen verbessern zu wollen.

Kehren wir noch einmal zu Land A zurück, das sein Theater nicht abschafft und ein „teures" Land bleibt, während die Länder ringsum „billiger" werden. Oder auch zu einem Fall, in dem ein Land vielleicht sogar teurer wird, während die anderen ihr Kostenniveau beibehalten. Wenn die Realwirtschaft den Wechselkurs bestimmt, führt das zur Abwertung der Währung von A-Land mit der Folge, dass dessen Wettbewerbsposition unverändert bleibt. Die Waren A-Lands verteuern sich im Ausland nicht. Durch die Abschaffung bzw. Beibehaltung des Theaters wird lediglich innerhalb des jeweiligen Staates die Verteilung der Ressourcen auf unterschiedliche Bereiche berührt.[32]

Die Frage stellt sich nun, ob auf den Finanzmärkten etwas geschieht, was die Abwertung verhindert, und wie wahrscheinlich ein solches Szenarium ist. Denn eine ausbleibende Abwertung würde das Land tatsächlich in eine missliche Situation bringen. Um eine fällige Abwertung zu verhindern, müsste die Zahlungsbereitschaft von Ausländern für den Erwerb der Währung A-Lands – trotz der realwirtschaftlichen Entwicklung, d.h. der Verteuerung seiner Produkte – konstant bleiben. Starke Gründe sprechen dagegen. Die Beibehaltung einer Steuer, die andere gerade abschaffen, löst unter Renditegesichtspunkten keinen Anreiz aus, nun Kapital vermehrt in dieses Land fließen zu lassen. Eher ist das Gegenteil naheliegend: ein Kapitalabzug, worauf wir im Kapitel 3 eingehen werden. Die realwirtschaftlich zu erwartende Abwertung kann allerdings konterkariert werden, wenn in dem betreffenden Land höhere Zinsen als im Ausland geboten werden. Der Zustrom von ausländischem Kapital, das diese Zinsen nutzen will, verteuert dann tendenziell die betreffende Währung. Möglicherweise muss ein

32 Von der Vorstellung, dass eine Abwertung ein mit einem Makel behafteter Vorgang sei, sollten wir uns an dieser Stelle zunächst einmal fernhalten. Wir kommen noch darauf zu sprechen.

Land die hohen Zinsen bieten, weil es den Zustrom ausländischen Finanzkapitals braucht. Eine ungenügende inländische Kapitalbildung wie auch die Abwanderung von Kapital kann die Handlungsfreiheit eines Landes beeinträchtigen. Spielt Kapitalmangel jedoch keine Rolle, sprechen die so genannten fundamentalen Faktoren dafür, dass eine Wechselkursanpassung stattfindet. Für eine spekulative Aufwertungserwartung im Widerspruch zur realwirtschaftlichen Entwicklung gibt es dann keine Ansatzpunkte. Folglich würde es keinen Sinn ergeben, sich spekulativ in die betreffende Währung einzukaufen. Selbst von großen Akteuren inszenierte Spekulationen brauchen etwas, an dem sich die Fantasie der Mitläufer entzünden kann.

Droht ein Zufluss von Kapital, der die Währung verteuert, gibt es im Übrigen Maßnahmen, die teils der Notenbank, teils dem Gesetzgeber zu Gebote stehen, um unliebsame Auswirkungen auf die Realwirtschaft zu verhindern. Sie sind situationsabhängig und können hier kaum mehr als angedeutet werden. Alle haben ihre Vorzüge und Nachteile, und gegebenenfalls ist auch ein Mix verschiedener Maßnahmen erwägenswert. Ein problematischer Zustrom ausländischen Kapitals kann eingedämmt werden, indem die Attraktivität von Geldanlagen im Inland reduziert wird. Dafür kann die Notenbank, als simples Beispiel, die Zinsen senken. Ihr Arsenal an Möglichkeiten ist aber bedeutend größer und differenzierter. Als Maßnahme der Notenbank, die die Nachfrage nach der Landeswährung nicht abschreckt, sondern bedient, kommt auch eine Erhöhung der Geldmenge in Betracht, um die ausländische Nachfrage nach der Inlandswährung ohne eine Verteuerung der Währung zu befriedigen. Beide Maßnahmen können jedoch zu inflationären Tendenzen führen.

Neben der Notenbank kann der Gesetzgeber handeln. Wenn es um längerfristige Effekte geht, kann eine höhere Quellenbesteuerung inländischer Kapitalerträge diese Anlagen unattraktiver machen, ohne zu einer Überhitzung der Wirtschaft durch zu niedrige Kreditzinsen zu führen.[33]

Es gibt jedoch auch Fälle, in denen Staaten den durch Kapitalmarkteffekte hoch getriebenen Wechselkurs in gewissen Grenzen in Kauf neh-

---

33 Die steuerlichen Mehrerträge können an anderer Stelle zur Entlastung der Bürger genutzt werden.

men. Ein Beispiel dafür ist – zumindest zeitweilig – die Schweiz, für die der Bankensektor ein besonders wichtiger Bereich ihrer Wirtschaft ist. Geldzuflüsse in die Schweiz zu drosseln, würde dem Bankensektor schaden. Natürlich leidet die Schweizer Exportwirtschaft unter dem teuren Franken. Aber die Schweiz hat in einem weiteren, für sie wichtigen Bereich, dem Tourismus, innerhalb und außerhalb Europas Kunden gefunden, die sich an den Preisen nicht stören. Und die Leiden der Schweiz werden zusätzlich von dem bereits beschriebenen Dämpfungseffekt gemildert: Sie profitiert von dem währungsbedingt günstigen Einkauf ausländischer Vorleistungen, die sie für ihre Produkte braucht.

Im Ergebnis können wir festhalten: Ein Land mit eigener Währung, dass teurer produziert als andere, zum Beispiel weil es höhere Steuern und Abgaben erhebt oder teurere Auflagen zum Umweltschutz oder zur Arbeitssicherheit macht, muss in der Regel nicht fürchten, dass der Wechselkurs als ausgleichendes Korrektiv versagt. Allfällige Kursschwankungen bleiben davon unberührt. Etwas anderes kann allerdings eintreten, wenn es kapitalarm ist und seiner Kapitalarmut nicht anders als durch ein höheres Zinsniveau begegnen kann.

f) Die ungleich verteilten Verlockungen einer „inneren Abwertung"

In gewissen Grenzen sind Wechselkurse manipulierbar. Im Falle administrierter Wechselkurse können Länder – unter Inkaufnahme von Konflikten mit anderen Staaten – den Umtauschkurs ihrer Währung bewusst zu niedrig festsetzen, um ihre Produkte für das Ausland zu verbilligen und dadurch Absatzerfolge zu erzielen. Die Exporte laufen dann besser, während gleichzeitig die Importe aus dem Ausland den heimischen Produkten – zumindest preislich – weniger Konkurrenz machen. Und vor allem ist die Arbeitslosigkeit weniger hoch. Das ist eine Dumping-Strategie. Das Land verdient zwar nicht besonders gut daran, aber der hohe inländische Beschäftigungsgrad vermindert soziale Spannungen. Für die Entwicklung der heimischen Wirtschaft ist der künstliche Schub zwiespältig. Einerseits lernt sie mehr und baut mehr Kundenbeziehungen auf, wenn sie gut im Geschäft ist. Andererseits verpasst eine durch manipulierte Wechselkurse geschützte Wirtschaft sehr leicht notwenige Innovationen, und das Erwachen wird umso härter, falls der Schutzschirm des manipulierten Kurses eines Tages zusammenbricht. Für ein Entwicklungsland allerdings kann eine unterbewertete Währung zeitweilig hilfreich sein.

Aus der Sicht des Auslands ist die Manipulation der Währung ein aggressiver Akt. Für ein solches Verhalten hat sich seit der Weltwirtschaftskrise von 1929 der Begriff „Beggar your neighbour" gebildet, was so viel bedeutet wie: den Nachbarn ausplündern. Man lädt das eigene Arbeitslosigkeitsproblem bei den Nachbarn ab. Währungsmanipulationen werden dann oft mit Gegenmanipulationen beantwortet, und die Länder werten reihenweise ab. Eine solche Kettenreaktion beschädigt alle betroffenen Volkswirtschaften und den internationalen Handel insgesamt.

Auch in einem System flexibler Wechselkurse ist es möglich, Kurse zumindest zeitweilig zu manipulieren. So können, wie bereits angesprochen, Notenbanken den Kurs der eigenen Währung in gewissen Grenzen nicht nur legitim gegen spekulative Störungen schützen, sondern durch exzessive Devisenkäufe auch unter jenes Niveau drücken, das einem durch Handel gebildeten Kurs entspricht und die internationale Arbeitsteilung fördert. Dieses den Markt manipulierende Verhalten kann ebenfalls zu internationalen Spannungen führen, ähnlich wie die Manipulation fester Wechselkurse.

Auf leiseren Sohlen kommt die so genannte „innere Abwertung" daher. Von ihr spricht man, wenn in einem Land die Preise und Löhne nicht unbedingt nominal, aber im Verhältnis zum Preisniveau anderer Länder sinken, ohne dass dies von einer Aufwertung der Währung neutralisiert wird. Wie eine klassische Abwertung verbessert auch die innere Abwertung die Chancen der heimischen Exporteure, weil die inländischen Waren im Ausland nun günstiger angeboten werden können. Sie kann damit im Inland zu mehr Beschäftigung führen. Zugleich verschlechtert sie aber volkswirtschaftlich den Ertrag je exportierter Einheit. Das Inland gibt seine Produkte zu billig her.[34]

Die innere Abwertung hat einen spekulativen Charakter. Sie setzt darauf, die Fundamentaldaten der Volkswirtschaft verändern zu können,

34 Inländische Unternehmen, die auch ohne die innere Abwertung international wettbewerbsfähig sind, werden allerdings eine Preispolitik betreiben, die ihre Gewinne steigert und die Wechselkursvorteile der ausländischen Käufer abschöpft.

ohne dass der Wechselkurs alsbald reagiert. Damit ist sie auf einen begrenzten Zeithorizont angelegt. Sie nimmt außerdem in Kauf, dass die früher oder später erfolgende Korrektur des Wechselkurses womöglich mit spekulativen Übertreibungen erfolgt, wodurch der Effekt nicht nur beendet, sondern in sein Gegenteil verkehrt wird. Politisch mag diese Spekulation eine Zeitlang aufgehen, zum Beispiel bis zum nächsten Wahltermin. Zumal für einen Wahlsieg nicht immer nachhaltige Erfolge benötigt werden; manchmal reicht schon ein „Hoffnungsschimmer auf dem Arbeitsmarkt".

Die innere Abwertung muss politisch und tarifpolitisch eingeleitet werden. Denn die Kostensenkungen betreffen in der Regel Steuern, Lohnkosten und Lohnnebenkosten. Die Maßnahmen beschneiden oft die staatliche Daseinsvorsorge, die Alterssicherung und das Gesundheitssystem mit dem Ziel, die inländischen Unternehmen zu entlasten. Eine innere Abwertung führt deshalb zu problematischen Verteilungswirkungen. Wenn die Löhne sinken und nicht alle inländischen Preise entsprechend mit ihnen, was kaum zu erwarten steht, liegt der Umverteilungseffekt auf der Hand. Geändert wird dann nicht nur die Relation zwischen Inland und Ausland, sondern auch die inländische Verteilung. Demgegenüber wirkt eine klassische nominale Abwertung wesentlich gleichmäßiger und sozial neutraler.

Arbeitgeber und Arbeitnehmer, die dieses Spiel teils mitspielen, teils in ihm gefangen sind, spielen allerdings mit höchst unterschiedlichem Einsatz. Die Arbeitnehmer opfern Teile ihres Einkommens in der Hoffnung, damit ihre Arbeitsplätze zu sichern. Wenn diese Rechnung nicht aufgeht, weil der Wechselkurs schneller als erwartet „zurückschlägt", haben sie mehrfach verloren: beim Lohn, bei den Sozialleistungen und bei der Zahl der Arbeitsplätze. Die Arbeitgeberseite hat dagegen selbst bei einem Fehlschlag des Hasardspiels mit der Währung einiges gewonnen und kann eine Reduzierung von Lohn-, Lohnnebenkosten und von Steuern verbuchen. Für sie besteht die beste Fortsetzung dieser Strategie darin, den Versuch der inneren Abwertung einfach in einer nächsten Runde zu wiederholen.

Im Rahmen einer nachhaltigen Politik ist es allerdings nicht vertretbar, die inneren Verhältnisse eines Landes – die Erhaltung der Infrastruktur, das Gesundheitswesen oder die Altersversorgung – darauf auszurichten, temporäre, vom Verlust bedrohte Währungsvorteile zu erlangen. Vielmehr sollten die Spielräume, die das Gesetz des komparativen Vorteils Staaten mit eigener Währung eröffnet, genutzt werden, um ein stabiles und sozial ausgewogenes Gemeinwesen aufzubauen.

Auch die Strategie der inneren Abwertung kann zu internationalen Spannungen führen. Sie ist allerdings weniger verpönt als die klassische Währungsmanipulation. Das hat mehrere Gründe. Die innere Abwertung wird schleichend betrieben. Sie ist nicht so leicht und schnell durchführbar, denn sie erfordert von dem Land, das sie betreibt, größere Eingriffe, insbesondere im Bereich der Sozialpolitik. Zum anderen kommt sie aufgrund ihrer inländischen Verteilungswirkungen jenen Teilen der Gesellschaft zugute, die auf die Politik und die öffentliche Meinung meist großen Einfluss haben. Das sichert ihr auch international ein größeres Verständnis. Für alle, die der Ansicht sind, das Land werde von ausufernden Sozialleistungen und überhöhten Arbeitslöhnen bedroht, ist der Glaube an die Segnungen einer inneren Abwertung ein Geschenk. Sie werden diese Strategie fordern, auch wenn sie längerfristig im Außenhandel fruchtlos und sogar gefährlich ist. Das Thema hat also einige strategische Brisanz.

Soweit sich Länder zu einer Währungsunion verbunden haben, ist die innere Abwertung allerdings der einzige Weg, die Kostenstrukturen des eigenen Landes wettbewerbsfähig zu machen, falls die Konkurrenzfähigkeit verloren gegangen ist. Denn das Korrektiv des Wechselkurses steht mangels eigener Währung ja nicht mehr zur Verfügung. Die Einbindung in eine Währungsunion wird besonders problematisch, wenn beteiligte Länder – wie Deutschland –, für die die Gemeinschaftswährung bereits eine unterbewertete Währung darstellt, die Strategie der inneren Abwertung noch weiter fortsetzen. Im Kapitel 5 über die Europäische Union kommen wir darauf zurück.

Für Länder mit eigener Währung ist die innere Abwertung eine temporäre Währungsmanipulation, die auch in Form wiederkehrender Runden keine nachhaltige Politik darstellt und erhebliche Umverteilungswirkungen mit sich bringt. Sofern andere Länder eine Politik der inneren Abwertung betreiben, muss sie von den attackierten Ländern nicht kopiert werden. Die naheliegende Konsequenz besteht vielmehr in einer klassischen, vom Markt bestimmten Abwertung der eigenen

Währung, die ggf. von der Notenbank und der Politik moderiert werden kann. Zudem sollte auf Länder, die sich aggressiv verhalten, internationaler Druck ausgeübt werden.

g) Ist abwerten anrüchig?

Soweit wir eine nominale Abwertung (im Gegensatz zur inneren) erleben, wird dies oft mit Naserümpfen kommentiert. Aber ist diese Reaktion berechtigt?

Kehren wir noch einmal zu unserem Fall der drei Länder mit ihren Theatern zurück: Wenn B-Land und C-Land ihre Theater und die Theater-Steuer abschaffen, A-Land aber nicht (und alle übrigen Rahmenbedingungen gleichbleiben), wird das zu einer Abwertung der A-ländischen Währung gegenüber B- und C-Land führen. Das ist die logische Reaktion, und sie hat keinen wertenden Gehalt. Soweit der Abwertung gleichwohl ein zweifelhafter Ruf anhaftet, rührt er zum einen aus den besprochenen, insbesondere unter der Geltung administrierter Wechselkurse bestehenden Missbrauchsmöglichkeiten her, die zu wahren Währungskriegen führen können. Zum anderen gilt eine Abwertung oft als Ausweis der geringen wirtschaftlichen Leistungsfähigkeit eines Landes. Das ist auch berechtigt, wenn wiederholte Abwertungen darauf beruhen, dass sich in dem abwertenden Land die Produktivität langsamer entwickelt als bei seinen Handelspartnern. Dann stellt sich die Frage, aus welchen Gründen die Produktivitätsentwicklung zurückbleibt. Im vorliegenden Fall, in dem die Abwertung auf einer abweichenden „Kulturpolitik“ beruht, wäre eine solche Interpretation jedoch unangebracht.

Schließlich wird gegenüber Abwertungen der Einwand erhoben, dass sie – über steigende Preise der Importwaren – die Inflation anheizen. Diese Sicht ist nicht ganz falsch, doch auch nicht differenziert genug. Durch eine Abwertung wird die Geldentwertung gefördert, wenn die Abwertung nicht die Veränderung der tatsächlichen Verhältnisse ausgleicht, sondern den Übergang zu einer unterbewerteten Währung bedeutet. Stellt die Abwertung dagegen den Übergang von einer überbewerteten zu einer real bewerteten Währung dar, werden allenfalls importierte Stabilitätsgewinne aufgegeben, die mit der Überbewertung verbunden waren. Richtig ist allerdings, dass in einer Wirtschaft, in der sich bereits eine sogenannte Inflationsspirale dreht, wo es also jedem, der mit einer Mehrbelastung konfrontiert ist, gelingt, diese auf andere abzuwälzen, jede Veränderung, woher sie auch rührt, zusätzlich die Inflation befeuern kann.

Die deutsche Sicht auf Wechselkursänderungen wurde maßgeblich durch die Politik der Bundesbank in der D-Mark-Zeit geprägt. Zur Abwehr von Inflation und zur Etablierung der Deutschen Mark als Hartwährung weigerte sich die Bundesbank, eine Kompensation steigender Unternehmenskosten, insbesondere steigender Lohnkosten, durch den Wechselkurs zuzulassen. Die Tarifpartner sollten spüren, dass bei überhöhten Lohnabschlüssen nicht die Währung nachgab, sondern Unternehmen ihre Wettbewerbsfähigkeit verloren und Arbeitnehmer ihre Arbeitsplätze. Damit sollten Lohnabschlüsse erzwungen werden, die keine Gefahr für die Preisstabilität bedeuteten. Diese Politik der Mäßigung war letztlich so wirksam, dass umgekehrt immer wieder Aufwertungen auf der Tagesordnung standen. Die Politik der Bundesbank soll hier nicht pauschal kritisiert werden. Ein Karussell aus Inflation und Abwertungen ist in der Tat höchst negativ. Das spricht aber nicht dagegen, dass über die Währung ein Ausgleich erfolgen kann und muss, wenn ein Land die Kostensenkungspolitik seiner Nachbarn nicht übernimmt oder wenn es umgekehrt, in einem über eine begrenzte Anzahl von Schritten gehenden politischen Prozess, seine Wirtschaft höher belastet als andere Länder.

Die Politik der Bundesbank, die Ausgleichsfunktion der Wechselkurse zu hemmen, hat mit dazu beigetragen, den internationalen Handel gerade auch in Deutschland als einen Wettbewerb der Volkswirtschaften anzusehen. Mehr noch: Deutschland hatte, insbesondere unter der Geltung fester Wechselkurse im *Bretton-Woods*-System, jeweils versucht, Aufwertungen so lange wie möglich hinauszuzögern und sich die Duldung dieser Unterbewertungs-Politik ggf. durch anderweitige Zugeständnisse an seine Partner zu erkaufen. Die Währungsunion bietet Deutschland heute die zweifelhafte Chance, diese Tradition weiterzuführen. Das mangelnde Unrechtsbewusstsein dabei mag aus dem Gedanken herrühren, dass es doch schön sei, für eine niedrige Inflationsrate nicht nur mit innerer Stabilität, sondern auch mit Vorteilen im Außenhandel „belohnt“ zu werden.[35]

h) Der Konkurrent im eigenen Land – aus einer anderen Branche

Die Wirkungen veränderter Handelsstrukturen auf den Wechselkurs sind meist nicht leicht beobachtbar. Einzelne Änderungen bei Produkten oder Unternehmen haben selten genug Gewicht, um den Wechselkurs unmittelbar zu verändern. Änderungen geschehen schleichend und werden von anderen, teils gleichgerichteten, teils entgegengesetzten Entwicklungen begleitet und überlagert. Aus diesem Grund sind die Vorgänge, die wir in diesem Kapitel beleuchtet haben, den meisten Menschen fremd. In manchen Fällen ergeben sich aber trotzdem gute Beobachtungsmöglichkeiten.

Dies war so bei einer Entwicklung, die als die „holländische Krankheit“ oder „dutch desease“ in die Wirtschaftsgeschichte eingegangen ist. In den 1960er Jahren wurden in Holland erhebliche Erdgasvorkommen entdeckt. Die danach einsetzenden niederländischen Erdgasexporte verdrängten in erheblichem Maße die industriellen und landwirtschaftlichen Güter, die die Niederlande zuvor exportiert hatten. Mit den Erdgaserlösen wurden diese Güter umgekehrt nun sogar eingeführt. Tendenziell drohte den Niederlanden eine Deindustrialisierung, und es kostete das Land einige Anstrengungen, diese Entwicklung wieder in den Griff zu bekommen. Die zeitweilige Verdrängung geschah in der Form, dass die Nachfrage nach dem begehrten Gas die Nachfrage nach der damaligen niederländischen Währung, dem Gulden, stark erhöhte. Und zwar unabhängig davon, ob die Niederländer ihr Gas gegen Gulden oder gegen Dollar verkauften. Wurde in Gulden bezahlt, musste sich der ausländische Kunde dafür Gulden beschaffen. Wurde gegen Dollar verkauft, musste die Gasgesellschaft einen erheblichen Teil ihrer eingenommenen Dollarbestände in Gulden wechseln,

35 Ein noch grundsätzlicheres Plädoyer für die Legitimität der Abwertung „als ein institutioneller Ausdruck des Respekts vor den von ihren Staaten vertretenen Nationen als jeweils eigen-artigen (sic) wirtschaftlichen Lebens- und Schicksalsgemeinschaften“ formuliert Streeck (2013, S. 246ff. „Lob der Abwertung“).

um ihre Mitarbeiter zu bezahlen, ihre inländischen Zulieferungen (von der Stromrechnung bis zu Mieten und Pachten), und um ihren inländischen Anteilseignern Dividenden auszuzahlen. Der daraus folgende Kursanstieg des Gulden machte die traditionellen niederländischen Produkte aus Industrie und Landwirtschaft unattraktiv teuer.

Das Muster dieses Vorgangs haben wir bereits im Tauschhandel durchgespielt. Wir erinnern uns, dass der Erfolg, den in unserem Drei-Länder-Modell B-Land am Ende bei der Maisproduktion erzielte,[36] dazu führte, dass dort in B-Land nicht länger Bananen produziert werden konnten, obwohl die Bananenanbauer in B-Land nicht schlechter und die ausländischen Bananenproduzenten nicht besser geworden waren. (Wenn Sie möchten, schauen Sie es noch einmal nach.) Das aber bedeutet – und diese Einsicht kann durchaus überraschen: Zu den Konkurrenten einer inländischen Firma, beispielsweise einer Textilfirma, zählen nicht nur andere Textilfirmen im In- und Ausland. Gefährliche Konkurrenz entsteht zum Beispiel auch durch die inländischen Automobilproduzenten. Wachsen nämlich die komparativen Vorteile der inländischen Automobilbauer, müssen die inländischen Textilproduzenten möglicherweise selbst dann aufgeben, wenn sich die ausländischen Textilhersteller gar nicht verbessern.[37] Wie gezeigt, kommt es für die Wettbewerbsfähigkeit eines Produkts allein auf die Stellung des Produkts zu den anderen Produkten desselben Landes an.

Ein ähnliches Problem wie Holland in den 1960er Jahren hat Norwegen mit seinen reichen Ölvorkommen. Norwegen verfolgt deshalb eine ausgeklügelte Strategie, die Erlöse aus seinen Ölexporten in einem Staatsfond „einzufrieren", um durch die Ausbeutung seiner Bodenschätze und die damit drohende Verteuerung seiner Währung nicht seine übrige Wirtschaft zu ruinieren. Teuer genug ist Norwegen auch so…

36 Siehe Tabelle 6 in Kapitel 2.1

37 Für die Finanzbranche weisen Admati/Hellwig (2013, S. 304f.) darauf hin, dass auch die Banken eines Landes nicht nur mit Banken anderer Länder im Wettbewerb stehen, sondern ebenso mit anderen Branchen in ihrem eigenen Land.

i) Der Konsument als wirtschaftspolitischer Stratege?

Mit den gewonnenen Erkenntnissen können wir nun auch noch eine oft gestellte Frage beantworten. Nämlich, ob ein Käufer mit dem Kauf eines inländischen Produkts anstelle eines ausländischen die inländische Wirtschaft positiv beeinflusst.

Wenn bei ausgewogenen Handelsbeziehungen ein inländischer Konsument ein ausländisches Produkt kauft, ist das für die heimische Wirtschaft kein Nachteil. Denn das für das ausländische Produkt ausgegebene Geld kehrt als Nachfrage in das Inland zurück. Der einheimischen Wirtschaft entgeht also keine Nachfrage. Politische Kampagnen, wie sie sich zum Beispiel an US-Amerikaner richten, US-Produkte zu bevorzugen, sind damit in der Regel sinnlose Stimmungsmache. Leider aber doch nicht ganz: Denn wenn US-Amerikaner in einem Land wie Deutschland einkaufen, dass Teile seiner Exporterlöse hortet, statt sie in überschaubaren Zeiträumen wieder für Importe auszugeben, bleibt dieser Effekt teilweise aus, und sie täten vielleicht wirklich besser daran, zuhause einzukaufen.

Wenn in einer tschechischen Automobilfabrik Autos hergestellt werden, sagen die dort Beschäftigten wahrscheinlich, sie produzierten Autos für die ganze Welt. Vordergründig ist das richtig. Bei tiefergehender Betrachtung wird allerdings ausschließlich für den tschechischen Bedarf produziert: Einmal Autos für das eigene Land, und zum anderen Autos, um sie gegen Lebensmittel, Waschmaschinen, Tickets ausländischer Fluglinien und all das, was Tschechien sonst noch braucht, einzutauschen. Es wird damit sozusagen über die Bande gespielt, weil das produktiver ist, als all die genannten Dinge selbst herzustellen. Aber vom endgültigen Zweck betrachtet, produziert jedes Land nur für den eigenen Bedarf. Und es kann – abgesehen von „Schenkungen", etwa in Form von Entwicklungshilfe oder von verlorenen Krediten – auch nicht vom Ausland versorgt werden. Der Außenhandel ist eine Methode zur Effizienzsteigerung beim Produzieren für sich selbst.

j) Freier Handel und staatliche Souveränität

Häufig wird behauptet, die Globalisierung schränke die Handlungsmöglichkeiten der Staaten ein und nehme ihnen einen Teil ihrer Souveränität. Sie erzwinge sinkende Steuern, sinkende Arbeitskosten, eine Begrenzung der Aufwendungen für die Altersvorsorge usw., damit die eigenen Produkte im Verhältnis zur ausländischen Konkurrenz nicht zu teuer würden. Soweit mit dem Begriff der Globalisierung der grenzüberschreitende freie Handel gemeint wird, können wir ihn jedoch von dem Verdacht, demokratische Gestaltungsspielräume zu untergraben, entlasten. Ausklammern müssen wir allerdings bis auf weiteres die besonderen Verhältnisse innerhalb einer Währungsunion, auf die, ebenso wie auf die Probleme durch Kapitalmobilität, noch einzugehen sein wird. Hinsichtlich des internationalen Handels und im Besitz einer eigener Währung können Staaten grundsätzlich selbst darüber entscheiden, wie sich ihre Wirtschaftsleistung auf Gewinne, Löhne, Staatsausgaben, Altersvorsorge usw. verteilen soll.[38] Das Gesetz des komparativen Vorteils bewirkt, dass Staaten mit unterschiedlicher Produktivität wie auch mit unterschiedlichen Kostenbelastungen der Wirtschaft miteinander Handel treiben können, ohne dass die eine oder andere Seite dabei Nachteile erleidet. Ein Land kann aus diesem Grunde auch den Kostensenkungsstrategien seiner Handelspartner die Gefolgschaft verweigern oder seine Wirtschaft umgekehrt erhöhten Belastungen aussetzen.[39]

Wenn der freie Handel aber nicht, oder zumindest nicht notwendig, die der Globalisierung zugeschriebenen Folgen zeitigt, ist die Frage umso dringlicher, welche Folgen sich aus uneingeschränkter Kapitalmobilität ergeben. Darauf werden wir im nächsten Kapitel eingehen.

---

38 Entsprechend geht z.B. *Donges* (2003, S. 103 mit weiteren Nachweisen) davon aus, dass auch eine ambitionierte, „teure" Umweltpolitik durch den Funktionszusammenhang des komparativen Vorteils geschützt wird.

39 Der mögliche Übergang zu einer Politik höherer Belastungen durch Steuererhöhungen, höhere Sozialabgaben oder verschärfte Umweltschutzauflagen ist allerdings ein Prozess, der, wie jeder Übergang, gemanagt werden muss, was die Dosierung, die Zeitschiene und die Rahmenbedingungen angeht. Auch wenn es sowohl einen stabilen Zustand 1 wie einen stabilen Zustand 2 gibt, sind Übergänge vom einen zum anderen immer eine Gestaltungsaufgabe, die mehr oder weniger umsichtig gelöst werden kann.

Zusammenfassung:

- Der komparative Vorteil wirkt auch in der geldgestützten Wirtschaft.
- Wechselkursschwankungen können allerdings die internationale Arbeitsteilung beeinträchtigen. Wichtiger als weitere Handelsabkommen sind deshalb internationale Abkommen zur Eindämmung von Währungsspekulationen und Kursmanipulationen.
- Insbesondere bei flexiblen Wechselkursen ist es nicht nachhaltig, auf eine Unterbewertung der eigenen Währung zu spekulieren und die Gestaltung der Wirtschafts- und Sozialpolitik darauf auszurichten.
- Freier internationaler Handel beeinträchtigt bei getrennten Währungen die staatliche Gestaltungsmacht grundsätzlich nicht.

3. Wieviel Wettbewerb um Kapital und Unternehmen soll es geben?

3.1. Die zweischneidigen Wirkungen der Kapitalmobilität

a) Handel treiben oder Produktionsmittel verlagern?

Im vorangegangenen Kapitel haben wir uns damit beschäftigt, dass Länder auch dann zum gegenseitigen Nutzen miteinander Handel treiben können, wenn ein Land sämtliche Güter kostengünstiger produziert als das andere. Davon ausgehend haben wir festgestellt, dass ein Land vom freien internationalen Handel profitieren und gleichzeitig seine politische Souveränität bewahren kann, mit der es entscheidet, wie die Früchte des Wirtschaftens im Land verteilt werden. Wir haben diesen, von den meisten sicher als erfreulich betrachteten Befund allerdings, zunächst ohne Erläuterung, unter den Vorbehalt gestellt, dass die Produktionsmittel im Großen und Ganzen im jeweiligen Land verbleiben.

Es ist jedoch denkbar, dass Investoren ihr Kapital aus A-Land, das die Theatersteuer beibehält, abziehen und anderswo anlegen. Nicht, weil die in A-Land tätigen Unternehmen im Handel nicht mehr wettbewerbsfähig wären. Dass sie es bleiben, haben wir gesehen.[40] Sondern weil die Investoren in den Ländern, die ihr Theater abschaffen, mehr Geld für sich behalten und ihnen also höhere Nettorenditen winken. Kurz gesagt: Weil ihnen in diesen Ländern die Verteilung mehr entgegenkommt.

---

40 Der Einwand, wer mehr verdient, könne doch die Preise senken und so noch konkurrenzfähiger werden, verfängt nicht, weil solche Preissenkungen die Wechselkurse verändern und damit, auf die gesamte Volkswirtschaft bezogen, wirkungslos bleiben.

Um es vorwegzunehmen: Die Vorteile der internationalen Arbeitsteilung unter Wahrung der jeweiligen politischen und kulturellen Eigenheiten der Länder entfalten sich nur, wenn die Produktionsmittel im Wesentlichen im Land bleiben. Zwar kann auch Kapitalmobilität, wenn man die ganze Welt zum Maßstab nimmt, zu effizienterer Produktion führen, aber unter deutlich problematischeren Begleiterscheinungen als der freie Handel.

Schauen wir uns noch einmal zwei Länder an, das vom Klima begünstige „Warmland" und das rauere „Kaltland". Wie wir wissen, können beide Länder miteinander zum beiderseitigen Vorteil landwirtschaftliche Produkte handeln, auch wenn alle Produkte in Warmland günstiger zu erzeugen sind als in Kaltland. Das setzt jedoch voraus, dass die in der Landwirtschaft von Kaltland eingesetzten Landmaschinen nicht in großem Umfang nach Warmland verlegt werden. Die insbesondere für schwächere Regionen segensreiche Wirkung der *ricardianischen* Arbeitsteilung ist an die weitgehende Sesshaftigkeit der Produktionsmittel gebunden.[41]

Aber ist diese Form der Arbeitsteilung – freier Handel bei per Saldo weitgehend immobilen Kapitalgütern – wirklich so segensreich, wie wir behaupten? Wenn die Arbeitsteilung zusammenbricht, weil zu viele Landmaschinen von Kaltland nach Warmland verlegt werden, blutet die Wirtschaft Kaltlands aus.[42] Die Verlegung der Maschinen lohnt sich für deren Eigentümer aber gerade deshalb, weil der damit erreichbare Zuwachs an landwirtschaftlicher Produktion in Warmland größer ist als die Einbuße durch den Abzug in Kaltland. Das bedeutet zugleich: Die landwirtschaftliche Produktion der Welt insgesamt steigt durch die Verlegung. Diese Welt-Bilanz ist für viele Wirtschaftswissenschaftler vollkommen ausreichend, um die Verlagerung von Produktionsmitteln zum Standort ihrer höchsten Produktivität zu begrüßen.

41 Theoretisch kann auch nach Abzug erheblicher Kapitalgüter noch ein gewisser Rest-Handel weitergehen, aber praktisch sinkt in Kaltland die Produktivität so, dass die Bewohner ihre Lebensgrundlage verlieren.

42 Der Abzug von Landmaschinen aus Kaltland kann sich solange fortsetzen, bis die in Kaltland nun weniger werdenden Landmaschinen, trotz der ungünstigeren Umstände des Landes, knappheitsbedingt dieselbe Rendite erwirtschaften wie die in der üppigeren warmländischen Landwirtschaft eingesetzten. Erst dann bestünde kein Anreiz mehr zur Verlagerung.

Die gesellschaftlichen und kulturellen Folgen werden dabei aber ausgeblendet. Kaltland verarmt und kann seine Infrastruktur nicht mehr aufrechterhalten. Zunehmend müssen Menschen auswandern, die lieber in ihrer Heimat bleiben würden. Familien werden auseinandergerissen, Ältere und Schwächere bleiben zurück. Und die, die auswandern, erleben oft, dass sie in ihrer neuen Umgebung nicht dieselben Chancen haben wie jene Menschen, die schon vorher dort zuhause waren, in ihrem Sprachraum heimisch sind und über die bessere soziale Einbindung verfügen. Zur gleichen Zeit verfällt in Kaltland möglicherweise eine wertvolle Kulturlandschaft mit allem, was dazugehört, von Gebäuden bis zu Sitten und Gebräuchen. Es ist also eine politische Frage, welchen Aspekten man den Vorzug geben will. Wenn man bedenkt, dass eine hohe Produktion kein Selbstzweck ist, sondern die Basis für ein gutes Lebens schaffen soll, spricht manches für eine politische Gestaltung, in der die Gesellschaft Kaltlands, dank der *ricardianischen* Arbeitsteilung, fortbestehen kann. Zusätzlich weist in diese Richtung, dass schon ein begrenzter individueller Vorteil die Eigentümer zum Abzug ihrer Maschinen bewegen kann, während viele der materiellen und immateriellen Folgeprobleme andere als die Eigentümer treffen.

Bevor wir uns detaillierter mit den Vor- und Nachteilen der Kapitalmobilität beschäftigen, steht allerdings eine andere, Sie vielleicht überraschende Frage im Raum.

b) Was ist eigentlich Kapitalmobilität?

Grenzüberschreitender Wettbewerb um Kapital setzt dessen Mobilität voraus. Nichts, so eine gängige Aussage, sei derart mobil wie Kapital. In unvorstellbaren Summen rase es in Sekundenbruchteilen um die Welt. Und in einer Mischung aus Lyrik und Drohung wird gemahnt: Es verhalte sich wie ein scheues Reh, das man schwer anlockt und leicht vergrault. Was aber genau ist unter Kapitalmobilität zu verstehen? Wenn zum Beispiel ein Deutscher Geld bei einer Luxemburger Bank einzahlt und die Bank später einem Kreditnehmer in Deutschland ein Darlehen gibt – ist das Kapitalmobilität?

Wenn wir uns mit dem Kapital und seiner Mobilität beschäftigen, erfordert das eine Verständigung, was unter den Begriff des Kapitals fällt. Wie so oft gibt es auch hier unterschiedliche Bedeutungen, je nachdem, in welchem Zusammenhang ein Begriff gebraucht wird. Im Alltag wie auch im betriebswirtschaftlichen Sprachgebrauch ist Kapital die Summe des Sach- und Geldvermögens, über das eine Person oder ein Unternehmen verfügt. Dazu gehören Maschinen, Fahrzeuge und Vorräte ebenso wie Grundstücke, Wertpapiere und Bankguthaben. In der Volkswirtschaftslehre dagegen wird Kapital oft enger definiert. Hier unterscheidet man üblicherweise die drei Produktionsfaktoren Arbeit, Kapital und Boden. Grundstücke zählen demnach nicht zum Kapital, sondern zum Boden. Da sie immobil sind, gehören sie aber ohnehin nicht zum Thema Kapitalmobilität. Spannender ist die Frage, ob man Geldvermögen, also beispielsweise das Sparbuch oder das Tagesgeldkonto, zum Kapital zählen sollte.

Geld gehört nicht zu den Produktionsfaktoren, weil es nichts produziert. Mit ihm kann man zwar Produktionsmittel kaufen und anschließend Güter produzieren, aber das Geld selbst wirkt nur als eine Art Coupon, den man für alles Mögliche einlösen kann, vom Montageroboter bis zur Kinokarte. Wer einen Koffer voller Geld von Deutschland nach Frankreich transportiert, erweitert weder die Produktion in Frankreich, noch schränkt er sie in Deutschland ein. Anders als wenn er in Deutschland eine Maschine abzieht und sie in Frankreich einsetzt.

Welchen der beiden Kapitalbegriffe sollten wir also verwenden, wenn es um Kapitalmobilität geht? – Der engere volkswirtschaftliche Kapitalbegriff hat den Vorzug, auf die Produktion bezogen zu sein, die über Wohlstand oder Mangel entscheidet. Weil Geld selbst nichts produziert, spricht also zunächst viel dafür, als Kapitalmobilität nur die – meist relativ langsamen – Bewegungen des Realkapitals zu verstehen. In diesem Sinne kann Kapitalexport bedeuten, den Beschäftigten eines Landes ihre Werkzeuge und Maschinen zu nehmen, um sie den Beschäftigten eines anderen Landes zwecks höherer Gewinne in die Hand zu geben. Das kann dazu führen, dass Produktionsanlagen – bis hin zu einem kompletten Stahlwerk – im Inland abgebaut und im Ausland wieder aufgebaut werden. Dasselbe Ergebnis stellt sich aber auch ein, wenn – statt Maschinen kostenträchtig abzubauen und andernorts wieder in Betrieb zu nehmen – in einem Land alte Maschinen nicht mehr ersetzt werden, um neue lieber in einem anderen Land anzuschaffen. Weil die Beschäftigten in dem abgebenden Land damit unproduktiver werden, entgeht ihnen Einkommen; eine Einbuße, die sich vom örtlichen Handel bis zum Steueraufkommen fortsetzt.

Versteht man im Sinne der drei Produktionsfaktoren Kapital nur als Realkapital, dann ist Kapitalexport nur in der Form möglich, dass Güter ausgeführt werden, ohne dass es zu einer zeitnahen Einfuhr mindestens gleichwertiger Güter kommt. Die Gegenleistungen werden kreditiert oder im Ausland belassen, um dort in der einen oder anderen Form Einkommen zu erzielen.

So gesehen könnte man sich den Blick auf das hektische Hin und Her von Finanztransaktionen ersparen und sich darauf konzentrieren, nur die Änderungen beim Realkapital zu verfolgen. Aus pragmatischen Gründen kommen wir aber dennoch kaum umhin, den weiten Kapitalbegriff der Alltagssprache und der Betriebswirtschaftslehre zu verwenden, der auch im Bild vom „scheuen Reh" gemeint ist. Denn wenn man die Finanzbewegungen, bildhaft: die „umherschwirrenden Coupons und Schuldscheine", ignoriert, kann man die Zusammenhänge, in denen Realkapital bewegt wird, nicht verstehen. Da Güter gegen Geld und Geld wieder gegen Güter getauscht werden, wäre es nicht erkennbar, auf welcher Grundlage sich die Ein- und Ausfuhr bestimmter Güter vollzieht: ob ein Handelsgeschäft vorliegt, eine Investition getätigt oder ein Kredit vergeben wird. Zum anderen können Finanztransaktionen Wechselkurse beeinflussen und Währungen in Turbulenzen stürzen, mit Rückwirkungen auf die Realwirtschaft. Unternehmen können aus Gründen scheitern, die in der Sphäre des Finanzkapitals liegen, mit einer daraus folgenden Entwertung von Realkapital. Und natürlich sind Geldbewegungen auch aus der Perspektive der Besteuerung zentral. Doch auch wenn es nötig ist, Finanztransaktionen in die Betrachtung der Mobilität des Kapitals einzubeziehen, bleibt es dabei, dass die Produktion unmittelbar vom wachsenden oder sinkenden Realkapital abhängt. Und nicht jede Bewegung auf den Finanzmärkten „sekundenschnell um die Welt" bestimmt das Schicksal der Realwirtschaft.

c) Vorteile und Nachteile der Kapitalmobilität

Welche Vorteile bringt es, wenn Kapital international mobil ist, und welche Nachteile sind damit verbunden? Die einleitende Erzählung von Warm- und Kaltland hat bereits einen ersten Eindruck vermittelt. Viele Ökonomen und Politiker meinen, dass sich unbeschränkte Kapitalmobilität nicht nur für Einzelne und Gruppen, sondern für die Gesellschaft als Ganzes lohnt. Damit wollen wir uns nun beschäftigen.

aa) Vor- und Nachteile für Investoren

Die Vorteile für den einzelnen Investor liegen sowohl beim Real- wie beim Finanzkapital auf der Hand. Der Investor kann international unter einer größeren Anzahl von Anlagemöglichkeiten wählen als national und im Ausland möglicherweise höhere Renditen erzielen. Und er kann durch eine länderübergreifende Verteilung seines Kapitals die Auswirkungen ungünstiger Entwicklungen begrenzen, die sich in einzelnen Ländern, auch in seinem Heimatland, ergeben können. Er kann bei Währungsspekulationen oder anderen grenzüberschreitenden Spekulationsgeschäften sein Glück versuchen. Und, wenn er ein wirklich großer Investor ist oder abgestimmt mit anderen Investoren handelt, kann er mit der Drohung des Abzugs von Kapital Einfluss auf die Politik seines Heimatlandes oder anderer Länder nehmen.

Zu seinen Risiken gehört, dass die Gefahr von Fehleinschätzungen bei Auslandsinvestitionen größer sein kann als im Inland – wenn Informationen fehlen, die Einfühlung in andere Rahmenbedingungen misslingt oder der Investor im Ausland schlicht weniger „vernetzt“ ist, weshalb insbesondere kleinere Investoren eine „Home-bias“ genannte Tendenz haben, inländische Investitionen überproportional in ihre Portfolios aufzunehmen.

bb) Vor- und Nachteile für Länder und die dort ansässigen Arbeitskräfte

Vorteile für das Kapital exportierende Land?

Nicht ganz so unkompliziert sind die Vor- und Nachteile der Kapitalmobilität auf der gesamtwirtschaftlichen und gesellschaftlichen Ebene zu analysieren. Wie der freie Handel kann auch Kapitalmobilität im

Weltmaßstab zu effizienteren Produktionsstrukturen führen. Zu Anfang dieses Kapitels haben wir das am Beispiel von Warmland und Kaltland schon angesprochen. Allerdings dürften klimatische Unterschiede nur selten Kapitalmobilität auslösen. In den Lehrbuchfällen der Nationalökonomie wird Kapital stets aus einem kapitalreicheren in ein kapitalärmeres Land transferiert und ermöglicht dort mehr Produktion als in dem kapitalreichen Land.

Die Annahme, dass eine zusätzlich eingesetzte Kapitaleinheit in einem kapitalarmen Land oft mehr Nutzen stiften wird als in einem, in dem bereits viel Kapital vorhanden ist, entspricht unserer Erfahrung. Eine Tankwagenladung Wasser ist in einem dürren Land nützlicher als in einem wasserreichen. Die Nationalökonomie wäre aber keine Wissenschaft, wenn diese Beobachtung nicht mit einer grundlegenden Theorie untermauert worden wäre. Kluge Beobachter wurden sich des Phänomens schon im 18. Jahrhundert bewusst. Mitte des 19. Jahrhunderts hat es der deutsche Landwirt und Ökonom *Johann-Heinrich von Thünen* dann als Gesetz der abnehmenden Grenzproduktivität formuliert.

Ein Beispiel: Auf einem Acker kann man mit Dünger mehr Ertrag erzielen als ohne. Steigert man die Menge des Düngers, wird auch der Ertrag steigen, aber nicht proportional zur Menge des eingesetzten Düngers, sondern deutlich weniger stark. Und irgendwann wird zusätzliches Düngen überhaupt keinen Mehrertrag mehr bringen. Die 15. eingesetzte Einheit bringt weniger Mehrertrag als die 14. oder die 12.

Das Gesetz des abnehmenden Grenzertrags gilt nicht nur in der Landwirtschaft, sondern weit darüber hinaus. Um beispielsweise ein Schiff mit einer Geschwindigkeit von 10 Knoten fahren zu lassen, braucht man vielleicht 100 Liter Treibstoff pro Stunde. 200 Liter Treibstoffeinsatz führen aber nicht zu einer Steigerung der Geschwindigkeit von 10 auf 20, sondern vielleicht auf 13 oder 14 Knoten.

In den Wirtschaftswissenschaften wird das Gesetz des abnehmenden Grenzertrags immer wieder für Erklärungen und Modellbildungen genutzt und zumeist mit formschön gerundeten Ertragskurven dargestellt. Allerdings ist es extrem generalisierend und damit angreifbar. Trotz des wahren Kerns können die Dinge im Einzelfall auch deutlich anders ablaufen.[43] Nachstehend ist in Abbildung 1 so eine idealisierte Ertragskurve abgebildet.

Auf der waagrechten Achse finden Sie die Anzahl der jeweils eingesetzten Produktionseinheiten. Auf der senkrechten erhebt sich darüber der Ertrag, den die entsprechende Produktionseinheit erbringt.

Abbildung 1

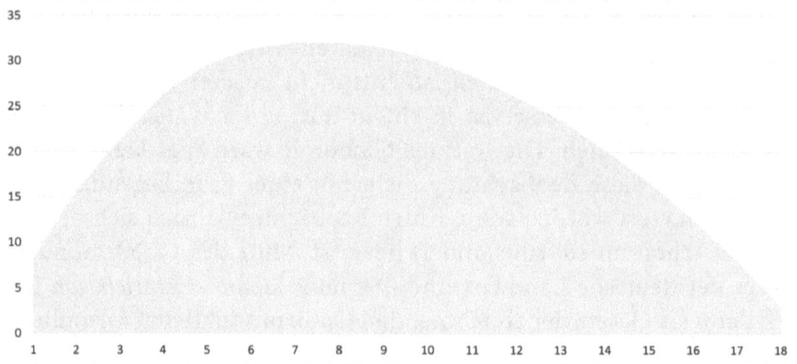

Die Abbildung ist also wie folgt zu lesen: Die erste Einheit Dünger ergibt eine Ernte im Wert von 8 Gulden. Werden dagegen drei Einheiten Dünger eingesetzt, kann für 8 + 15 + 21 = 44 Gulden geerntet werden.

Im hier dargestellten Fall entfalten die ersten eingesetzten Einheiten weniger Wirkung als die folgenden. (Zu wenig Dünger verpufft fast wirkungslos.) Nach einem raschen Anstieg nimmt der jeweilige *Mehr*ertrag dann aber jenseits des Scheitelpunkts wieder ab. Der *Gesamt*ertrag ist die Fläche unter der Kurve.

Mit dem Gesetz der abnehmenden Grenzproduktivität begründen Wirtschaftswissenschaftler, dass die Weltproduktion wächst, wenn Kapital von einem kapitalreichen in ein kapitalärmeres Land wandert. Denn die Erträge der letzten Kapitaleinheiten sind im kapitalreichen

43 Wenn zum Beispiel Störungen und Krisen mit hohem Ressourcenaufwand bewältigt werden müssen oder wenn neue Erfindungen oder Produktideen neue Betätigungsfelder eröffnen, die einen zusätzlichen Einsatz von Ressourcen wieder lohnender machen, wird das Gesetz des abnehmenden Ertrags zwar nicht grundsätzlich außer Kraft gesetzt, aber die Ertragskurven erhalten Beulen und Sprünge.

Land ja bereits in einem ungünstigeren Bereich der Ertragskurve angekommen als im kapitalarmen Land. Durch den Transfer einer Einheit Kapital steigt die Produktion im kapitalarmen Land deshalb – unter idealtypischen Bedingungen – mehr, als sie im kapitalreichen Land zurückgeht.

Viele Ökonomen vertreten darüber hinaus die These, Kapitalmobilität verhelfe nicht nur den Kapital empfangenden Ländern und der Welt insgesamt zu höheren Einkommen, sondern auch den Kapital exportierenden Ländern. Kapitalexport- und -importländer würden gemeinsam profitieren, indem sie sich den Zugewinn an Produktion teilten. Kapitalreiche Länder – und nicht nur die dort lebenden Investoren – müssten demnach den Abfluss von Kapital als Vorteil betrachten. Die Richtigkeit dieser These ist aber abhängig von überaus kritischen Voraussetzungen, die wir uns näher anschauen wollen. Betrachten wir zuerst einen Fall, in dem die These zutrifft:

A-Land ist kapitalreich, B-Land kapitalarm. Investoren aus A-Land verlagern Kapital nach B-Land, weil es dort höhere Renditen bringt. In B-Land wird der Faktor Arbeit dadurch mit einem höheren Kapitalangebot kombiniert. Die dort lebenden Arbeitnehmer bekommen wertvollere Werkzeuge in die Hand und werden produktiver. B-Land produziert nun mehr Güter als zuvor. In A-Land dagegen verschlechtert sich die Kapitalausstattung. Von den dortigen Arbeitskräften wird, nach den unterstellten Annahmen dieses Modells, gleichwohl niemand arbeitslos – wie das klassische Ökonomen seit jeher am liebsten annehmen, worauf wir noch zurückkommen. Die Arbeitskräfte in A-Land arbeiten lediglich mit einer etwas schlechteren Kapitalausstattung und damit etwas weniger produktiv und zu entsprechend reduzierten Löhnen weiter. Wenn es nach der Theorie der Grenzproduktivität geht, ist die Produktionseinbuße in A-Land geringer als der Zuwachs in B-Land. Die wachsende Produktion in B-Land führt dort zu steigenden Löhnen und wachsenden Steuereinnahmen. Und auch die einheimischen Zulieferer verdienen mehr. All das ergibt den Gewinn, mit dem B-Land von der Entwicklung profitiert.[44] Der nach Bezahlung aller in B-Land anfallenden Kosten und Steuern verbleibende Gewinn

44 Weitere Voraussetzung ist, dass es nicht (z.B. koloniale) Ausbeutungsstrukturen gibt, die das Kapital empfangende Land um große Teile seines Zugewinns bringen.

wird von den Investoren nach A-Land zurücküberwiesen – repatriiert, wie man dazu sagt – und in A-Land versteuert. Und er ist so hoch, dass er nach Abzug dessen, was in B-Land zu bezahlen war, immer noch ausreicht, um nicht nur alle Ausfälle in A-Land zu kompensieren, sondern darüber hinaus dort für ein Plus der Volkswirtschaft zu sorgen.

Damit es so kommt, müssen jedoch mehrere Bedingungen erfüllt sein:

- Es muss durch den Kapitaltransfer tatsächlich zu einem positiven Saldo an Produktion kommen. Es dürfen nicht lediglich Steuervorteile ausgenutzt werden.[45]
- Das Resultat darf nicht durch Arbeitslosigkeit verdorben werden.
- Die Gewinne der Kapitalexporteure müssen in deren Heimatland zurückfließen (und dürfen nicht durch die im Ausland bezahlten Steuern bereits zu sehr geschmälert sein).

Arbeitslosigkeit kann verhindern, dass die Welt per Saldo profitiert. Kommt es im Kapital exportierenden Land infolge des Kapitalabflusses zu Arbeitslosigkeit, geht dort die Produktivität nicht nur graduell zurück, wie es die Grenzproduktivitätskurve nahelegt. Sie fällt bezüglich der betroffenen Arbeitskräfte vielmehr auf null und erzeugt damit eine hässliche Stufe nach unten. Dieser Verlust ist durch den Zugewinn im Kapital empfangenden Land ggf. nicht auszugleichen, und ein Gewinn für die Welt kommt nicht zustande.[46]

Für das Kapital exportierende Land wirkt der Kapitalexport eindeutig negativ, falls in ihm Arbeitslosigkeit entsteht. Die Einbußen, die den Arbeitnehmern, dem Staat, dem örtlichen Handel usw. entstehen, sind so empfindlich, dass sie durch die höheren, aus dem Ausland bezogenen Kapitaleinkommen nicht kompensiert werden.

Das lenkt den Blick auf eine zweite, ebenfalls höchst problematische Voraussetzung der These vom beiderseitigen Nutzen: Die im Ausland erzielten Kapitalerträge müssten in das Heimatland der Kapitalgeber zurückgeleitet werden. Ob das geschieht, hängt aber vom Kalkül der

45 Wer dogmatisch glaubt, jede steuerliche Entlastung führe zu einem Mehr an Produktion, wird diese Prämisse möglicherweise relativieren wollen.

46 Differenziert betrachtet werden muss der Fall, dass im Kapital exportierenden Land die Arbeitslosigkeit steigt, im empfangenden Land aber fällt. Hier kommt es auf die näheren Umstände an.

Kapitalgeber ab. Sie entscheiden, ob sie ihre Kapitalerträge im Ausland belassen oder in das Inland zurückführen.

Zur Berücksichtigung der Arbeitslosigkeit

Diese Einschränkungen der These, dass von Kapitalexporten beide Seiten profitieren, sind gravierend. In einer Welt, in der Arbeitslosigkeit keine Ausnahme ist, sondern eine immer wiederkehrende Begleiterin der wirtschaftlichen Entwicklung, muss es verblüffen, wenn eine wirtschaftspolitisch relevante Argumentation das Problem der Arbeitslosigkeit schlicht ausblendet. Aber genau das geschieht – und folgt damit einer langen Tradition der Volkswirtschaftslehre. Hier begegnet uns die Behauptung der neoklassischen Wirtschaftstheorie, dass das Phänomen der unfreiwilligen Arbeitslosigkeit auf der Ebene der Volkswirtschaft schlicht nicht existiert. Aus dieser Sicht gibt es nur den freiwilligen Verzicht darauf, zu arbeiten, weil der angebotene Lohn als zu niedrig empfunden wird. Dem liegt die Überzeugung zugrunde, dass jedes Angebot, und damit auch das Arbeitsangebot, abgesetzt werden kann, wenn nur der Preis niedrig genug ist. Sofern dies zutrifft, kann zwar der Einzelne unfreiwillig arbeitslos werden, weil er in ein starres Tarifsystem eingebunden ist oder von staatlich festgesetzten Mindestlöhnen daran gehindert wird, seine Arbeitskraft billig genug anzubieten. Eine Gesellschaft als Ganzes dagegen entscheidet sich aus dieser Sicht immer freiwillig gegen Vollbeschäftigung, wenn sie Preissenkungen für die Ware Arbeit verhindert. Wir werden im Kapital 6 über die Arbeit darauf zurückkommen, dass diese Betrachtungsweise nicht nur inhuman, sondern auch analytisch unzulänglich ist.

Bedauerlicherweise wird beim Lob der Kapitalmobilität das unterstellte Fehlen von Arbeitslosigkeit oft verschwiegen oder aber heruntergespielt mit unscheinbar wirkenden Bemerkungen, wie, Voraussetzung sei natürlich eine „vernünftige" Wirtschaftspolitik. Vernünftig bedeutet dann unter anderem, auf Lohnuntergrenzen zu verzichten.[47] Das Beispiel zeigt nachdrücklich, wie tückisch wirtschaftspolitisch relevan-

47 Auch die Höhe der Arbeitslosenunterstützung kann eine faktische Lohnuntergrenze bilden, weil kaum jemand bereit ist, unter diesem Satz plus einem Zuschlag für die Mühe der Arbeit seine Arbeitskraft anzubieten.

te Behauptungen sein können, die ihre – manchmal weltfremden oder einseitigen – Prämissen nicht klar benennen.

Würde die These vom Nutzen des Kapitalexports für die Kapital exportierenden Länder als Ganzes (und nicht nur für die dort beheimateten Investoren) zutreffen, müssten diese Länder den Kapitalexport nicht fürchten. In der Realität wird deren Politik jedoch allzu oft von der Furcht bestimmt, durch Maßnahmen, die den Investoren nicht gefallen, zu viel Kapital an das Ausland zu verlieren. Und die Investoren, soweit sie bedeutend genug sind, um sich artikulieren zu können, heizen diese Sorgen gerne an.

Landesinterne Verteilungswirkungen

Selbst wenn sowohl das Kapital exportierende wie das Kapital importierende Land profitiert, weil alle für eine *Win-Win-Situation* erforderlichen Bedingungen erfüllt sind, sagt das noch nichts darüber, wer innerhalb der Länder profitiert und wer verliert. Darüber gibt wieder die Wirtschaftstheorie eine grundsätzliche Auskunft: Im Kapital gebenden Land wird das Kapital knapper, während das Arbeitsangebot gleich bleibt und damit im Verhältnis zum Kapital reichlicher wird. Davon ausgehend, dass Preise durch relative Knappheit beeinflusst werden, bedeutet das, dass die Preise für die Arbeit sinken und die einheimischen Arbeitnehmer verlieren. Die Kapitalbesitzer dagegen profitieren, sowohl wenn sie zu denen gehören, die ihr Kapital exportieren, als auch wenn sie zu denen gehören, die es weiter im Inland einsetzen. Denn dadurch, dass das Kapital im Inland knapper wird, wird sein Einsatz auch im Inland höher vergütet.

In dem Kapital importierenden Land sollten dagegen die Arbeitseinkommen steigen, weil das Arbeitsangebot in Relation zum verfügbaren Kapital nun knapper ist.[48] Dort sind die Arbeitskräfte die Gewinner, sofern es nach den Regeln des Marktes geht und sie nicht unterdrückt und ausgebeutet werden. In diesem Land geraten die Kapitalrenditen unter Druck, weil Kapital nun reichlicher vorhanden ist.

Wenn wir die Verluste ansprechen, die Arbeitnehmern eines relativ kapitalreichen Landes im Falle des Kapitalexports drohen, könnte man

48 Zur Preisbildung der Arbeit Näheres in Kapitel 6.

einwenden, dass solche Verluste schon als Folge des internationalen Handels möglich sind, d.h. auch ohne Kapitalexporte. Gewinner und Verlierer haben wir ja im Fall des internationalen Handels in unseren Modellen bereits gesehen. Die Spezialisierungen, die der grenzüberschreitende Handel dort bewirkte, führten dazu, dass in jedem Land bestimmte Branchen niedergingen, während andere expandierten. Die Textil- und die Autobranche sind für Deutschland ein Beispiel. Der internationale Handel löst aber nicht nur Verschiebungen zwischen Branchen aus, er kann auch Verschiebungen zwischen Kapital- und Arbeitseinkommen verursachen. Durch eine Spezialisierung auf kapitalintensive, hochtechnologische Produkte z. B. kann der Bedarf nach einfacher Arbeit zurückgehen und der Preis dafür sinken.

Ist also die Umverteilung durch Kapitalmobilität nur eine Verstärkung dieses sowieso existierenden Phänomens? Es gibt einen gravierenden Unterschied: Bei freiem Handel auf der Basis beschränkter Kapitalmobilität besteht für die beteiligten Länder die Möglichkeit, die Verlierer des Freihandels zu entschädigen, sofern denn der politische Wille dazu besteht. So können die Staaten Umschulungen finanzieren, (temporäre) Lohnzuschüsse leisten, niedrige Löhne von Abgaben entlasten, staatliche Leistungen ärmeren Bevölkerungsgruppen kostenlos oder gegen vermindertes Entgelt zur Verfügung stellen usw. Die dafür erforderlichen Mittel müssen ggf. durch höhere Steuern aufgebracht werden. Im Idealfall treffen diese Steuern die, die vom internationalen Handel besonders profitieren und so mit einem Teil ihrer daraus erzielten Gewinne diejenigen Landsleute entschädigen, die unter der Entwicklung leiden.

Im Fall ausgeprägter Kapitalmobilität verfügen die Länder dagegen nicht mehr über die entsprechenden Möglichkeiten und können keine Kompensation herbeiführen, selbst wenn politisch der Wille dazu besteht. Wenn Kapital unbeschränkt jeweils in dem Land eingesetzt werden kann, in dem es die höchsten Renditen erbringt, gleichen sich die Kapitalrenditen in den Ländern tendenziell an. Wenn nun ein Land die Steuern auf Kapitaleinkünfte erhöht, um die Einbußen bei den Arbeitseinkommen auszugleichen, senkt das die inländische Nettokapitalrendite mit der Folge, dass weiteres Kapital das Land verlässt.[49]

Insgesamt ist uneingeschränkte Kapitalmobilität damit aus der Perspektive der Arbeitskräfte in kapitalreichen Ländern eine problematische Angelegenheit. Sofern in ihren Ländern (zusätzliche) Arbeitslosigkeit entsteht, verlieren sie und ihr Land. Aber auch ohne Arbeitslosigkeit verlieren die Arbeitskräfte durch sinkende Löhne, die selbst bei entsprechendem politischen Willem nicht ausgeglichen werden können. Und zusätzlich verlieren sie und ihr Land, wenn die Kapitaleigentümer ihre Kapitalerträge nicht nachhause holen. Sie verlieren zudem als Bürger und Steuerzahler, wenn Kapital aus steuerlichen Gründen bewegt wird, um die Finanzierung des Staates anderen zu überlassen.

Es ist gleichwohl nicht völlig ausgeschlossen, dass es in speziellen Fällen im Geberland zu einem gemeinsamen Gewinn von Kapital und Arbeit kommt. Denken wir zu Kolonialzeiten an einen durch die Gewinne von Übersee-Gesellschaften ausgelösten Wirtschaftsboom. Oder heute an inländische Firmen, die ihre Stellung im Markt mithilfe ausländischer Tochterunternehmen ausbauen. Aber es ist nicht die Regel, und wo eine inländische Win-Win-Konstellation eintritt, hat sie manchmal damit zu tun, dass die aus dem Kapital importierenden Land bezogenen Renditen so hoch sind, dass sich die Frage der Ausbeutung stellt.

Diese Überlegungen zeigen, dass *unreglementierte* Kapitalmobilität für die Kapital exportierenden Länder eine zumindest problematische und für ihre Arbeitnehmer eine überwiegend negative politische Errungenschaft ist. Jedoch ist mit dieser Feststellung kein Plädoyer gegen eine maßvolle Kapitalmobilität verbunden, die die sozialen und politischen Verhältnisse im Kapitalexportland nicht spürbar berührt.

Problematische Zuflüsse von Finanzkapital

Zu ergänzen ist, dass nicht nur Kapitalabflüsse, sondern auch Zuflüsse zum Problem werden können. Gerade sogenannte Schwellenländer haben das oft schmerzlich erfahren. Das Problem entsteht, wenn dort

49 Dies geht solange, bis die infolge wachsender Kapitalknappeinheit steigenden Kapitalrenditen wieder zu den Verhältnissen vor der Steueränderung führen.

mit ausländischen Krediten Projekte begonnen werden, die Laufzeiten der Kredite aber kürzer sind, als es erforderlich ist, um die Projekte zu Ende zu führen. Wenn dann die Kredite fällig gestellt und die zugeflossenen Gelder ggf. abrupt wieder abgezogen werden, bleiben die Empfängerländer auf Schulden und Investitionsruinen sitzen.

Ausgleich schwankenden Kapitalbedarfs

Grenzüberschreitende Kapitalmobilität, so wird argumentiert, kann Phasen des Kapitalüberschusses eines Landes und Phasen eines zusätzlichen Kapitalbedarfs zum Ausgleich bringen. Ein Land kann sich zunächst verschulden, mit dem geliehenen Geld Produktionskapazitäten aufbauen und später seine Schulden mit dem Verkauf der Produkte zurückzahlen. Oder es kann umgekehrt Überschüsse zunächst im Ausland anlegen, wobei das Ausland wie eine Sparkasse gesehen wird, und später die angelegten Überschüsse wieder in das Inland zurückführen, zum Beispiel, wenn sie wegen der Überalterung der eigenen Bevölkerung gebraucht werden.

Diese Vorstellung eines langfristigen intertemporalen Ausgleichs ist jedoch mit Fragezeichen zu versehen. Große Zeiträume überspannend ist der Ausgleich mit allen Risiken und Unwägbarkeiten von Politik und Weltgeschehen belastet. So exportiert Deutschland seit Jahrzehnten in großem Ausmaß Kapital, weil die Einfuhren Jahr für Jahr hinter seinen Ausfuhren zurückbleiben, was einer Belieferung des Auslands auf Kredit entspricht. Damit wachsen die deutschen Forderungen gegenüber dem Ausland inzwischen in astronomische Höhen. Deutschland exportiert in manchen Jahren mehr Kapital als jede andere Nation, nicht nur pro Kopf der Bevölkerung, sondern auch in absoluten Zahlen. Zeitweise stammt ein Siebtel des globalen Kapitalexports aus Deutschland. 2019 lag der Wert des deutschen Leistungsbilanzüberschusses[50] bei 245,5 Milliarden Euro.[51] Deutschland als Ganzes lebt nicht über seine Verhältnisse. Im Gegenteil: Es lebt bedenklich unter seinen Möglichkeiten.

Nur steigt das Deutsche Auslandsvermögen leider nicht in einem den jährlichen Kapitalexporten entsprechenden Umfang, denn große Summen gehen verloren: durch Fehlinvestitionen, Finanzkrisen und Wechselkursänderungen. Das deutsche Auslandsvermögen besteht zu erheblichen Teilen aus den Schulden der Anderen, die sie irgendwann zurückzahlen müssten, aber womöglich nicht können oder wollen. Wer wollte seine Hand dafür ins Feuer legen, dass zum Beispiel die USA ihre hohe Verschuldung gegenüber dem Ausland – und damit auch gegenüber Deutschland – irgendwann ganz konventionell abbezahlen werden? Wo immer in der Welt etwas schiefgeht: Deutschland ist als Gläubiger dabei.

Die deutschen Vermögen finden auf verschiedenen Wegen ins Ausland. Unter anderem investieren deutsche Firmen direkt in Maschinen und Fabrikgebäude im Ausland. Überwiegend fließt das Kapital aber durch die Kanäle des Finanzsystems aus dem Land. „Die deutschen Sparer geben ihr Geld ins Finanzsystem, und dann wird es verzockt", so ist häufig von ausländischen Beobachtern zu hören. „Wie fühlt es sich für die Deutschen an, dass sie Hunderte von Milliarden bei ihren Ersparnissen verlieren?" fragte das Wall Street Journal in einem Artikel im November 2013. Auch deutsche Untersuchungen sind mehrfach zu dem Schluss gekommen, dass sich das deutsche Auslandsvermögen aufgrund dieser Verluste per Saldo schlechter rentiert als inländische Kapitalanlagen. Deutschland exportiert Kapital, während es zugleich zu wenig im Inland investiert, beginnend bei seiner Infrastruktur. Deutschland exportiert nicht unbedingt zu viel, aber es importiert zu wenig, weil es unter seinen Verhältnissen lebt. Es müsste das Geld

50 Die Leistungsbilanz ist die zusammenfassende statistische Gegenüberstellung aller Waren und Dienstleistungen, die in das Ausland geliefert werden bzw. vom Ausland bezogen werden. Ferner gehen in sie die grenzüberschreitenden Erwerbs- und Vermögenseinkommen und die Übertragungen (z. B. Heimatüberweisungen ausländischer Arbeitnehmer, Entwicklungshilfezahlungen) ein. Zu einem Leistungsbilanzüberschuss kommt es, wenn die Exporte die Importe übertreffen. Bei einem Leistungsbilanzdefizit ist es umgekehrt.

51 Deutsche Bundesbank (2020)

nicht verprassen, aber zumindest seine Infrastruktur pflegen, seine öffentlichen Aufgaben ordentlich erfüllen und seine Bildungs- und Integrationsprobleme mit einem angemessenen Mitteleinsatz lösen.

Dem notorischen deutschen Kapitalexport steht der ebenso langfristige Kapitalimport anderer Länder gegenüber. Und er finanziert keineswegs nur Investitionen, sondern in beträchtlichem Umfang auch Konsumausgaben, die die Fähigkeiten der Schuldner zur Rückzahlung natürlich nicht erhöhen. Oder auch Baubooms und Immobilienblasen, die im Desaster enden. Ohnehin gilt, dass übermäßige Kredite einen Schuldner schwächen. Als relativ große Volkswirtschaft fördert Deutschland mit seinen Überschüssen so auch international Instabilität. Es ist keine gute Idee, einstweilen für eigene Leistungen auf die Gegenleistung zu verzichten und den Partnern damit die Möglichkeit zu nehmen, zu produzieren und sich weiterzuentwickeln, und gleichzeitig darauf zu setzen, eines Tages umso mehr von den Schuldnern verlangen zu können.

Und nicht zuletzt: Wenn Deutschland nicht nur Forderungen in seinen Büchern haben, sondern reale Gegenleistungen erhalten will, müssen sich die Leistungsbilanzsalden irgendwann umkehren. Gestützt auf seine Guthaben müsste Deutschland dann mehr importieren, als es exportiert. Aber ist der Übergang Deutschlands von einem Überschuss- zu einem Defizitland wahrscheinlich? Sieht man sich an, aus wieviel geringeren Anlässen im Laufe der Zeit immer mal wieder ein Niedergang der deutschen Wirtschaft an die Wand gemalt worden ist, würde Deutschlands Übergang in ein langfristiges Leistungsbilanzdefizit innenpolitisch zu einem Erdbeben führen. Politik und Wirtschaft werden das zu verhindern suchen.[52]

Wachstum ohne unbeschränkte Kapitalverkehrsfreiheit

Die Jahre von 1950 bis etwa 1970 waren für Westdeutschland und viele andere Industrieländer der westlichen Welt die Zeit des stärksten Wirtschaftswachstums. Es gab relativ freien Handel, aber keinen freien Kapitalverkehr. Alle Länder unterhielten – im Einzelnen unterschiedlich lange – Beschränkungen für die Ein- und Ausfuhr von Kapital.

52 Siehe dazu Klein (2019)

Dem stürmischen Wirtschaftsaufschwung stand das nicht im Wege. Der Aufschwung basierte auf einem Aufholeffekt nach den Verheerungen des Zweiten Weltkriegs; in seiner Intensität war er aber auch Ausdruck großer technologischer Dynamik und förderlicher Rahmenbedingungen. Die fehlende Kapitalverkehrsfreiheit erwies sich demgegenüber als unschädlich, wohl auch deshalb, weil Kapitalmobilität zwar die internationale Arbeitsteilung verbessern und die Produktivität steigern kann, der freie Handel mit Waren und Dienstleistungen dieses Ergebnis aber bereits so weitgehend erreicht, dass die Effekte einer noch hinzutretenden Kapitalverkehrsfreiheit entsprechend begrenzt sind. In den Wirtschaftswissenschaften geht man davon aus, dass freier Handel die produktivitätssteigernden Wirkungen der Kapitalmobilität weitgehend ersetzen kann.

Wenn einem also an einer Verbesserung der Einkommen der Kapitalseite liegt, wird man die möglichen positiven Effekte der Kapitalmobilität für die Weltwirtschaft ins Feld führen. Wenn man die Dinge eher aus der Sicht der Masse der Arbeitskräfte in den Industrieländern, aus der Sicht dieser Länder selbst und ihrer Politikfähigkeit betrachtet, wird man sich dagegen fragen müssen, ob die begrenzten Produktivitätsgewinne der Industrieländer durch Kapitalmobilität es rechtfertigen, die Nachteile in Kauf zu nehmen.

Würden regulierte Kapitalexporte den Entwicklungsländern schaden?

Der Kapitalexport aus einem kapitalreichen Industrieland in ein kapitalarmes (Entwicklungs-)Land ist für die Theorie der Produktivitätsgewinne durch Kapitalmobilität ein wesentlicher Anwendungsfall, wobei eine höhere Grenzproduktivität erreicht wird und zu mehr Wohlstand führt. Allerdings gehen von den tatsächlichen Kapitalexporten nur die wenigsten in die ärmsten Länder der Welt.[53] Unbestreitbar ist,

53 Soweit Direktinvestitionen von Industrieländern in Entwicklungsländer gehen, verteilen sie sich auf nur sehr wenige Entwicklungsländer. Zwei Drittel der Mittel entfielen nach einer älteren Oxfam-Studie aus dem Jahr 2002 auf China und Südostasien. Nur 1 Prozent ging in afrikanische Länder südlich der Sahara. (Oxfam, 2002) Der Anteil des in *Entwicklungs- und Schwellenländern* investierten deutschen Auslandsvermögens am gesamten deutschen Auslandsvermögen betrug 2017 10 Prozent. (Hünnekes/Schularick/Trebesch, 2019)

dass einige der Kapitalexporte in unterentwickelte Länder, sowohl auf kommerzieller Basis als auch im Rahmen von Entwicklungshilfe, zur nachhaltigen Entwicklung der Empfängerländer beitragen. Für die Gesamtheit der in diese Länder gehenden Kapitalexporte ist die Einschätzung jedoch viel problematischer. So haben erfolgreiche Schwellenländer, die vormals bitterarm waren, insbesondere in Asien, aber auch Länder wie Mauritius oder früher Finnland, ihren Aufstieg weitgehend ohne massiven Zustrom ausländischen Kapitals erreicht. Neuere Untersuchungen haben deutlich gemacht, dass der entscheidende Faktor, um Anschluss an die Industrieländer zu gewinnen, nicht der Zustrom ausländischen Kapitals, sondern der Bildungsstand der Bevölkerung ist. Das Problem besteht allerdings darin, dass sich Bildungsinvestitionen erst mit jahrelanger Verzögerung lohnen. Aber sie sind für die meisten Entwicklungsländer finanzierbar, denn die Löhne einheimischer Lehrerinnen und Lehrer sind bescheiden. Der Bildungsstand einer Bevölkerung ist natürlich nicht der einzige Faktor für ökonomischen Erfolg. Hinzukommen müssen eine effiziente Staatsgewalt und eine zuverlässige Rechtsordnung. Der Zustrom ausländischen Kapitals kann hier je nachdem sogar destabilisierend wirken und Eliten begünstigen, die eine breite Bildung der Bevölkerung nicht fördern.

Wenn sich ein Großteil der inländischen Wirtschaft in der Hand ausländischer Investoren befindet, ist politische Instabilität vorprogrammiert. *Thomas Piketty* hat beschrieben, was sich zum Beispiel immer wieder in Südamerika beobachten ließ: Es wird im Fall der Dominanz ausländischer Kapitaleigentümer immer wieder die Forderung nach Enteignung erhoben werden. Andere politische Akteure halten dem entgegen, nur der bedingungslose Schutz des Eigentums garantiere Investitionen und Wirtschaftsentwicklung. So bleibt ein Land in einem ewigen Kreislauf wechselnder Regierungen gefangen: Da sind zum einen die revolutionären Regierungen, die nur begrenzte Möglichkeiten zur tatsächlichen Verbesserung der Lebensverhältnisse der Bevölkerung haben, und zum anderen die Regierungen, die die Eigentümer schützen, wodurch die nächste Revolution oder der nächste Staatsstreich vorbereitet wird.[54] Der Kapitalexport in Entwicklungsländer sollte deshalb ein politisch verantworteter Prozess sein.[55]

Unbeschränkte Kapitalmobilität kann Politiker und Regierungen sowohl in den Kapital exportierenden wie in den Kapital importierenden Ländern mächtig unter Druck setzen. Damit beschäftigen wir uns im nächsten Abschnitt. Und anschließend geht es um die Frage, ob Kapitalmobilität gegebenenfalls – ohne unvertretbare Einbußen an Wohlstand – reguliert werden kann.

Zusammenfassung:

- Kapitalmobilität kann den Schutz, den der Mechanismus des komparativen Vorteils Ländern bietet, untergraben.
- Kapitalmobilität nutzt den Eigentümern des Kapitals durch höhere Renditen, Streuung von Risiken und verstärkten politischen Einfluss. Für die Gesamtheit eines Landes wirkt sich Kapitalexport dagegen unter vielen Rahmenbedingungen ungünstig aus; für die Arbeitnehmer des kapitalexportierenden Landes gilt das ganz besonders.
- Auch Kapitalimporte sind nicht immer ein Gewinn. Sie können, insbesondere, wenn sich die Kapitalgeber nicht langfristig binden, destabilisierend wirken.
- Spekulative Kapitalbewegungen stören die Funktion der Wechselkurse, für einen optimalen Handel zu sorgen.
- Die Jahre von 1950 bis 1970 zeigen, dass eine prosperierende Wirtschaft auch ohne unbeschränkte Kapitalverkehrsfreiheit möglich ist.

54 Piketty (2015), S. 103; ferner Klingholz/Lutz (2016), S. 177ff.

55 Das weite Feld der Bedingungen, die Entwicklung und Entwicklungshilfe gelingen oder scheitern lassen, kann hier nicht vertieft werden.

3.2 Wähler und Investoren als konkurrierende Schiedsrichter der Politik

Wie im vorangegangenen Kapitel bereits angesprochen, war die Mobilität des Kapitals in den Jahren des stürmischen Wirtschaftsaufschwungs nach dem Zweiten Weltkrieg zunächst beschränkt. Die Regierungen kontrollierten und regulierten Kapitalbewegungen. Kapitalverkehrskontrollen waren ein fester Bestandteil des in *Bretton Woods* geschaffenen Finanzsystems. Erst nach und nach, überwiegend in den 1970er-Jahren, lockerten die Länder durch Entscheidungen ihrer Regierungen und Parlamente die entsprechenden Bestimmungen. Diese Weichenstellungen wurden nicht durch äußere Umstände erzwungen. Die Kontrollmöglichkeiten wurden durch die fortschreitende technische Entwicklung eher vereinfacht als erschwert. Es ging vielmehr um politische Entscheidungen, die die Rahmenbedingungen der Wirtschaft weiter verbessern und die Finanzmärkte entwickeln sollten. Dass unregulierter Kapitalverkehr in einem längerfristigen Prozess zur Teilentmachtung von Staaten führen kann, sahen und bezweckten schon damals manche, während andere Akteure solche Fernwirkungen eher ignorierten. Noch war die Macht der Staaten ungebrochen.

a) Kapitalmobilität als Demokratieproblem

Unbeschränkter Kapitalverkehr – das scheint auf den ersten Blick größtmögliche Freiheit zu bedeuten und eine Menge Bürokratie zu sparen. Grenzüberschreitende Vermögensdispositionen sind problemlos möglich, Anleger können weltweit die besten Renditechancen nutzen. Indem sie ihr Kapital international streuen oder rechtzeitig verlagern, schützen sie es außerdem vor länderspezifischen Risiken, solchen ihres Heimatlandes eingeschlossen. Politisch betonen wirtschaftsliberale Autoren, dass die Kapitalverkehrsfreiheit den Bürgern, über die demokratischen Wahlen hinaus, eine zusätzliche und sogar wirkungsvollere Einflussmöglichkeit auf den Staat eröffne – durch den Abzug von Kapital oder die Drohung damit. In der wirtschaftswissenschaftlichen Literatur klingt das so, dass zur *Voice*-Option, die sowohl die Teilnahme an Wahlen als auch den Gebrauch der Meinungsfreiheit umfasst, die *Exit*-Option hinzutritt. Und doch liegt darin nicht nur ein politisches, sondern auch ein verfassungsrechtliches Problem.

Ursprünglich wurden die Kategorien von *Voice* und *Exit* für den Geschäftsverkehr entwickelt.[56] Dort bedeutet *Voice,* Reklamationen anzubringen, wenn der Geschäftspartner schlecht leistet, sich zu beschweren, Nachbesserung oder Neubelieferung zu verlangen. Wer dagegen, vielleicht sogar nach einer längeren Geschäftsbeziehung, schlicht den Anbieter wechselt, realisiert die *Exit*-Option. Die Terminologie wurde schon bald von liberalen Wirtschaftstheoretikern auf das Verhältnis von Staaten und Staatsbürgern übertragen. Hier umfasst die *Voice*-Option allerdings nicht nur die Möglichkeit, Forderungen zu stellen und seine Meinung zu äußern, sondern insbesondere auch das demokratische Wahlrecht. Hinzu kommt nun die Möglichkeit des *Exits*, d.h. die Option, bei grundsätzlicher Unzufriedenheit das Land zu verlassen und sich ein anderes zu suchen, in dem die Politik ein günstigeres Arrangement aus öffentlichen Leistungen und geforderten Gegenleistungen, insbesondere Steuern, bietet. Der Bürger wird hier zum vergleichenden und gegebenenfalls den Anbieter wechselnden Konsumenten staatlicher Politik. Nicht immer klar unterscheidet die entsprechende Literatur jedoch, ob der Bürger selbst samt seiner Habe das Land wechselt, oder ob er nur Teile seines Vermögens in die Ferne schickt und selbst ortsfest bleibt.

Da man mit seiner Stimmabgabe nur sehr begrenzt Einfluss nehmen könne, sei die das Wahlrecht ergänzende *Exit*-Option, so ihre Verfechter, nicht nur begrüßenswert, sondern geradezu unverzichtbar. Entsprechend wollen sie sie vor jeder Reglementierung schützen und lehnen beispielsweise auch zwischenstaatliche Abkommen zur Verhinderung von Steuerflucht als staatliches „Kartellverhalten" ab. Das Problem ist aber, dass im politischen Bereich die *Exit*-Option das Gewicht der *Voice*-Option und insbesondere des Stimmrechts bedeutend reduzieren kann. Hier konkurrieren diejenigen, die die *Exit*-Option instrumentalisieren, mit der Mehrheit der Staatsbürger, die mangels Kapital auf ihre *Voice*-Option beschränkt sind. Denn über ausreichend Kapital, das zudem mobil sein muss, um damit Einfluss auszuüben (das Einfamilienhaus zählt also nicht) verfügt bekanntlich nur eine Minder-

56 Zum Konzept von *Voice* und *Exit* grundlegend Hirschman (1970)

heit. So hat eine Forschergruppe des DIW ermittelt, dass die reichsten 45 Familien in Deutschland über ebenso viel Kapital verfügen wie die ärmere Hälfte der Bevölkerung. Das reichste Prozent der Bevölkerung kommt auf etwa 33 bis 35 Prozent.[57]

Das Problem wird weiter noch dadurch verschärft, dass mit der *Exit*-Option eine unterschiedliche Besteuerung von mobilem und immobilem Kapital erzwungen werden kann, ebenso wie eine unterschiedliche Besteuerung von Kapital- und Arbeitseinkommen.

b) Ein theoretischer Überbau für unbeschränkten Kapitalverkehr

In der Realpolitik braucht man keine ausgefeilten theoretischen Begründungen, um die unbeschränkte Freiheit des Kapitalverkehrs durchzusetzen und aufrecht zu erhalten. Es reicht, dass man die Macht hat oder zumindest die Gunst eines historischen Moments zu nutzen weiß. Es kann genügen, die Kapitalverkehrsfreiheit zu einem Baustein politischer Freiheit zu erklären, sie schlicht als zeitgemäß zu bezeichnen oder auf Renditechancen hinzuweisen, die verbessert werden. Man kann sich auf kosmopolitische Überzeugungen berufen, auf eine Welt möglichst ohne Grenzen. Und man kann, wenn man sich nicht scheut, widerlegt zu werden, auch suggerieren, die Auslandsreise des einfachen Bürgers würde ohne unbeschränkte Kapitalverkehrsfreiheit komplizierter. Es gibt aber auch eine radikal-liberale, für den sogenannten Neoliberalismus zentrale Begründung, warum die unbeschränkte Freiheit des Kapitalverkehrs – und damit das uneingeschränkte Recht, Kapital aus dem Land, in dem es erwirtschaftet wurde, abzuziehen – politisch unverzichtbar sei.

Kapital über Staatsgrenzen hinweg zu bewegen, insbesondere, wenn es aus versteuerten Einkünften stammt, ist in den Grenzen der Sozialbindung des Eigentums grundsätzlich Teil des Eigentumsrechts. Dass der Abzug großer Kapitalmengen eine Regierung unter starken Druck setzen kann, wird aus wirtschaftsliberaler Perspektive als positiv gesehen, ungeachtet der Tatsache, dass die betroffene Regierung demokratisch legitimiert ist. Denn zum einen wird der Einfluss, den der Bürger mit

57 Bach/Thiemann/Zucco (2017). Siehe dazu Kapitel 8e).

seiner Stimme und vielleicht darüber hinaus mit seinem Engagement und seinen Meinungsäußerungen auf die Politik nehmen kann, wie erwähnt als zu gering erachtet. Zum anderen wird die Politik der Kompromisse, die üblicherweise das Ergebnis demokratischer Prozesse ist, als ineffizient und kostspielig kritisiert. Die Vertreter dieser Ansicht betrachten die *Voice*-Option nicht zuletzt deshalb als zu schwach, weil es keine Möglichkeit gebe, die immer wieder eigennützig handelnden Politiker an die Erfüllung ihrer Wahlversprechen zu binden. Und geradezu empörend sei, dass in der Demokratie Mehrheiten aus weniger begüterten Menschen die Macht erhielten, Maßnahmen zu veranlassen, die von der reichen Minderheit überproportional mitfinanziert werden müssten, selbst wenn die reiche Minderheit an diesen Maßnahmen kein Interesse habe.[58] Ein schlichtes Beispiel ist der Bau eines Freibads, an dem die reiche Minderheit wegen ihrer privaten Swimmingpools nicht interessiert ist, das sie aber trotzdem mitfinanzieren muss, und angesichts eines ansteigenden Steuertarifs sogar überproportional. Diese für eine Demokratie typische Konstellation führe zu einem übertriebenen und ineffizienten Ausgabeverhalten demokratischer Staaten. Die nötige Zähmung der Demokratie sei wegen der Majorität ärmerer Menschen nicht über *Voice*, sondern nur über eine wirkungsvolle *Exit*-Option möglich, die die demokratischen Staaten in einen direkten Wettbewerb zueinander bringe. Der Wettbewerb um Kapital zwinge sie dazu, ihre Attraktivität für die Eigentümer mobilen Kapitals in einem permanenten politischen Prozess zu optimieren. Den mehr oder weniger immobilen Produktionsfaktoren, der Arbeit und dem ortsfesten Kapital, obliege es, um das mobile Kapital zu werben.[59] Staaten, die für die Eigentümer mobilen Kapitals ungünstige Bedingungen böten, etwa bei den Steuern, dem Arbeitsrecht, den Arbeitszeiten oder der Bürokratie, würden dafür mit der Abwanderung von mobilem Kapital bestraft. Ihnen bleibe nichts Anderes übrig, als ihre Angebote an das mobile Kapital so lange zu verbessern, bis ihre Wettbewerbsfähigkeit wiederhergestellt sei. Zurückkommend auf das Schwimmbadbeispiel bedeutet das, dass es weniger darum geht, wegen des Schwimmbads auszuwandern, als vielmehr darum, eine Position

58 Brennan/Buchanan (1985), S. 121ff.; Buchanan (1984), S. 219ff.

59 z.B. Straubhaar (1994) S. 540)

zu erlangen, aus der sich ein Schwimmbadbau verhindern lässt. Der Staat, den es in dieser Weise zu domestizieren gelte, wird oft als Leviathan-Staat bezeichnet. Leviathan ist ein mythologisches Fabeltier mit unüberwindlichen Kräften. Das Bild wurde bereits 1651 von *Thomas Hobbes* in seinem gleichnamigen Buch verwandt, in dem er sich mit dem absolutistischen Staat beschäftigte.[60] Diesem Leviathan, d.h. dem Expansionsdrang des Staates, der Politiker und der Bürokratie, werde durch die Unterwerfung unter das – ggf. durch Abwanderung zu vollstreckende – Urteil der Eigentümer des mobilen Kapitals ein wirkungsvoller Riegel vorgeschoben.

Manche wirtschaftsliberalen Theoretiker fordern sogar, den Staat als sogenannten „Nachtwächterstaat" auf das allernötigste, insbesondere auf die Gewährleistung von Sicherheit, zu reduzieren.[61] Denn das Streben aller gesellschaftlichen Gruppen nach ökonomischen Vorteilen jenseits der Marktergebnisse sei so stark, dass es zu gefährlich wäre, wenn es einen großen Batzen Geld zu verteilen gäbe. Besser, man halte den Kuchen klein.

Außerdem, so werben die Verfechter unbeschränkter Kapitalmobilität, schaffe der zwischenstaatliche Wettbewerb Chancen zur Entdeckung neuer, unbekannter Möglichkeiten, wie öffentliche Leistungen kostengünstig angeboten werden könnten. Die Charakterisierung des Wettbewerbs als Entdeckungsverfahren geht auf *Friedrich August von Hayek* (1899–1992) zurück, den vielleicht prominentesten Vordenker des Neoliberalismus. *Hayek* betonte, dass die Wirkung des Wettbewerbs nicht nur darin bestehe, Preise von Waren und Dienstleistungen herunterzudrücken und schwache Anbieter aus dem Markt zu selektieren. Wichtiger sei noch, dass der Wettbewerb – in einer Welt unsicherer, unübersichtlicher und maximal verstreuter Informationen – die Teilnehmer dazu nötige, immer wieder neue Angebotsarrangements auszuprobieren. Nur so könne der Schatz potenziell verfügbarer Informationen gehoben werden. Und nur der Wettbewerb könne erweisen, welche Arrangements am Ende die besseren seien. Nach *Hayek* gilt das nicht nur für das privatwirtschaftliche Angebot von Gütern und Dienstleistungen, sondern genauso für Staaten als konkurrierende An-

60 Hobbes (1651/1990), S. 1
61 Thomasi (2012), S. 253

bieter von Regelungs- und Politikkonzepten. Dazu sei ein scharfer Wettbewerb der Staaten erforderlich.

Von *Hayek* stammt zudem die Bezeichnung von Demokratien, die nicht durch Wettbewerb domestiziert werden, als „totalitäre“[62] und „Schacherdemokratien“,[63] die Ergebnisse hervorbrächten, die niemand gewollt habe. *Hayek* geht von einem Scheitern des demokratischen Ideals aus:[64] Die Demokratie führe im Ergebnis immer zu einer Befriedigung von Gruppeninteressen auf Kosten des Allgemeinwohls. Sie sei sowohl ineffizient als auch ausbeuterisch.

Die Angst vor einer Ausbeutung der reichen Minderheit durch eine arme Mehrheit in der Demokratie hat eine lange Tradition. Der unter Ökonomen sehr bekannte *Knut Wicksell* warnte 1896: „Wenn einmal die unteren Klassen definitiv in Besitz der gesetzgebenden und steuerbewilligenden Gewalt gelangt sind, wird allerdings die Gefahr vorliegen, dass sie ebenso wenig uneigennützig verfahren werden wie die Klassen, welche bisher die Macht in den Händen hatten, dass sie mit anderen Worten die Hauptmasse der Steuern den besitzenden Klassen auflegen und dabei vielleicht in der Bewilligung der Ausgaben, zu deren Bestreitung sie nunmehr nur wenig beitragen, so sorglos und verschwenderisch verfahren, dass das bewegliche Kapital des Landes bald nutzlos vergeudet und damit die Hebel des Fortschritts zerbrochen sein werden.“[65]

Roland Vaubel, einen führenden deutschen Vertreter der Gruppierung ultra-liberaler Ökonomen, bis 2016 Professor an der Universität Mannheim und ferner Mitglied des Wissenschaftlichen Beirats beim Bundesministerium für Wirtschaft und Technologie, hat das dazu gebracht, seine Sympathie für ein parlamentarisches Zweikammersystem zu erklären, das finanzielle Belastungen der Bürger nur im Konsens zwischen Arm und Reich zulasse. Beide Kammern des Parlaments müssten jeweils allen Finanzierungs- und Ausgabenentscheidungen zustimmen. Beide Kammern würden zwar von allen Bürgern gewählt. Für eine der beiden Kammern müsse sich allerdings das Stimmgewicht

62 v. Hayek (1977), S. 22
63 v. Hayek (1981), S. 23ff. und 137ff.
64 v. Hayek (1969), S. 199ff.; (1977), S. 7ff.
65 Wicksell (1896), S. 122

der Wähler an ihrem Vermögen orientieren. – Das ist für einen Beamten und Regierungsberater insofern bemerkenswert, als es dem nach Artikel 79 Absatz 3 des Grundgesetzes unabänderlichen Kernbereich der parlamentarischen Demokratie widerspricht. Vielleicht aus pragmatischen Gründen gibt *Vaubel* am Ende dann der Einhegung der Demokratie durch einen bewusst zu fördernden und zu sichernden zwischenstaatlichen Wettbewerb gegenüber seinem Traum von einer Ständedemokratie den Vorzug. Er endet mit der Feststellung: „Heute sprechen wir von der Globalisierung, und darin liegt die große Chance der Leistungseliten."[66]

Der Einwand, diese „Domestizierung" nehme dem demokratischen Staat wesentliche Regelungsbereiche und entkerne die Demokratie, liegt nahe. Einmal abgesehen davon, dass das ja gerade ein wesentliches Element des Programms ist, wird dagegen vorgebracht, der Politik verblieben noch immer genügend Bereiche, die sie steuern könne und müsse. Die Politik solle ja gerade durch die Setzung von wirtschaftsfreundlichen Regeln, durch die Bereitstellung von Infrastruktur, die Heranbildung einer qualifizierten und motivierten Arbeitnehmerschaft usw. erkunden und im Wettbewerb erproben, welche Arrangements das mobile Kapital am wirkungsvollsten ins Land lockten. Und je attraktiver das Angebot ausfalle, desto höhere Preise, zum Beispiel in Form von Steuern, könne der Staat dafür nehmen. Die Situation sei mit jener von Städten und Gemeinden vergleichbar, die die Ansiedlung von Gewerbe kreativ und kompromissbereit förderten, indem sie Steuertarife moderat gestalten, Grundstücke günstig bereitstellen, die gewerbebezogene Infrastruktur verbessern und sich in vielerlei Hinsicht für die örtliche Wirtschaft einsetzen.

Das Konzept zwischenstaatlichen Wettbewerbs ist insbesondere auch ein gegen Umverteilung gerichtetes Konzept. Über das Ausmaß sinnvoller Umverteilung kann man streiten. Wer aber Umverteilung grundsätzlich ablehnt und fragt, warum reiche Menschen mehr an den Staat zahlen sollen, als es ihrer unmittelbaren Inanspruchnahme staatlicher Leistungen entspricht, ignoriert die Tatsache, dass es ohne die nur mit progressiven Steuern finanzierbare staatliche Infrastruktur viel weniger wohlhabende Menschen gäbe und dass der Wohlstand der

66 Vaubel (2007)

Reichen ohne diese Infrastruktur nicht zustande käme. Es bliebe nur eine kleine Gruppe reicher Oligarchen. Und er sieht über die Tatsache hinweg, dass es für Menschen mit zunehmendem Wohlstand leichter wird, noch mehr Geld zu verdienen; umso mehr, wenn wirtschaftlicher Erfolg zu wachsender Handlungsmacht führt.

c) Gesunde Schlankheitswettbewerbe?

Wer der Demokratie ihre Schwächen vorhält, erfährt oft viel Zustimmung. Nehmen wir *Hayeks* Vorwurf der „Schacherdemokratie", die Ergebnisse erzeuge, die keiner gewollt habe. Ein Beispiel dafür lässt sich schnell finden: In einer Gemeinde gibt es die Ortsteile Kirchdorf und Blumental. Kirchdorf will unbedingt eine Umgehungsstraße zur Entlastung der geplagten Anwohner der Hauptstraße, Blumental endlich ein Dorfgemeinschaftshaus, weil es dort nach dem Abriss des Gasthofs keinen Versammlungsort mehr gibt. Die aus Kirchdorf kommenden Mitglieder des Gemeinderats betrachten das Dorfgemeinschaftshaus gleichwohl als verzichtbar und umgekehrt die Ratsmitglieder aus Blumental den Bau der Umgehungsstraße. Weil keine Seite ihr Projekt ohne die Stimmen der Gegenseite durchsetzen kann, werden schließlich beide Vorhaben beschlossen, wenn auch vielleicht zeitlich gestreckt. Man hat also geschachert, und es gibt womöglich kein Ratsmitglied, das beide Projekte aus vollem Herzen befürwortet. Trotzdem wird es gemacht.

Ähnlich verhält es sich, wenn in einer Umfrage gefragt wird, wo Bürger eine Verschwendung staatlicher Gelder sehen. Da wird viel zusammenkommen. Jedem von uns fällt spontan einiges ein. Das Problem ist nur, dass wir zwar alle gemeinsam empört sind und damit vielleicht sogar einen wohltuenden Moment der Zusammengehörigkeit erleben. Nur können wir uns anschließend leider oft nicht darauf einigen, *welche* Projekte denn die überflüssigen sind. Betrifft das die Stelle für die stellvertretende Frauenbeauftragte, die Kosten der Durchführung der Baumschutzsatzung, die neue Straße, die Konzerthalle oder das neue Logo für das Stadtmarketing?

Natürlich gibt es zahlreiche Fälle, wo es unabhängig von politischen Zielkonflikten zu Pleiten, Pech und Pannen kommt. Beispielsweise haben wir ein öffentliches Bau- und Vergaberecht, welches – in dem honorigen Bestreben, Begünstigungen zu verhindern und das wirtschaftlichste Angebot zum Zuge kommen zu lassen – dazu führt, dass ein vernünftiger Bauprozess oft nicht gelingt. Pfusch, Prozesse und die Insolvenz von Auftragnehmern sind vorgezeichnet. Hier und an anderen Stellen gibt es viel zu tun. Schaut man sich allerdings an, wieviel auch privaten Bauherren misslingt, wird man die Erwartungen in einem realistischen Rahmen halten müssen. Ähnliches gilt, wenn man die Chance hat, einen Insiderblick in große Unternehmen zu werfen und erkennt, welche Kosten dort auf Machtkämpfe und zweifelhafte Karrierestrategien zurückgehen. Dringlich ist es zudem, bessere Regularien zu entwickeln, die Korruption erschweren. Hier muss auch die Wissenschaft ihren Beitrag leisten. Trotz allem aber werden Demokraten an *Winston Churchills* Meinung festhalten, dass die Demokratie vielleicht eine schlechte, aber die beste aller verfügbaren Regierungsformen ist.

Setzt man statt des schwachen Wählers den internationalen Investor als Schiedsrichter der Politik ein, sind die daraus erwachsenden Entscheidungen, allen angepriesenen Entdeckungsverfahren zum Trotz, in vielen Fällen vorgezeichnet. Denn begüterte Menschen haben oft eine Präferenz für niedrige Staatsausgaben und reduzierte soziale Sicherungssysteme. Ihnen steht vor Augen, dass sie viele öffentliche Einrichtungen entweder gar nicht nutzen oder sich die Leistungen privat, speziell auf ihre Bedürfnisse zugeschnitten, günstiger beschaffen können. Sie schauen auf ihren – wenn auch inzwischen verminderten – Spitzensteuersatz und übergehen dabei gerne die nur ihnen offenstehenden Steuergestaltungsmöglichkeiten und die Tatsache, welche Summen auch die übrigen Gruppen der Gesellschaft, nicht zuletzt über indirekte Steuern, aufbringen.[67]

Entscheiden vermögende Investoren darüber, wie staatliche Leistungen ausfallen, ist der Sozialstaat substanziell gefährdet. Denken die Investoren über den Horizont ihrer kurzfristigen Renditeziele hinaus, was bei Managern keineswegs und auch bei Eigentümern nicht immer sichergestellt ist, werden sie womöglich jene staatlichen Maßnahmen tolerieren und mitfinanzieren, die für das Angebot eines gesunden, gut

67 Siehe dazu Kapitel 8 f)

ausgebildeten und nicht übermäßig konfliktbereiten Arbeitskräfteangebots erforderlich sind. Auch dann werden sie allerdings bestrebt sein, ihren finanziellen Einsatz zu minimieren und die Kosten soweit wie möglich den ortsfesten Arbeitskräften und den Eigentümern von immobilem Kapital, zum Beispiel Hausbesitzern, zu überlassen.

Die Einsetzung des mobilen Kapitals zum Schiedsrichter über „gute" und „schlechte" Politik verschiebt die Perspektive, aus der politische Leistungen betrachtet werden, grundsätzlich. So werden, um ein Beispiel zu nehmen, auch die Eigentümer des mobilen Kapitals vom Staat Sicherheit als eine wesentliche staatliche Leistung verlangen, die nicht allein durch private Sicherheitsdienste geboten werden kann. Aber sie werden bei diesem Bedürfnis wahrscheinlich selektiv vorgehen und Kosten und Nutzen in ihrem Sinne abwägen. Im Extremfall werden dann die Innenstädte, die guten Wohnviertel und die Verbindungswege zwischen ihnen und dem Flughafen von der Polizei geschützt, aber problematische Viertel aus Kosten-Nutzen-Gesichtspunkten tendenziell sich selbst überlassen, jedenfalls solange deren Bewohner Straftaten nur untereinander begehen.

Durch unbeschränkte Kapitalmobilität verringert sich die Fähigkeit des Staates, Unternehmen und Investoren soziale Verpflichtungen aufzuerlegen. Die Besteuerbarkeit des Kapitals nimmt ab, weil die Kapitaleigner relativ frei zwischen konkurrierenden Investitions- und Anlagestandorten wählen können. Die Lasten der Finanzierung der Infrastruktur und der sozialen Sicherung müssen folglich in deutlich stärkerem Maße von den weniger mobilen Teilen der Gesellschaft, von Arbeitnehmern, Konsumenten, Immobilienbesitzern und regional verankerten kleinen Gewerbetreibenden, getragen werden. Sozialpolitik ist nur noch möglich, soweit sie als positiver Faktor in der Standortkonkurrenz gerechtfertigt werden kann. Die Ausgaben für bedürftige, alte oder längerfristig kranke Menschen gehören kaum dazu. Infolge der Ausrichtung des Staates an den Bedürfnissen der vermögenden Minderheit nehmen die Belastungen für die sozialen Sicherungssysteme zu, während die zur Verfügung stehenden Mittel abnehmen. Die Exit-Option, konsequent ausgespielt, ermöglicht es der Kapitalseite aber nicht nur, sich jeder „Umverteilung" zu entziehen, sie erlaubt es auch, sogar die Finanzierung von produktivitätssteigernden Infrastrukturmaßnahmen bis zu einer auszutestenden Schmerzgrenze den immobilen Steuerzahlern zu überlassen, die damit für die Erhaltung ihrer Arbeitsplätze letztlich einen Teil ihres Lohns an die Unternehmen zurückgeben.

Im Kapitel 2 wurde dargestellt, dass ein freier internationaler Handel mit Waren und Dienstleistungen im Grundsatz allen beteiligten Ländern zugutekommt, dass der Handel aber innerhalb der Länder Gewinner und Verlierer schafft. Diese länderinternen Probleme mögen hinnehmbar sein, wenn es gelingt, die Verlierer aus den zusätzlichen Einnahmen der Gewinner zu entschädigen, wobei den Gewinnern auch bei einer vollständigen Entschädigung immer noch ein Plus verbleibt. Eine entsprechende Umverteilung ist nur durch den Staat denkbar. Im Falle eines forcierten Wettbewerbs um Kapital droht dem Staat jedoch der Verlust gerade dieser Fähigkeit. Im Gegenteil besteht die Gefahr, dass die Vorteile des internationalen Handels weitgehend durch die Eigentümer des mobilen Kapitals beansprucht werden.

Zusätzlich muss beachtet werden, dass nicht nur der umverteilende, ausgleichende Staat durch den Wettbewerb um mobiles Kapital unter Druck gerät, sondern auch der regulierende Staat, der zum Beispiel Normen zum Schutz der Umwelt und der Bevölkerung erlässt. Von den Kapitaleigentümern werden die Belastungen aus entsprechenden Vorschriften in Geld umgerechnet und gehen in eine Gesamtbetrachtung mit der Steuerbelastung und der angebotenen Infrastruktur ein. Ein Staat, der strenger reglementiert als konkurrierende Staaten, muss dann auf anderen Feldern mehr bieten, um wettbewerbsfähig zu sein. Deutlich wird, wie zweifelhaft es ist, wenn der Staat, der den Wettbewerb in sozialverträgliche Bahnen leiten soll, zugleich selbst in einem scharfen Wettbewerb gefangen ist.[68] Wenn es schon ein Risiko bedeutet, dass Wirtschaftsprüfer oder technische Prüfstellen miteinander konkurrieren und von Aufträgen der Geprüften abhängen, und wenn dieser Umstand im Grunde eine zusätzliche, darüberstehende Aufsicht der Aufsicht erfordert – wieviel problematischer ist dann der Wettbewerb der Staaten untereinander...

68 Sinn (2002); Kirchhof (2005)

d) Race to the bottom?

Ob ein Wettlauf zu sinkenden Kapital- und Unternehmenssteuern stattfindet, ob in der Folge die staatlichen Leistungen reduziert werden und wie dynamisch ein solcher Prozess verläuft, ist in der Literatur unter dem Schlagwort *race to the bottom*, eines Rennens bis zum Tiefpunkt, lebhaft diskutiert worden. Das Problem entsteht dadurch, dass sich einzelne Länder, insbesondere, wenn sie Kapitalimporte benötigen, Vorteile verschaffen können, indem sie Steuern senken und Vorschriften liberalisieren. Trotz ihrer abgesenkten Steuersätze profitieren sie zunächst von der verbesserten wirtschaftlichen Entwicklung, die das zusätzliche Kapital ermöglicht. Die Vorteile bleiben solange bestehen, bis andere Länder ebenfalls die Steuern senken.[69] Damit geht der Vorteil für alle Länder verloren, und fortan profitieren nur noch die Kapitaleigner. Die Situation ist mit der auf der Sitztribüne eines Fußballstadions vergleichbar: Springen einzelne Zuschauer auf, sehen sie zunächst besser als die übrigen. Dann werden auch die anderen aufstehen. Nun sieht niemand mehr besser, und alle müssen stehen. Nur die Sitze sind entlastet… *Fritz W. Scharpf*, vormaliger Direktor am Max-Planck-Institut für Gesellschaftsforschung in Köln, hat das bereits Ende der 1990er Jahre auf den Punkt gebracht: In diesem Wettbewerb können die Staaten „nur temporäre Vorteile gewinnen, die alsbald wieder wegkonkurriert werden. Dauerhaft bleibt lediglich der Einflussgewinn der mobilen Interessen, deren ‚Voice' im politischen Prozess durch die Existenz der ‚Exit'-Option verstärkt wird. Dieser Effekt ist unabhängig von dem Wähleranteil, der Organisationsstärke oder auch nur der Organisierbarkeit dieser Interessen, sondern allein ihrem objektiv vorhandenen und von allen anderen antizipierten Drohpotenzial geschuldet."[70]

Die Gefahr, dass Staaten im Wettbewerb um Kapital in eine solche Abwärtsspirale geraten, erscheint relativ groß, insbesondere, wenn es nicht gelingt, wirkungsvolle Regeln, zum Beispiel über Mindeststeuersätze, zu vereinbaren. Die Gegner der *Race-to-the-bottom*-Theorie weisen demgegenüber darauf hin, dass es zu einer wirklichen „Abmage-

69 Die Gewinnsteuern, um die es hier geht, sind in der Regel nicht über die Preise auf die Kunden überwälzbar. Gewinnsteuern treffen die Unternehmen nicht gleichmäßig, sondern je mehr, je rentabler sie arbeiten. Deshalb besteht ein starker Anreiz zur Vermeidung.

70 Scharpf (1998), S. 47f.

rung" der Staaten bisher nicht gekommen sei, obwohl die Freiheit des Kapitalverkehrs doch schon viele Jahre besteht. Nicht auszuschließen ist allerdings, dass die Mühlen des Kapitalwettbewerbs zwar langsam, am Ende aber doch gründlich mahlen. Diese Möglichkeit hat *Wolfgang Streeck*, bis zum Ruhestand Direktor am Max-Planck-Institut für Gesellschaftsforschung in Köln, exemplarisch und in einer auch für andere gesellschaftliche Entwicklungen gültigen Weise formuliert:

„Wir neigen dazu, zu unterschätzen, wie lange gesellschaftliche Ursachen brauchen, um gesellschaftliche Wirkungen hervorzubringen. Wenn man zu früh fragt, ob eine Theorie über Wandel oder Ende einer gesellschaftlichen Formation zutrifft oder nicht, läuft man Gefahr, sie widerlegt zu finden, bevor sie sich hätte beweisen können. Ein gutes Beispiel ist die Globalisierungsliteratur in der vergleichenden Politikwissenschaft der 1980er und 1990er Jahre, die, gestützt auf damalige empirische Beobachtungen, zu dem Schluss kam, dass mit abträglichen Auswirkungen der Entgrenzung der nationalen Volkswirtschaften auf den Sozialstaat nicht zu rechnen sei. Heute wissen wir, dass die Dinge nur länger gedauert haben – und dass es falsch war vorauszusetzen, dass ein so fest etabliertes und träges Gebilde wie der europäische Wohlfahrtsstaat schon nach wenigen Jahren wirtschaftlicher Internationalisierung würde verschwinden oder zu etwas kategorisch anderem werden können. Institutioneller Wandel findet oft und vermutlich meistens als gradueller Wechsel statt, den man sehr lange als marginal abtun kann, auch wenn das Marginale längst dadurch zum Kern der Sache geworden ist, dass es deren Entwicklungsdynamik bestimmt."[71]

Die Entwicklung verläuft in den Staaten unterschiedlich, auch innerhalb der Europäischen Union. Wie vorhergesagt, kommt es einerseits zu einer Umverteilung der Steuerlast – weg von den Unternehmen und den Kapitaleinkommen, hin zu den Arbeitnehmern, Verbrauchern und Immobilienbesitzern. Zum anderen findet vielerorts eine Flucht in eine steigende Staatsverschulung statt, die es Politikern ermöglicht, dem Druck der Investoren nachzugeben, ohne die Mehrheit der Wähler übermäßig gegen sich aufzubringen.

71 Streeck (2013), S. 14

In Deutschland wie in anderen Ländern springen die Änderungen ins Auge, die das Unternehmenssteuerrecht seit den 1980er Jahren erfahren hat. Sie brachten den Unternehmen jeweils erhebliche Entlastungen. Es begann mit der großen Steuerreform der Regierung *Kohl* von 1985, die in drei Schritten 1986, 1988 und 1990 die Tarife senkte.[72] 2001 senkte die rot-grüne Bundesregierung unter *Gerhard Schröder* den Körperschaftsteuersatz (die Einkommensteuer der Kapitalgesellschaften) auf einheitlich 25 Prozent. Bis dahin lag er bei 30 Prozent für Gewinne, die den Anteilseignern ausgezahlt wurden, und 40 Prozent für nicht ausgeschüttete Gewinne.[73] Schließlich brachte die Steuerreform 2008 eine weitere Senkung auf 15 Prozent. Natürlich zahlen Unternehmen noch weitere Steuern, während ihnen umgekehrt aber auch erhebliche Steuervermeidungsstrategien zu Gebote stehen. Eindeutig ist die Richtung, die die Besteuerung genommen hat. In dieselbe Richtung geht die reduzierte Steuerbelastung hoher Einkommen durch eine deutliche Rücknahme des Spitzensteuersatzes.[74] Ein ebenfalls typischer Befund ist, dass andererseits nun wesentlich mehr Menschen den Spitzensteuersatz entrichten müssen, die nicht zur Spitze der Einkommenspyramide gehören. In Deutschland wie in vielen anderen Ländern führte die grenzüberschreitende Kapitalmobilität ferner zur Einführung gespaltener Steuersätze für Arbeits- und Kapitaleinkommen. Das bedeutet, dass auf Arbeitseinkünfte höhere Steuertarife angewandt werden als auf Kapitalerträge. Natürlich nicht, weil Arbeit besteuerungswürdiger wäre als Vermögen, sondern aus rein pragmatischen Gründen.

Bedenkenswert ist auch, wie der Kapital- und Steuerwettbewerb mit der in vielen Bereichen unterbliebenen Pflege der Infrastruktur und einer unterlassenen Anpassung der Staatstätigkeit an eine problematischer und verwundbarer gewordene Gesellschaft in Verbindung steht. Ist also, mit den Worten von *Streeck*, tatsächlich „das Marginale längst dadurch zum Kern der Sache geworden (…), dass es deren Entwick-

72 Im Gegensatz zu anderen Ländern wurde dabei auch nicht die Steuerbasis verbreitert, um Steuerausfälle teilweise zu kompensieren. (Grözinger, 2006, S. 13)

73 Jarass/Obermair (2006)

74 Der Spitzensteuersatz wurde von ursprünglich 53,0 % auf 42,0 % im Tarif 2005 abgesenkt, jedoch ab 2007 für hohe Einkommen über 250.000 Euro auf 45,0 % angehoben.

lungsdynamik bestimmt“? Diese Wirkung dürfte unbestreitbar sein. Das betrifft die Personalnöte bei Polizei und Justiz, bei den Gesundheitsämtern, der Gewerbeaufsicht, den Jugendämtern. Es betrifft die Förderung von Kindern mit schwierigen Startbedingungen. Es betrifft die Betreuung in Krankenhäusern und Pflegeheimen. Und es betrifft marode Straßenbrücken, Bahnanlagen, öffentliche Gebäude und vieles mehr. Man mag beklagen, dass der physische ebenso wie der soziale Erhaltungsaufwand unserer Gesellschaft steigt. Ändern kann man es nicht. Es sei denn, man träumt einen gefährlichen Traum von einer wieder einfacheren Welt. In Kapitel 7 werden wir sehen, dass selbst bei der Gestaltung unserer Alterssicherungssysteme der Schatten, den die Kapitalmobilität wirft, eine Rolle spielt. Und sollte der Gesellschaft im Zuge der „digitalen Revolution“ eines Tages wirklich die Arbeit ausgehen und eine Maschinensteuer erwogen werden, so wäre auch diese eine Kapitalsteuer, deren Einführung unter den Bedingungen eines zwischen den Staaten ausgetragenen Kapitalwettbewerbs kaum möglich wäre.

e) Wenn die Auswanderung an das Vermögen delegiert wird…

Oft wollen Investoren in jenen ausländischen Staaten, in denen sie ihr Kapital arbeiten lassen, nicht unbedingt auch leben. In manchen Fällen wollen sie das sogar auf gar keinen Fall. Und wenn sie ihr Kapital in mehreren Staaten anlegen, können sie argumentieren, dass sie es ja auch gar nicht können. Die *Exit*-Option möchten sie nicht missen, aber wandern soll doch bitte nur das Kapital – und nicht sein Eigentümer. Nicht überall, wo sich etwas verdienen lässt, ist es auch angenehm, und vielleicht sind die Zustände dort in ein paar Jahren auch nicht mehr so sicher wie gegenwärtig. Die wirkliche Auswanderung als Person kann zwar in Einzelfällen reizvoll sein – obwohl Menschen öfter aus Not als aus Neigung auswandern – sie verursacht aber Kosten und entwertet viel von dem, was wir als immaterielles Kapital bezeichnen. Als Person auszuwandern bedeutet oft, als Fremder Einheimischen gegenüber zu stehen, die sprachlich und kulturell im Vorteil sind, in ihr Geflecht aus Abhängigkeiten, Beziehungen und Loyalitäten nicht vorzustoßen. Es bedeutet, Freunde, Bekannte und Familienmitglieder zurückzulassen. Es bedeutet, in einer anderen Umgebung mit abweichenden Sitten und Gepflogenheiten neu anzufangen. Es kann bedeuten, im Fall von Schicksalsschlägen im Gastland schlechter aufgehoben zu sein als im Heimatstaat. Aus diesem Grund wandern Menschen, die im Inland ihr Auskommen finden, nach wie vor eher selten ins Ausland ab. Aber natürlich ist auch beim Auswandern manches leichter, wenn man reich ist.

Doch auch der, der unbefristet ins Ausland zieht, wechselt in der Regel nicht die Staatsangehörigkeit. Wenn das Herkunftsland ein wohlhabendes, politisch stabiles Land ist, wollen Auswanderer ihre Staatsangehörigkeit meist wie eine beitragsfreie Versicherung beibehalten. Nur ganz wenige Länder schieben dieser Rückfalloption ohne Beitragsleistung einen Riegel vor. Prominentestes Beispiel sind die Vereinigten Staaten von Amerika. Sie besteuern ihre Staatsangehörigen unabhängig davon, wo auf der Welt sie sich aufhalten. Entgehen können die Betroffenen der Besteuerung nur durch die Aufgabe ihrer Staatsangehörigkeit. Diese ist dann irreversibel und, wie wir noch sehen werden, für wohlhabende Auswanderer mit der Pflicht zu einer finalen Vermögensteuerzahlung verbunden.[75]

Wenn also von einer *Exit*-Option gesprochen wird, die die Möglichkeit der politischen Einflussnahme durch *Voice* ergänzt, ist fast immer nur von einem unechten *Exit* die Rede, mit dem die Inhaber der *Exit*-Option die Wirkung von *Voice* der Anderen beschneiden und doch unter ihren auf *Voice* beschränkten Mitbürgern wohnen bleiben.[76] Und in manchen Fällen werden die Kosten, die entstehen können, wenn man mit der *Exit*-Option Politik macht, noch dadurch minimiert, dass auch mit dem unechten *Exit* lediglich gedroht wird – was weniger Kosten verursacht als eine Verlagerung von Realkapital.

---

75 Siehe dazu Kapitel 3.4 b)

76 Allerdings gibt es in der für eine unbeschränkte Exit-Option werbenden Literatur Stimmen, die so konsequent sind, im Falle einer unter Beibehaltung der Staatsbürgerschaft erfolgenden Auswanderung für diese „Versicherung" ein Entgelt an den Herkunftsstaat zu verlangen. Siehe dazu z.B. *Schäfer* mit weiteren Nachweisen (Schäfer, 2005, S. 150 und S. 146). Ähnlich *Vanberg* gegen „Trittbrettfahrer" (Vanberg, 2005, S. 52)

f) Bürger ohne wirkungsvolle Exit-Option

Was hat die wirtschaftsliberale Zielsetzung einer durchgreifenden „Domestizierung“ des Staates durch Kapitalwettbewerb all jenen Bürgern zu bieten, die nicht über mobiles Kapital in einer relevanten Größenordnung verfügen? Schließlich besitzen in Deutschland die unteren 90 Prozent der Bevölkerung nur etwa 35 Prozent des Vermögens, und davon ist wiederum nur ein kleiner Teil dem mobilen Kapital zuzurechnen.[77]

Manche Hoffnungen richten sich darauf, dass Wettbewerbsdruck den Staat effizienter handeln lässt, dass bessere Ergebnisse mit weniger Aufwand erzielt werden. Eine gewisse Staatsverdrossenheit spürt jeder, weil der Staat Beschränkungen auferlegt, schwerfällig ist und häufig anders handelt, als man es sich wünscht. In der Kritik sind wir Bürger uns schnell einig – und übersehen, wie unterschiedlich unsere Wünsche und Ziele sind. Die Kritik vereint uns nur im Negativen und gelingt desto einvernehmlicher, je generalisierender sie formuliert wird.

Schon die Hoffnung auf höhere Effizienz ist zweifelhaft. Mittelknappheit mag in manchen Fällen die Effizienz steigern, sie beendet aber nicht den Kampf um die staatlichen Mittel und kann auch dazu führen, dass bei staatlichen Institutionen zwar die Fassade gewahrt, das Gebäude dahinter aber entkernt und der Mangel nur noch in dem Bestreben verwaltet wird, nicht ins Visier der Medien zu geraten. Das ist zu beobachten, wenn zum Beispiel die Polizeipräsenz an bestimmten Brennpunkten verstärkt, dafür aber in anderen Bereichen, z.B. bei der Einbruchsbekämpfung, ausgedünnt wird. Und wenn dann später, nach gehäuften Berichten über Einbrüche, wieder pressewirksam eine kleine Personalverstärkung in diesem Bereich erfolgt, die nun auf Kosten anderer Problembezirke geht. Oder wenn nach kritischen Vorfällen im unterbesetzten Jugendamt dort mehr Personal eingesetzt wird, das aber aus der ebenfalls unterbesetzten Gewerbeaufsicht kommt. Bis ein neuerlicher Skandal zu einer weiteren Verschiebung führt.

Und zu fragen ist auch: Wieviel nützt eine Effizienzsteigerung, falls sie denn stattfindet, der Mehrheit der Bürger, wenn die Politik insgesamt

77 Siehe dazu Kapitel 8 e).

an den Bedürfnissen der Eigentümer des mobilen Kapitals ausgerichtet wird und deren Bedürfnisse von denen der übrigen Bevölkerung abweichen.[78] Wir haben diese Zielkonflikte bereits angesprochen.

Ähnlich kritisch ist die Hoffnung kleiner Kapitalanleger zu sehen, zusammen mit den großen von einer steuerlichen Entlastung von Kapitaleinkünften zu profitieren. Denn ihre Entlastung wird durch die zusätzlichen Belastungen mehr als aufgezehrt, die sie dafür als Arbeitnehmer, Rentner, ortsgebundene Gewerbetreibende, Konsumenten, Hausbesitzer und Mieter zu tragen haben.

Wer diesen Personengruppen den internationalen Kapitalwettbewerb trotzdem schmackhaft machen will, kann seine Argumentation auf einen radikalen Freiheitsanspruch gründen und auf zwei Gleisen argumentieren:

Ein – etwas pathetischer – Ansatz besteht darin, die Bürger aufzufordern, ihre angeblich in der „Schacherdemokratie" bedrohte Würde dadurch wiederzugewinnen, dass sie sich für die Freiheit entscheiden und auf soziale Ansprüche verzichten, die ihnen angeblich ohnehin nicht zustehen. Gerade in den Vereinigten Staaten ist ein solches Denken verbreitet. Der Freiheitsbegriff, der dem zugrunde liegt, ist ein sehr abstrakter. Er verkennt, dass Freiheit immer einer materiellen Basis bedarf, um sie auszuüben. Wem es am nötigsten fehlt, hat keine Freiheit. Und auch wer sich komplett darin erschöpfen muss, die Mittel zum physischen Überleben zu erlangen, hat diese Freiheit nicht. Freiheit braucht sowohl eine ökonomische Basis als auch ein Mindestmaß an verbleibender Zeit und Kraft, um zu sich selbst zu finden und aus einem unbedrängten Bereich seiner selbst heraus Entscheidungen zu treffen, die als wirkliche Wahl zwischen akzeptablen Möglichkeiten angesehen werden können. Eine Freiheit, bei der man auf dem U-Bahnschacht schläft, sich aber sagen kann: „Wenn ich eine Wohnung hätte, könnte ich sie vermieten, ohne Regeln des Mieterschutzes beachten zu müssen", ist sicher keine Freiheit.

78 Auch von den Wirtschaftswissenschaften wird das Problem gesehen, dass die theoretisch effizientesten Lösungen in der Praxis die Gefahr von Machtmissbrauch heraufbeschwören können. Für die Kosten, die man zur Abwehr von Machtmissbrauch bereit ist in Kauf zu nehmen, hat sich (in etwas anderem Zusammenhang) der Begriff „Verfahrenspräferenzkosten" gebildet. (Großekettler, 1998)

Friedrich August von Hayek hat als Vordenker des Neoliberalismus demgegenüber einen radikalen, sich von sozialen Erwägungen distanzierenden Freiheitsbegriff in nicht zu überbietender Deutlichkeit vertreten: „Eine wirksame Verteidigung der Freiheit muss (...) notwendig unbeugsam, dogmatisch und doktrinär sein und darf keine Zugeständnisse an Zweckmäßigkeitserwägungen machen. Die Forderung nach Freiheit kann nur erfolgreich sein, wenn sie als allgemeines Prinzip der politischen Moral betrachtet wird, dessen Anwendung im Einzelfall keiner Rechtfertigung bedarf."[79]

Ein radikaler, aus seinen vielfältigen sozialen Einbindungen herausgelöster Freiheitsbegriff übersieht aber nicht nur die essentiellen Bedürfnisse der Menschen. Er verkennt zudem die Tatsache, dass da, wo sich der Staat zurückzieht, die Besetzung der freiwerdenden Räume durch andere gesellschaftliche Akteure nicht fern ist. Der schwindenden Macht des Staates folgt die wachsende Macht internationaler Investoren, die ökonomische Zwänge zu ihrem Vorteil einsetzen können und damit in das Leben vieler Menschen eingreifen, ohne dafür irgendetwas in ein Gesetzbuch schreiben zu müssen. (Dass sie trotzdem auf die Formulierung von Gesetzen Einfluss nehmen, widerspricht dem nicht.) Der demokratische Staat ist gerade auch als ein Bündnis der als Einzelne Machtlosen gedacht. Über die Regeln dieses Bündnisses kann man nachdenken. Aber dieses Bündnis zu schwächen, verspricht keine Mehrung der Freiheit. Die Freiheit durch einen zurückweichenden Staat wird nicht beim schwachen, sich vom Kollektiv bedrängt fühlenden Einzelnen ankommen, sondern bei mit dem Staat konkurrierenden machtvollen Akteuren. Oder mit einem Satz des Staatsrechtslehrers *Martin Kriele*: „Wer glaubt, zwischen Freiheit und Gleichheit wählen zu müssen und sich für die Freiheit entscheidet, wählt in Wirklichkeit die Freiheit für einige und die Unfreiheit für andere."[80]

Für die Mehrung von Kapital gibt es einige populäre Sätze, die, wenn auch holzschnittartig, grundlegende Mechanismen beschreiben: „Die erste Million ist die schwerste" gehört ebenso dazu wie „The winner ta-

79 v. Hayek (1980), S. 86. Man vergleiche das mit dem um Vieles menschenfreundlicheren Freiheitsbegriff, den z.B. *Lisa Herzog* unter der Überschrift *Freiheit gehört nicht nur den Reichen* vertritt (Herzog, 2013).

80 Kriele (1980), S. 59f.

kes it all". Letzteres zu verhindern, gehört zu den legitimen Zielen jeder Gesellschaft. Eine Politik, die den Anfang ermutigt, zum Beispiel durch gute Bedingungen für Start-up-Unternehmen, aber das immer größere Anhäufen von Reichtum und Macht erschwert, stabilisiert die Gesellschaft und verschafft dem Bündnis der Schwachen Gewicht.

Der zweite Ansatz, um ökonomische Normalbürger für den Kapitalwettbewerb zu gewinnen, besteht darin, die Sorge vor Dekadenz und Niedergang zu schüren. Ein ausufernder Sozialstaat, wie er ohne den Wettbewerb um Kapital drohe, lähme die Dynamik der Wirtschaft und lade zum Aufenthalt in der „sozialen Hängematte" ein. Die Kosten des Sozialstaates würden ohnehin nur eine Richtung kennen: nach oben. Wenn man sich allerdings die Entwicklung des Anteils der Sozialleistungen an der Volkswirtschaft anschaut, wie wir das in Kapitel 8 noch tun werden, wird man erkennen, dass steigende Aufwendungen, auch soweit sie nicht nur nominal, sondern real zu verzeichnen sind, kaum daran liegen, dass die Leistungen etwa der Sozialhilfe immer komfortabler würden. Die Steigerungen, soweit solche zu konstatieren sind, beruhen meist auf steigenden Fallzahlen in einer auseinanderstrebenden, heterogener, älter und in vieler Hinsicht problematischer werdenden Gesellschaft.

Von extremen Vertretern der Sozialstaatskritik werden die Verdächtigungen gegen den Sozialstaat bis zum Vorwurf einer evolutionsrelevanten Fehlentwicklung der Menschheit gesteigert. Nicht von einem ultra-liberalen Ökonomen, sondern von dem Verhaltensforscher *Konrad Lorenz* (1903–1989) wurde wiederholt der Begriff der „Verhausschweinung" des Menschen benutzt.[81] Ähnliche Bilder schimmern durch die Vorwürfe und Untergangsvisionen extremer Freiheitsfreunde. Von der Zentralheizung bis zum Sozialstaat: Verweichlichung und mangelnde Lebenstüchtigkeit allenthalben. Hier kommt ein psychologischer Effekt ins Spiel, der rational nur schwer zu fassen ist: „Gesunde Härte", wenn sie andere trifft, stellt für nicht wenige Menschen ein bedenkliches Faszinosum dar. Solchen Emotionen gegenüber gilt es wachsam zu sein. Und nicht zuletzt lässt sich manchmal schwer unterscheiden, wo die extreme Freiheitliebe originär auftritt und wo sie nur als Kostümierung ökonomischer Interessen dient.

---

81 Zum Beispiel ein Interview mit ihm in „Der Spiegel" vom 7.11.1988

Zusammenfassung:

- Kapitalmobilität als politischer Einflussfaktor konkurriert mit der Beeinflussung der Politik durch Wahlen und Abstimmungen. Eine Ergänzung von „Voice“ durch „Exit“ findet nur für jene Gruppe (im niedrigen einstelligen Prozentbereich) statt, die über mobiles Kapital in relevantem Umfang verfügt.
- Spiegelbildlich wird dadurch das politische Gewicht von Bürgern ohne oder mit geringem mobilem Kapital reduziert.
- Für die Eigentümer mobilen Kapitals ist in vielen Fällen besonders die unechte Variante des „Exit“ attraktiv, in der allein das Kapital das Land verlässt, der Eigentümer aber zuhause bleibt oder sich mindestens eine Rückkehroption offenhält.
- Eine kostengünstige Variante, die Exit-Option politisch zu instrumentalisieren, besteht auch darin, mit dem Abzug von Kapital lediglich zu drohen.
- Die Hoffnung kleiner Kapitalanleger, von der Machtposition des mobilen Kapitals zu profitieren, ist in den meisten Fällen trügerisch: Für diese Gruppe übertreffen die Nachteile als immobile Steuerzahler, Arbeitnehmer, Rentner, regional agierende Gewerbetreibende, Mehrwertsteuer zahlende Konsumenten, Hausbesitzer oder Mieter die erhofften Vorteile.

3.3 Die Wertordnung des Grundgesetzes

Die Überlegungen in diesem Buch betreffen nicht allein die Verhältnisse der Bundesrepublik Deutschland. Sie gehen grundsätzlicher der Frage nach, welche Möglichkeiten einem Staat unter den Bedingungen, die mit dem Begriff der Globalisierung bezeichnet werden, zur Verfügung stehen, um die Wohlfahrt der unteren 90 Prozent seiner Bevölkerung zu fördern. Bezugspunkt ist ein mittelgroßer Staat, der in der Lage ist, den Kapitalbedarf seiner Wirtschaft per Saldo ohne Kapitalimport zu decken. Die Bundesrepublik Deutschland erfüllt diese Voraussetzungen. Sie weist allerdings die Besonderheit einer weitgehenden Einbindung in die Europäische Union auf, worauf wir erst im Kapitel 5 eingehen werden.

Unbeschränkte Kapitalmobilität, und damit die Entstehung von Kapital- und Steuerwettbewerb, ist kein naturwüchsiges Ereignis, sondern das Ergebnis politischer Entscheidungen, die die Staaten bewusst und freiwillig getroffen haben[82] und die bis in die 1970er-Jahre zurückgehen. Die Auswirkungen können – in der Terminologie des deutschen Verfassungsrechts – insbesondere das Demokratiegebot, das Sozialstaatsgebot und die Steuergerechtigkeit betreffen. Die damit aufgeworfenen Fragen stellen sich aber nicht nur innerhalb der deutschen Verfassungsordnung, sondern genauso in anderen Staaten, wenn auch in einem einmal mehr, einmal weniger vergleichbaren Rahmen. Sie vor dem rechtlichen Hintergrund mehrerer Länder zu erörtern, würde den Umfang dieses Kapitels sprengen. Die Probleme und Konflikte sind indessen überall dieselben. Es erscheint daher vertretbar, die Thematik allein anhand des deutschen Grundgesetzes zu betrachten und dabei auch die vielfältigen Feststellungen des Bundesverfassungsgerichts zum Gehalt der einschlägigen Bestimmungen zu berücksichtigen. Das Grundgesetz dient somit als Referenzsystem für einen hoch entwickelten demokratischen Rechtsstaat. An ihm sollen die sich stellenden Fragen gemessen werden.

Freilich ist auch im nationalen Rahmen keine so umfassende Prüfung beabsichtigt, wie sie beispielsweise in einem Rechtsgutachten für einen „Gang nach Karlsruhe“ unabdingbar wäre. Insbesondere bleiben jene Gesichtspunkte ausgeblendet, die daraus erwachsen, dass es sich bei der Gewährleistung der Kapitalmobilität nicht nur um nationales, sondern auch um europäisches Recht handelt. Und ebenso sollen prozessuale Fragen, zum Beispiel der jeweiligen Klagebefugnisse, nicht erörtert werden. Das erleichtert es, die Problematik der Kapitalmobilität exemplarisch an den Grundentscheidungen eines demokratischen und sozialen Rechtsstaats zu messen.

---

82 „Die Globalisierung der Ökonomie, die in mehreren Schüben nach dem zweiten Weltkrieg stattgefunden hat, war schließlich kein über die westlichen Nationalstaaten hereinbrechendes Naturereignis, sondern wurde von ihnen politisch gewollt und gefördert – auch wenn sie dabei die späteren Folgen dieses von ihnen ermöglichten Prozesses nicht richtig eingeschätzt haben mögen.“ (Mayntz/Scharpf, 2005, S. 239) Ferner für viele andere: Schirm (2006), S. 15f.

a) Tragende Grundsätze

Das deutsche Grundgesetz wurde in Reaktion auf die unermessliche politische und moralische Tragödie des Nationalsozialismus und des Zweiten Weltkriegs formuliert. Eine so entstandene Verfassung ist vielleicht das Beste, was einem demokratischen Staat passieren kann. Es ist deshalb gut nachvollziehbar, dass das Grundgesetz auch im Zuge der Wiedervereinigung beibehalten wurde. Wer weiß, wie weit die Kräfte der Gegenwart reichen würden, wenn heute die Formulierung einer Verfassung zu bewältigen wäre?[83]

Das Grundgesetz definiert die Bundesrepublik Deutschland in Artikel 20 als demokratischen und sozialen Bundesstaat. Alle Staatsgewalt geht vom Volk aus. Die Staatsgewalt wird vom Volk in Wahlen und Abstimmungen und durch besondere Organe der Gesetzgebung, der vollziehenden Gewalt und der Rechtsprechung ausgeübt. Die Gesetzgebung ist an die verfassungsmäßige Ordnung, die vollziehende Gewalt und die Rechtsprechung sind an Gesetz und Recht gebunden. Der Inhalt des Artikel 20 ist nach der sogenannten Ewigkeitsgarantie des Artikels 79 Absatz 3 unabänderlich und damit selbst dem Zugriff verfassungsändernder Mehrheiten entzogen. Die Auslegung der Verfassung und ihr Schutz obliegt dem nach Artikel 93 ff. gebildeten Bundesverfassungsgericht. Hinzu kommt das Recht aller Deutschen zum Widerstand gegen jeden, der es unternimmt, diese Ordnung zu beseitigen, wenn andere Abhilfe nicht möglich ist.

Historisch ist es ein wesentliches Ziel des Demokratieprinzips, den unteren Gesellschaftsschichten Schutz zu bieten. Mit der Einführung des allgemeinen und gleichen Wahlrechts als Eckpfeiler der Demokratie konnten sich erstmals alle Gesellschaftsmitglieder gesetzlich gleichberechtigt an der Ausübung der Staatsgewalt beteiligen. Das allgemeine und gleiche Wahlrecht soll sozial schwächere gesellschaftliche Gruppen vor einer Unterdrückung durch stärkere Akteure schützen. Artikel 3 des Grundgesetzes enthält darüber hinaus ein allgemeines Gleichbehandlungsgebot, das alle Bereiche staatlichen Handelns umfasst.

---

83 Maihofer spricht von unserem „Grundgesetz, das uns in einem lichten Augenblick unserer geistigen Geschichte zugefallen ist". (Maihofer, 1995, S. 536, Rdnr. 193)

Das Grundgesetz legt sich nicht auf eine bestimmte Wirtschaftsordnung fest. Das Bundesverfassungsgericht hebt insoweit die Neutralität des Grundgesetzes hervor.[84] Dem einfachen, nicht dem verfassungsgebenden Gesetzgeber kommt es zu, die Wirtschaftsordnung zu gestalten. Der Spielraum, den der Gesetzgeber mit einfacher parlamentarischer Mehrheit ausfüllen kann, ist weit. Nach Artikel 15 können sogar Grund und Boden, Naturschätze und Produktionsmittel zum Zwecke der Vergesellschaftung in Gemeineigentum oder in andere Formen der Gemeinwirtschaft überführt werden. Erforderlich ist lediglich ein Gesetz, das Art und Ausmaß der Entschädigung regelt. Die Entschädigung ist auf der Basis des Eigentumsschutzes in Artikel 14 unter gerechter Abwägung der Interessen der Allgemeinheit und der Beteiligten zu bestimmen. Wegen der Höhe der Entschädigung steht der Rechtsweg vor den ordentlichen Gerichten[85] offen. Der Gesetzgeber kann von dieser Option Gebrauch machen, muss es aber nicht. Eine reine Planwirtschaft ohne jegliche wirtschaftliche Entfaltungsfreiheit wird durch die Grundrechte auf freie Entfaltung der Persönlichkeit (Artikel 2 Absatz 1), auf Berufsfreiheit (Artikel 12) und Eigentum (Artikel 14 Absatz 1) ausgeschlossen. Umgekehrt liegt jedoch auch eine freie Marktwirtschaft ohne soziale Abfederung außerhalb des vom Grundgesetz Erlaubten.

Auch wenn also der Spielraum des einfachen Gesetzgebers bei der Gestaltung der Wirtschaftsordnung erheblich ist, drängt sich die Frage auf: Inwieweit ist ein durch unbeschränkte Kapitalmobilität hervorgerufener Systemwettbewerb, der wesentlich ein Wettbewerb über niedrige Steuern und eine wirtschaftsfreundliche Verwendung der staatlichen Mittel ist, mit dem Grundgesetz und den darin verankerten Grundsätzen einer sozialen Demokratie vereinbar? Dem liegt zugrunde, dass ein solcher Wettbewerb kein Naturphänomen ist, sondern das Ergebnis vorangegangener gesetzgeberischer Entscheidungen, die auch anders hätten getroffen werden können. Ferner wollen wir von einem gravierenden Wettbewerb ausgehen, der die inneren Verhältnisse des

84 BVerfGE 4, 7, 18 (Lesehilfe für die Zitate des Bundesverfassungsgerichts: Amtliche Sammlung der Entscheidungen des Bundesverfassungsgerichts, Band 4, Beginn der zitierten Entscheidung auf Seite 7. Die spezielle Fundstelle folgt auf Seite 18); BVerfGE 50, 290, 336ff.

85 Ordentliche Gerichte sind die Zivilgerichte, also z.B. das Landgericht.

Landes spürbar beeinflusst, um die daraus folgenden Fragen umso deutlicher hervortreten zu lassen. Die Prüfung erfolgt unter drei verfassungsrechtlichen Gesichtspunkten:

Am Demokratieprinzip des Art. 20 GG soll gemessen werden, ob eine Einschränkung des Einflusses von Wählerentscheidungen durch die (unechte) Exit-Option des Kapitals und den daraus folgenden Kapitalwettbewerb hinnehmbar ist.

Am Sozialstaatsprinzip ebenfalls des Art. 20 GG soll geprüft werden, ob eine gravierende Einschränkung von Sozialleistungen, die womöglich infolge des Kapitalwettbewerbs vorgenommen würde, verfassungsrechtlich legitimiert wäre.

Am Gleichheitsgebot des Art. 3 GG soll schließlich gemessen werden, ob eine durch Kapitalwettbewerb veranlasste Privilegierung der Besteuerung von Einkünften aus mobilem Kapital gegenüber sonstigen Einkünften aus Arbeit oder Immobilienbesitz zulässig ist.

b) Das Demokratieprinzip

Inwieweit darf der demokratische Staat die Wirkung von Wahlen zugunsten des politischen Gewichts der Eigentümer mobilen Kapitals beschneiden? Wie sehr darf er das politische Gewicht solcher Wählerstimmen reduzieren, hinter denen nicht das Einflusspotenzial des mobilen Kapitals steht?

aa) Das Gewicht der Wählerstimmen

Im Fall einer privilegierten politischen Stellung der „besitzenden Stände“ stellen sich historische Assoziationen ein. Nähern sich die Verhältnisse damit nicht faktisch den Machtverhältnissen in vielen Städten des späten Mittelalters und der frühen Neuzeit, in denen nur eine kleine Bevölkerungsschicht über das Recht verfügte, den Rat zu wählen? Oder den Verhältnissen unter dem preußischen Drei-Klassen-Wahlrecht? Um solche Fragen zu provozieren, bedarf es gar nicht der bereits erwähnten Idee, mit der der Wirtschaftswissenschaftler und Berater der Bundesregierung *Roland Vaubel*[86] gespielt hat: das Kapital vor einem belastenden Zugriff der Mehrheit ärmerer Bürger durch ein Zweikammersystem zu schützen, bei dem die mit einer Vetoposition ausgestattete zweite Parlamentskammer nach einem am jeweiligen Vermögen der Bürger anknüpfenden Stimmgewicht gewählt wird. Die Macht des mobilen Kapitals könnte bereits dann eine Entwertung des allgemeinen und gleichen Wahlrechts darstellen, wenn der privilegierte politische Einfluss des Kapitals nicht durch den Ausschluss von Wählern, durch unterschiedliche Stimmgewichte oder die Vetoposition einer zweiten, von Vermögenden majorisierten Kammer, sondern „nur“ durch das Droh- und Sanktionierungspotenzial des mobilen Kapitals erreicht wird.

Unterschiedliche Stimmgewichte verbietet das Grundgesetz. Die Wahl der Vertretung des Volkes im Bund, in Ländern, Kreisen und Gemeinden ist in Artikel 38 Absatz 2 und Artikel 28 Absatz 1 geregelt. Die Volksvertreter müssen aus allgemeinen, unmittelbaren, freien, gleichen und geheimen Wahlen hervorgehen. Damit soll, wie das Bundesverfassungsgericht betont, sichergestellt werden, dass bestimmte Bevölkerungsschichten nicht aus politischen, wirtschaftlichen oder sozialen Gründen von der Ausübung des Wahlrechts ausgeschlossen werden.[87] Der Grundsatz der gleichen Wahl soll sichern, dass jeder Stimme dasselbe Gewicht zukommt. Das ist nicht gegeben, wenn beispielsweise Wahlkreise so (mehr oder weniger bevölkerungsreich) geschnitten werden, dass dadurch der Einfluss des einzelnen Wählers unterschiedlich groß ausfällt.[88] Auch hier sagt das Gericht ausdrücklich, dass es nicht zu einer unterschiedlichen Gewichtung der Stimmen nach der Person des Wählers, seiner Zugehörigkeit zu einer Klasse oder seinem Vermögen kommen darf.[89] Das Verfassungsgericht hat aus dem Demokratieprinzip ein Verbot jeder Differenzierung bezüglich des Zählwerts der Stimmen hergeleitet.[90] Das Prinzip der gleichen Wahl bein-

86 Siehe unter 3.2b)

87 BVerfGE 12, 139, 142

88 BVerfGE 11, 351, 360f.; 82, 322, 337; 95, 335, 353; 95, 408, 417; 124, 1, 18

89 BVerfGE 130, 212

90 BVerfGE 1, 208, 247 Mit dem Grundgesetz ist allerdings die so genannte 5-Prozent-Hürde vereinbar, um einer Zersplitterung des Parlaments in eine Unzahl kleiner Gruppierungen vorzubeugen (BVerfGE 16, 130, 135ff.).

haltet damit einen tragenden Grundsatz, der gegen eine privilegierte oder gar eine Vetoposition der Eigentümer großer Vermögen im politischen Prozess spricht – und erst recht Vorstellungen wie die von *Vaubel* ausschließt.

Unmittelbar lässt sich das Prinzip der gleichen Wahl gegen die Schwächung der politischen Bedeutung von Wahlen freilich nicht in Stellung bringen. Denn durch den Machtzuwachs des mobilen Kapitals verlieren, abstrakt betrachtet, *alle* Wählerstimmen an Gewicht, die der vermögenden Bürger ebenso wie die der vermögenslosen. Allerdings gewinnen die Eigentümer großer mobiler Vermögen durch die Kombination ihrer Wählerstimmen mit der Exit-Option ihres Kapitals viel mehr, als sie als schlichte Stimmbürger verlieren.

Bei aller Parteinahme für die Demokratie darf zudem nicht übersehen werden, dass die Begrenzung demokratischer Gestaltungsmacht durch Eigentumsrechte nicht auf die Wirkung von Kapitalmobilität beschränkt ist. Auch in anderen Zusammenhängen bildet das Grundrecht auf Eigentum eine Schranke für die Demokratisierung von Lebensbereichen. Dieses Spannungsverhältnis ist im Grundgesetz selbst angelegt. Es wird dort nicht in der einen oder anderen Richtung aufgelöst, aber aufgegriffen mit der Aussage, dass der Gebrauch des Eigentums „zugleich“ dem Wohl der Allgemeinheit dienen soll.

bb) Eine zulässige Selbstentmachtung des demokratischen Staats?

Hinsichtlich der unbeschränkten Mobilität des Kapitals ist ferner zu bedenken, dass sie auf demokratisch getroffenen Entscheidungen der gewählten Volksvertreter beruht. Diese Entscheidungen hätten anders ausfallen können. Und sie lauteten ursprünglich auch anders, als es die unbeschränkte Freiheit des Kapitalverkehrs noch nicht gab. Die Zulassung unbeschränkter Kapitalmobilität wirkt wie eine Selbstbindung der Politik, die das Demokratieprinzip im Laufe der Zeit geschwächt hat. Die Frage ist, in welchem Umfang eine solche Selbstbindung zulässig ist. Wie sehr darf der demokratische Staat seine Gestaltungsmacht beschneiden, wie sehr sich seine Flügel stutzen, ohne gegen das Demokratiegebot zu verstoßen?

Unzulässig würde eine solche Selbstbindung jedenfalls, sobald sie mit dem Grundgesetz nicht vereinbare materielle Zustände erzeugte, wenn es also durch unregulierte Kapitalmobilität zu verfassungswidrigen Konsequenzen käme, die anders als durch eine Beschränkung der Kapitalverkehrsfreiheit nicht behoben werden könnten. Insbesondere ist hier an eine Beschneidung des Sozialstaats über das verfassungsrechtlich zulässige Maß hinaus oder auch an eine verfassungswidrige Gestaltung des Steuersystems unter Berufung auf den Kapitalwettbewerb zu denken. Wesentlich schwieriger ist die Frage der Selbstbindung des Gesetzgebers zu beurteilen, wenn die Beschneidung seiner Gestaltungsmacht nicht unmittelbar zu solchen Konsequenzen führt. Und wenn die Selbstbindung jederzeit reversibel ist, mag das ebenfalls weniger problematisch erscheinen. Häufig wird sie aber nur unter Inkaufnahme von Problemen und Kosten aufzuheben sein.

Faktische Selbstbindungen sind grundsätzlich nicht ungewöhnlich und auch nicht vermeidbar. Wenn eine politische Mehrheit den ökologisch umstrittenen Bau eines Stausees durchsetzt, ist das verfassungsrechtlich nicht zu beanstanden, auch wenn es späteren Generationen und veränderten Mehrheiten weitgehend die Möglichkeit der Revision nimmt. Ähnliches gilt für den Abschluss völkerrechtlicher Verträge, die beispielsweise einen Grenzverlauf neu regeln und keine Kündigung vorsehen. In gewissem Umfang beschneiden Vorgänger immer die Handlungsmöglichkeiten ihrer Nachfolger, ohne dass dies zu einem Rechtsbruch führt. Schwierig wird es, wo es zu Festlegungen kommt, die die Demokratie als solche zurückdrängen, denkbar beispielsweise in multilateralen Verträgen zum Investorenschutz.

Das Mindeste, was man hinsichtlich der unbeschränkten Kapitalmobilität feststellen kann, ist, dass sie nachhaltig den Kompass der Demokratie ablenkt. Bestimmte, grundsätzlich von den Parlamenten in die eine oder andere Richtung zu treffende Entscheidungen gelten unter dem Regime des politisch installierten Wettbewerbs um Kapital als durch „die Märkte" vorentschieden. Das Verfassungsrecht verfügt hier über keine fertigen Lösungen. Immerhin zeigt der Blick auf verwandte Rechtsbereiche, dass hier ein sensibler Punkt der Demokratie berührt wird. Fragen der (Selbst-) Entmachtung des Parlaments werden rechtlich in Zusammenhängen diskutiert, die zumindest einige Parallelen aufweisen. Zu denken ist an die Debatte um Fälle, in denen der Staat auf seine hoheitlichen Mittel verzichtet und mit mächtigen Interessengruppen lieber Vereinbarungen trifft. Inhalt entsprechender, oft informeller Vereinbarungen kann beispielsweise die Zusage sein, von gesetzlichen Regelungen abzusehen, wenn sich die betroffenen Wirtschaftskreise freiwillig an gewisse Regeln oder Mindeststandards halten. Es kann aber auch um Partnerschaften zwischen Staat und Privaten bei zuvor ausschließlich öffentlich erfüllten Aufgaben gehen, in denen der Staat um ökonomischer Vorteile willen auf einen Teil seiner Handlungsmacht verzichtet.

Der ehemalige Verfassungsrichter *Dieter Grimm* hat das Problem treffend beschrieben und betont zugleich, dass diese Gesichtspunkte nicht nur für Prozesse im nationalen Rahmen gelten, sondern ebenso für staatliche Steuerungsverluste durch grenzüberschreitende Entwicklungen: „Zum einen gibt es nun Private, die nicht mehr auf den allgemeinen Staatsbürgerstatus als Wähler, Teilnehmer am öffentlichen Diskurs und Vertreter ihrer Interessen beschränkt sind, sondern an der staatlichen Willensbildung selbst teilnehmen, ohne doch in den demokratischen Legitimations- und Verantwortungszusammenhang einbezogen zu sein, der für jeden Träger öffentlicher Gewalt gilt. Zum anderen werden die verfassungsrechtlich vorgesehenen Entscheidungsinstanzen und -verfahren im selben Maß entwertet, wie der Staat in Verhandlungssysteme ausweicht. … Dieses prämiert soziale Machtpositionen, die die verfassungsrechtliche Regelung in Bezug auf die Rechtsetzung gerade neutralisieren wollte. Wo verfassungsrechtlich der Grundsatz strikter Gleichheit gilt, bilden sich in der Realität Privilegien. Im selben Maß vermindert sich die Bedeutung der Wahl, weil sie nicht mehr allein die politischen Gewichte im Rechtsetzungsprozess verteilt."[91] Die Konsequenz: „Die Verfassung verliert dadurch an rationalisierender Kraft für den politischen Prozess und nimmt den Charakter einer Teilordnung an …"[92]

Um herauszufinden, wie klein sich der demokratische Staat machen darf, ist ferner ein Blick auf den so genannten parlamentarischen Gesetzesvorbehalt sinnvoll. Er besagt, dass der Gesetzgeber, wenn er Regelungsbefugnisse an die Verwaltung oder (im Wege der so genannten Beleihung) an Private überträgt, nicht nur in den grundlegenden Angelegenheiten weiterhin selbst entscheiden, sondern darüber hinaus

91 Grimm (2012), S. 52ff.

92 Grimm (1995), S. 665, Rdnr.12

auch eine Regelungsdichte des Gesetzes wahren muss, die vermeidet, dass der Exekutive oder den beliehenen Privaten so große Entscheidungsspielräume bleiben, dass in Wirklichkeit diese die dem Gesetzgeber vorbehaltene Gestaltungsaufgabe wahrnehmen. Der demokratische Gesetzesvorbehalt soll sicherstellen, dass der Gesetzgeber sich nicht durch offene oder versteckte Delegation, beispielsweise in Form von Generalklauseln, seiner Gesetzgebungsaufgabe und damit seiner demokratischen Verantwortung gegenüber dem Souverän entzieht.[93] Man kann Unterschiede zwischen dieser Thematik und der Selbstentmachtung durch staatlich herbeigeführten Steuerwettbewerb herausarbeiten, aber wesentlich bleibt doch der Gesichtspunkt, die parlamentarische Verantwortung gegenüber dem Souverän, dem Volk, zu wahren; mit den Worten von *Werner Maihofer*, „in der Demokratie, in der das Volk sich zum Herrn über sich selbst macht“[94].

Mit einem weiteren denkbaren, aber unzulässigen Fall der Delegation demokratischer Macht hat sich der ehemalige Präsident des Bundesverfassungsgerichts *Papier* beschäftigt: Die Haushalts- und Finanzpolitik des Staates unterliegt nach dem Grundgesetz Beschränkungen der Aufnahme von Krediten, die nur im Fall einer „Störung des gesamtwirtschaftlichen Gleichgewichts“ überwunden werden können. Der Haushaltsgesetzgeber hat hier gleichwohl einen beträchtlichen Einschätzungs- und Beurteilungsspielraum, beispielsweise, ob bereits eine solche „Störung“ gegeben ist und welche Maßnahmen gerechtfertigt sein könnten. Angesichts dessen, so *Papier*, könnte die Erwägung naheliegen, die Finanz- und Haushaltspolitik in ähnlicher Weise einem ‚autonomen Hüter' zu überantworten, wie das in der Währungspolitik zu DM-Zeiten durch die Errichtung der autonomen Bundesbank geschehen ist. Der Bundestag könnte sich zugunsten von „Fachleuten“ entmachten, die nicht den Zwängen und Versuchungen des Parteienwettbewerbs unterliegen. „Derartige Konstruktionen dürften aber die parlamentarische Demokratie im Nerv treffen“, so *Papier*. „Der einfache wie der verfassungsändernde Gesetzgeber (vgl. Art. 79 Abs. 3 GG) hat die Prinzipien der Volkssouveränität und der repräsentativen Demokratie zu beachten. Die staatlichen Zentralfunktionen im Bereich

93 Ossenbühl (1996), § 62, Rdnr. 42
94 Maihofer (1995), S. 442, Rdnr.29

der Finanz- und Haushaltspolitik von der parlamentarischen Mitregierung und der parlamentarischen Verantwortlichkeit freizustellen, also die Finanzgewalt des Staates insgesamt einer Ausnahmeverfassung zuzuordnen, wäre mit jenen Grundprinzipien nicht vereinbar. Die Sonderstellung der Deutschen Bundesbank … kann für die ‚Entdemokratisierung' und für eine ‚Entparlamentarisierung' der staatlichen Finanzgewalt nichts hergeben."[95]

Das Parlament darf sich danach also, trotz seiner möglichen Schwächen und ggf. seiner tagespolitischen Verführbarkeit, nicht – wie Odysseus vor der Insel der Sirenen – „an den Mast fesseln lassen" und sich seiner Handlungsmacht und der damit verbundenen *jederzeitigen und unmittelbaren* Verantwortung entledigen.

Dass es aber bei der Herstellung eines internationalen Steuer-, System- und Kapitalwettbewerbs genau um die Fesselung jener Macht geht, machen die Befürworter dieses Wettbewerbs immer wieder deutlich. Um eine Stimme zu zitieren: „Kollektiv verordnete Gerechtigkeitsvorstellungen der Regierenden stehen im Systemwettbewerb auf dem Prüfstand der individuellen Akzeptanz durch die Privaten. Damit wird ‚Gerechtigkeit' zur standortgebundenen Institution und ist (…) relativ zu sehen, sie muss als immobile Ressource wettbewerbsfähig sein, damit sie für international mobile Ressourcen (…) attraktiv ist. … Im Systemwettbewerb schwindet die Macht traditioneller Staatlichkeit in der Durchsetzung kollektiv verordneter Gerechtigkeitsnormen."[96] Die folgende Bemerkung, dass das so negativ nicht sei, weil diesen Gerechtigkeitsnormen ja ohnehin „gar nicht alle Individuen zustimmen", mutet aus demokratischer Sicht befremdlich an.

Im privatwirtschaftlichen Bereich, im Verhältnis privater Wirtschaftsakteure zueinander, wird der Wettbewerb als wirkungsvolles „Entmachtungsinstrument" gerühmt. Das enthält einen wahren Kern (auch wenn es so umfassend nicht zutrifft). Wettbewerb braucht jedoch den Staat als Hüter des Systems. Andernfalls wandelt sich das System schnell in einen Zustand des Rechts des Stärkeren. Auch unter diesem Gesichtspunkt ist es höchst problematisch, wenn der Staat selbst in einen Wettbewerb verstrickt wird. Der ehemalige Verfassungsrichter

95 Papier (1995), S. 848, Rdnr.107
96 Schäfer (2005), S. 145

Paul Kirchhof, antiliberaler Affekte unverdächtig, hat das auf den Punkt gebracht: „Der Staat muss als Garant des Rechts aus dem Wettbewerb herausgehalten (…) werden. (…) Der Staat bietet vor allem Sicherheit, Frieden im Recht, finanzielle Existenzsicherung, Infrastruktur. Diese Staatsleistungen werden nach Rechtsprinzipien, insbesondere nach dem Gleichheitssatz zugeteilt, nicht dem meistbietenden Nachfrager vorbehalten."[97] Die Konsequenz: „Der Staat wahrt als Garant des Rechts (…) Distanz zum Wettbewerb, muss stärker sein als die Wettbewerber, um das Recht gegen sie durchsetzen zu können … Den Gedanken des Wettbewerbs auf Staaten anzuwenden, ist völlig verfehlt."[98]

Aus ökonomischer Sicht vertritt der ehemalige Präsident des Ifo-Instituts, *Hans-Werner Sinn*, einen ähnlichen Standpunkt: „Können wir dem Systemwettbewerb trauen? Gibt es wie beim privaten Wettbewerb die unsichtbare Hand, die alles aus der Sicht der Staatengemeinschaft zum besten regelt?" Seine Antwort ist ein eindeutiges Nein. Der Grund liege darin, dass die Staaten jene ökonomischen Aktivitäten übernommen haben, zu deren Erledigung sich der private Markt als unfähig erweist. „Da der Staat ein Lückenbüßer ist, der fehlende Märkte ersetzt und die Fehler existierender Märkte korrigiert, kann man nicht hoffen, dass die Wiedereinführung des Marktes durch die Hintertür des Systemwettbewerbs zu einem sinnvollen Allokationsergebnis führt. Vielmehr ist zu befürchten, dass die Fehler, die den Staat ursprünglich auf den Plan riefen, auf der höheren Ebene des staatlichen Wettbewerbs von neuem in Erscheinung treten." Deshalb seien Analogieschlüsse vom privaten zum staatlichen Wettbewerb verfehlt.[99]

Diese Einwände gegen einen Staat, der sich durch eigene Entscheidung in einen Systemwettbewerb begibt und sich und das Gewicht seines Souveräns damit klein macht, sind erheblich. Sobald man eingesehen hat, dass es hier nicht um ein naturwüchsiges Phänomen geht, sondern um das Ergebnis von politischen Entscheidungen, die einige Akteure unbewusst und andere bewusst getroffen haben, kann man ihnen verfassungsrechtlich kaum aus dem Wege gehen.

97 Kirchhof (2005), S. 36
98 a.a.O., S. 40
99 Sinn (2002), S. 398f.

Die Frage ist allerdings, ab welcher Intensität der Auswirkungen diese Gesichtspunkte auch justiziabel sind. Man sollte die Kraft des hier verhandelten schleichenden Prozesses bedenken. Der Systemwettbewerb wirkt in der politischen Landschaft wie eine gläserne Wand. Er lenkt viele Diskussionen unbemerkt und verschließt Optionen, die andernfalls diskutiert würden. Wir werden in Kapitel 7 darauf zurückkommen, dass zum Beispiel die fundamentale Frage der Alterssicherung wohl anders und umfassender diskutiert würde, wenn es die gläserne Wand des Systemwettbewerbs nicht gäbe. Und man kann auch vermuten, dass wir uns ohne sie nicht einer so ausgezehrten Infrastruktur, von Bauwerken bis zu Personalstrukturen, gegenüber sähen. Die „gläserne Wand" wirkt umso tückischer, je mehr sich das Bewusstsein dafür verflüchtigt, dass hier eine politische Entscheidung getroffen wurde und in die Zukunft verlängert wird; und dass nicht lediglich einem wie auch immer gearteten „natürlichen Prozess" oder einem „Sachzwang" Tribut gezollt wird. Wer abwartet, dass die Wirkungen nach und nach immer gravierender werden, sollte an das Beispiel der Frösche denken, die im Fall einer genügend langsamen Erwärmung des Wassers den Teich nicht verlassen, bis sie am Ende gekocht sind.

Dass diese Fragen verfassungsrechtlich nicht hinreichend aufgearbeitet sind, mag auch daran liegen, dass sich die ehemals gemeinsamen „Staatswissenschaften" schon vor langer Zeit als Rechtswissenschaft und Volkswirtschaftslehre auf völlig getrennte Wege begeben haben und wenig Notiz voneinander nehmen. Ungeachtet dessen sollte jedoch für jeden erkennbar sein, dass sich die Fesselung des Souveräns durch einen inszenierten Wettbewerb um Kapital letztlich gegen die Staatsform des Grundgesetzes richtet.

Wenden wir uns nun zwei Gebieten zu, in denen die Fesselung zu verfassungswidrigen Ergebnissen in konkreten Sachfragen führen kann.

c) Das Sozialstaatsgebot

Das Grundgesetz definiert die Bundesrepublik Deutschland in Artikel 20 als sozialen Bundesstaat. Zudem postuliert Artikel 14 die Sozialpflichtigkeit des Eigentums. Allerdings konkretisiert es nicht, was unter sozialer Gerechtigkeit zu verstehen ist. Der einfache Gesetzgeber hat deshalb bei der Umsetzung des Sozialstaatsprinzips erhebliche Gestaltungsfreiheit. Anfänglich wertete die Staatsrechtslehre die Sozialstaatsklausel nur als ein unverbindliches ‚Programm'. Ihr sei ein politischer, aber kein rechtlicher Aussagewert beizumessen. Diese frühe Auslegung ist seit langem überwunden. An ihre Stelle ist die allgemeine Überzeugung getreten, dass die Sozialstaatsklausel eine Staatsleitlinie mit normativer Verbindlichkeit darstellt, die alle Staatsgewalten verpflichtet. Sie wird als eine ‚Zielbestimmung' oder ‚Richtlinie' der Verfassung angesehen[100] und dient damit zugleich der Erhaltung der menschlichen Würde als oberstem Prinzip der Verfassung. Bekannte Folgerungen aus dem Sozialstaatsprinzip sind die Progression der Einkommensteuer, der Schutz der Arbeitnehmer, die Leistungen der Sozialversicherungen und der Sozialhilfe.

Nach der Rechtsprechung des Bundesverfassungsgerichts verpflichtet das Sozialstaatsprinzip den Staat, für einen Ausgleich der sozialen Gegensätze zu sorgen.[101] Bereits 1954 hat das Bundesverwaltungsgericht gefolgert, dass sich aus dem Sozialstaatsprinzip ein individuelles Recht des Bedürftigen auf Sozialhilfe ergibt.[102] Später hat sich das Bundesverfassungsgericht damit auseinandergesetzt, was einem Bedürftigen als sozial-kulturelles Minimum mindestens zu gewähren ist. Es hat ein Grundrecht auf Gewährleistung eines menschenwürdigen Existenzminimums konstatiert, abgeleitet aus Art. 1 Abs. 1 – der Menschenwürde – in Verbindung mit dem Sozialstaatsprinzip des Art. 20 Abs. 1. Dieses sichere jedem Hilfsbedürftigen die materiellen Voraussetzungen zu, die *für seine physische Existenz und für ein Mindestmaß an Teilhabe am gesellschaftlichen, kulturellen und politischen Leben* unerlässlich sind. Das Grundrecht ist unverfügbar und muss unter allen Umständen eingelöst werden. Es bedarf aber der Konkretisierung und stetigen Aktualisierung durch den Gesetzgeber. Er hat die zu erbringenden Leistungen an dem jeweiligen Entwicklungsstand des Gemeinwesens und den bestehenden Lebensbedingungen auszurichten. Zur Ermittlung des Anspruchsumfangs hat er ein bestimmtes Vorgehen einzuhalten. Er muss alle existenznotwendigen Aufwendungen in einem transparenten

100 Benda (1995), S. 756, Rdnr. 80
101 BVerfGE 22, 180, 204
102 BVerwGE 1, 159, 161f.

und sachgerechten Verfahren realitätsgerecht und nachvollziehbar, auf der Grundlage verlässlicher Zahlen und schlüssiger Berechnungsverfahren, bemessen. Er kann den typischen Bedarf zur Sicherung des menschenwürdigen Existenzminimums durch einen monatlichen Festbetrag decken, muss dann aber für einen darüber hinausgehenden unabweisbaren besonderen Bedarf einen zusätzlichen Leistungsanspruch einräumen.[103]

Aus dem Sozialstaatsgebot des Grundgesetzes folgt, dass der Staat ein steuer- und sozialpolitisches *Race to the bottom*, das zu einer substanziellen Aushöhlung des Sozialstaats führen würde, nicht hinnehmen darf. Um die unterste Grenze zu bezeichnen: Verhältnisse, die dazu führten, dass er finanziell nicht mehr in der Lage wäre, Bedürftigen das sozial-kulturelle Minimum zu gewähren, wären mit dem Grundgesetz unvereinbar. Die Entscheidung für unregulierte Kapitalmobilität ist insbesondere für Staaten, die im Inland genug Kapital für ihre Wirtschaftstätigkeit bilden oder gar Kapital exportieren, grundsätzlich auch reversibel.

Zu fragen bleibt, ob eine Verletzung des Sozialstaatsgebots nicht bereits oberhalb dieses Mindestniveaus angenommen werden muss, wenn sich der Staat in eine Lage bringt, in der er nicht mehr in sozialstaatlicher Weise auf die jeweiligen politischen Herausforderungen der Zeit reagieren kann. Wenn er sich also beispielsweise nicht die Steuermittel verschafft, die nötig sind, um Kinder aus armen Elternhäusern so zu fördern, dass sie in vergleichbarer Weise Chancen wahrnehmen können wie Kinder aus bessergestellten Familien. Hier verbindet sich das Sozialstaatsgebot mit dem Gleichheitssatz in Artikel 3 Absatz 1 des Grundgesetzes. Das Sozialstaatsprinzip führt für den Gleichheitssatz zu der Auslegung des Bundesverfassungsgerichts, dass nicht nur eine formale Gleichstellung anzustreben ist, sondern auch eine materielle Chancengleichheit.[104] Dass sich auch unter diesem Gesichtspunkt der Staat nicht beliebig „klein machen“ darf, sollte außer Frage stehen.

Im Fall der Gewährung des sozial-kulturellen Existenzminimums hat das Bundesverfassungsgericht in jüngerer Zeit mehrfach geurteilt. Soweit den Klägern hier nach Ansicht des Gerichts keine ausreichenden

103 BVerfGE 125, 175

104 BVerfGE 22, 83, 86ff. (hier: Chancengleichheit im Prozess.)

Leistungen gewährt wurden und der Staat verurteilt wurde, wird man dies jedoch nicht unmittelbar auf eine Verknappung staatlicher Ressourcen durch den Kapital- und Steuerwettbewerb zurückführen können.

d) Die steuerliche Privilegierung von Einkommen aus mobilem Kapital

In Deutschland und vielen anderen Staaten werden auf Arbeitseinkommen und Kapitaleinkommen unterschiedliche Steuersätze angewandt. Arbeitseinkünfte werden höher besteuert, Kapitaleinkünfte niedriger. Das mag auf den ersten Blick überraschen, ist mit der Erzielung von Arbeitseinkommen doch oft allerhand Anstrengung und „Arbeitsleid" verbunden, anders als bei der Erzielung von Kapitaleinkommen. Während in Deutschland auf Arbeitseinkommen ein progressiv ansteigender Steuertarif von bis zu 45 Prozent angewandt wird, werden Kapitalerträge mit einem einheitlichen Steuersatz von 25 Prozent belegt. Das begünstigt insbesondere hohe Einkommen. Soweit der Pauschalsteuersatz auf Kapitaleinkünfte im Einzelfall höher ist als der nach dem Einkommensteuertarif, gilt letzterer. Die unterschiedliche Belastung von Einkünften aus Arbeit und Kapital ist verfassungsrechtlich ein Problem.

Nach Artikel 3 Absatz 1 des Grundgesetzes sind alle Menschen vor dem Gesetz gleich. Dies ist nicht nur von den Gesetzesanwendern, sondern auch vom Gesetzgeber selbst zu beachten. Aus der Vorschrift haben Rechtsprechung und Lehre den Grundsatz entwickelt, dass Gleiches nicht ungleich und Ungleiches nicht gleich behandelt werden darf. Im Steuerrecht folgt daraus, dass Menschen mit gleicher wirtschaftlicher Leistungsfähigkeit auch in gleichem Maße zu besteuern sind, unabhängig davon, aus welchen Quellen ihre Einkünfte stammen. Allerdings hat der Gesetzgeber bei der Einschätzung, was er als gleich ansieht und was nicht, einen erheblichen Entscheidungsspielraum. Eine ungleiche Besteuerung bei gleicher Leistungsfähigkeit begründet jedoch immer zumindest den Verdacht, dass gegen das Gleichheitsgebot verstoßen wird. Für die ungleiche Besteuerung ist deshalb eine tragfähige Begründung erforderlich. Unabweisbare Gesichtspunkte des Gemeinwohls oder auch der Praktikabilität können eine solche Begründung liefern.

Es ist also kritisch, wenn Kapitaleinkünfte niedriger besteuert werden als beispielsweise Arbeitseinkommen, landwirtschaftliche Einkommen oder Einkommen aus Vermietung und Verpachtung. Genau das passiert aber bei einer so genannten gespaltenen Einkommensteuer, wenn also Einkünfte aus Geldanlagen im Vergleich zu anderen Einkünften mit einem niedrigeren Steuersatz privilegiert behandelt werden. Trotzdem gibt es die gespaltene Einkommensteuer inzwischen in vielen Staaten – in der Regel unter Hinweis auf den internationalen Steuerwettbewerb oder deklariert als Maßnahme gegen die Steuerhinterziehung. In Deutschland wurde die pauschale Abgeltungssteuer für Kapitaleinkünfte 2009 eingeführt und wirkt seitdem als gespaltene Einkommensteuer. Die Frage stellt sich, ob die dafür gegebene Begründung die Durchbrechung des Gleichheitsgebots rechtfertigt. Lässt sich eine tragfähige Begründung nicht finden, würde das bedeuten, dass die höhere Besteuerung der übrigen Einkunftsarten verfassungswidrig wäre.

Nimmt man den Wettbewerb um Kapital als Faktum hin, kann die steuerliche Privilegierung von Kapitaleinkünften aus Gründen des Gemeinwohls unumgänglich sein. Denn die massiven Abflüsse von Kapital in steuerlich günstigere Staaten könnten das Gemeinwesen mehr schädigen als die Einnahmeausfälle infolge abgesenkter Kapitalsteuersätze. Dementsprechend argumentierte der deutsche Gesetzgeber bei der Einführung der Abgeltungssteuer, sie werde „wesentlich dazu beitragen, die Abwanderung von Kapital in das Ausland zu verringern.“[105] Wie wir jedoch gesehen haben, beruht der unbeschränkte Kapitalverkehr auf politischen Entscheidungen. Sie lösten anders orientierte Regelungen ab und hätten auch anders ausfallen können, ins-

105 Begründung des Gesetzentwurfs eines UntStRG 2008 der Fraktionen der CDU/CSU und SPD v. 27.3.2007, BT-Drs 16/4841, S. 60. Ähnlich der Debattenbeitrag des Hessischen Ministerpräsidenten Roland Koch zur ersten Lesung des UntStRG 2008, Plenarprotokoll 16/92, S. 9343; der Debattenbeitrag des Abgeordneten Bernhardt (CDU) zur ersten Lesung, Plenarprotokoll 16/92, S. 9358; und der Debattenbeitrag des Abgeordneten Michael Meister (CDU) zur zweiten Lesung, Plenarprotokoll 16/101, S. 10368; sowie die Antwort der Bundesregierung auf die Kleine Anfrage der FDP-Fraktion, BT-Drs. 16/4714, S. 3.

besondere in einem Land, das regelmäßig mehr Kapital bildet, als es im Inland einsetzt. Die den Kapitalwettbewerb politisch herbeiführenden Regelungen muss sich der Gesetzgeber also zurechnen lassen, auch wenn sie schon viele Jahre zurückliegen. Das Bundesverfassungsgericht sieht ihn verpflichtet, die Auswirkungen seiner Entscheidungen weiterhin zu beobachten und gegebenenfalls korrigierend tätig zu werden, wenn sich erst im Laufe der Zeit Folgerungen ergeben, die mit den Wertungen der Verfassung nicht vereinbar sind.[106] Wenn also der eröffnete Kapitalwettbewerb im Laufe der Zeit zu Entwicklungen führt, die unter dem Gesichtspunkt der Steuergerechtigkeit nicht vertretbar sind, muss der Gesetzgeber auch im Nachhinein eingreifen. Sollte dies nicht über wirksame internationale Abkommen zur Besteuerung möglich sein, kommt auch eine Re-Regulierung von Kapitalabflüssen mit nationalen Instrumenten in Betracht, unter anderem mit steuerlichen Mitteln, die die Attraktivität von Kapitaltransfers ins Ausland mindern.

Gemeinwohlgesichtspunkte könnten dem entgegenstehen, wenn das Land bei entsprechenden Maßnahmen die Vorteile des internationalen Handels verlöre. Der internationale Handel ist jedoch nicht an eine unregulierte Kapitalmobilität gebunden, sondern wird sogar in manchen Fällen durch diese und die damit verbundenen Spekulationen gestört. Und wie wir ebenfalls bereits gesehen haben, sind die Wohlstandsgewinne des Gemeinwesens aus der Kapitalmobilität für ein genügend Kapital generierendes Land jedenfalls auch nicht so bedeutend, dass dies eine Beschädigung seiner rechtsstaatlichen Verhältnisse rechtfertigen könnte. Unter der Voraussetzung, dass eine Regulierung von Kapitalbewegungen erfolgen könnte, ohne Zahlungsvorgänge unzumutbar zu belasten, was Thema des Kapitels 3.4 sein wird, bietet der Steuerwettbewerb damit keine tragfähige Begründung für eine privilegierte Besteuerung von Kapitaleinkommen.

aa) Niedrigere Steuersätze als Ausgleich für die Geldentwertung?

Für eine abgesenkte Besteuerung von Kapitalerträgen wird ferner vorgebracht, dass sie besteuert werden, ohne die inflationsbedingte Entwertung des zugrunde liegenden Geldkapitals zu berücksichtigen. Eine

106 BVerfGE 25, 1, 12f.; 49, 89, 130; 95, 267, 314; 110, 141, 158, 166

niedrigere Besteuerung der Erträge könne deshalb als eine pauschalierte Inflationsbereinigung verstanden werden.[107] Dass bei der Besteuerung von Kapitalerträgen der Substanzverlust durch Inflation nicht zählt, ist sicher ein bedenkenswerter Punkt. Dies gilt umso mehr, je kräftiger die Inflation am Werke ist. Nach der Rechtsprechung des Bundesverfassungsgerichts wäre es jedenfalls unbedenklich, die Geldwertabhängigkeit und damit die gesteigerte Inflationsanfälligkeit des Geldkapitalvermögens bei der Besteuerung der daraus fließenden Erträge zu berücksichtigen.[108] Ggf. wären also nur jene Erträge der Steuer zu unterwerfen, die nicht für den Substanzerhalt des Kapitals benötigt werden.

Ein abgesenkter Steuersatz erfüllt aber nicht im Mindesten die Ansprüche an eine Berücksichtigung von Inflationsverlusten. Er trägt nicht einmal annäherungsweise den sich im Zeitverlauf ändernden Raten der Geldentwertung Rechnung. Und da der niedrigere Pauschalsteuersatz einem progressiven Steuersatz auf die übrigen Einkommensarten gegenübersteht, profitieren die Bezieher hoher Einkommen überproportional von der vorgeblichen Berücksichtigung der Inflation.

bb) Eine niedrige Abgeltungssteuer im Kampf gegen die Steuerhinterziehung?

Bei der Besteuerung von Kapitalerträgen kann es sinnvoll sein, Steuern unmittelbar an der Quelle abzuziehen, also insbesondere bei den Banken, die die Erträge gutschreiben. Die Besteuerung ist dann nicht von der Erklärung des Steuerpflichtigen abhängig und weniger anfällig für Hinterziehung. Da die Banken den auf den Steuerpflichtigen anwendbaren, der Progression unterliegenden Steuersatz aber nicht kennen, ist es naheliegend, die Quellensteuer als Pauschalsteuer mit einem festen Satz zu erheben. Und es ist auch nachvollziehbar, diesen Steuersatz so zu bemessen, dass er bei kleinen Anlegern nicht zu Steuererhöhungen führt. Schon dieses Ziel ist allerdings kaum anders zu erreichen als durch die Möglichkeit, dass Anleger nach einem „Günstiger-Prinzip“

107 Z.B. Sachverständigenrat zur Begutachtung der gesamtwirtschaftlichen Entwicklung (2012), Rz. 387
108 BVerfGE 84, 329, 282

nachträglich die Ersetzung des pauschalen Abgeltungssteuersatzes durch ihren individuellen niedrigeren Steuersatz beantragen können. Das Gesetz über die deutsche Abgeltungssteuer sieht das vor. Nicht geboten ist aber, dass der Quellensteuerabzug eine endgültige, jede weitere Besteuerung abgeltende Wirkung hat. Eine schlichte Anrechnung der Quellensteuer auf die individuell zu leistende Einkommensteuer würde ausreichen. Insofern ist eine Quellensteuer sicherlich ein Beitrag zu einem gegen Steuerstraftaten besser abgesicherten System. Damit eine endgültige Abgeltung aller Steueransprüche auf Kapitaleinkünfte zu verbinden, ist dagegen nicht erforderlich.

Ein gespaltener Steuersatz zwischen Kapitaleinkünften und anderen Einkommensarten ist damit weder zum pauschalen Ausgleich von Inflationsverlusten geeignet, noch zur Bekämpfung von Steuerhinterziehung erforderlich. Sofern ein gespaltener Steuersatz dennoch benötigt werden sollte, um genügend Kapital im Land zu halten, ist dies die Folge einer zuvor durch andere gesetzgeberische Entscheidungen geschaffenen, grundsätzlich reversiblen Lage. Der Steuergesetzgeber muss sich das zurechnen lassen. Damit steht die gespaltene Einkommensteuer verfassungsrechtlich auf keinem tragfähigen Fundament.[109]

e) Ausbeutung der reichen Minderheit durch eine ärmere Mehrheit unter dem Grundgesetz?

Die ständige Sorge reicher Minderheiten in der Demokratie, durch eine ärmere Mehrheit legal ausgebeutet zu werden, wurde schon angesprochen. Einzelne Angehörige reicher Minderheiten sympathisieren deshalb mit einer Überführung der Demokratie in eine rechtsstaatlich ausgestaltete Oligarchie, in der einerseits geeignete Vorkehrungen den Aufstieg eines Diktators verhindern sollen, andererseits aber auch die Herrschaft der ökonomischen Oberschicht gesichert ist. Wenn sie historisch ambitioniert sind, verweisen die Vertreter solcher Strömungen

109 Wie angekündigt sind bei dieser Bewertung allerdings europarechtliche Aspekte unberücksichtigt geblieben. Wir haben Deutschland in erster Linie als Beispiel eines mittelgroßen Staates mit einer ausgeprägten demokratischen Verfassungsordnung betrachtet. Die besondere Situation Deutschlands durch seine Einbindung in die Europäische Union rückt im Kapitel 5 ins Zentrum.

auf das Vorbild einst prosperierender Stadtrepubliken wie Florenz, Venedig oder Ragusa (Dubrovnik). Aber auch die Vereinigten Staaten von Amerika kommen einer Oligarchie nahe mit ihrer Kombination aus einem Mehrheitswahlrecht, in dem faktisch nur zwei Parteien bestehen können, fehlender öffentlicher Finanzierung von Wahlkämpfen, unbegrenzter Spendenfinanzierung der Parteien, fast ausschließlich privater Medien und kaum regulierter Möglichkeiten zur Kündigung von Arbeitnehmern.

Im Demokratiemodell, auf dem das deutsche Grundgesetz beruht, ist der Schutz von Minderheiten, ob arm oder reich, Aufgabe der Verfassung und der Grundrechte. Die Grundrechte sind auch dazu bestimmt, gegen den möglichen Despotismus politischer Mehrheiten zu schützen. Der vom Parlament repräsentierte Volkswille gilt nicht absolut und schrankenlos, sondern nur insoweit, als ihm nicht das höherrangige Verfassungsrecht entgegensteht. Der Schutz der Grundrechte besteht auch im Verhältnis zum Steuergesetzgeber, dem ein weiter Gestaltungsspielraum verbleibt, dem aber auch Grenzen gesetzt sind. Besteuerung stellt zwar grundsätzlich keine Form der Enteignung dar. Nach der Rechtsprechung des Bundesverfassungsgerichts schützt die Eigentumsgarantie in Artikel 14 Abs. 1 Satz 1 jedoch auch vor einer übermäßigen, konfiskatorischen Besteuerung, die über die in Artikel 14 Absatz 2 normierte Sozialpflichtigkeit des Eigentums, das „zugleich auch dem Wohle der Allgemeinheit dienen“ soll, hinausgeht. Mit den Worten des Gerichts: „Wählt der Gesetzgeber einen progressiven Tarifverlauf, ist es grundsätzlich nicht zu beanstanden, hohe Einkommen auch hoch zu belasten, soweit beim betroffenen Steuerpflichtigen nach Abzug der Steuerbelastung ein – absolut und im Vergleich zu anderen Einkommensgruppen betrachtet – hohes, frei verfügbares Einkommen bleibt, das die Privatnützigkeit des Einkommens sichtbar macht.“ Die Besteuerung auch hoher Einkommen darf „für den Regelfall nicht so weit gehen, dass der wirtschaftliche Erfolg grundlegend beeinträchtigt wird und damit nicht mehr angemessen zum Ausdruck kommt.“[110]

Neben rechtlichen stehen in der Regel aber auch politische und pragmatische Begrenzungen einer übermäßigen Besteuerung entgegen. Darbende Eliten sind ein seltener Anblick, zumindest solange die Din-

110 BVerfGE 115, 97, 117 sowie 14, 221, 241; 82, 159, 190; 93, 121, 137

ge sich in verfassungsrechtlich geordneten Bahnen bewegen und es nicht zur regellosen Revolte kommt. Die Mitglieder der Eliten sind meist einflussreich und gut vernetzt. Auf ihre Beiträge zu einer funktionierenden Gesellschaft kann nicht verzichtet werden. Dagegen befindet sich das Staatsvolk in einer Position, die einem Unternehmenseigentümer ähnlich ist, der sein Unternehmen nicht selbst leiten kann. Er braucht Geschäftsführer, über deren Vergütung er sich Gedanken machen muss. Eine zu niedrig angesetzte Vergütung kann das Unternehmen ruinieren, eine zu hohe es ausbluten lassen. Ähnlich verhält es sich mit dem Verhältnis zwischen Funktionseliten und Gesellschaft. Die Schlüsselstellungen, die die Eliten innehaben, schützen sie in der Regel vor Ausbeutung auch über den rechtlichen Schutz durch die Verfassung hinaus.[111]

111 Die soziale Ausrichtung des Grundgesetzes lässt gleichwohl manche Verfechter eines rigorosen Wirtschaftsliberalismus hoffen, das Grundgesetz im Zuge des europäischen Einigungsprozessen zu überwinden oder in seinem Gewicht zumindest so zurückzudrängen, wie das in Deutschland hinsichtlich der Verfassungen der Bundesländer im Verhältnis zum Grundgesetz der Fall ist.

Zusammenfassung:

- Mit dem Grundsatz der „gleichen“ Wahl will das Grundgesetz dafür sorgen, dass der Einfluss der Bürger auf die Politik möglichst nicht durch ihr Vermögen bestimmt wird. Kapitalmobilität, insbesondere in der Form des unechten Exits, kann dagegen zu massiven Machtverschiebungen zugunsten der Eigentümer mobilen Kapitals und zulasten aller anderen Bürger führen.
- Das Parlament darf sich und den demokratischen Souverän nicht unbeschränkt selbst entmachten. Wo die Grenzen einer unzulässigen Selbstentmachtung liegen, ist verfassungsrechtlich bislang allerdings bestenfalls punktuell geklärt.
- Verfassungswidrig wäre es, wenn der Staat sich durch die Zulassung unbeschränkter Kapitalmobilität und den daraus resultierenden Kapital- und Steuerwettbewerb den Zugriff auf die Mittel nähme, die er braucht, um die Mindestbedingungen des Sozialstaats zu erfüllen, also zum Beispiel jedem Bürger das sozial-kulturelle Minimum im Sinne des Bundesverfassungsgerichts zu garantieren. Ähnliches gilt für die zur Herstellung von Chancengleichheit, insbesondere von Kindern und Jugendlichen, erforderlichen Mittel.
- Eine gegenüber der Besteuerung von Arbeitseinkommen und weiteren Einkunftsarten abgesenkte Besteuerung von Kapitaleinkommen widerspricht dem Grundgesetz, weil die Verletzung des Gleichheitssatzes nicht durch zwingende Gründe des Gemeinwohls gerechtfertigt wird. Das zu verdeutlichen bedarf freilich einer interdisziplinären, rechtliche und ökonomische Gesichtspunkte verbindenden Argumentation.

3.4. Regulierung der Kapitalmobilität zu vertretbaren Kosten?

a) Steuerliche Beeinflussung des Kapitalexports

Die im vorangegangenen Kapitel deutlich gewordene demokratische und verfassungsrechtliche Problematik wirft die Frage auf, welche Möglichkeiten es gibt, grenzüberschreitende Kapitaltransfers zu regulieren. Im Teil 3.1. c) bb) – Wachstum ohne unbeschränkte Kapitalverkehrsfreiheit – haben wir gesehen, dass in der Vergangenheit vielfältige

Regulierungen praktiziert wurden, auch parallel zum „Wirtschaftswunder“ zwischen 1950 und 1970. Aber wären Regulierungen auch heute und zu vertretbaren Kosten realisierbar? Lässt sich Kapitalmobilität also effektiv beeinflussen, ohne das Allgemeinwohl zu beeinträchtigen?

Die Frage führt uns in den Bereich der Kapitalverkehrskontrollen im weitesten Sinne. Darunter versteht man staatliche Maßnahmen, die das Ziel haben, grenzüberschreitende Kapitaltransfers durch Beschränkungen, Steuern oder Abgaben zu beeinflussen. Es sind sowohl Maßnahmen möglich, die den Zufluss als auch den Abfluss von Kapital regulieren. Dementsprechend gibt es ein weites Anwendungsfeld.

Kapitalmobilität, wie sie uns hier beschäftigt, wird ausgelöst durch unterschiedliche Kapitalrenditen, die Anleger in dem einen oder anderen Land erwarten. Diese Motivation der Anleger legt es nahe, im Falle einer Regulierung nicht mit Verboten und Genehmigungsvorbehalten zu arbeiten, die oft das Mittel klassischer Kapitalverkehrskontrollen sind, sondern mit einer Besteuerung, die die ggf. unterschiedliche Rentabilität in- und ausländischer Kapitalanlagen zum Ausgleich bringt. Eine Kapitalexportsteuer könnte hier voneinander abweichende Kapitalrenditen neutralisieren und damit dem Zwang entgegenwirken, die inländischen Verhältnisse an andere Länder anzupassen. Bedeutung gewinnt ein solches Ausgleichsinstrument, wenn ein reichlich Kapital bildendes Land eine sozial ambitioniertere Politik als seine Nachbarn betreiben will oder besondere Belastungen – etwa die Bewältigung von Naturkatastrophen oder die Integration von bislang unzureichend integrierten Bevölkerungsteilen oder Regionen – zu finanzieren hat.

Das funktioniert allerdings nur in relativ ruhigen Zeiten bei Renditeunterschieden, die sich in Grenzen halten. Kapitalfluchten, die auftreten, wenn Kriege, Bürgerkriege, Revolutionen oder Bankenzusammenbrüche drohen und es nicht um Renditeunterschiede, sondern um Vermögensverluste bis zum Totalverlust geht, sind damit nicht aufzuhalten. Denn in diesen Fällen sind Anleger verständlicherweise bereit, auch hohe Abschläge in Kauf zu nehmen, um ihre Vermögenswerte in Sicherheit zu bringen. Aber um solche Konstellationen geht es bei einer maßvollen Kapitalexportsteuer nicht.

Durch eine solche Steuer, wenn sie sinnvoll gestaltet ist, werden die Steuerpflichtigen auch administrativ nur begrenzt belastet, weil sie im Rahmen des geltenden Steuerrechts ohnehin bereits (fast) alle Vorgänge erfassen müssen, die auch für eine Kapitalexportsteuer relevant wären. Alle größeren Steuerpflichtigen werden dies im Rahmen ihrer Datenverarbeitung erledigen. Auch wer, um ein zugespitztes Beispiel zu nehmen, im Sekundentakt mit Währungen spekuliert, muss seine Geschäftsvorgänge erfassen und unterhält eine Datenverarbeitung, die das ermöglicht.

Jede steuerliche Regelung braucht zu ihrer Durchsetzung Überwachung. Die Überwachung der Steuerehrlichkeit bei einer Kapitalexportsteuer erfolgt im Wesentlichen innerhalb der bestehenden Steuerprüfungen. Allerdings sollten die Kontrollen, auch abgesehen vom Vollzug einer Kapitalexportsteuer, intensiviert werden. Mehr Personaleinsatz lohnt sich hier um ein Vielfaches. Dennoch ist eine teilweise Hinterziehung der Steuern vorauszusehen. Sie ist nicht zuletzt wegen der Benachteiligung der ehrlichen Steuerzahler ein Missstand. Für die Steuerungsfunktion der Steuer ist sie aber in gewissem Maße verkraftbar, denn es geht ja nicht um die Unterbindung des Kapitalexports, sondern lediglich um eine graduelle Drosselung von Abflüssen. Überwachungsdefizite, die durch eine verstärkte Steuerprüfung minimiert werden sollten, können zusätzlich im Rahmen des verfassungsrechtlich Vertretbaren mit höheren Strafdrohungen kompensiert werden. Straftaten in diesem Bereich sind als gegen den demokratischen Staat gerichtet zu betrachten und können entsprechend sanktioniert werden. Straftaten von Banken, auch in der Begehungsform der Beihilfe, können bei entsprechender Intensität zur Einsetzung einer besonderen Aufsicht, zum Einzug von Vermögenswerten oder zum Verlust der Bankzulassung führen.

Auch wenn die Besteuerung von Kapitalexporten nicht damit vergleichbar ist, grenzüberschreitende Kapitaltransfers einem Genehmigungsvorbehalt zu unterstellen, gehört die Besteuerung doch nach Sinn und Wirkung zum Komplex der Regulierung des Kapitalverkehrs. Und solche Regulierungen, insbesondere in der Form administrativer Kapitalverkehrskontrollen, genießen heute wenig Ansehen. Das hat mit den bereits angesprochenen Machtfragen, die mit der Freiheit des Kapitalverkehrs verbundenen sind, zu tun, aber auch mit jenen Konstellationen, in denen Kapitalverkehrskontrollen früher weithin verwendet wurden. Zu einem differenzierteren Verständnis lohnt deshalb ein Blick in die Vergangenheit.

b) Kapitalverkehrsregulierung zu Zeiten des „Wirtschaftswunders" und zu unterschiedlichen Zwecken

Wie schon erwähnt, waren bis in die 1970er Jahre – oft gravierende – Kapitalverkehrskontrollen auch in den westlichen Industrieländern die Regel. Zwischen 1950 und 1970 erlebten diese Länder aber zugleich ihr historisch stärkstes Wirtschaftswachstum. Der Antrieb, die im zweiten Weltkrieg erlittenen Rückschläge aufzuholen und den Wohlstand an das Niveau heranzuführen, das den auch während des Krieges weiter entwickelten technologischen Möglichkeiten entsprach, traf auf politische und gesellschaftliche Rahmenbedingungen, die einem kraftvollen Aufschwung förderlich waren. Die bestehenden Kapitalverkehrskontrollen beeinträchtigten den Aufschwung nicht. Als die Dynamik des ökonomischen Nachholprozesses dann ab den 1970er Jahren nachließ und die Wachstumsraten wieder zu längerfristig üblichen Werten zurückkehrten, verband man mit der schrittweisen Aufhebung der Kapitalverkehrskontrollen in vielen Ländern die Hoffnung, die Wachstumsdynamik der Nachkriegszeit neu entfachen zu können. Diese Hoffnung erfüllte sich jedoch nicht.

In jüngerer Zeit waren Beschränkungen des Kapitalverkehrs häufig Teil von Maßnahmen, die das Überspringen von Finanzkrisen von einem Land auf ein anderes verhindern sollten. Ihr Erfolg ist von zusätzlichen Faktoren abhängig, aber in einigen Fällen, zum Beispiel in Asien, durchaus beobachtbar. So sind Kapitalverkehrskontrollen auch nach den Regularien des Internationalen Währungsfonds nach wie vor ein zulässiges politisches Instrument. Vorstöße aus den 1990er Jahren, sie zu verbieten, hatten keinen Erfolg.[112]

---

112 Im Gegenteil überraschte der Internationale Währungsfonds, der Kapitalverkehrskontrollen lange grundsätzlich kritisch gegenüberstand, 2010 mit einer „Staff Position Note", die feststellte, dass Steuern und andere Einschränkungen für Kapitalzuflüsse im Einzelfall hilfreich sein können und ein legitimes Mittel im

Die Kapitalverkehrskontrollen der westlichen Industrieländer nach dem zweiten Weltkrieg waren dagegen überwiegend währungspolitisch motiviert. In den Verhandlungen von *Bretton Woods* hatten sich die Teilnehmer 1944 auf ein System im Wesentlichen fester Wechselkurse geeinigt, das bis etwa 1970 hielt. Es bot für den internationalen Handel den Vorteil sicherer Kalkulationsgrundlagen – jedenfalls solange es nicht doch zu Auf- oder Abwertungen kam. Damit waren die Wechselkurse keine Marktpreise, sondern administrierte Preise, und ihre Verteidigung erforderte es, sich gegen die Kräfte des Marktes zu stemmen. Die hohe, unter Umständen auch spekulative Nachfrage nach einer Währung erzeugte einen unerwünschten Aufwertungsdruck. Sie zwang die Zentralbank des betroffenen Landes, immer mehr eigene Währung im Tausch gegen die ihr angebotenen Devisen in Verkehr zu bringen, was zu inflationären Preissteigerungen im Inland führen konnte. Dagegen zwang ein massenhaftes privates Verkaufsangebot der eigenen Währung zur Abwertung, sobald die Zentralbank des betroffenen Staates nicht mehr über genug Devisen verfügte, um die eigene Währung zum festgeschriebenen Kurs gegen andere Währungen zu tauschen. Kapitalverkehrskontrollen sollten diese Währungsbewegungen verhindern, insbesondere wenn sie spekulativ veranlasst waren. Das ging oft nur eine Zeitlang gut. Anschließend musste dann aber doch auf- oder abgewertet werden. Die Deutsche Mark wertete mehrfach auf. Das System fester Wechselkurse wurde kritisch als ein System bezeichnet, in dem die erzwungene Flexibilität nicht kontinuierlich, sondern eben stufenweise vor sich ging. Die Kapitalverkehrskontrollen erfolgten überwiegend bürokratisch in Form von Verboten, Kontrollen und Genehmigungsvorbehalten, erforderten Aufwand und erwiesen sich durch die letztlich doch nötigen Anpassungen längerfristig als vergeblich. Außerdem musste vieles „händisch", ohne die erst später flächendeckend verfügbare elektronische Datenverarbeitung, betrieben werden. Da Kapitalverkehrsbeschränkungen zudem für Anleger immer ein Ärgernis darstellen, ist ihr schlechtes „Image" verständlich.

Instrumentarium der politischen Entscheidungsträger darstellen. (Ostry u.a., 2010)

Der Konsens von *Bretton Woods* ging deutlich über die Vereinbarung eines Systems fester Wechselkurse hinaus und verfolgte Ziele, die auch heute ihre Berechtigung haben. Er regulierte den internationalen Kapitalverkehr gerade zugunsten des Freihandels, der als prioritäres Ziel gesehen wurde und vor Kapitalmarktspekulationen geschützt werden sollte. Freihandel und freier Kapitalverkehr wurden damit nicht als Einheit, sondern als potenziell konkurrierende Elemente betrachtet. Und Konsens bestand ebenso darüber, dass der nationale Wohlfahrtsstaat davor geschützt werden müsse, Ressourcen an das Ausland zu verlieren.[113]

Ein anderes Beispiel einer Regulierung von Kapitalmobilität ist die Zinsausgleichssteuer, die in den USA von 1963/64 bis 1974 erhoben wurde.[114] Anders als in Deutschland, wo es in jener Zeit darum ging, sich des Zuflusses ausländischen Kapitals zu erwehren – wegen der damit verbundenen Gefahren einer überhitzenden Konjunktur – sollte in den Vereinigten Staaten der wachsende Ankauf ausländischer Wertpapiere durch Inländer gebremst werden. Gleichzeitig sollte die Vergabe von Darlehen an ausländische Kreditnehmer zurückgedrängt werden, um die seit etwa 1960 stetig steigenden Kapitalabflüsse zu vermindern. Hintergrund jener Abflüsse war das vergleichsweise niedrige Zinsniveau auf dem amerikanischen Kapitalmarkt. Die „Interest Equalization Tax" wurde am 2. September 1964 eingeführt und trat rückwirkend zum 19. Juli 1963, dem Zeitpunkt ihrer Ankündigung, in Kraft. Sie wurde im Zwei-Jahres-Rhythmus und zuletzt noch einmal für 15 Monate verlängert, bis sie 1974 auslief. Die Steuer war so gestaltet, dass sie im Endeffekt die von ihr erfassten Anlageformen um durchschnittlich etwa 1 Prozent pro Jahr unattraktiver machte. Da sie aber als Einmalabgabe erhoben wurde, konnte der abzuführende Betrag recht erheblich sein und je nach Laufzeit der Anlage bis zu 15 Prozent des Kapitals betragen.[115] Die erwünschte Wirkung auf die amerikanische Zahlungsbilanz trat umgehend ein, und auch längerfristig gab es eine positive Tendenz. Ob dabei auch weitere Faktoren eine Rolle spielten, ist,

---

113 Schmelzer (2014) mit weiteren Nachweisen

114 Dazu Hasse/Werner/Willgerodt (1975), S. 206ff.; Häuser (1970), S. 291, 304ff.; beide allerdings tendenziös gegen Interventionen, mit einem Verweis auf Cooper (1965)

115 Eine Zeitlang lag der Spitzenwert sogar bei 18,75 Prozent.

wie oft bei komplexen Prozessen, schwer zu beurteilen. Überwiegend wurde der Zinsausgleichssteuer Erfolg attestiert, auch wenn die Regelungen im Laufe der Zeit nachjustiert werden mussten. Der Anwendungsbereich der Steuer blieb trotzdem eher lückenhaft. So war die Kreditvergabe an eine ganze Reihe privilegierter Länder ausgenommen, darunter an Kanada, was natürlich eine Einladung zu Strohmann-Geschäften bedeutete. Ausgenommen waren außerdem einzelne Arten von Auslandsinvestitionen, wie Direktinvestitionen, die durch ihre Nichtbesteuerung nun vergleichsweise attraktiver wurden. Im Ergebnis scheint die Wirkung aber dennoch ausgereicht zu haben.

Es ist klar, dass die Einführung gesetzlicher Regelungen zur Beeinflussung von Kapitalimporten und -exporten erhebliche Widerstände auslöst, die eine Regierung überwinden muss. Wenn man sich entsprechende Regelungen und ihre Schwachstellen ansieht, kann man sich in manchen Fällen des Eindrucks nicht erwehren, dass sich Regierungen die Realisierung ihrer Pläne damit erkaufen, dass sie bewusst Lücken für die Findigsten in Kauf nehmen; vielleicht manchmal in der Hoffnung, die Lücken später zu schließen, wenn der größte Widerstand erst überwunden ist. Für die Effektivität ist es dagegen günstig, wenn die Maßnahmen möglichst umfassend und alle auf einmal getroffen werden.

Auch in der Gegenwart erheben die Vereinigten Staaten von ihren Bürgern eine Steuer, die als Kapitalexportsteuer gesehen werden kann. Um sie zu verstehen, muss man sich vergegenwärtigen, dass die Vereinigten Staaten ihre Bürger unabhängig davon besteuern, wo auf der Welt sie sich aufhalten. US-Bürger können sich ihrer Steuerpflicht nicht dadurch entledigen, dass sie ihren Wohnsitz ins Ausland verlegen. Der einzige Weg, die Steuerpflicht loszuwerden, besteht in der Aufgabe der amerikanischen Staatsbürgerschaft, ein Schritt, der irreversibel ist. Einfache US-Bürger zahlen für den Verwaltungsvorgang eine Gebühr von mehr als 2.000 Dollar. Übersteigt ihr Vermögen jedoch die Summe von zwei Millionen Dollar oder überstieg ihre durchschnittliche jährliche Steuer in den fünf vorangegangenen Jahren einen bestimmten Betrag, müssen sie zusätzlich eine Ausbürgerungssteuer (*expatriation tax*) auf ihr Vermögen in Höhe von 15 Prozent oder in bestimmten Fällen noch mehr als Abgeltung entrichten. Die Beendigung eines langjährigen USA-Aufenthalts auf der Basis einer *Green Card* kann ähnliche Konsequenzen haben.

c) Ist es fair, Kapitalexporte zu besteuern?

Insbesondere wer davon betroffen ist, wird die Frage stellen, ob es fair ist, den Kapitalexport einer eigenen Steuer zu unterwerfen. Schließlich ist der Export von Kapital grundsätzlich nichts Unrechtes, das Kapital ist schon einmal besteuert worden, als es verdient wurde (was allerdings für alle Vermögensteuern gilt), und die ausländischen Kapitalerträge müssen von gesetzestreuen inländischen Anlegern weiterhin im Inland versteuert werden, wenn auch ggf. durch Doppelbesteuerungsvorschriften vermindert.

Durch den Kapitalexport entstehen im Inland jedoch Steuerausfälle. Wenn Geld dazu verwendet wird, im Inland Anschaffungen zu tätigen, fallen in der Regel weitere Steuern an, zum Beispiel Umsatzsteuern. Wenn die Anschaffungen zu Gewinnen bei den Anbietern der angeschafften Güter führen, müssen auch diese Gewinne versteuert werden. Wenn aus dem Kapital Mittel fließen, um Arbeitskräfte zu beschäftigen, zahlen die Arbeitnehmer Lohn- oder Einkommensteuer. Wird Geld einem inländischen Kreditnehmer überlassen, kommt es letztlich zu denselben Effekten. Das im Inland belassene Kapital trägt zu einer Wertschöpfung bei, an der Staat und Gesellschaft regelmäßig mehr partizipieren als bei exportiertem Kapital. Man kann deshalb sagen, dass in die geltenden Steuersätze die Tatsache „eingepreist" ist, dass inländische Einnahmen in hohem Grade zu weiteren Steuereinnahmen führen. Ein Kapitalexport beendet nicht immer, aber in vielen Fällen diese Kette. Soweit den Kapitalausfuhren auch Kapitaleinfuhren gegenüberstehen, ergeben sich natürlich umgekehrte Effekte. Hier kommt es auf den Saldo von Ausfuhren und Einfuhren an. Aber über eine Kapitalexportsteuer wird man ja vor allem dann nachdenken, wenn der Saldo deutlich im Minus ist. Damit aber ist es vertretbar, beim Kapitalexport eine „Ablösesumme" in Form einer Kapitalexportsteuer vorzusehen; insbesondere, wenn sich ein negativer Saldo zum Problem entwickelt. Geht es um eine Sicherung des Gemeinwohls gegen nur temporär zu hohe Kapitalabflüsse, ist es denkbar, die Steuer nur zeitweilig zu erheben und in anderen Zeiten auf null zu setzen. Allein die Möglichkeit, eine solche Steuer zu erheben, sollte der Politik mehr Rückgrat geben.

Und schließlich ist Kapitalbesitz in hohem Maße bedingt durch die Umgebung, in der das Kapital erworben wird. Kapital kann in großen Mengen nur in hochentwickelten, anspruchsvoll vernetzten Gesellschaften gebildet werden. In einer einfachen Stammesgesellschaft bleibt auch der Tüchtigste relativ arm. (Es sei denn, es handelt sich um einen „Warlord", der auch in einer bitterarmen Umgebung gewisse Reichtümer unter seine Kontrolle bringen kann.) Und was für die Bildung des Kapitals gilt, gilt gleichermaßen für seinen Erhalt, wozu vielfältige Vorkehrungen nötig sind. Der erfolgreiche Investor *Warren Buffett* hat es so formuliert: „Ich persönlich glaube, dass ich mein Einkommen zu einem wesentlichen Teil der Gesellschaft zu verdanken habe. Würde man mich irgendwo in Bangladesch oder Peru aussetzen, würde man schnell feststellen, wie wertlos mein Talent in der falschen Umgebung ist. Ich würde nach dreißig Jahren immer noch ums Überleben kämpfen."[116]

d) Wie könnte eine steuerliche Regulierung aussehen?

Ein Kampf darum, Kapitalmobilität steuerlich zu regulieren, würde nicht nur mit grundsätzlichen Argumenten ausgefochten. Von den Gegnern einer Regulierung würde mit Sicherheit jeder erdenkliche Realisierungsvorschlag als praktisch „völlig ungeeignet" ins Visier genommen. Unbestreitbar stellt eine entsprechende Steuergesetzgebung eine gesetzestechnische Herausforderung dar, bei der vielfältige Kompetenzen und Erfahrungen zusammengeführt werden müssen. Unlösbar ist die Aufgabe aber keineswegs. An dieser Stelle können nur einige mögliche Überlegungen angedeutet werden.

Eine einfache Lösung wäre es, aus dem Ausland fließende Kapitalerträge höher zu besteuern als inländische.[117] Damit ließen sich viele Re-

116 Zitiert nach Chang (2011)

117 Das Rechtsproblem der ungleichen Besteuerung würde durch den Sachgrund aufgefangen, dass die ausländische Investition dem eigenen Land weniger nützt als

gelungsfragen anderer Konstruktionen vermeiden. Der wissenschaftliche Beirat beim deutschen Bundesministerium für Wirtschaft und Energie hat in einem Gutachten vom März 2019[118] die Einführung einer zwischen heimischen und auswärtigen Kapitalerträgen differenzierenden Kapitalertragsbesteuerung als die relativ wirkungsvollste Maßnahme zur Verminderung der notorischen deutschen Leistungsbilanzüberschüsse angesehen. Da der Beirat aber, im Einklang mit der Bundesregierung, letztlich wenig Sympathie dafür verspürte, regulatorisch gegen die Leistungsbilanzüberschüsse vorzugehen, hat er das Thema nicht weiter vertieft. Das Problem der korrekten Erfassung ausländischer Kapitalerträge würde sich bei einer differenzierenden Ertragsbesteuerung grundsätzlich ebenso stellen wie bei der bestehenden Rechtslage.

Die einfachste Form einer Kapitalausfuhrsteuer hingegen würde im Exportjahr eine einmalige Abgabe auf das exportierte Kapital vorsehen, vergleichbar der U.S.-amerikanischen „Interest Equalization Tax". Diese Besteuerung würde allerdings unberücksichtigt lassen, wie lange das Kapital tatsächlich im Ausland bleibt und auch einen Anreiz bieten, einmal ausgeführtes Kapital nicht wieder ins Inland zurückzuholen, um nicht ggf. bei einer erneuten Ausfuhr ein zweites Mal die Steuer bezahlen zu müssen. Gerechter und von den Anreizwirkungen vorzuziehen wäre es, für den international Kapital anlegenden Steuerpflichtigen ein steuerliches „Auslandkonto" zu bilden, in das Kapitalexporte und Rückflüsse eingehen. Die jeweiligen Auslandsguthaben wären dann zu versteuern, beispielsweise mit 2 Prozent pro Jahr. Die Höhe der Steuer wäre von Zeit zu Zeit der jeweiligen gesamtwirtschaftlichen Lage anzupassen. Sie orientierte sich generalisierend an dem Vorteil, den ausländische Kapitalanlagen gegenüber inländischen bieten und daran, in welchem Ausmaß Kapitalexporte gedrosselt werden sollen. (Die Erhebung der Steuer könnte zeitweilig auch ausgesetzt werden.) Sie bestünde neben der weiterhin auch auf ausländische Kapitaleinkommen zu zahlenden Einkommensteuer.

die inländische – jedenfalls bei generalisierender Betrachtung, die juristisch ausreicht.

118 Wissenschaftlicher Beirat beim Bundesministerium für Wirtschaft und Energie (2019)

Als Kapitalexport wird sowohl die Ausfuhr von Sach- wie von Finanzkapital behandelt. Als Kapitalexport gilt auch die Erbringung von Dienstleistungen für das Ausland ohne Rückfluss einer entsprechenden Gegenleistung. Es gäbe Freibeträge, die die Berücksichtigung von Bagatellvorgängen erübrigten. Zu erinnern ist daran, dass Ausgaben für Reisen ebenso wie für das Inland bestimmte Einkäufe im Ausland ohnehin nicht zum Kapitalexport gehören, denn es kommt ja zu adäquaten Gegenleistungen. Hier wird die Regulierung von Kapitalmobilität häufig mit Maßnahmen der Devisenbewirtschaftung verwechselt.[119] Für inländische Steuerpflichtige, die im Ausland leben und dort ihren Lebensunterhalt bestreiten oder Unterhaltspflichten zu erfüllen haben, gäbe es Verschonungsregelungen.

Ähnlich wie die amerikanische Zinsausgleichssteuer sollte die Steuer mit einer begrenzten Rückwirkungsfrist eingeführt werden, um eine Kapitalflucht vor der Einführung zu unterbinden. Die Rückwirkung könnte mit einer Regelung gemildert werden, die Beträge verschont, die zeitnah ins Inland zurückfließen.

Eine Regulierung der Kapitalmobilität würde, wenn es nicht nur bei einer vorsorglich geschaffenen Option bliebe, in begrenztem Umfang Kosten verursachen. Aber die Verteidigung des demokratischen Staats lassen wir uns auch auf anderen Feldern etwas kosten, wenn wir politische Bildung, Polizei, Justiz oder den Verfassungsschutz finanzieren oder wenn soziale Leistungen nicht nur einzelnen Menschen, sondern insgesamt einer friedlichen Gesellschaft dienen sollen.

e) Die Idee der „Tobin-Steuer"

Eine andere Stoßrichtung hat die sogenannte „Tobin-Steuer". Sie wurde bereits 1972 von dem Ökonomen *James Tobin* (1918–2002) mit dem Ziel vorgeschlagen, durch eine geringfügige Steuer auf Devisengeschäfte die Devisenspekulation und die damit verbundene Verfälschung von Wechselkursen einzudämmen. Die Steuer würde sich auf kurzfristige, möglicherweise im Sekundentakt ausgeführte An- und Verkäufe von Devisen erheblich auswirken, während sie langfristige

119 Dazu Donges/Menzel/Paulus (2003), S. 154

Dispositionen und Zahlungsvorgänge der Realwirtschaft nur minimal verteuern würde. Der Vorschlag ist bis heute umstritten – wie so vieles in den Wirtschaftswissenschaften. Um eine günstige Wirkung der Tobin-Steuer zu prognostizieren, muss man davon ausgehen, dass die Dämpfung kleiner Spekulationsversuche die Entstehung großer Spekulationswellen weniger wahrscheinlich macht. Eine größere Zahl von Ökonomen bezweifelt das.[120] Die Finanzindustrie ist selbstverständlich grundsätzlich gegen die Steuer. Eine wesentliche Frage lautet, ob die Steuer ohne eine – kaum erreichbare – weltweite Geltung die gewünschten Wirkungen entfalten könnte.

Nachdem die deutsche Bundesregierung sich lange ablehnend verhalten hatte, machte sich der ehemalige Finanzminister *Wolfgang Schäuble* den Vorschlag gegen Ende seiner Amtszeit zu eigen. Trotz der Unterstützung durch andere Länder konnte er sich in der Europäischen Union aber nicht durchsetzen. In solchen internationalen Konstellationen stellt sich gelegentlich die Frage, ob Politiker, die zwischen den Wünschen großer Wählergruppen einerseits und einflussreicher Interessengruppen anderseits in die Klemme geraten, nicht einen Ausweg darin suchen, Projekte zu befürworten, deren Scheitern an einem ausländischen Veto sie voraussehen. Weitere politische Bemühungen zur Einführung einer solchen Steuer sind indessen im Gange.

f) Zur Problematik internationaler Lösungen

Häufig wird behauptet, nur internationale, möglichst sogar weltumspannende Vereinbarungen könnten Steuer-Konkurrenz verhindern. Internationale Lösungen sind sicher erstrebenswert, und einige Abkommen existieren auch. Aber sind sie wirklich der einzige Weg? Wenn dem so wäre, sähe es für die Verteidigung sozial orientierter Steuersysteme eher düster aus. Denn es wird immer Staaten geben, die sich sträuben. Sei es, weil Steuersparangebote an Unternehmen und

120 Andere wollen in der Spekulation grundsätzlich nichts Negatives sehen. Schließlich könne sie nicht nur zu Übertreibungen führen, sondern solche auch beenden. – Man kann eine so zugespitzte Argumentationskunst bewundern, muss es aber nicht.

reiche Ausländer zu ihrem „Geschäftsmodell" gehören, sei es, weil sie von Parteien regiert werden, die großen Kapitalbesitzern nahestehen.

Zusätzlich ist es ein Problem, dass für die Anbieter von Steuerschlupflöchern das Geschäft umso lukrativer wird, je mehr ihre Zahl abnimmt. Damit wächst nun wieder der Anreiz, sich Steuervermeidern anzubieten, je diskreter, desto lieber. Und klar ist auch: Steueroasen existieren nicht aus eigener Kraft, sondern aufgrund des Schutzes ihrer „Paten" in den großen Industrieländern. Schon vor Jahrzehnten hat Europa die Steueroase Monaco nicht etwa händeringend ertragen, sondern nicht ungern toleriert.

Internationale Lösungen sind nicht undenkbar, aber schwer zu realisieren, insbesondere, wenn sie wirkungsvoll gestaltet werden sollen. Wo nationale Lösungen möglich sind, sollten sie deshalb angegangen werden. Wenn andere Länder gleich oder später mitziehen, umso besser. Wir haben gesehen, dass kapitalstarken Nationalstaaten eigene Wege grundsätzlich möglich sind, ohne ihren Wohlstand aufs Spiel zu setzen. Wenn man die zweifelhaften Grundlagen des zwischenstaatlichen Wettbewerbsdenkens und den Charakter dieses Wettbewerbs als eines bewusst geförderten politischen Projekts verstanden hat, wird es möglich, Lösungen zu finden, mit denen wohlhabende Staaten oder Koalitionen von Staaten vorangehen können.

g) Und wenn Kapital gar nicht so knapp ist?

Die traditionelle Volkswirtschaftslehre beschäftigt sich mit Arbeit und Kapital in der Annahme, dass beide Produktionsfaktoren grundsätzlich knapp sind und möglichst effizient miteinander kombiniert werden müssen, um Wohlstand zu erzeugen. Ob diese Sicht auch heute noch und in allen Teilen der Welt angemessen ist, kann man kritisch hinterfragen.[121] Womöglich überwiegen längst unsere Probleme, Staat und Gesellschaft intakt zu halten. Daran, dass es über Zeiten und Länder hinweg oft ein Überangebot an Arbeit gibt, das nach auskömmlichen Stellen sucht, haben wir uns fast gewöhnt. Aktuell weniger in Deutschland, aber in Europa und der Welt gibt es eine hohe Zahl ar-

121 Siehe dazu z. B. von Weizäcker/Krämer (2019)

beitsloser Menschen. Darunter sind viele ausgebildete junge Leute. Gleichzeitig beobachten wir in neuerer Zeit einen Anlagenotstand des Kapitals. Nur für die Bereitstellung gibt es oft keine Vergütung mehr, reale Verzinsungen unter 0 Prozent sind alltäglich geworden. Lediglich Prämien für die Übernahme von Risiken werden noch bezahlt. Auch beim Realkapital gibt es keinen Engpass. Wo sich eine lohnende Investitionsmöglichkeit zeigt, kann sie auch realisiert werden. Allenfalls bei sehr riskanten Unternehmungen wird es schwierig. Nicht zusätzliche Produktionsanlagen zu schaffen ist das Problem, sondern die Identifikation von Absatzchancen. Investitionsmöglichkeiten werden händeringend gesucht. Dementsprechend wäre vor der Einführung von Maßnahmen zur Drosselung von Kapitalabflüssen jeweils zu prüfen, ob ein Kapitalmangel tatsächlich zu erwarten steht. Wenn ein Überfluss an Kapital Maßnahmen entbehrlich macht, umso besser. Entscheidend ist es, das politische Drohpotenzial zu neutralisieren, das mit Kapitalabflüssen verbunden ist. Diese Drohkulisse ist ständig relevant. Selbst ein so kapitalreiches Land wie Deutschland lebt unablässig in der Sorge, schon bei bescheidenen Steuer- und Renditedifferenzen zwischen In- und Ausland Kapital ans Ausland zu verlieren. Durch unsere Alpträume geistert das mobile Kapital wirklich wie ein scheues Reh…

Zusammenfassung:

- Ein souveräner Staat kann sich übermäßiger Kapitalabflüsse durch Regulierung erwehren. Beruhen sie auf Renditeunterschieden zwischen Inland und Ausland, ist an die Erhebung einer Kapitalexportsteuer oder an eine unterschiedliche Besteuerung in- und ausländischer Kapitaleinkünfte zu denken.
- Kapitalmobilität zu regulieren ist nicht kostenlos. Aber die volkswirtschaftlichen Kosten sind überschaubar und lassen sich zur Verteidigung des demokratischen Staates rechtfertigen, wie andere darauf gerichtete Aufwendungen auch.
- Eine Regulierung der Kapitalmobilität schützt nötigenfalls das System komparativer Vorteile und unterstützt so die Fähigkeit des Staates, seine inneren Angelegenheit demokratisch und ggf. abweichend von anderen Ländern zu regeln.
- Auch unter dem Gesichtspunkt einer fairen Behandlung der Steuerzahler bestehen keine Bedenken, Kapitalexporte angemessen zu besteuern.

3.5 Die Verlagerung von Unternehmen oder Unternehmensteilen ins Ausland

Was wir herausgefunden haben, ist für die Annahme, dass sich ein starker demokratischer Sozialstaat auch in einer „globalisierten" Welt behaupten kann, ermutigend. Die Logik des komparativen Vorteils schützt ihn davor, in ökonomische Konkurrenz zu anderen Staaten zu geraten und dadurch Gestaltungsmöglichkeiten einzubüßen. Die Wirkung des komparativen Vorteils wird zwar durch unbeschränkte Kapitalmobilität potenziell bedroht, aber ein souveräner und im Innern genug Kapital bildender Staat hat bei Bedarf die Möglichkeit, Kapitalmobilität zu regulieren und seine Gestaltungsmacht zu wahren, ohne dass er dafür spürbare Wohlstandseinbußen für die Masse der Bevölkerung in Kauf nehmen muss.

Trotzdem bleibt eine praktische Frage: Ob denn verhindert werden kann, dass Unternehmen oder Unternehmensteile ins Ausland abwandern, um Arbeitskosten oder Steuerlasten zu vermindern. Dazu der nachfolgende Fall.

a) Der Abschied von der Buchhaltung

Ein Großunternehmen in einem Hochlohnlohnland verlegt seine Buchhaltung in ein Niedriglohnland, zum Beispiel nach Indien, wo ein Teil der Bevölkerung inzwischen gut ausgebildet ist. Die für die Buchhaltung wichtige elektronische Datenverarbeitung, die es ermöglicht, über große Distanzen hinweg zusammenzuarbeiten, und der gewachsene Bildungsstand im Niedriglohnland haben dem Großunternehmen diese Option eröffnet. Insbesondere weil die Arbeitsplätze in der Buchhaltung nicht zu den unqualifizierten gehören, ist im Hochlohnland die Besorgnis groß, auf diesem Weg noch viele weitere Arbeitsplätze zu verlieren. Der Unternehmerverband befeuert die Sorgen zusätzlich mit Erklärungen, dass der Niedergang des Hochlohnlandes drohe, wenn nicht endlich die Arbeitnehmer bei ihren Lohnansprüchen die gewandelten Realitäten berücksichtigten.

Wir behandeln den Vorgang an dieser Stelle, weil man geneigt ist, den Umzug eines Unternehmens oder Unternehmensteils mit Kapitalmobilität gleichzusetzen. Obwohl das Unternehmen einen Teil seiner Produktion ins Ausland verlegt, spielt das Thema Kapitalmobilität hier jedoch nur eine untergeordnete Rolle. Für die Erledigung der Buchhaltung ist relativ wenig Kapital erforderlich. Verlagert werden in erster Linie Arbeitsprozesse. Es geht also im Schwerpunkt nicht um den Abzug von Kapital, sondern um eine Form des internationalen Handels. Die Buchhaltung ist im weiteren Sinn ein Vorprodukt der Endprodukte, die das Unternehmen herstellt. Für das Unternehmen mag es einen gewichtigen Unterschied bedeuten, ob es die Buchhaltung in eine in Indien aufgebaute eigene Abteilung mit indischen Löhnen verlagert, ob es dort ein Tochterunternehmen gründet, das die Buchhaltung erledigt, oder ob es die Leistung von einem selbständigen indischen Unternehmer auf Vertragsbasis bezieht. Hinsichtlich ihrer volkswirtschaftlichen Auswirkungen sind die Unterschiede begrenzt. Mit dem Hochlohnland kooperierend, bieten die indischen Buchhalter hohe Produktivität zu günstigen Preisen. Damit überflügeln sie viele andere indische Anbieter von Waren und Dienstleistungen und haben einen ausgeprägten komparativen Vorteil. Indien exportiert die Dienstleistung unabhängig davon, in welcher rechtlichen Form das geschieht. Es geht also primär um Handel, nicht um Kapitalexport.

Produktionsverlagerungen ins Ausland haben viele Gründe. So kann die Verlagerung ein Unternehmen retten, wenn sich komparative Vor- und Nachteile verändern. Wenn ein Land zum Beispiel frühere komparative Vorteile beim Bau von Solaranlagen an andere Länder verliert, kann es sinnvoll sein, dass ein Unternehmen, dessen Know-how in diesem Bereich liegt, der Veränderung folgt und abwandert. Volkswirtschaftlich macht es keinen allzu großen Unterschied, ob im Zuge geänderter komparativer Vorteile ein Unternehmen von A-Land nach B-Land umzieht, oder ob das Unternehmen in A-Land bleibt und von einem in B-Land neu entstandenen Unternehmen niederkonkurriert und „beerbt" wird.

Unternehmensverlagerungen kombinieren oft veränderte komparative Vorteile mit Kapitalmobilität. Wichtig ist auch hier, sich zu erinnern, dass ein Land nie nur komparative Vorteile verliert, sondern logischerweise immer gegen neue Vorteile eintauscht. Ob es anschließend die Kraft hat, die geänderten komparativen Vorteile auch zu nutzen und wie produktiv es dabei sein wird, ist die sich anschließende Frage. Damit entsprechen die volkswirtschaftlichen Folgen einer Unternehmensverlagerung in Vielem den Folgen einer Veränderung komparativer Vorteile. Sie verursachen Umstellungskosten, sind aber für ein gut entwickeltes Land zumeist nicht bedrohlich. Entscheidend ist, dass das vom Wegzug eines Unternehmens oder einer Branche betroffene Land erstens über genügend Kapital verfügt, um sich der veränderten Situation mit einer geänderten Produktionsstruktur anpassen zu können. Und zweitens, dass das Qualifikationsniveau der Bevölkerung, vom Arbeiter bis zum Manager, die Umstellung zulässt. Damit zeigt sich umgekehrt auch, wann ein Umbruch gefährlich wird: Wenn er ein auf wenige Güter spezialisiertes Land trifft, das zudem über wenig Kapital und eine eher schlecht ausgebildete Bevölkerung verfügt.

Hier ist noch einmal hervorzuheben, was bereits für den internationalen Handel festgestellt wurde – und immer wieder in Vergessenheit zu geraten droht: Eine *selektive* Absenkung des Lohns der Buchhalter im Hochlohnland könnte die Buchhaltung dort vielleicht noch eine Weile halten. Eine landesweite Absenkung des gesamten Niveaus der Löhne und Lohnnebenkosten dagegen würde keinen Arbeitsplatz bewahren.

Die Verlagerung der Buchhaltung in ein Niedriglohnland kann für das Hochlohnland insgesamt sogar von Vorteil sein – wie es den grundsätzlichen Vorteilen des internationalen Handels entspricht. Nehmen wir an, das Hochlohnland hat bisher aus dem Niedriglohnland nur Reis bezogen und dafür Maschinen geliefert. Wenn das Niedriglohnland künftig neben Reis noch Buchhaltung verkaufen kann, verfügt es über mehr Kaufkraft, um zusätzliche Maschinen einzuführen. Dadurch profitiert sowohl das Niedriglohnland als auch das Hochlohnland. Letzteres produziert nun zwar weniger Buchhaltung, aber mehr Maschinen und ist in dieser Disziplin auch produktiver. Allerdings ist es denkbar, dass die Buchhaltung personalintensiver war als der Maschinenbau, wodurch im Hochlohnland (zeitweilig) Arbeitsplatzverluste eintreten.

Trotz der Gewinne stehen die Verlierer fest: Die im Hochlohnland betroffenen Buchhalter leiden, gleichgültig wie die Sache volkswirtschaftlich ausgeht. Sie sind darauf angewiesen, dass ihr Staat ihnen Arbeitslosenunterstützung gewährt und erforderlichenfalls eine Umschulung ermöglicht. Wichtig ist deshalb, dass die öffentliche Hand im Hochlohnland über genügend Mittel verfügt, um diese Prozesse sozial abzufedern; oder, wie es manche Wirtschaftswissenschaftler ein bisschen hochtrabend und damit vielleicht auch etwas irreführend formulieren: die Verlierer zu entschädigen. Im Idealfall würde sich der Staat das für die „Entschädigung" nötige Geld dort holen, wo die Gewinne wachsen. Es kommt also darauf an, dass der Regierung des Hochlohnlandes nicht zugleich mit der Intensivierung des internationalen Handels die Steuerbasis wegbricht, weil sich das Kapital der Besteuerung entzieht.

Für die Arbeitsplatzsituation des Hochlohnlandes hängt – falls es nicht zu Arbeitszeitverkürzungen kommt[122] – alles davon ab, ob seine Wirtschaft wächst. In der Vergangenheit sind verloren gegangene Stellen zwar immer wieder durch neue ersetzt worden. Andernfalls wäre die Arbeitslosigkeit im Laufe der Jahre ins Unermessliche gestiegen. Allerdings trottete die Entstehung neuer Stellen dem Stellenabbau oft erheblich hinterher, zu Lasten der betroffenen Arbeitnehmer, für die die

122 Arbeitszeitverkürzungen müssen gegebenenfalls von Qualifikationsanpassungen des Arbeitskräfteangebots begleitet werden, die sich aber – bei längerfristigen Prozessen – auch fast unbemerkt ergeben können.

neuen Stellen in ihrer Arbeitsbiographie manchmal zu spät kamen. Das Hochlohnland wird in diesem Fall zwar insgesamt produktiver und damit reicher, aber auch von höherer Arbeitslosigkeit geplagt und in seinen Sozialstrukturen ungleicher. Zu den Prozessen des Wirtschaftswachstums kommen wir im Kapitel 9.

b) Ein theoretischer Nachtrag zum komparativen Vorteil: die Mitnahme komparativer Vorteile

Wer sich die Logik des komparativen Vorteils vor allem aus wirtschaftsgeographischem Interesse anschaut – warum also etwas gerade hier und nicht woanders produziert wird – kann sich fragen: Wieso kann ein in seinem Ursprungsland rentables Unternehmen in einem anderen Land noch rentabler werden? Wieso können bei einer Verlagerung komparative Vorteile manchmal mitgenommen werden?

Auf den Umstand, dass komparative Vor- und Nachteile öfter mit augenfälligen regionalen Besonderheiten zusammenhängen, manchmal jedoch auch mit weniger sichtbaren Faktoren, wurde schon hingewiesen.[123] Das macht die Theorie zu einem komplizierten Instrument, wenn ergründet werden soll, warum sich in bestimmen Regionen bestimmte Strukturen gebildet haben. (Wie wir gesehen haben, berühren diese Probleme unseren Gebrauch des komparativen Vorteils nicht.) Jetzt müssen wir die „wirtschaftsgeographische" Nutzbarkeit der Theorie in der modernen Welt noch weiter einschränken, indem wir darauf hinweisen, dass umziehende Unternehmen komparative Vorteile teilweise sogar in ihre neue Umgebung mitnehmen können. Denn ein komparativer Vorteil kann auch darin bestehen – das überschreitet die traditionelle Sichtweise – dass Unternehmen über exklusive Kenntnisse oder Patente verfügen, die ihre Produkte über viele Jahre schützen. Dass es sich auch dabei um *komparative* Vorteile handelt, zeigt folgender Zwei-Länder-zwei-Güter Fall:

In A-Land werden von Patenten geschützte, sehr wichtige Medikamente hergestellt. Außerdem können dort Fernseher günstiger als in B-

123 In Kapitel 2.1d) bb)

Land produziert werden. Trotzdem werden die Länder Medikamente aus A-Land gegen Fernseher aus B-Land tauschen. Um an die Medikamente zu kommen, wird B-Land seine Fernseher in A-Land so günstig anbieten, dass die Produzenten in A-Land ins Hintertreffen geraten. Die in A-Land günstigere Fernseherproduktion hat damit keine Chance, sondern einen ausgeprägten komparativen Nachteil. Solche Faktoren wie Patente können von Unternehmen bei einem Umzug mitgenommen werden. Damit ist es zu erklären, dass ein in seiner alten Umgebung rentables Unternehmen in seiner neuen Umgebung noch rentabler werden kann.

Würde die Pharmaproduktion von A-Land nach B-Land umziehen, würde jetzt die Fernseherproduktion in A-Land möglich – dank ihres durch den Wegzug der Pharmaindustrie entstandenen komparativen Vorteils. Für den komparativen Vorteil kommt es auf nichts anderes an als auf das Preis-/Leistungsverhältnis eines Angebots in Relation zu allen anderen Angeboten innerhalb desselben Landes. Woher der komparative Vorteil rührt, ist irrelevant.

c) Der First-Mover-Advantage

Unternehmen, die eine Verlagerung erwägen, müssen vor diesem Schritt eine Menge bedenken. Insbesondere die früh vollzogene Verlagerung in ein bislang noch nicht allzu entwickeltes Land ist mit Risiken verbunden. Trotzdem winken Unternehmen, die es wagen, Chancen, die mögliche Nachfolger vielleicht nicht mehr im selben Umfang haben werden. Oft locken niedrige Löhne und niedrige Steuern. Aber wenn es richtig ist, dass die Wechselkurse die unterschiedlichen Produktivitätsverhältnisse der Volkswirtschaften zum Ausdruck bringen, dann bedeutet jeder Zuzug eines hochproduktiven ausländischen Unternehmens in ein bisher weniger produktives Land für den Kurs der Landeswährung einen verteuernden Impuls. Das verstärkt sich, wenn um die neuen industriellen Kerne herum auch die schon vorhandenen einheimischen Anbieter produktiver werden. Damit gehen Preisvorteile verloren, je mehr Unternehmen dem Vorbild der „First Mover“ folgen. Ebenfalls ist bei wachsender Nachfrage nach ausgebildeten Arbeitskräften ein Anstieg der Löhne und weiterer Preise zu erwarten.[124] Die Aufwärtsentwicklung der Kosten ist als Bremse der Verlagerungsanreize vorprogrammiert und am Beispiel vieler Länder ablesbar. Wenn Wettbewerber den „First Movern" folgen, kann es außerdem zu Preiskämpfen zwischen ihnen auf der Basis der verminderten Kosten kommen, die die Umzugsprämien abschmelzen. Davon profitieren dann auch die Kunden in den Hochlohnländern.

Solche Entwicklungen müssen Manager einkalkulieren. Sofern die Verlagerungsprozesse teuer sind, was häufig der Fall sein wird, müssen sie darauf setzen, dass die Verhältnisse im aufnehmenden Land stabil bleiben, zumindest bis sich die Kosten der Verlagerung amortisiert haben. Sie müssen die maßgeblichen Umstände richtig einschätzen: die Qualifikation und Motivation der vor Ort verfügbaren Mitarbeiter, die Möglichkeiten der Qualitätssicherung, die Beherrschbarkeit von Krisen unterschiedlichster Art und die vielleicht undurchsichtigen politischen Entwicklungen. Manche Unternehmen sind auch abhängig davon, in bestimmte räumliche Zusammenhänge mit anderen Unternehmen, so genannte Cluster, eingebunden zu bleiben. Und besonders gilt es einzuschätzen, was der ggf. größere Abstand zu angestammten Kundengruppen bedeutet. Umgekehrt ist die Produktion in einer neuen Region gerade dann sinnvoll und attraktiv, wenn sich dort zusätzliche Kundengruppen erschließen lassen. Umzüge primär wegen steuerlicher Vorteile finden deshalb eher selten statt, wenn man nicht formale juristische Sitzverlagerungen, sondern Produktionen betrachtet.

Alles in allem sind Verlagerungen keine sich selbst verstärkenden Prozesse. Sie tragen ihre bremsenden Faktoren bereits in sich.[125] Bei einer über den Einzelfall hinausgehenden makroökonomischen Betrachtung müssen gut entwickelte Länder den Wegzug von Unternehmen nicht so fürchten, wie das in ihnen verbreitet ist, und die Sorge davor nicht

124 Allerdings addieren sich diese Tendenzen nicht unbedingt. Denn ein Anstieg der Löhne bremst die Verteuerung der Währung.

125 Das schließt nicht aus, dass der Umzug eines Großunternehmens Zulieferer zum Folgen nötigen kann.

zu einem tragenden Element ihrer Politik machen – auch wenn es einzelne Städte und Regionen in einem Land hart treffen kann.[126]

Zusammenfassung:

- Der Wegzug eines Unternehmens in ein anderes Land stellt sich in der Regel als eine Kombination veränderter komparativer Vorteile mit einem Kapitaltransfer dar.
- Umziehende Unternehmen können komparative Vorteile teilweise mitnehmen, wodurch Standortwechsel erleichtert werden. Das abgebende Land verliert dadurch aber nicht alle komparativen Vorteile, sondern tauscht sie gegen andere ein. Die anschließend nötige Realisierung der geänderten Vorteile im abgebenden Land erfolgt freilich nicht automatisch, sondern erfordert zum Teil erhebliche Anstrengungen.
- Das Land, das ein Unternehmen oder eine Branche durch Wegzug verliert, steht vor einer Situation wie ein Land, das sich infolge geänderter komparativer Vorteile Umbrüchen gegenüber sieht. Es wird diesen Strukturwandel bewältigen, wenn es sowohl über genug Kapital verfügt und als auch über eine Bevölkerung, deren Qualifikation eine Anpassung an die neue Situation ermöglicht.
- Unternehmensverlagerungen erzeugen Kosten, können aber auch die internationale Arbeitsteilung verbessern.
- Im Falle hoher Verlagerungskosten müssen Produktionsverlagerungen betriebswirtschaftlich einer langfristigen Betrachtung standhalten und brauchen stabile Rahmenbedingungen.
- Die Vorteile einer kostenorientierten Produktionsverlagerung werden durch jeden weiteren Zuzug eines produktiven Unternehmens in das Aufnahmeland tendenziell vermindert, ebenso wie auch durch eine wachsende Produktivität der bereits ansässigen Wirtschaft und eine möglicherweise verschärfte Preiskonkurrenz.

126 Im täglichen politischen Kampf erscheinen die Dinge allerdings oft in einem anderen Licht: Da können die wirtschaftlichen Probleme einer Region labile Verhältnisse kippen lassen und auch die Zentralregierung zu Fall bringen.

4. Starker Staat und freier Handel

a) Globaler Handel und starke Demokratien

Soweit die teilnehmenden Länder bereits entwickelt und stabil sind, fördert internationaler Handel nachhaltig Produktivität und Wohlstand. Das Muster der durch Handel entstehenden Arbeitsteilung ist freilich intransparenter, als es ein auf die absoluten Stärken und Schwächen von Volkswirtschaften verengter Blick nahelegt. Ein wesentlicher Effekt der Logik der komparativen Vorteile besteht darin, dass auch im Grunde leistungsfähige Inlandsbranchen nicht profitabel bleiben, wenn sie von anderen inländischen Branchen überflügelt werden. Dieser Effekt schützt umgekehrt Bereiche in weniger leistungsstarken Ländern und verhindert deren wirtschaftliches „Ausbluten".

Die Gewinne aus dem internationalen Handel können allerdings durch die Kosten erzwungener Strukturveränderungen geschmälert werden; je heftiger und häufiger solche Wechsel stattfinden, desto mehr. Die Strukturanpassungen sind jedoch für ein Land regelmäßig nicht bedrohlich, wenn es sowohl über eine gut ausgebildete Bevölkerung als auch über genügend Mittel verfügt, um sowohl die Nutzung neuer komparativer Chancen als auch die soziale Abfederung des Umbruchs finanzieren zu können. Ob Umbrüche in der Form stattfinden, dass Unternehmen in einem Land aufgeben müssen, weil sich ihre komparative Stellung verschlechtert hat, oder ob Unternehmen ihre Produktion von einem Land in ein anderes verlagern, ist gesamtwirtschaftlich weniger bedeutsam. Auch Produktionsverlagerungen aus steuerlichen Gründen sind dem Primat der komparativen Vorteile unterworfen. Produktionsverlagerungen vornehmlich aus steuerlichen Gründen sind deshalb eher selten; häufiger werden nur die juristischen Firmensitze oder die Hauptverwaltungen verlegt.

Staaten können somit vom internationalen Handel und seinen erheblichen Vorteilen profitieren, ohne Teile ihrer Souveränität oder ihrer demokratischen Gestaltungsmöglichkeiten aufzugeben. Insbesondere können sie sich dafür entscheiden, teurere Sozialsysteme zu unterhalten als andere Staaten. Dies sind Entscheidungen über die innerstaatliche Verteilung des Erwirtschafteten, die aufgrund der Logik der komparativen Vorteile ihre Stellung im internationalen Handel nicht beeinträchtigen. Allerdings gilt dies nur für souveräne Staaten mit eigener Währung. An ihre Stelle kann auch ein Staatenverbund mit vergleichbaren Rechten treten, der dann freilich in seinem Innern ein hohes Maß an regionalem Ausgleich realisieren muss.

Souveräne Staaten (oder Staatenverbünde), die ihre demokratische Selbstbestimmung im internationalen Handel wahren wollen, müssen gleichwohl auf einige Dinge achten:

Sie müssen darauf bedacht sein, dass sich der Wechselkurs ihrer Währung innerhalb eines Korridors bewegt, der der Realwirtschaft und der internationalen Arbeitsteilung förderlich ist. Staaten, die innerhalb ihrer Grenzen genügend Kapital bilden, haben es hier leichter als Staaten, die per Saldo auf Kapitaleinfuhren angewiesen sind. Die Hebel für einen entsprechenden Schutz des Wechselkurses vor Verzerrungen durch Kapitalbewegungen liegen teils in den Händen der Notenbanken, teils der Regierungen und der Gesetzgeber. Internationale Vereinbarungen sollten angestrebt werden, die den Handel sowohl vor Währungsspekulationen als auch vor Währungsmanipulationen mit dem Ziel des Wechselkursdumpings schützen.

Staaten sollten gegen Kapitalabflüsse (und Zuflüsse) gewappnet sein, die die wirtschaftliche Entwicklung beeinträchtigen können. Auch hier befinden sich Staaten, die im Inland genug Kapital bilden, in einer starken Position. Sie können im Bedarfsfall Kapitalabflüsse regulieren, indem sie die Renditeunterschiede zwischen in- und ausländischen Investitionen steuerlich abschöpfen. Solche Maßnahmen sind nicht mit protektionistischen Maßnahmen zu verwechseln, die den internationalen Handel reduzieren. Im Gegenteil: Sie schützen den Handel und sein eigentliches Ziel – eine internationale Arbeitsteilung, die kein Land zu Schaden kommen lässt – vor Verzerrungen. Und sie schützen die demokratischen Aushandlungsprozesse und jene Bürger und Wähler, die nicht mit dem Abzug nennenswerten Kapitals drohen können.

Staaten sollten im Rahmen des Möglichen Umbrüche ihrer wirtschaftlichen Strukturen abfedern, weil diese Umbrüche die Gewinne aus dem internationalen Handel spürbar reduzieren können, wenn sie zu häufig und zu heftig auftreten. Die beste Vorsorge ist eine gute Ausbildung der Bevölkerung auf allen Qualifikationsstufen und eine leistungsfähige Struktur für Umschulungen und Weiterbildungen. Wichtig sind außerdem gute Bedingungen für Unternehmensgründer, damit sich auftuende neue komparative Vorteile auch genutzt werden. Denn immer, wo ein komparativer Vorteil verloren geht, eröffnet sich mit logischer Konsequenz ein anderer, der allerdings der Realisierung bedarf. Eine gute Wirtschaftspolitik kann eine entschlossene Förderung junger Unternehmen und kleinerer Betriebe durchaus damit kombinieren, die Mitnahme hoher Gewinne aus etablierten Unternehmen zu reduzieren.

Ob ein Staat Strukturwechsel dämpfen und verzögern soll, ist eine heikle Frage, die mit komplizierten Einschätzungen künftiger Verläufe verbunden ist. Manche trauen dem Staat die dafür nötige Kompetenz nicht zu. Andererseits sind moderat verlaufende Umstrukturierungen sozial besser zu verkraften als abrupte. Und insbesondere ist es Gift für eine Volkswirtschaft, wenn schon wenige Jahre nach einem Wechsel von einer Struktur zu einer anderen vom Weltmarkt eine weitere Neuorientierung erzwungen wird. Zeiten von Strukturumbrüchen sind immer schwierige Zeiten, die aktiv bewältigt werden müssen. Dass ein entsprechendes Management mit mehr oder weniger Geschick betrieben werden kann, ist kein Argument, von jeglicher Steuerung abzusehen.

Das vorstehend für das Management von Umbrüchen in Branchenstrukturen Gesagte gilt auch für Kursänderungen in der Wirtschafts- und Sozialpolitik insgesamt. Auch wenn ein „teurer" Sozialstaat neben einem „billigen" Staat ohne weiteres bestehen kann, stellt doch der Übergang zwischen diesen verschiedenen Möglichkeiten eine politische Aufgabe dar, die gestaltet werden muss und mit mehr oder weniger Geschick bewältigt werden kann.

Schließlich sollte ein Staat auf eine Wirtschaftsstruktur bedacht sein, die sowohl diversifiziert ist als auch Chancen für eine günstige Produktivitätsentwicklung eröffnet. Je mehr diese Entwicklung das Weiterlernen der Bevölkerung auf allen Qualifikationsstufen fördert, desto besser. Die Wirtschaftsstruktur sollte nicht zu anfällig für Einzelfaktoren sein (wie etwa die Ausbreitung von Rebkrankheiten im Weinbau), sondern Weiterentwicklungen, Verbesserungen und Erfindungen begünstigen.

Ein Staat kann versuchen, Sektoren besonders zu fördern, die diese Bedingungen erfüllen, und so die komparative Stellung dieser Bereiche zu stärken. Dazu kommen aber nur gezielte, selektiv wirkende Maßnahmen in Betracht, wie zum Beispiel die Förderung von Forschung, Wissenschaft, Ausbildung und Infrastruktur für besonders aussichtsreiche Bereiche. Allgemein wirkende Maßnahmen wie z.B. eine Senkung des Niveaus der Lohn- und Lohnnebenkosten sind vor dem Hintergrund der Logik des komparativen Vorteils ebenso wirkungslos wie z.B. Steuerentlastungen, die alle Wirtschaftsbereiche zugleich begünstigen.

b) Warum ist das Denken in Standortkonkurrenzen so beliebt?[127]

Paul Krugman erläutert, warum seiner Ansicht nach das Bild der internationalen Standortkonkurrenz bei Menschen, die in der Öffentlichkeit stehen, so beliebt ist.[128] So können Autoren und Journalisten ihre Texte populär und werbewirksam gestalten, reißerische Überschriften finden und viele Metaphern verwenden. Geschäftsleute lassen sich gerne in diese Richtung überzeugen, weil es ihrer beruflichen Perspektive entspricht. Zudem lässt sich mit Rankings Geld verdienen und Aufmerksamkeit gewinnen.

Standortkonkurrenz ist ein wirkungsvolles politisches Instrument, und die Diskussion darüber wird interessengeleitet geführt.[129] Für die Gegner politischer Regulierungen sind Kapitalmobilität und Standortkonkurrenz willkommene Argumente.[130] Durch die Beschwörung von Standortkonkurrenz lässt sich scheinbar die Komplexität der Realität

127 Die nachstehende Zusammenfassung folgt auszugsweise und mit Modifikationen der von Sauber (2012), S. 171f.

128 Krugman (1994)

129 Ahlers/Öz/Ziegler (2007); Trabold (1995), S. 182

130 Apolte (1999)

reduzieren. Und umgekehrt wird der Eindruck erweckt, auf der Höhe der Zeit, der technischen Möglichkeiten und der von den Finanzmärkten getriebenen Entwicklungen zu sein. Die Politik macht die Globalisierung für Arbeitslosigkeit verantwortlich[131] und versucht mittels Untergangsszenarien, sich Zustimmung für ihre Agenden zu beschaffen.[132] Ihre Lösungsvorschläge schließen an die der Unternehmensseite an, der es darum geht, das Kapital zu entlasten. Außerdem unterstützen dem Liberalismus – „der Freiheit" – verbundene Wirtschaftswissenschaftler entsprechende Vorschläge oft selbst dann, wenn wissenschaftliche Befunde sie nicht tragen, aber „die Richtung stimmt". Hier dominiert die Strategie.

c) Erosion und Politikverdrossenheit

Die der Politik in einer wirtschaftsliberal organisierten Welt zugestandene Rolle, mit mehr oder weniger gelungenen Arrangements das Kapital an den jeweiligen Standort zu binden, führt zu einer Entfremdung von Bürgern und Politik. Viele Wähler bemerken ein Missverhältnis zwischen der Prosperität der Gesellschaft einerseits und andererseits der Qualität der öffentlichen Ordnung und der öffentlichen Leistungen. Sie sehen ihre Hoffnung auf eine „Domestizierung des Kapitalismus" durch den demokratischen Staat im Kern bedroht. Die Leistungen, die die westlichen Demokratien hier vorzuweisen haben, gelten eher als Früchte einer vergangenen Zeit.[133] Die Bürger empfinden das Versprechen der Demokratie, die Gemeinschaft mitzugestalten, als nicht eingelöst, ja als nicht mehr einlösbar innerhalb eines entgrenzten Wettbewerbssystems, in das die Demokratien durch eine jahrzehntelange Politik der Liberalisierung eingebettet worden sind. Sie erleben, dass sie gegenüber mächtigen Interessengruppen den

131 Ahlers/ Öz/Ziegler (2007), S. 36

132 Rau (2004)

133 Dazu Streeck (2013, S. 51): „In den 1970er Jahren begann zu zerfallen, was in der englischsprachigen Literatur als das politisch-ökonomische *postwar settlement* des demokratischen Kapitalismus bekannt war: eine aus der Nachkriegssituation hervorgegangene gesellschaftliche Verständigung über die Geschäftsgrundlagen einer Fortsetzung des Kapitalismus in erneuerter Gestalt."

Kürzeren ziehen. Gravierende gesellschaftliche Probleme fördern den Eindruck, dass es an einer angemessenen politischen Steuerung fehlt. Alle relevanten Politiker erscheinen in einem System gefangen, das es nicht zulässt, die Vorstellungen der Bürger von guter Politik zu realisieren. Eingeklemmt zwischen den – im Einzelfall oft gut begründeten – Wünschen der Bürger und den „Sachzwängen der Wirtschaft" und im Trommelfeuer der Medien, leben viele Politiker in dem Bewusstsein, ihre Wähler nicht anders als enttäuschen zu können und zu müssen. Da liegt es nahe, in Symbol- und Ankündigungspolitik auszuweichen und die Lösung von Interessengegensätzen als kommunikatives Vermittlungsproblem zu bagatellisieren. Die Notwendigkeit, „die eigene Politik den Wählerinnen und Wählern noch besser zu erklären", ist das Mauseloch, in dem die Spitzen der Parteien an jedem schlechten Wahlabend rhetorisch verschwinden.

Dazu passen aber auch ehrliche, wenngleich zugespitzte Äußerungen wie die des früheren bayerischen Ministerpräsidenten und heutigen Innenministers *Horst Seehofer*: „Diejenigen, die entscheiden, sind nicht gewählt, und diejenigen, die gewählt werden, haben nichts zu entscheiden."[134] Und vielfach wird der frühere Bundeskanzler *Gerhard Schröder* mit dem Satz zitiert: „Der Vorstandsvorsitzende von Volkswagen hat *natürlich* mehr Macht als ich."

Das Mindestmaß an Vertrauen zwischen Bürgern und Politikern, aber auch der Bürger untereinander, das ein Gemeinwesen langfristig benötigt, erodiert in einem schleichenden Prozess. Dieser war bereits 2004 das Grundmotiv der letzten ‚Berliner Rede' des damaligen Bundespräsidenten *Johannes Rau*: „Besonders schädlich ist es, wenn sich immer mehr das Gefühl breit macht: ‚Die da oben können es nicht – und zwar auf allen Ebenen und auf allen Seiten." Und er fügte damals hinzu: „Noch erleben wir keine wirklich bedrohlichen Äußerungen von Enttäuschung und Wut. Wir müssen aber einen stillen Abschied und privaten Zynismus beobachten…"[135]

In vielen Fällen wenden die Bürger sich deshalb von der Politik ab und bleiben den Wahlen fern. Im schlimmsten Fall aber handeln sie nach

134 In der ZDF-Sendung „Pelzig hält sich" vom 20.5.2010 im Interview mit dem Kabarettisten Frank-Markus Barwasser.

135 Rau (2004)

dem Grundsatz: Wenn schon keine rationale Verwirklichung unserer Interessen möglich ist, wählen wir irrlichternde Politiker, die versprechen, die Lage insgesamt neu „aufzumischen"; und wenn sie dabei auch die Mächtigen und Wohlhabenden beunruhigen, umso besser. Das ist die ultima ratio eines Ausbruchs aus einer von vermeintlichen wirtschaftlichen Sachzwängen eingehegten Politik. Solche Haltungen werden befeuert durch provokante Äußerungen über „die Macht der Märkte". So antwortete der langjährige Chef der U.S.-amerikanischen Notenbank, *Alan Greenspan*, 2007 auf eine Journalistenfrage, wer denn der nächste amerikanische Präsident würde: „Zunächst einmal das: Wir haben das Glück, dass die politischen Beschlüsse in den USA dank der Globalisierung größtenteils durch die weltweite Marktwirkung ersetzt wurden. Mit Ausnahme des Themas der nationalen Sicherheit spielt es kaum eine Rolle, wer der nächste Präsident wird. Die Welt wird durch Marktkräfte regiert."[136] In ähnliche Richtung ging der vormalige Präsident der Deutschen Bundesbank *Hans Tietmeyer* schon gegen Ende der 1990er Jahre beim Weltwirtschaftsforum in Davos. Er „habe bisweilen den Eindruck, dass sich die meisten Politiker immer noch nicht darüber im Klaren sind, wie sehr sie bereits heute unter der Kontrolle der Finanzmärkte stehen und sogar von diesen beherrscht werden."[137] Spätestens seit der Wahl von *Donald Trump* zum Präsidenten der Vereinigten Staaten wissen wir, dass diese Äußerungen richtig und falsch zugleich sind. Einerseits scheint gerade in den Vereinigten Staaten die Macht des großen Geldes kaum abwählbar zu sein. Anderseits behalten die Wähler die Möglichkeit, aus diesem Gefängnis vordergründig auszubrechen, wenn auch nur um den Preis einer destruktiven und irrationalen Politik.

Von der Zwangslage der in einem fragwürdigen politisch-ökonomischen Wettbewerbsdenken gefangenen Politik sind die sozialdemokratisch ausgerichteten Parteien naheliegender Weise besonders betroffen. Denn ihre potenzielle Wählerschaft erwartet mehr als diejenige liberaler oder konservativer Parteien einen starken, schützenden, Bildung und soziale Sicherheit garantierenden Staat. Sie vertraut nicht den glo-

136 Interview mit A. Greenspan: „Ich bin im falschen Jahrhundert geboren", in: Tagesanzeiger vom 19.9.2007

137 Vgl. Schmale (2010)

balen Finanz- und Produktmärkten. Sie ist im Nerv getroffen, wenn der innere Zusammenhalt der Gesellschaft gefährdet erscheint und der Staat hilflos wirkt. *Julian Nida-Rümelin*, vormals Kulturstaatsminister im Kabinett von *Gerhard Schröder*, zieht daraus den Schluss, die an einer sozialen Demokratie orientierten Kräfte müssten „den Wunsch nach Bindung und Verlässlichkeit, nach sozialer Sicherheit und staatlicher Verantwortung und die Rolle der Nationalstaaten für sozialen Ausgleich und übergreifende Solidarität wieder ernster nehmen."[138]

Die Problematik dürfte den in Europa zu beobachtenden Niedergang der sozialdemokratischen Parteien zu einem nicht unerheblichen Teil erklären. Aber das ist nicht ihr einziges Problem. Hinzu kommt ein in der Äußerung von *Nida-Rümelin* ebenfalls anklingender Konflikt: der Stellenwert des politischen Internationalismus innerhalb der Linken. Über Jahrzehnte galt die „internationale Solidarität" als fester Bestandteil jedes ihrer Programme. Das gilt mehr oder weniger bis heute. Demgegenüber gibt es aber Wählergruppen, die eine soziale Politik mit einem wieder erstarkenden Nationalstaat realisieren wollen, und deren Misstrauen und Rückzug schwächt die Sozialdemokratie.

Es gärt aber auch in den bürgerlichen Parteien. Denn auch diese bestehen ja nicht nur aus den obersten 1, 2 oder 3 Prozent der Bevölkerung und sind ein Bündnis unterschiedlicher Strömungen. Unter dem Druck, in den die Politik geraten ist – und in den sie sich über Jahrzehnte selbst gebracht hat – drohen diese innerparteilichen Bündnisse allenthalben zu zerbrechen.

Einige von denen, die zur absoluten ökonomischen Spitze der Gesellschaft zählen, haben, eingestanden oder versteckt, politische Wünsche, die auf ein oligarchisches System hinauslaufen: Die Machtübernahme durch einen Diktator oder einen herrschenden Clan soll durch konstitutionelle Vorkehrungen verhindert werden. Aber gleichzeitig soll die Macht der eigenen sozialen Schicht durch das Ergebnis von Wahlen und Abstimmungen nicht gefährdet werden können. Die Staatsform der USA mit ihrer Kombination aus einem Mehrheitswahlrecht, das ein Zwei-Parteien-System zementiert, und einem privaten Parteienfinanzierungssystem kommt dem nahe. Der U.S. Supreme Court hat

138 Julian Nida-Rümelin (2018)

diese „Festungskonstruktion“ weiter verstärkt, indem er Parteispenden zu einer Form der freien Meinungsäußerung erklärt hat, womit der für die Demokratie bedrohliche Geldfluss den umfassenden Schutz der freien Meinungsäußerung genießt. Das Faszinosum, das die Oligarchie für einflussreiche Gruppen bedeutet, ist für die Demokratie gefährlich. Und eine weltweite Ausbreitung der Demokratie ist nicht in Sicht.

Zusammenfassung:

- Ein starker Rechts- und Sozialstaat ist mit freiem internationalem Handel vereinbar. Er kann seine inneren Angelegenheiten regeln, ohne sich an Kostensenkungsstrategien anderer Staaten ausrichten zu müssen.
- Dazu bedarf es keiner protektionistischen Maßnahmen. Eine steuerliche Regulierung von Kapitalströmen kann jedoch ggf. erforderlich sein. Sie ist nicht mit Protektionismus zu verwechseln. Sie fördert das Ziel des Handels, eine produktive Arbeitsteilung zwischen Staaten zu realisieren, die zugleich in ihrem Selbstbestimmungsrecht geschützt werden.
- Eine in einem internationalen Wettbewerb um Kapital und Unternehmen gefangene Politik verliert das Vertrauen der Bürger und führt zu einer Erosion der Demokratie. Sie kann in einem plutokratischen bzw. oligarchischen System enden.

5. Die europäische Wettbewerbsunion

In den vorangegangenen Kapiteln haben wir wesentliche Mechanismen der internationalen Güter- und Kapitalmärkte behandelt. Es hat sich gezeigt, dass souveräne Staaten auch unter den Bedingungen eines freien internationalen Handels über weitreichende Möglichkeiten verfügen, eine eigenständige Wirtschafts- und Sozialpolitik zu betreiben. Wenn es ihren Präferenzen und den innenpolitischen Kräfteverhältnissen entspricht, können sie ihre Politik an den Bedürfnissen der unteren 90 Prozent der Bevölkerung ausrichten, ohne dadurch wirtschaftliche Einbußen zu erleiden. Voraussetzung ist allerdings ihre staatliche Souveränität, zu der auch eine eigenen Währung gehört. Hinzukommen sollte ihre Fähigkeit, die Bevölkerung gut zu qualifizieren und genügend Kapital zu bilden, wie das von entwickelten Ländern im Grunde erwartet werden kann. Die in der Europäischen Union und überwiegend auch in der Währungsunion miteinander verbundenen Staaten verfügen über viele Möglichkeiten eines souveränen Staates jedoch nicht mehr. Allerdings könnte die Europäische Union selbst diese Möglichkeiten wahrnehmen, sofern sie wie ein Bundesstaat agierte. Dazu müsste sie freilich einen Weg finden, ihre inneren Spannungen und auseinanderstrebenden Entwicklungen zu bewältigen.[139]

a) Die Wirkungen der gemeinsamen Währung

Der Euro ist seit dem 1. Januar 2002 die gemeinsame Währung der in der Europäischen Währungs- und Wirtschaftsunion verbundenen Staaten. Der Währungsunion gehören 19 der Mitgliedstaaten der

139 Nach Auffassung des Bundesverfassungsgerichts ist es im Rahmen des Grundgesetzes nicht möglich, dass Deutschland Teil eines Europäischen Bundesstaats wird. Dazu mehr gegen Ende des Kapitels.

Europäischen Union sowie einige kleinere Staaten an, wie z.B. Monaco und San Marino, die nicht Mitglied der EU sind. Bereits zum 1. Januar 1999 waren die Währungen der teilnehmenden Länder in einer Vorstufe durch einen festen Wechselkurs aneinander gekoppelt worden. Auch wenn die Teilnehmerländer weiterhin unterschiedliche Politiken treiben, funktionieren sie im Bereich des Geldes seither wie ein Staat. Ein Währungskorrektiv, das die schwächerer Regionen gegen die stärkeren schützt und so einen wirtschaftlichen Niedergang schwächerer Regionen verhindert, existiert nun ebenso wenig, wie es beispielsweise kein Währungskorrektiv zwischen Brandenburg und Bayern gibt. Will man trotzdem regionale Ausgewogenheit, ist dies nur über zentral veranlasste Ausgleichspolitiken möglich.

Ökonomisch vorteilhaft ist die Währungsunion vor allem wegen wegfallender Umtauschkosten[140] und der nicht länger bestehenden Risiken schwankender Wechselkurse, die insbesondere bei längerfristigen Verträgen eine Rolle spielen. Zugleich erleichtert es die Währungsunion, Unternehmen in größerem Maßstab zu organisieren und stärkt die Position multinationaler europäischer Firmen gegenüber außereuropäischen Konkurrenten (zugleich aber auch gegenüber kleineren, regional agierenden Firmen innerhalb Europas). Ferner ist es für die Bürger bequem, wenn sie sich vor Reisen nicht mehr um Devisen kümmern müssen.

Von größerem Gewicht waren allerdings politische Motive. Die Währungsunion ist ein strategisches Projekt. Bundeskanzler *Helmut Kohl* und andere Politiker, die den Euro gegen den Rat vieler Ökonomen durchsetzten, verbanden damit die Hoffnung, den europäischen Einigungsprozess unumkehrbar zu machen. Die weitgehend schon damals absehbaren Probleme, die der Euro als gemeinsame Währung teilweise sehr unterschiedlicher Staaten verursacht, sollten nur noch durch eine Flucht nach vorn, durch zunehmende Vergemeinschaftung, lösbar sein. Wie nicht nur hier in der Geschichte der EU sollten mit dem Ein-

140 Einzelwirtschaftlich erspart die Gemeinschaftswährung Bürgern und Unternehmen Umtauschkosten, während den Banken Einnahmen für Dienstleistungen entgehen. Auf der Ebene der Volkswirtschaft stellt sich ein Gewinn nur ein, wenn die Arbeitskräfte, die bislang mit Dienstleistungen aufgrund unterschiedlicher Währungen befasst waren, nicht arbeitslos werden, sondern in produktivere Tätigkeiten wechseln und dort niemanden verdrängen.

satz eines ökonomischen Instruments vor allem politische Ziele erreicht werden, die auf direktem Weg als unerreichbar galten.[141] Zudem gab es den Druck insbesondere der französischen Politik, den durch die Wiedervereinigung befürchteten Machtzuwachs Deutschlands durch eine Gemeinschaftswährung zu begrenzen. Dieser Druck kam Kanzler *Kohl* womöglich nicht ganz ungelegen.[142]

Mit Blick auf die absehbaren Probleme hatten am 11.6.1992 zahlreiche bekannte Wirtschaftswissenschaftler, zu denen auch der frühere Bundeswirtschaftsminister *Karl Schiller* gehörte, ein Memorandum mit wesentlichen Einwänden gegen die beschlossene Währungsunion veröffentlicht. Vorausschauend wurde dort u.a. formuliert:

> „8. Die ökonomisch schwächeren europäischen Partnerländer werden bei einer gemeinsamen Währung einem verstärkten Konkurrenzdruck ausgesetzt, wodurch sie aufgrund ihrer geringeren Produktivität und Wettbewerbsfähigkeit wachsende Arbeitslosigkeit erfahren werden. Hohe Transferzahlungen im Sinne eines ‚Finanzausgleichs' werden damit notwendig. Da bisher noch keine Vereinbarungen über die Struktur einer politischen Union existieren, fehlt hierfür jedoch ein demokratisch hinreichend legitimiertes Regelungssystem.
> …
> 10. Die überhastete Einführung der Europäischen Währungsunion wird Westeuropa starken ökonomischen Spannungen aussetzen, die in absehbarer Zeit zu einer politischen Zerreißprobe führen können und das Integrationsziel gefährden."[143]

Wenn wir auf die vorangegangenen Kapitel zurückschauen, lassen sich die Probleme der am Euro beteiligten Staaten leicht erklären. Der in Kapitel 2 beschriebene, für die Staaten segensreiche Effekt, dass es beim Handel zwischen souveränen Staaten nicht auf die absoluten,

141 Bohley (2004), S. 569

142 „Kohl wollte die unumkehrbare Einbindung Deutschlands in Europa. (…) Man tut ihm sicher nicht unrecht, wenn man feststellt, Kohl habe dem wiedervereinigten Deutschland mit seinen nach dem Zusammenbruch des Sowjetimperiums zusätzlichen Entscheidungsspielräumen auf Dauer nicht genügend politische Reife als Voraussetzung für ein friedliches Nebeneinander der Staaten Europas zugetraut. (…) Kohl bezahlte den Preis der Hingabe der Deutschen Mark daher keineswegs widerwillig, sondern aus innerer Überzeugung …" (Bohley a.a.O., S. 570)

143 Kompletter Text des Memorandums: www.berndsenf.de/pdf/62%20Profs%20_%20Memorandum_920611_KoBog.pdf (zuletzt recherchiert am 18.10.2020)

sondern nur auf die komparativen Vorteile ankommt, setzt faktisch voraus, dass die Staaten jeweils über eigene Währungen verfügen, wie in Kapitel 2.2 dargestellt. Ferner sollten souveräne Staaten sicherstellen, dass sie nicht über eine unregulierte Mobilität des Kapitals gegeneinander ausgespielt werden können.

Der Euro dagegen schließt den Ausgleich divergierender Entwicklungen der Produktivität und der Kostenbelastungen in den teilnehmenden Ländern über das Korrektiv von Wechselkursen aus. Die unterschiedlichen Entwicklungen in den beteiligten Ländern bestehen aber trotzdem fort. Da sie nicht mehr durch Wechselkursänderungen kompensierbar sind, führen sie zu wirtschaftlichen und gesellschaftlichen Schäden. Sie stören eine produktive Arbeitsteilung, vernichten industrielle Kapazitäten, vereiteln deren Neuaufbau, erzeugen Arbeitslosigkeit und Finanzkrisen. Die Hoffnung, die manche hegten, dass die Drohung eintretender Schäden die auseinanderdriftenden wirtschaftlichen Entwicklungen gleichsam von selbst stoppen würden, hat sich nicht erfüllt. Die unterschiedlichen Entwicklungspfade der beteiligten Länder sind dafür offenbar zu tief in deren Strukturen, der Geschichte, der Kultur und der Mentalität verwurzelt.

Die Probleme bestehen indessen nicht allein innerhalb der Währungsunion, sondern setzen sich fort im Verhältnis zur übrigen Welt. Denn der Wechselkurs des Euro ist, gemessen am Ziel eines optimalen internationalen Handels, für einige Länder systematisch zu niedrig, für andere Euroländer aber zu hoch. Deutschland profitiert gegenwärtig davon, dass der Eurokurs, gemessen am Preis-Leistungs-Verhältnis der deutschen Exporte, zu billig ist. Aber es profitiert in einer ungesunden, nicht nachhaltigen Weise. Der zu niedrige Euro-Kurs erleichtert zwar den Export deutscher Waren und führt in Deutschland aktuell zu einer Beschäftigungssituation, die wesentlich besser ist als in vielen anderen Staaten der Europäischen Union. Der zu niedrige Wechselkurs bedeutet aber auch, dass nach Deutschland importierte Waren mehr als nötig kosten, dass Auslandsreisen für Deutsche oft unangemessen teurer sind und dass exportierte Waren in manchen Fällen weniger einbringen, als es bei einem angemessenen Wechselkurs der Fall wäre.

Ein gefährlicher Aspekt ist die Schwächung jener EU-Länder, die durch den für sie zu hohen Eurokurs geschädigt werden. Deutschland beliefert diese in der Konkurrenz unterlegenen Länder in erheblichem Umfang auf Kredit. Die Lähmung der Wirtschaft in den Empfängerländern der Kredite steigert für Deutschland das Risiko, das geliehene Geld nicht wiederzusehen – je länger sich die Entwicklung fortsetzt, desto mehr. Für die betroffenen Länder ist es der Weg in eine Schuldenkrise. Europa als Ganzes versetzt es in einen schwer beherrschbaren Zustand wirtschaftlicher und politischer Spannungen. Und außerhalb der Europäischen Union droht die Gefahr, dass sich Handelspartner mit protektionistischen Maßnahmen gegen die deutsche Wirtschaft wehren, die aus ihrer – nachvollziehbaren – Sicht „unter der Tarnkappe des Euro" agiert und dysfunktionale Wechselkursvorteile nutzt.

Der Wirtschaft Deutschlands und anderer Länder, die von einer zu billigen Währung profitieren, droht dagegen ein „Ruhekisseneffekt": Waren, die aus Währungsgründen dem Ausland günstig angeboten werden können, verkaufen sich oft noch eine Zeitlang gut, auch wenn sie technologisch nicht mehr führend sind. Später haben die Hersteller dann oft Probleme, wieder den Anschluss zu finden.

Spannungen kann der Euro auch im Inland schüren, denn er macht eine harte Haltung bei Tarifauseinandersetzungen für die Arbeitgeberseite lohnender als zu Zeiten der Deutschen Mark. Seit das Korrektiv der Wechselkurse weggefallen ist, ist es viel verlockender, sich gegen Lohnsteigerungen zu stemmen. Zu DM-Zeiten war eine Tarifpolitik, die die deutschen Lohnsteigerungen unter den durchschnittlichen Steigerungen des Auslands hielt, immer nur für kürzere Perioden erfolgreich. Denn sie führte regelmäßig zur Aufwertung der Deutschen Mark (zum Teil mit erheblichen Sprüngen, gerade wenn man versuchte, die Aufwertung hinauszuzögern), womit der Wettbewerbsvorteil für die Exportwirtschaft wieder verloren ging. Eingebettet in den viel größeren Währungsraum des Euro kann die deutsche Wirtschaft heute dagegen hoffen, dass die Abwehr von Lohnsteigerungen ohne nennenswerte Folgen für den Kurs des Euro bleibt. Und nicht zuletzt wegen des weggefallenen Wechselkurskorrektivs konnte auch die „Agenda"-Politik der Regierung von Bundeskanzler *Gerhard Schröder* mit ihren Kostenentlastungen für die Unternehmen ihre Wirkung entfalten.

Ist ein Ausweg aus den wachsenden Spannungen der Euro-Zone denkbar? Ein Weg, um den schwächeren Euro-Ländern Luft zu verschaffen und zugleich das gefährliche Anwachsen der deutschen Gläubigerposition zu bremsen, könnte darin bestehen, dass Deutschland teurer wird und seine problematischen Preisvorteile reduziert. Stärker steigende Löhne würden das bewirken. Deutschland könnte aber auch ein Anwachsen der Lohnnebenkosten zulassen, zum Beispiel bei der Rentenfinanzierung. Deutschland könnte, steuerfinanziert, die Mängel seiner Infrastruktur beheben, von Brückensanierungen bis zur Einstellung von mehr Richtern und Pflegekräften. Menschen, die gegenwärtig den deutschen Leistungsbilanzüberschuss erwirtschaften, von dem nicht klar ist, wann und wie er je in Form realer Gegenleistungen ins Inland zurückfließt, könnten für inländische Aufgaben tätig werden. Das dürfte für breite Kreise der Bevölkerung angenehmer sein, als die Euro-Zone mit wachsenden Transferleistungen zu stabilisieren.[144] Wenn dies dennoch nicht geschieht, dann sowohl aus Sorge, die damit verbundenen „Kostenbelastungen für die Wirtschaft" könnten sich verfestigen und im Falle geänderter Verhältnisse nicht mehr korrigieren lassen, als auch, weil die innerstaatlichen Verteilungswirkungen zu Lasten der Wirtschaft auf politischen Widerstand stoßen.[145]

Eine Verteuerung deutscher Exporte zur Dämpfung des Währungsvorteils erscheint vielen undenkbar: Exporte verteuert man nicht, man erleichtert sie. Alles andere erschiene wie ein Bruch der deutschen Tradi-

144 Dazu Klein (2019)

145 Bei den Verteilungswirkungen der genannten Maßnahmen, wie auch bei allen sonstigen Wirkungen, sind vielfältige Wechselwirkungen zu berücksichtigen. Wenn höhere Löhne zu höheren Preisen führen, wie das zur Entlastung der ausländischen Handelspartner ja gewollt wäre, ist man geneigt, von einer inflationären Entwicklung auszugehen, von der die Arbeitnehmer nicht profitierten. Dabei bliebe aber die Tatsache unberücksichtigt, dass die in Deutschland erworbenen Waren und Dienstleistungen nur zu etwa 60 Prozent im Inland produziert werden. Zu ungefähr 40 Prozent bestehen sie aus Importen, die sich durch höhere deutsche Löhne grundsätzlich nicht verteuern. (Da es kaum Importe gibt, in denen nicht auch inländische Leistungen – zum Beispiel für Transport und Vertrieb – stecken, und wenig Exporte, in die nicht auch ausländische Vorleistungen eingegangen sind, wird nicht in kompletten Produkten gerechnet, sondern in Komponenten.) Den Lohnsteigerungen stünden also Preissteigerungen deutscher Produkte gegenüber, die die inländischen Lohnsteigerungen keineswegs aufzehren. Die Kaufkraft der Löhne würde wachsen.

tion. In diesem Zusammenhang ist aber ein Blick in die Vergangenheit interessant. 1968 stand die Bundesrepublik wieder einmal vor der Tatsache, dass infolge von auseinanderlaufenden Entwicklungen zwischen Deutschland und seinen Handelspartnern die Exporte zu billig und die Importe zu teuer geworden waren und das Ausland auf Ausgleich drängte. Die damalige Bundesregierung mit Finanzminister *Franz-Josef Strauß* und Wirtschaftsminister *Karl Schiller* wollte dem großen Druck auf eine Aufwertung der Deutschen Mark jedoch nicht nachgeben. Man entschied sich deshalb, befristet eine Steuer von 4 Prozent auf alle Exporte zu erheben, während die Importe um denselben Satz verbilligt wurden. Die deutsche Wirtschaft schäumte, und die Presse schrieb abfällige Artikel.[146]

Bei einer mehr funktionalen als europa-politischen Betrachtung wäre eine solche Maßnahme auch heute ein Ventil in einer unter Druck stehenden Währungsunion. Aber sie wäre in der Europäischen Union heute wohl nicht mehr möglich, es sei denn im Einvernehmen mit allen europäischen Akteuren.[147] Dagegen wäre eine höhere Belastung der Produktion durch höhere Löhne, Lohnnebenkosten oder Steuern europarechtlich kein Problem.

In der aktuellen Politik wird der Weg zur Lösung der Spannungen, aus der Perspektive Deutschlands und anderen Gläubigerländer, lieber darin gesehen, dass die im Korsett des Euro nicht wettbewerbsfähigen Länder ihre Löhne, Warenpreise, Mieten, Versicherungsbeiträge, Steuern und so weiter senken und also zum Mittel der „inneren Abwertung" greifen. Eine innere Abwertung, die in überschaubaren Zeiträumen zu größeren Effekten führen soll, birgt allerdings ein großes Schadenspotenzial. Denn ein Unternehmen, das seine Preise senken muss, um wettbewerbsfähig zu bleiben, ist oft daran gehindert, weil es Ver-

146 „Schlag ins Kontor" – in *Der Spiegel* vom 2.12.1968

147 Der Gedanke an Grenzabgaben innerhalb der EU ist in anderen Zusammenhängen kein völliges Tabu. So hat *Isabel Schnabel* (2019), ehemals eine der fünf „Wirtschaftsweisen" und inzwischen Direktoriumsmitglied der Europäischen Zentralbank, im Zusammenhang der Diskussion um die Einführung einer nationalen CO2-Bepreisung ins Gespräch gebracht, sie mit einem sogenannten Grenzausgleich zu kombinieren. Dabei würden Importe nach Deutschland entsprechend ihrer CO2-Bilanz belastet und Exporte entlastet, um die deutschen Produkte wettbewerbsfähig zu halten. In der Praxis sei das allerdings nicht einfach umzusetzen.

träge mit Zulieferern hat, die länger laufen und in denen die Preise der Zulieferungen fixiert sind. Der Einzelhändler, der seine Preise senken muss, hat weiter einen teuren Mietvertrag für seinen Laden, den er nicht ändern kann. Arbeitnehmer, deren Löhne sinken, stehen vor der Tatsache, dass die Lebenshaltungskosten nicht im selben Umfang fallen. Es kommt zu Nachfragerückgängen und Konkursen. In einem Bild lässt sich die Problematik der Deflation mit einer Situation vergleichen, in der die Polizei einen Stau auf der Autobahn dadurch auflösen will, dass sie die Fahrzeuge an der Spitze des Staus zum Zurückstoßen auffordert. Das können diese aber nur, wenn die Fahrzeuge hinter ihnen ebenfalls zurücksetzen, und die dahinter auch.

Im Ergebnis wird es zum Chaos kommen. Und außerdem ist vorgezeichnet, dass diejenigen, die als erste Abstriche hinnehmen müssen – dazu zählen die Arbeitnehmer und die Rentner – nicht gleichzeitig durch flächendeckend sinkende Preise entschädigt werden, was soziale Probleme produziert.

Letztendlich ist die Frage, ob die Spannungen im Euroraum eher durch Veränderungen in den Ländern gemindert werden sollen, für die der Euro eine zu billige Währung ist, oder bei denen, für die er zu teuer ist, in erheblichem Maße auch ein Verteilungskonflikt zwischen sozialen Gruppen.

b) Ein „Aufbau Ost" für ganz Europa?

Die Euro-Zone ist weit von dem entfernt, was Wirtschaftswissenschaftler als einen optimalen Währungsraum bezeichnen. Zu groß sind sowohl die Unterschiede der bestehenden Entwicklungsstände als auch der -potenziale und -geschwindigkeiten.

Ohne das „Scharnier" der komparativen Vorteile drohen in einem Raum mit gemeinsamer Währung die schwächeren Regionen zurückzufallen. Innerhalb von Nationalstaaten wird zumeist versucht, dem mit Mitteln der Struktur- und Regionalpolitik zu begegnen. Bisweilen wird auch hingenommen, dass bestimmte Regionen ausbluten und Menschen in prosperierendere Regionen abwandern. Schon innerhalb eines überschaubaren Nationalstaates mit gemeinsamer Sprache und

Kultur führen solche Entwicklungen zu erheblichen Spannungen. Um wieviel mehr gilt das, wenn die zur Migration gedrängten eine andere Sprache sprechen als die Bessergestellten, wenn sie auf eine andere Geschichte zurückblicken, von einer anderen Kultur und einer anderen Mentalität geprägt sind.

Regionalpolitik ist teuer und trotzdem oft nur begrenzt erfolgreich. In überschaubaren Räumen, mit viel Geld und meist mit einigem Dirigismus, ist eine staatlich geförderte Entwicklung möglich. Aber schon Problemlagen wie in Ostdeutschland außerhalb der Zentren, in Belgien oder Süditalien bringen solche Politiken an ihre Grenzen. Die innereuropäischen Differenzen sind um vieles größer. Die Solidarität, um entsprechende Lasten mitzutragen, müsste deshalb noch größer sein als die in Nationalstaaten mobilisierbare. Und doch wäre ein Erfolg keineswegs sicher. Eine Regionalpolitik, die vor allem mit wirtschaftlichen Anreizen arbeitet, hätte zudem erhebliche Umverteilungswirkungen zugunsten der Wirtschaft zur Folge. Und selbst, wenn sich eine Situation herstellen ließe, durch die niemand (auch in den wohlhabenden Ländern) schlechter gestellt würde, was keineswegs naheliegt, würden die Bürger Europas doch so unterschiedlich profitieren, dass auch das zu Spannungen führen dürfte. Denn wer nicht freiwillig gibt, gibt meistens ungern und lässt es die Nehmer spüren. Den Widerstand der Bürger der reichen Länder als „Wohlstandschauvinismus“ anzuprangern, dürfte ebenso schaden, wie es umgekehrt schadet, den Bürgern ärmerer Länder die Schwächen ihres Landes vorzuhalten oder ihnen gar ihre durch entsprechende Vorwürfe verletzte Befindlichkeit anzukreiden. Diesen komplexen Fragen, die in der Regel unter der Überschrift eines „europäischen Bewusstseins“ diskutiert werden, kann freilich im Rahmen unserer primär an wirtschaftlichen Funktionsmustern orientierten Überlegungen nicht weiter nachgegangen werden. Hierzu liegt ein kaum überschaubares Schrifttum vor.[148]

148 Zu Europas Problemen in kultureller Hinsicht kann auf das Buch des Historikers Dominik Geppert mit dem pointierten Titel „Ein Europa, das es nicht gibt“ verwiesen werden. (Geppert, 2013)

c) Die wirtschaftsliberale Struktur der Europäischen Union

Wie das Grundgesetz der Bundesrepublik Deutschland durch seine Entstehungsgeschichte und seine Entstehungszeit geprägt worden ist, so gilt dies – mit anderen Ergebnissen – auch für die Konstruktion der Europäischen Union. Sie atmet unübersehbar den Geist des Wirtschaftsliberalismus, wie er seit den 1970er Jahren an Einfluss gewonnen hat. Ihn durchzusetzen war in den Gremien der Europäischen Union, getragen und abgeschirmt von Europapolitkern, Experten und Interessenvertretern, viel weniger konfliktreich, als sich ein solches Unternehmen auf nationaler Ebene dargestellt hätte. Diese Möglichkeiten des „Raumschiffs Europa" wurden genutzt. Genauso, wie man umgekehrt auf den nationalen Bühnen schnell erkannte, dass die Europäisierung die Chance bot, gegenüber der eigenen Bevölkerung unpopuläre Entscheidungen durchzusetzen, die andernfalls im nationalen Diskurs an bestehenden „Verkrustungen" gescheitert wären.

aa) Freier Kapitalverkehr, auch mit der übrigen Welt

Dass ein gemeinsamer Wirtschafts- und Währungsraum innerhalb seiner Grenzen unbeschränkte Kapitalmobilität gewährt, ist naheliegend. Die Europäische Union ist allerdings darüber hinaus gegangen und hat für sich und ihre Mitgliedstaaten in Artikel 63 Absatz 1 des Vertrages über die Arbeitsweise der Europäischen Union (AEUV)[149] auch fast jede Regulierung von Kapitalmobilität zwischen Europa und der übrigen Welt ausgeschlossen. Artikel 63 bestimmt:

> „(1) Im Rahmen der Bestimmungen dieses Kapitels sind alle Beschränkungen des Kapitalverkehrs zwischen den Mitgliedstaaten sowie zwischen den Mitgliedstaaten und dritten Ländern verboten.
> (2) Im Rahmen der Bestimmungen dieses Kapitels sind alle Beschränkungen des Zahlungsverkehrs zwischen den Mitgliedstaaten sowie zwischen den Mitgliedstaaten und dritten Ländern verboten."

Die Garantie unbeschränkter Kapitalmobilität, auch über die Grenzen der Union hinweg, ist kein notwendiger Baustein einer Wirtschafts-

149 Der Vertrag hieß vor dem Inkrafttreten des Vertrags von Lissabon am 1.12.2009 „Vertrag zur Gründung der Europäischen Gemeinschaft" und hatte eine abweichende Artikelreihenfolge.

und Währungsunion. Im Gegenteil kann eine solche Vorgabe hinderlich sein, wenn die Union Wirtschaftsverträge mit Drittstaaten nach dem Prinzip des Gebens und Nehmens schließen will. Die Kapitalverkehrsfreiheit kann dann nicht mehr Teil der Verhandlungsmasse sein. Vor diesem Hintergrund haben sich manche juristischen Interpreten, denen die Regelung wie ein Irrtum erschienen ist, um eine einschränkende Auslegung bemüht. Der eindeutige Wortlaut steht dem jedoch entgegen. Artikel 63 stellt einen politischen Erfolg jener Akteure dar, denen eine umfassend garantierte Kapitalmobilität ein Kernanliegen ist und die die Gunst des historischen Moments zu nutzen wussten, als das Regelwerk im Rahmen der europäischen Prozeduren geschaffen wurde.

Von der Bestimmung des Artikel 63 gibt es ein paar Ausnahmen, die aber insbesondere vor dem Hintergrund der Rechtsprechung des Europäischen Gerichtshofs keine große Rolle spielen.

Artikel 65 Abs. 1 lässt es zu, dass die Mitgliedstaaten, unbeschadet des Artikels 63, auch solche Vorschriften ihres Steuerrechts anwenden, die Steuerpflichtige mit unterschiedlichem Wohnort oder Kapitalanlageort unterschiedlich behandeln. Man könnte also vermuten, dass die Vorschrift es beispielsweise erlaubt, im Inland erzielte Kapitalerträge anders zu besteuern als aus dem Ausland fließende. In einem Gutachten, in dem sich der Wissenschaftliche Beirat des deutschen Bundesministeriums für Wirtschaft und Energie 2019 mit der Frage befasst hat, welche Wege zu einer Verminderung der notorischen deutschen Leistungsbilanzüberschüsse führen könnten, hat er u.a. erwogen, im Ausland erzielte Kapitaleinkünfte höher zu besteuern als inländische, um Kapitalexporte zu dämpfen. Das Instrument einer zwischen heimischen und auswärtigen Kapitalerträgen differenzierenden Kapitalertragsbesteuerung hat er sogar als das wahrscheinlich wirkungsvollste angesehen, sofern es gelänge, Kapitalflucht und Steuerhinterziehung in den Griff zu bekommen.[150]

150 Wissenschaftlicher Beirat beim Bundesministerium für Wirtschaft und Energie" (2019). Insgesamt hat der Beirat aber für staatliche Maßnahmen zur Dämpfung der deutschen Leistungsbilanzüberschüsse, der Linie von Minister *Peter Altmaier* folgend, wenig Sympathie entwickelt.

Vor dem Europäischen Gerichtshof (EuGH) dürfte eine entsprechende Regelung jedoch kaum Gnade finden, zumal nach Artikel 65 Absatz 3 Steuerbestimmungen nach Absatz 1 weder ein Mittel zur willkürlichen Diskriminierung noch eine verschleierte Beschränkung des freien Kapital- und Zahlungsverkehrs im Sinne des Artikels 63 bedeuten dürfen. Entsprechend hat der EuGH geurteilt, Artikel 65 Absatz 1 sei, da er eine Ausnahme vom Grundprinzip des freien Kapitalverkehrs darstelle, eng auszulegen. Er könne somit nicht dahin verstanden werden, dass jede Steuerregelung, die zwischen Steuerpflichtigen nach ihrem Wohnort oder nach dem Mitgliedstaat ihrer Kapitalanlage unterscheide, ohne Weiteres mit dem AEU-Vertrag vereinbar wäre. Die in Art. 65 Abs. 1 Buchst. a AEUV vorgesehene Ausnahme werde ihrerseits durch den zitierten Abs. 3 des Artikels eingeschränkt.[151]

Als weitere Einschränkung zu Artikel 63 dürfen die Staaten nach Artikel 65 die unerlässlichen Maßnahmen treffen, um Zuwiderhandlungen gegen innerstaatliche Rechts- und Verwaltungsvorschriften zu verhindern, insbesondere auf dem Gebiet des Steuerrechts und der Aufsicht über Finanzinstitute. Die Staaten dürfen Meldeverfahren für den Kapitalverkehr zwecks administrativer oder statistischer Information vorsehen und Maßnahmen ergreifen, die aus Gründen der öffentlichen Ordnung oder Sicherheit gerechtfertigt sind.

Eine Ausnahmebestimmung findet sich ferner in Artikel 66:

> „Falls Kapitalbewegungen nach oder aus dritten Ländern unter außergewöhnlichen Umständen das Funktionieren der Wirtschafts- und Währungsunion schwerwiegend stören oder zu stören drohen, kann der Rat auf Vorschlag der Kommission und nach Anhörung der Europäischen Zentralbank gegenüber dritten Ländern Schutzmaßnahmen mit einer Geltungsdauer von höchstens sechs Monaten treffen, wenn diese unbedingt erforderlich sind."

Es ist jedoch wenig wahrscheinlich, dass diese nur befristet anwendbare und zudem nur mit einstimmiger Zustimmung der Mitgliedstaaten anwendbare Vorschrift zum Einsatz kommt.

---

151 Europäischer Gerichtshof, Urteil vom 17.09.2015, Az.: C-10/14 (mit weiteren Nachweisen). Hier ging es um eine Abschlagsteuer auf Kapitalerträge mit problematischen Anrechnungsregelungen.

bb) „Negative" und „positive" Integration

Die Garantie uneingeschränkter Kapitalmobilität ist nur ein Beispiel dafür, dass den Europäischen Verträgen jene wirtschaftspolitische Neutralität fehlt, die das Grundgesetz gewahrt hat. Zusätzlich führen strukturelle Gründe der Verträge und ihrer Interpretation durch den Europäischen Gerichtshof zu einer weitgehend festzementierten wirtschaftsliberalen Ausrichtung der Union. Diese grundlegenden Weichenstellungen werden häufig unter den Stichworten der „negativen" und der „positiven Integration" diskutiert.[152] Bei der „negativen Integration" geht es um die Beseitigung nationalstaatlicher Hindernisse für einen gemeinsamen freien Markt. Das betrifft den durch die Europäische Union veranlassten Abbau von Marktbeschränkungen im nationalen Recht, die Politik der Deregulierung und der Privatisierung öffentlicher Einrichtungen. Zentral dafür sind die vier Grundfreiheiten: Freiheit für den Warenverkehr, für Dienstleistungen, Arbeit und Kapital. „Positive Integration" bedeutet dagegen, die beschnittene Regelungsmacht der Mitgliedstaaten erforderlichenfalls durch europäische Regelungen zu ersetzen.

Die „negative Integration" hat sich im Laufe der Jahre höchst dynamisch entwickelt, vorangetrieben durch die Europäische Kommission und den Europäischen Gerichtshof, der sich weniger als neutrales Gericht, denn als integrationspolitische Kraft versteht. Wie der ehemalige Richter am Bundesverfassungsgericht *Grimm* es so deutlich herausgearbeitet hat, ist die negative Integration einerseits nicht auf weitere Rechtsetzungen angewiesen. Sie kann andererseits aber auch durch Rechtsetzung kaum noch gesteuert werden.[153] Der Grund liegt in der Konstruktion der Europäischen Verträge und im Charakter, den der Europäische Gerichtshof ihnen verliehen hat. Die Verträge wirken nach der Rechtsprechung des Gerichts wie eine Verfassung und haben Vorrang vor allem nationalen Recht. Dabei ist ein sehr weiter und sehr politischer Auslegungsmaßstab ständige Praxis des Gerichts. Der Europäische Gerichtshof betreibt, wie es das Bundesverfassungsgericht ausdrückt, die Auslegung „im Sinne einer größtmöglichen Ausschöp-

152 Hierzu Scharpf (1999), S. 47ff.

153 Grimm (2012), S. 267ff.

fung der Gemeinschaftsbefugnisse".[154] Damit erfüllt bzw. übererfüllt er den Auftrag in Artikel 1 und 5 des EU-Vertrages, bei der „Verwirklichung einer immer engeren Union" mitzuwirken. Zuweilen wird die Grenze der klassischen juristischen Auslegungsregeln auch deutlich überschritten. Anders als eine übliche Verfassung beschränken sich die Europäischen Verträge nun jedoch nicht darauf, die Ziele, Kompetenzen, Organe und Entscheidungsverfahren der Europäischen Union festzulegen. Sie regeln darüber hinaus auch zahlreiche einzelne Rechtsgebiete, wie zum Beispiel das Wettbewerbsrecht, die damit an der Konstitutionalisierung, d.h. an der quasi verfassungsrechtlichen Qualität des Regelwerks, teilnehmen. Mit den Worten von *Grimm*: „Das ist deswegen problematisch, weil alles, was auf die Verfassungsebene gehoben ist, der politischen Entscheidung nicht mehr offensteht. Die Regelungen können wegen der unmittelbaren Geltung der Verträge von den exekutivischen und judikativen Organen der EU ohne weiteres gegen die Mitgliedstaaten durchgesetzt werden. Dagegen haben die politischen Organe der EU, Rat und Parlament, wegen des Vorrangs der Verträge keine Möglichkeit, die exekutiven Organe, Kommission und EuGH, durch Gesetzesänderungen umzusteuern, wie sehr deren Interpretation ihren eigenen Vorstellungen auch zuwiderlaufen mag. Änderungen der EU-Politik in diesen Bereichen lassen sich nur durch Vertragsänderungen herbeiführen, und diese sind, wie man weiß, kaum zu erreichen."[155]

Die so genannte negative Integration lässt sich als laufender Vollzug vorantreiben. Auch wenn die Mitgliedstaaten den Eindruck gewinnen, dass die Kommission und der EuGH den Bogen überspannen, aus den Europäischen Verträgen Dinge ableiten, die die Vertragsparteien womöglich nicht wollten oder nicht im Blick hatten, könnten sie dagegen allenfalls durch eine Änderung der Verträge vorgehen, die die Zustimmung aller Mitgliedstaaten voraussetzen würde. Die Dynamik der negativen Integration ist in der Konsequenz durch die Mitgliedstaaten kaum noch zu steuern – es sei denn durch einen mit Druck erzwungenen Umbau der Verträge, einen Prozess, der den Fortbestand der Union in Frage stellen könnte.

---

154 BVerfGE 89, 155

155 Grimm, a.a.O., S. 269f.

Die positive Integration, die die den Mitgliedstaaten verordnete Deregulierung durch eine europäische Re-Regulierung ersetzen könnte, „ist dagegen auf Rechtsetzung angewiesen, welche die Mitgliedstaaten aushandeln müssen. Der daraus resultierende Konsensbedarf vergrößert sich mit jeder Erweiterung der EU und kann oft nicht oder nur um den Preis verwässerter Lösungen gedeckt werden."[156] Die Folge ist eine strukturelle Begünstigung der Liberalisierung und in der Konsequenz eine systematische Dominanz der entsprechenden Wirtschaftspolitik gegenüber jeder Sozialpolitik.

Ähnlich analysiert es *Fritz Scharpf*, ehemals Direktor des Kölner Max-Planck-Instituts für Gesellschaftsforschung: „Im Mittelpunkt steht die ‚negative Integration' und ihr einzigartiger Erfolg bei der Beseitigung der in den Nachkriegsjahrzehnten gewonnenen Kontrolle des Nationalstaates über seine ökonomischen Außengrenzen. Durch die ‚Konstitutionalisierung' des Wettbewerbsrechts haben die Europäische Kommission und der Europäische Gerichtshof den Mitgliedstaaten die Möglichkeit genommen, die zunehmend mobileren finanziellen und wirtschaftlichen Interaktionen jeweils eigenen marktkorrigierenden Regelungen zu unterwerfen. (...) Der europäischen Integration wohnt somit eine Asymmetrie zwischen negativer und positiver Integration inne, die die Balance zwischen Staat und Markt systematisch zuungunsten des Staates und seiner Fähigkeit, regulierend in Marktprozesse einzugreifen, verschiebt."[157]

Aber auch wenn diese im System und der Rechtsprechung des EuGH verankerte Begünstigung der Liberalisierung nicht bestünde, bliebe das praktisch-politische Problem, dass es in der EU, wie *Martin Höpner* es formuliert hat, „das soziale Harmonisierungsprojekt, das auf Bulgarien oder Lettland ebenso passen würde wie auf Österreich oder Italien, das in all diesen Ländern Nutzen stiften würde und zudem auch noch mehrheitsfähig, wenn nicht gar konsensfähig wäre, derzeit einfach nicht gibt. Dieser Umstand resultiert aus der Heterogenität der in der EU vertretenen Wirtschafts- und Sozialsysteme und aus der tie-

156 Grimm, a.a.O., S. 270
157 Scharpf (2008), S. 49

fen Nord-Süd-Spaltung, unter der die EU seit dem Eintritt in die Eurokrise leidet."[158]

„Insgesamt wurde die EU auf diese Weise zur Liberalisierungsmaschine des europäischen Kapitalismus, mit deren Hilfe Regierungen marktkonforme Reformen der verschiedensten Art gegen den Widerstand ihrer Bürger durchsetzen konnten, wenn sie nicht gar von den europäischen Behörden dazu gezwungen wurden", konstatiert *Streeck*.[159]

Mit dem gescheiterten Projekt einer wirklichen europäischen Verfassung hatten viele deutsche Wirtschaftsliberale die Hoffnung verbunden, das wirtschaftspolitisch grundsätzlich offene, aber gleichwohl sozial orientierte deutsche Grundgesetz zu einem regionalen Regelwerk, wenn nicht gar zu einem historischen Relikt degradieren zu können. Die negativ verlaufenen Volksabstimmungen in Frankreich und den Niederlanden haben dem europäischen Verfassungsprojekt jedoch bis auf weiteres ein Ende bereitet. Der Effekt, in einem wirtschaftsliberal konstituierten Europa das im nationalen Rahmen schier unüberwindliche deutsche Grundgesetz wenn nicht hinter sich zu lassen, so zumindest einzubetten, ist dennoch in Sicht. Und die Strategie, politische Ziele, die sich „vor Ort", im nationalen politischen Diskurs, nicht durchsetzen lassen, dann eben auf der europäischen Schiene voranzubringen, setzt sich in vielen Themenfeldern fort.

d) Das europäische Dilemma

Das europäische Einigungsprojekt hat seine Wurzeln in den bitteren Erfahrungen zweier Weltkriege. Darüber hinaus wird es sowohl von einem starken „wirtschaftsliberalen" als auch von einem starken internationalistischen „linken" Motiv angetrieben. Aufgrund dieser unge-

158 Höpner (2017)
159 Streeck (2013), S. 151

wöhnlichen Konstellation entfaltet es seine herausragende, jahrzehntelange Schubkraft.[160]

Das wirtschaftsliberale Motiv, die europäische Einigung voranzutreiben, beruht zum einen auf einer unternehmensbezogenen Sicht. Hier geht es darum, europaweit und weltweit operierenden europäischen Unternehmen möglichst günstige Bedingungen zu verschaffen. Darüber hinaus gibt es aber auch das besprochene politisch-strategische Element: Die Vereinigung Europas bietet aufgrund der im Laufe der Zeit vollzogenen Weichenstellungen die Chance, die Wirtschaft wesentlich effektiver dem als störend empfundenen Einfluss des Staates und wechselnder politischer Mehrheiten zu entziehen, als das in den meisten Nationalstaaten möglich wäre.

Das „linke" Motiv zur Einigung Europas ist dagegen im tief verwurzelten Internationalismus und einem profunden Misstrauen gegen den aggressiven Nationalstaat zu suchen. Erst in jüngerer Zeit sind auf Seiten der politischen Linken deutlicher auseinandergehende Strömungen zu beobachten: zwischen den internationalistischen und kosmopolitischen Gruppierungen, die die entsprechende linke Tradition hochhalten, und anderen, manchmal als kommunitaristisch bezeichneten linken Kräften, die befürchten, dass mit dem schwächer werdenden Nationalstaat der einzig erreichbare Adressat für soziale Forderungen verlorengeht. Die internationalistische Linke, insbesondere in Deutschland, würde, vor eine Wahl gestellt, wahrscheinlich eher ihre sozialen Ziele opfern als die Einigung Europas und sich mit der problematischen Hoffnung auf ein späteres Nachholen der sozialen Fragen trösten. Denn, so könnte sie argumentieren, nur ein geeintes Europa bedeute Frieden, und ohne Frieden sei bekanntlich alles nichts. Auch wem die Begünstigung der „Kapitalseite" durch die Konstruktion der Europäischen Union eher unwillkommen ist, kann sich zudem die Frage stellen, ob das europäische Einigungsprojekt ohne die stete Unterstützung einflussreicher Wirtschaftskreise nicht von Anfang an zum Scheitern verurteilt gewesen wäre; ob das wirtschaftsliberale Konzept nicht ein notwendiger Preis des Einigungsprojektes ist. Mit einer sol-

160 „Wichtige historische Entscheidungen werden immer von mehreren Gründen getragen und kommen oft gerade deshalb zustande, weil sie in mehr als einen strategischen Sinnzusammenhang passen." (Streeck, 2013, S. 204, Fn. 47)

chen Nachgiebigkeit ist aber vorgezeichnet, wer für die Gestaltung der inneren Verhältnisse Europas die besseren Karten hat.

Keineswegs ist es jedoch nur dieser Zwiespalt, in dem sich das linke politische Spektrum befindet, der der Realisierung eines ausgebauten und damit notwendig harmonisierten europäischen Sozialsystems entgegensteht. Gegen ein Europa, das sich in einen wohlgeordneten Sozialstaat verwandelt, sprechen schwer überwindbare Gründe der wirtschaftlichen und sozialen Geographie. Sie liegen in der unterschiedlichen ökonomischen Leistungsfähigkeit, der kulturellen Heterogenität, der Größe und der Sprachenvielfalt Europas begründet. Soziale Normen, die gleichermaßen Menschen in Deutschland oder Dänemark wie im Süden oder Osten Europas zufriedenstellen, sind schwer vorstellbar. Was für die einen eine Verbesserung wäre, wäre für die anderen ein Rückschritt oder bestenfalls ein Status Quo unter steigendem Abgabendruck. Es ist nicht wegzudiskutieren, dass die gemeinschaftlich finanzierte Realisierung auch nur halbwegs vergleichbarer sozialer Standards, in überschaubaren Zeiträumen durchgesetzt, für die Bürger der reichsten Mitgliedsländer eine sehr teure und damit einschneidende Entwicklung bedeuten würde.

Die unterschiedlichen politischen Strömungen können zudem in einem so großen und heterogen Raum wie der Europäischen Union ihre Ziele nicht gleichermaßen effektiv vertreten. Das Fehlen einer „europäischen Öffentlichkeit" wird oft beklagt. In einem großen geographischen Raum Politik zu machen, erfordert wesentlich mehr Ressourcen als in einem kleineren. Dies wird durch unterschiedliche Sprachen potenziert. Man braucht dazu sehr viel Geld und Personal, das mehr als nur ein oder zwei Sprachen debattenfähig beherrscht. Wem es relativ leicht fällt, für die Vertretung seiner Interessen die nötigen Finanzmittel zu mobilisieren, hat gegenüber Mitbewerbern, die sich damit schwertun, noch größere Vorteile als in einem mittelgroßen Nationalstaat.

Und auch die Möglichkeiten und Schwierigkeiten, sich innerhalb der jeweiligen politischen Gruppierungen auf Ziele zu einigen, sind unterschiedlich verteilt. Um es ein wenig zuzuspitzen: Wer sich wünscht, wenig Steuern zu zahlen und im Übrigen so weit wie möglich in Ruhe gelassen zu werden, weil er sowieso alles selbst zu regeln gedenkt, hat es leichter, sich auch über Landesgrenzen hinweg auf ein politisches Programm zu einigen, als dies Gruppen möglich ist, die sich – von wirtschafts- und sozialpolitischen Fragen über den Verbraucherschutz, den Tierwohlschutz und die Entwicklungshilfe bis zum Umgang mit Minderheiten – über alles Mögliche verständigen müssen, um zu einer gemeinsamen Linie zu finden. Für diese Gruppierungen sind nationale und kulturelle Unterschiede eine wesentlich größere politische Hypothek als für die auf die Interessen der Wirtschaft fokussierte Kräfte.

Und nicht zuletzt gibt es vielfältige Erkenntnisse, dass Solidarität in homogeneren Gruppen wahrscheinlicher ist als in sehr heterogenen. Der wohlhabende Wähler in einem Land mit relativ homogener Bevölkerung wird sich vielleicht, trotz seines Status, für eine soziale Politik entscheiden, um das Zusammengehörigkeitsgefühl und den Teamgeist in seinem Land zu fördern. Oder weil andere Mitglieder seiner Familie einer niedrigeren sozialen Schicht angehören. Oder weil er nicht weiß, wie es seinen Kindern und Enkeln einmal gehen wird. In einem sehr heterogenen Land zögern dagegen selbst Angehörige der unteren Schicht oft, für eine sozialere Politik zu votieren, weil sie fürchten, dass die dafür aufzuwendenden Gelder eher einer anderen Ethnie als ihnen selbst zugutekommen. An der weißen Unterschicht in den USA ist dies studierbar. Auch die Europäische Union ist mit solchen psychologischen Strukturen konfrontiert.

Die Frage, wie es mit Europa weitergeht, ist mit Gefühlen stark verknüpft. Für einen Teil der Bevölkerung der Mitgliedstaaten gehört Europa zum Lebensstil, zur Selbstdefinition, zur Art, sich selbst zu sehen. Solche Emotionen haben womöglich einen höheren Stellenwert, als es die für Europa ins Feld geführten wirtschaftlichen oder sicherheitspolitischen Vorteile haben. In Deutschland spielt zudem bis in die Gegenwart hinein ein historisch motiviertes Bedürfnis nach „einer europäischen Erlösung von sich selbst" eine Rolle. Andere dagegen wollen ihre nationale Identität ohne Abstriche bewahren. Diese emotionale Seite macht die Diskussionen mühsam, denn zu akzeptieren, dass die Einen diese und Andere ganz andere Emotionen haben, fällt schwer. Mit der Bearbeitung des von Politikern und Publizisten nach jedem Rückschlag neu beschworenen „Vermittlungsproblems" der Europäischen Vision ist es da nicht getan.

Das Bundesverfassungsgericht hat in seinem Maastricht-Urteil festgestellt, dass ein Aufgehen Deutschlands in einem europäischen Bundesstaat, trotz der Europaklausel in Artikel 23, mit dem Grundgesetz und dessen unveränderlichem Artikel 79 Absatz 3 unvereinbar wäre. Zulässig ist nur Deutschlands Teilnahme an einem europäischen „Staatenverbund" auf der Grundlage von Verträgen, deren Herren die jeweiligen Nationalstaaten bleiben müssen.[161] Fraglich ist allerdings die Standfestigkeit des Gerichts in dieser Frage, da das Gericht erfahrungsgemäß allen Großkonflikten, die seine politische Autorität überfordern könnten, mit jeweils modifizierenden Formulierungen aus dem Weg zu gehen trachtet.[162]

Europa befindet sich „zwischen Baum und Borke". Wer einen starken sozialen Staat will, kann mit den Wirkungen des europäischen Einigungsprozesses nicht zufrieden sein. Aber auch, wer mit der wirtschaftsliberalen Grundstruktur der EU einverstanden ist, dürfte es beunruhigen, zu welchen Spannungen und Krisen der bestehende Zustand führt. Es kann jedoch nicht Aufgabe dieses Buches sein, aus dieser verworrenen Lage einen Weg zu finden. Dazu bedürfte es spezialisierter Untersuchungen, die zudem immer wieder neuen Bestrebungen, Rahmenbedingungen und strategischen Optionen Rechnung tragen müssten. Vorliegend geht es darum zu zeigen, welche – von vielen Bürgern geforderten – politischen Gestaltungsmöglichkeiten ein selbständiger Staat hat, allen missverständlichen und pauschalen Globalisierungsvorstellungen zum Trotz. Und welche Möglichkeiten auch ein eu-

161 BVerfGE 89, 155

162 Hierzu allerdings *Hans-Jürgen Papier*, von 2002 bis 2010 Präsident des Bundesverfassungsgerichts, in einem Interview des Bonner Generalanzeigers vom 10./11.2.2018, auf die Frage, ob das Verfassungsgericht denn „in der gebotenen Weise Stärke gezeigt" habe: „Es mag sein, dass mancher andere Konsequenzen erwartet hat. Aber das Bundesverfassungsgericht hat in mehreren Entscheidungen zwingende Integrationsschranken herausgearbeitet oder aufgezeigt. EU-Verträge sind beispielsweise nur mit gewissen Maßgaben und einschränkenden Auslegungen verfassungsrechtlich gebilligt worden. Auch haben die Karlsruher Richter festgestellt, dass es auf der Basis des Grundgesetzes keine schrankenlose Abgabe von Hoheitsrechten geben kann. Die Vorstellung von den Vereinigten Staaten von Europa, das muss ich ganz klar sagen, sind auf der Basis des Grundgesetzes nicht realisierbar. Dafür müsste sich Deutschland erst eine neue Verfassung geben."

ropäischer Staat hätte, wenn er wie ein klassischer Staat agieren könnte und wollte.

Die Frage besteht allerdings, ob unter wirtschafts- und sozialpolitischen Gesichtspunkten die Mehrheit der europäischen Bürger nicht besser mit einem Europa führe, das seine Sicherheit und seinen Frieden durch gemeinsame Streitkräfte bewahrt (ggf. unter weitgehendem Verzicht auf nationale Streitkräfte), das durch eine Vielzahl von Regelungen zum grenzüberschreitenden Umweltschutz, zu technischen Normen, zur Energieversorgung, zur Kriminalitätsbekämpfung, zum Schutz vor Cyberattacken anderer Staaten und zur Rechtshilfe miteinander verbunden ist, aber die Wirtschafts-, Fiskal- und Sozialpolitik auf der Basis unterschiedlicher Währungen und nationaler Regelungen den wirtschaftlich, innenpolitisch und kulturell auf absehbare Zeit sehr unterschiedlichen Mitgliedstaaten überlässt.

Erinnert sei aber auch noch einmal an die in Abschnitt a) dieses Kapitels angesprochene Möglichkeit, unter Beibehaltung der gemeinsamen Währung die Spannungen durch eine veränderte Steuer- und Sozialpolitik der Exportüberschussländer zu mildern.

Abschließend kommen wir an der womöglich verblüffenden Feststellung nicht vorbei, dass – ironischer oder perfider Weise – die Europäische Union gerade so gestaltet wurde, wie viele sich irrigerweise die Globalisierung vorstellen und manche sie sich wünschen. Was für die Weltwirtschaft grundsätzlich nicht zutrifft – eine weitreichende wirtschaftliche Konkurrenz der Staaten – wurde innerhalb der Europäischen Union politisch herbeigeführt. Der europäische Binnenmarkt wird deshalb von manchen Beobachtern geradezu als ein „Laboratorium der Globalisierung“ angesehen.[163]

163 Kreile (1999), S. 608

Zusammenfassung:

- Die in der Europäischen Wirtschafts- und Währungsunion verbundenen Staaten verfügen nicht mehr über die Fähigkeit zu einer eigenständigen, durch den Wechselkursmechanismus geschützten Wirtschaftspolitik.
- Die Europäische Union könnte an die Stelle der teilweise entmachteten Mitgliedstaaten treten, ist daran jedoch weitgehend durch ihre Entscheidungsstrukturen und mindestens ebenso durch ihre auseinanderstrebende Heterogenität gehindert.
- Sie hat sich zudem ein Regelwerk gegeben, dass eine wirtschaftsliberale Ausrichtung vorzeichnet und ein Umsteuern schwierig macht.
- Die so geschaffene Situation führt zu einem permanenten Krisenmodus. Die Währungsunion war eine politische Weichenstellung und nicht das Ergebnis einer volkswirtschaftlichen Analyse. Dass sie Teilen der Wirtschaft entgegenkommt, steht hierzu nicht im Gegensatz.
- Deutschland könnte auf seine notorischen Wechselkursvorteile mit Erhöhungen der Löhne und Lohnnebenkosten sowie einem Anstieg seiner durch Steuern zu finanzierenden Staatsausgaben reagieren und damit die Spannungen im Euro-Raum vermindern. Das würde auch der wachsenden Gefährdung seiner Auslandsguthaben und des Finanzsystems entgegenwirken.

6. Die Arbeit und ihr Preis

In diesem und dem folgenden Kapitel soll es um zwei der Politikfelder gehen, in denen künftig voraussichtlich zusätzliche Handlungsspielräume benötigt werden, die einer im Wettbewerbsdenken gefangenen Politik jedoch verschlossen bleiben. Beginnen wir mit der Arbeit.

a) Arbeit ist ein besonderes Gut

Welche Arbeit an welchem Ort zu welchem Preis verkäuflich ist, beeinflusst das Leben vieler Menschen nachhaltig. Über den Preis der Arbeit entscheiden sich Biographien. Arbeit hat zudem viele immaterielle Aspekte, stiftet Begegnungen, Anerkennung, sogar Sinn. Arbeit ist gleichwohl etwas, das angeboten und nachgefragt wird wie andere Güter auch. Dass sie lebenswichtig ist, ist kein Alleinstellungsmerkmal. Das gilt für Brot oder Reis oder andere lebenswichtige Dinge genauso. Und doch weist dieses Gut erhebliche Besonderheiten auf und macht den Arbeitsmarkt zu einem besonderen und politisch besonders relevanten Markt. Darauf wollen wir im Folgenden zu sprechen kommen. Gleichzeitig behalten wir aber auch die Verbindung zu den gängigen Vorstellungen über den internationalen Wettbewerb im Blick. Denn Überlegungen zur Verbesserung der Situation der Beschäftigten begegnen häufig dem Einwand, sie gefährdeten die internationale Wettbewerbsfähigkeit und trieben das Kapital außer Landes.

aa) Eingeschränkte Mengenanpassung

Auf Märkten wirken die Preise unmittelbar als Indikatoren für Überschüsse oder Knappheit. Der Erfolg freier Märkte beruht wesentlich auf der Signalwirkung frei gebildeter Preise. Preise transportieren in kurzer Zeit mehr Informationen zu den richtigen Adressaten, als das in einer Planwirtschaft je möglich wäre. Wenn die Preise für Äpfel steigen, schafft das sowohl einen Anreiz, mehr Äpfel anzubauen, als auch nachfrageseitig einen Anreiz, eher auf andere Früchte auszuweichen. Fallen die Preise dagegen, werden einerseits mehr Äpfel konsumiert und andererseits, bei einer längerfristigen Entwicklung, die Anbauflächen reduziert. Ein Spannungsverhältnis zwischen Angebot und Nachfrage wird auf vielen Märkten also zugleich von beiden Seiten abgebaut. Bei einem Überangebot wird die Angebotsseite oft sogar den größeren Teil der Mengenanpassung erbringen. Anders beim Arbeitsmarkt. Der Umstand, dass Arbeit zu vielen Zeiten und in vielen Regionen im Übermaß zur Verfügung steht, hängt auch damit zusammen, dass wesentliche Anpassungsmechanismen im Bereich der Arbeit nicht funktionieren können.

Sinkende Arbeitspreise mögen das Arbeitsangebot vermindern, wenn bei Doppelverdienerpaaren einer auf seinen Minijob verzichtet, weil er zu schlecht bezahlt wird. Öfter führen sinkende Löhne jedoch dazu, dass die Betroffenen sich noch einen zweiten Job suchen oder mehr Überstunden machen. Dass jemand seine Arbeitszeit reduziert, weil seine Entlohnung geringer geworden ist, kommt selten vor. Warenanbieter, die für ihre Produkte keine auskömmlichen Preise erzielen, scheiden schlimmstenfalls aus dem Markt aus und machen Platz für erfolgreicher agierende Produzenten. Arbeitskräfte sind dagegen regelmäßig nicht in der Lage, den Markt zu verlassen. Sie leben schließlich weiter, und die meisten wollen nicht in ein soziales Netz fallen, das sie mehr schlecht als recht unterstützt. Während also bei vielen Gütern Marktungleichgewichte zu zweiseitigen Anpassungen führen – die Anbieter drosseln ihr Angebot und die Nachfrager kaufen das billiger gewordene Gut vermehrt ein – findet auf dem Arbeitsmarkt eine Anpassung auf der Angebotsseite kaum statt. Umso heftiger müssten die Preise reagieren, damit, wenn überhaupt, eine steigende Nachfrage zum Ausgleich führt. Das aber ist für viele Arbeitskräfte und die Gesellschaft, in der sie leben, nicht verkraftbar.

Trotzdem gehen viele an den klassischen Wirtschaftstheorien orientierte Ökonomen davon aus, dass es Arbeitslosigkeit im Grunde gar nicht gibt. Und was es nicht gibt, muss man in seinen Überlegungen und Modellen logischerweise auch nicht berücksichtigen... Das ist sicher überraschend für alle, die sich normalerweise nicht näher mit Wirtschaftswissenschaft beschäftigen. Die angesprochenen Ökonomen vermögen jedoch keine unfreiwillige Arbeitslosigkeit zu erkennen, sondern nur einen freiwilligen Verzicht auf Arbeit. Ihre Begründung ist schlicht: Für jedes Angebot gibt es einen markträumenden Preis. Also einen Preis, der so niedrig ist, dass alle angebotenen Waren auch verkäuflich sind. Ist der Preis der Arbeit folglich niedrig genug, wird kein Anbieter von Arbeitskraft ohne Beschäftigung bleiben. Unfreiwillig kann damit nur die Arbeitslosigkeit einer Einzelperson sein, die durch Mindestlöhne oder Tarifverträge daran gehindert wird, ihre Arbeit billig genug anzubieten. Die Gesellschaft, die diese Lohnuntergrenzen setzt, entscheidet sich als Kollektiv dagegen stets freiwillig für einen Verzicht auf Arbeit. Jene Argumentation blendet völlig aus, dass der Anbieter von Arbeitskraft im Regelfall einen bestimmten Mindestpreis erzielen muss, um leben zu können.[164]

Das Beispiel der geleugneten Arbeitslosigkeit zeigt, wie tückisch der Umgang mit den Wirtschaftswissenschaften sein kann. Die Standardannahme von Vollbeschäftigung ist in der Neoklassik weit verbreitet und geht – weil sie den betreffenden Wissenschaftlern so selbstverständlich scheint – in viele ihrer Argumentationen ein, ohne dass dies besonders hervorgehoben wird. Das breite Publikum hingegen ist sich oft nicht bewusst, auf welch tönernen Füßen die Argumentation mancher „Experten" steht.

bb) Biographische Verwundbarkeit

Die Arbeitskraft ist noch aus anderen Gründen als denen der gehemmten Mengenanpassung und der beschränkten Preisanpassung ein verwundbares Gut. Oft wird sie durch den beruflichen Werdegang ihres Trägers oder ihrer Trägerin entscheidend geprägt. Jahrelange Arbeit für einen Arbeitgeber kann dazu führen, dass die Qualifikation mehr und mehr von den Bedürfnissen dieses Arbeitgebers und den Besonderheiten seines Betriebes und seiner Branche bestimmt wird.

164 *Walter Eucken*, ein prominenter Vertreter des vor allem in Deutschland entwickelten Ordo-Liberalismus, hat deshalb schon früh und gegen die bei liberalen Ökonomen vorherrschende Meinung für die staatliche Festsetzung von „Minimallöhnen" plädiert, falls bei sehr niedrigen Lohnsätzen ein weiteres Absinken der Löhne zu einer Zunahme des Angebots an Arbeit führt. (Eucken, 1952/1990, S. 304)

Wird der Arbeitnehmer zu einem Wechsel gezwungen, kann der Verlust eines beträchtlichen Teils der erworbenen Kenntnisse und Erfahrungen die Folge sein. Das ist nicht immer so, aber bestimmte Spezialisierungen können sich, insbesondere für ältere Arbeitnehmerinnen und Arbeitnehmer, regelrecht zu einer Falle entwickeln, die sie verwundbar macht.

Kritisch sind häufig auch die Mobilitätskosten der Arbeitnehmer, wobei die Kosten materieller und immaterieller Natur sein können. Es beginnt mit den Kosten eines Umzugs und geht mit den höheren Kosten einer gleichwertigen Wohnung am neuen Ort weiter. Fernpendeln oder eine Wochenendehe drohen. Schulprobleme der Kinder und der Verlust sozialer Bindungen können folgen. Dass umso mehr der Wechsel in ein anderes Land, in einen anderen Sprach- und Kulturraum Probleme mit sich bringen kann, versteht sich von selbst. Natürlich fallen diese Probleme von Mensch zu Mensch unterschiedlich aus. Was den einen belastet, würzt das Leben des anderen, ohne dass diese Unterschiede bewertet werden sollten. Gerade wenn man Geldverdienen nicht als Selbstzweck oder Sport ansieht, sondern als Mittel zu einem erfüllten, ausgewogenen Leben, wiegen auch die immateriellen Faktoren schwer.

cc) Der Ethik-Malus in der Lohntüte

Auf einem freien Markt lässt ein knappes Warenangebot die Preise steigen, während ein reichliches Angebot zu niedrigeren Preisen führt. Das hat eine sehr erwünschte Steuerungsfunktion, die die Produktionsfaktoren dorthin lenkt, wo sie gebraucht werden. Dieser Zusammenhang gilt grundsätzlich auch auf dem Arbeitsmarkt. Wenn es zum Beispiel einen Mangel an Informatikern gibt, können steigende Preise, die in diesem Fall Gehälter heißen, bewirken, dass sich mehr Menschen jenem Beruf zuwenden und der Mangel nach und nach ausgeglichen wird. In Berufsfeldern mit langen Ausbildungszeiten wirkt der Mechanismus allerdings verzögert, denn es braucht Zeit, bis zusätzliche Arbeitskräfte ausgebildet sind. Und es kann auch geschehen, dass neue technische oder wirtschaftliche Entwicklungen den Mangel bereits behoben haben, wenn die zusätzlich Ausgebildeten zur Verfügung stehen.

In einigen Bereichen hat der Preismechanismus freilich einen Pferdefuß. Denn Menschen wählen Berufe glücklicherweise nicht nur nach den Gehaltsaussichten. Nicht wenige möchten in ihrer Arbeit etwas tun, was sie als besonders sinnvoll empfinden und was ihren Mitmenschen auf unmittelbare Art zugutekommt. Sie wählen deshalb Berufe, oft im sozialen Bereich, die sie bei einer reinen Betrachtung dessen, was gefordert und dafür gezahlt wird, links liegen lassen würden. Die ethische Motivation führt diesen Berufsfeldern häufig auch dann noch genügend Bewerber zu, wenn die finanziellen Konditionen eigentlich zu einer Mangellage mit anschließenden Lohnsteigerungen führen müssten. Der Marktmechanismus behandelt die Befriedigung ethischer Antriebe wie einen Gehaltsbestandteil, der mit dem Monatslohn „verrechnet" werden kann. Unter Lohngesichtspunkten lässt sich hier von einem „Ethik-Malus" sprechen. Ob er, den Marktmechanismus korrigierend, verhindert werden sollte, mit der Nebenfolge, dass man für die entsprechenden Berufe dann aus einer größeren Zahl von Bewerbern auswählen könnte, ist eine politische Frage. Oft geht es eher umgekehrt: Stellen im öffentlich finanzierten Bereich werden lieber unbesetzt gelassen, als eine wenigstens marktgerechte Vergütung anzubieten. Dass die in dem Bereich Beschäftigten den Mangel dann oft mit Mehrarbeit ausgleichen, hat wieder mit dem Ethikaspekt zu tun. Auch hier zeigt sich, dass Arbeit ein besonderes Gut ist.

b) Manchmal sind mehr Arbeitskräfte billiger als wenige

Soweit die Preisbildung für Arbeit marktmäßig erfolgt, wirken Gesetzmäßigkeiten darauf ein, die im 19. Jahrhundert Wirtschaftstheoretiker wie *Johann Heinrich von Thünen* (1783–1850), *Leon Walras* (1834–1910) und *Eugen von Böhm-Bawerk* (1851–1914) analysiert haben.[165] Die aus ihren Überlegungen entstandene Theorie wurde berühmt als „Faktorentlohnung entsprechend der jeweiligen Grenzproduktivität". Dabei geht es um die Frage, welche Einkommensverteilung sich ein-

165 Überwiegend waren sie zugleich auch Männer der Praxis: v. *Thünen* betrieb ein landwirtschaftliches Gut, v. *Böhm-Bawerk* war mehrmals österreichischer Finanzminister.

stellt, wenn Güter im Zusammenwirken mehrerer Produktionsfaktoren – also insbesondere von Arbeit und Kapital – erzeugt werden. Wieviel bekommen die Arbeiter, wieviel die Eigentümer? Unter den Auseinandersetzungen, die darum entbrennen können, verbirgt sich ein Muster, das in gewissen Grenzen die Karten bereits verteilt. Die Beschäftigung mit diesem Muster liefert Aufschlüsse, was Gewerkschaften erreichen können, und über welche Hebel nur der Staat verfügt.

Am Anfang der Theorie der Faktorentlohnung steht die Erkenntnis, dass der vermehrte Einsatz von Produktionsfaktoren in der Regel nicht zu einem proportional wachsenden Ertrag führt. Diesem Phänomen der abnehmenden Grenzproduktivität sind wir bereits im Kapitel 3.1 begegnet. Erinnern wir uns: Wir besitzen einen Acker gegebener Größe, wollen auf ihm etwas anbauen und können durch den Einsatz von Dünger den Ertrag steigern. Wenn wir nur sehr wenig Dünger ausbringen, bleibt das womöglich ziemlich folgenlos, weil die Menge pro Quadratmeter einfach zu gering ist. Wenn wir die Menge jedoch steigern, werden wir mit einer relativ guten Ernte belohnt. Steigern wir die Menge weiter, sagen wir um 20 Prozent, wird die Ernte noch besser, aber nicht um 20, sondern vielleicht nur noch um 10 Prozent. Und irgendwann lassen sich mit noch mehr Dünger gar keine positiven Effekte mehr erreichen, sondern nur noch schädliche. In diesem Fall haben wir es mit einer Wirkungskurve bzw. Produktionskurve des Faktors Dünger zu tun, die Sie vielleicht an einen Maulwurfshügel erinnert. Schauen Sie sich dazu noch einmal die Abbildung 1 in Kapitel 3.1.c)bb) – Vorteile für das Kapital exportierende Land? – an.

Ein ähnlicher Effekt wird sich auch beim Einsatz menschlicher Arbeitskraft einstellen. Nehmen wir einen sehr großen Gutshof als Beispiel. Arbeiten dort nur 1 oder 2 Menschen, bekommen sie all die Arbeit gar nicht getan, und es kommt nicht viel dabei heraus. Arbeiten aber 50 Menschen auf dem Gut, erzeugen sie 500 Einheiten landwirtschaftlicher Produkte. Wird die Zahl der Arbeitskräfte auf 60 erhöht, steigt der Ertrag noch weiter, aber nicht um 20 Prozent, sondern vielleicht noch um 10. Werden noch mehr Arbeiter eingestellt, fällt der dadurch erzielbare Ertragszuwachs noch kleiner aus. Das hat damit zu tun, dass die wichtigsten Funktionen bereits abgedeckt sind und weiteres Jäten, Wässern, Düngen usw. den Ertrag nur noch unterdurchschnittlich vergrößert, bis sich die Arbeiter am Ende im Wege stehen.

Ökonomen bevorzugen kleine Modelle, weil sie übersichtlich sind und sich leicht rechnen lassen. Reduzieren wir den Gutshof deshalb noch weiter auf einen kleinen Weinbaubetrieb mit nur 5 Mitarbeitern. Dieser Schritt ist unproblematisch. Problematisch sind die Modelle dennoch allesamt, weil sie einerseits einen Teil der Welt abbilden wollen, andererseits aber fast alles ausblenden, was in der Realität stört und irritiert. Sie helfen einem deshalb nur, wenn man im Kopf behält, was alles unberücksichtigt bleibt.[166]

Besuchen wir mit dieser Vorsichtsmaßregel den Weinbaubetrieb. Seine Größe ist begrenzt, und er gehört einem Eigentümer, der wie gesagt 5 Arbeitskräfte beschäftigt. Eine Frage, die die Menschen seit jeher umtreibt, lautet: Welcher Teil der Ernte steht dem Eigentümer zu und welcher den Arbeitskräften. Es ist zweifelhaft, ob sich darauf eine Antwort finden lässt, die sich „wissenschaftlich begründet" nennen darf. Viele Ökonomen glauben aber, mit der Theorie der „Faktorentlohnung entsprechend der Grenzproduktivität" eine wissenschaftliche Lösung gefunden zu haben. Darauf sind sie sehr stolz. Wenden wir die Theorie also an.

Die Traubenernte auf einer gegebenen Fläche ist natürlich begrenzt. Aber sie hängt doch sehr davon ab, wie viele Arbeitskräfte sich um die Reben kümmern. Nehmen wir an, dass der Betrieb bei Einsatz eines Arbeiters 50 Einheiten produziert, beim Einsatz von zweien 95 usw. Die weiteren Werte entnehmen Sie der nachstehenden Tabelle.

---

166 Für das Modell der Grenzproduktivität der Arbeit gilt das ganz besonders. Es gehört zu jenen, die sich nicht so ohne weiteres in die Realität übersetzen lassen. Denn eine Möglichkeit, die Grenzproduktivität „der Arbeit" eindeutig zu beziffern, existiert in vielen Fällen nicht. Das würde voraussetzen, dass alle Arbeitnehmer in ihren Leistungen identisch sind. Das ist eindeutig nicht der Fall, selbst wenn man nur Arbeitnehmer einer Qualifikationsstufe betrachtet. Es würde ferner voraussetzen, dass Betriebe ständig unter denselben Rahmenbedingungen produzieren, von der Materialbeschaffung bis zum Absatz. Auch das ist pure Theorie. Trotzdem ist eine Theorie, die als Denkmodell all diese Rahmenbedingungen einmal standardisiert, nicht nutzlos. Denn sie zeigt Kräfte, die, wenn auch durch andere Faktoren überlagert, untergründig am Werke sind; Kräfte, die nie in Reinform – sozusagen sauber präparierbar – in Erscheinung treten und trotzdem Einfluss nehmen.

Tabelle 9

1 An	2 An	3 An	4 An	5 An
50	95	135	170	200

Der Ertrag des Betriebs steigt also nicht proportional mit der Zahl der eingesetzten Arbeiter, was der geschilderten allgemeinen Erfahrung entspricht. Während die Beschäftigung von Arbeitnehmer 1 zu einem Ertrag von 50 Einheiten führt, führt die Beschäftigung von Arbeitnehmer 5 nur noch zu einem Mehrertrag von 30 Einheiten. Der Eigentümer des Betriebs wird Arbeitnehmer 5 deshalb nicht einstellen, wenn dieser einen Anteil an der Traubenernte von 35 Einheiten verlangt. Der Eigentümer wird ihm höchstens 30 Einheiten bieten; im Zweifel noch etwas weniger, vielleicht 25, um von der Einstellung selbst etwas zu haben. Zu diesem Lohn ist die Beschäftigung von Arbeitnehmer 5 dann aber für ihn vorteilhaft.

Nun lässt sich allerdings schwer sagen, wer von den eingesetzten Arbeitern Arbeiter 1 und wer Arbeiter 5 ist. Wenn der Eigentümer die Arbeiter unterschiedlich entlohnt, führt das zu Unfrieden. In einem Land ohne Kündigungsschutz hat der Eigentümer, der zunächst vielleicht unterschiedlich bezahlt, zudem die Möglichkeit, Arbeitnehmer 1 zu entlassen und anschließend als Arbeitnehmer 5 wieder einzustellen. Am Ende bekommen deshalb alle Arbeitnehmer denselben Lohn von 25 Einheiten. Ihre gesamte Lohnsumme beläuft sich auf 125 Einheiten. Nach Abzug dieser Lohnsumme vom Ertrag von 200 Einheiten verbleiben dem Eigentümer 75 Einheiten. Würde man durch Gesetz oder Tarifvertrag jedoch statt des Lohns von 25 Einheiten z.B. einen von 32 Einheiten festsetzen, würde der Eigentümer Arbeitnehmer 5 nicht mehr beschäftigen. Der Ertrag der Weinberge würde dadurch zwar auf 170 Einheiten fallen. Aber der Eigentümer würde beim Einsatz von nur 4 Arbeitnehmern zum festgesetzten Mindestlohn einen Gewinn von 42 Einheiten erzielen, beim Einsatz von 5 Arbeitern dagegen nur noch von 40. Insgesamt eine Logik, die nicht einfach übersprungen werden kann.

Würde umgekehrt bei gegebener Anzahl von Arbeitern die Anbaufläche vergrößert – mehr Land, mehr Reben – würde die Grenzproduktivität des Kapitals fallen und spiegelbildlich die Grenzproduktivität der Arbeit steigen. In diesem Fall bestünde Spielraum für höhere Löhne. Je reichlicher ein Produktionsfaktor zur Verfügung steht, desto mehr sinkt seine Entlohnung.

Das Konzept der Entlohnung nach Grenzproduktivität geht logisch für alle beteiligten Produktionsfaktoren auf, auch wenn es mehr als zwei sind. Die demonstrierte „Mechanik" der Lohnfindung macht aber auch deutlich, warum es den Arbeitnehmern im freien Spiel der Kräfte schlecht ergeht, sobald viel Arbeit zur Verfügung steht, und dass sie sich wegen der am Anfang besprochenen „Anomalien" des Arbeitsangebots meist sogar in einer noch schlechteren Position befinden als die Anbieter von Waren im Fall einer Überproduktion. Und über die Jahrzehnte, Länder und Regionen betrachtet, hat Arbeitskraft immer wieder im Übermaß zur Verfügung gestanden. Die Frage muss erlaubt sein, ob es sich bei diesem Verteilungsmechanismus um angewandte Gerechtigkeit oder eher um einen – wenn auch robusten – technischen Effekt handelt.

Der Effekt der Verteilung nach Grenzproduktivität lässt sich noch deutlicher machen: Wenn sich bei dem Winzer ein sechster Arbeitnehmer meldet, dessen Beschäftigung den Gesamtertrag nur noch um 25 Einheiten steigert, kann nach der dargestellten Logik der Lohn dieses Arbeitnehmers und damit auch aller anderen Arbeitnehmer nicht mehr als allerhöchstens 25 Einheiten betragen. Setzt der Winzer wieder 5 Einheiten Mindestgewinn an, fällt der Lohn für alle sogar auf 20 Einheiten. Der Winzer kann aufgrund des Arbeitsangebots des sechsten Arbeitnehmers die Ernte von 200 auf 225 Einheiten steigern, während die dafür aufzuwendende Lohnsumme von 125 Einheiten auf 120 Einheiten fällt. Allein aufgrund des Arbeitsangebots des sechsten Arbeitnehmers muss der Winzer für 6 Arbeitnehmer künftig insgesamt weniger zahlen als zuvor für 5.[167]

167 Wenn dem Winzer dagegen nur noch zwei Arbeitnehmer zur Verfügung stünden, müsste er diesen – aufgrund der kaum niedrigeren Produktivität des zweiten Arbeitnehmers gegenüber dem ersten – fast den gesamten Ertrag des Weinguts als Lohn überlassen, nämlich 2 x 45 = 90 von 95 Einheiten. Andernfalls liefe er Gefahr, dass sich die Arbeiter bei einem anderen Betrieb anstellen lassen. Aber wahrscheinlich würde er seinen Betrieb dann lieber wegen Arbeitskräftemangels schließen.

Wenn es häufig zu einer gereizten Stimmung zwischen liberalen Ökonomen und dem breiten Publikum kommt, so nicht nur, weil „Normalverbraucher" sich einfach nicht die Mühe machen, wirtschaftliche Zusammenhänge zu verstehen, wie viele Ökonomen meinen. Sondern auch deshalb, weil liberale Ökonomen die dargestellte, sich „natürlich" ergebende Verteilung der Wirtschaftsergebnisse als die einzig rationale ansehen – nicht nur als technischen Effekt, sondern auch als „gerecht". Schließlich solle doch jeder das bekommen, was auf seinen Beitrag zur Produktion zurückzuführen sei. Dieses Ergebnis dürfe nur korrigiert werden, um das Existenzminimum der Menschen zu sichern.[168] Das breite Publikum dagegen, wer hätte es gedacht, will der Gerechtigkeitsvorstellung der Ökonomen meist nicht folgen, und der Konflikt ist vorgezeichnet.

Wie könnte eine Lösung aussehen, die mehr dem Gerechtigkeitsempfinden und den Interessen des breiten Publikums entspricht? Auf wissenschaftliche Stringenz könnte sie sich vielleicht nicht berufen.[169] Aber sie könnte pragmatisch postulieren, sowohl der Eigentümer als auch die Arbeiter sollten einen Anteil an der Ernte erhalten, der alle Beteiligten ihren Beitrag motiviert erbringen und davon gut leben lässt. Das bezeichnet nicht einen Punkt, sondern einen Korridor von denkbaren Verteilungen und mündet in einen Prozess des Aushandelns, der friedlich und der sozialen Demokratie verpflichtet verlaufen sollte. Dass es in der Praxis unmöglich ist, den Grenznutzen einigermaßen genau zu beziffern, weist ebenfalls in diese Richtung. Doch wie immer das Ergebnis aussieht: Um zu funktionieren, darf es die Handlungslogik der auf ihre Interessen bedachten Akteure nicht ignorieren.

---

168 Jenes Minimum zu gewähren, sei freilich nicht nur moralisch, sondern auch als effizient begründbar. Denn eine Grundsicherung zu verweigern sei ineffizient, weil sie den Menschen die Möglichkeit nehme, ihr Begabungspotenzial zu entwickeln und als Arbeitskräfte produktiver zu werden.

169 Wenn man an Philosophen wie *John Rawls* (1921–2002) und seine Theorie der Gerechtigkeit denkt, erscheint das aber auch nicht völlig ausgeschlossen. Das kann hier nicht vertieft werden.

c) Die Gewerkschaften kommen ins Spiel

Bereits dem Urahn der ökonomischen Theorie *Adam Smith* war bewusst, dass die Arbeiter in Lohnverhandlungen den Arbeitgebern meist unterlegen sind, weil Kapitalbesitzer und Arbeiter zwar aufeinander angewiesen sind, die Kapitalbesitzer in der Regel aber länger ohne die Arbeiter auskommen können als die Arbeiter ohne den Arbeitslohn.[170] Gewerkschaften und Streikkassen sollen diesem Ungleichgewicht abhelfen. Was aber können Gewerkschaften bestenfalls erreichen, sofern sie denn gut organisiert sind, von vielen Mitgliedern getragen und durch staatliche Regelungen nicht behindert werden?[171]

Mit ihrer Tarifpolitik und notfalls dem Mittel des Streiks können sie darauf hinwirken, dass die Löhne nicht unterhalb der durch die Grenzproduktivität gezogenen, manchmal auch als beschäftigungsneutral bezeichneten Linie bleiben. Eine solche Gefahr besteht ohne Gewerkschaften durchaus, denn die Arbeitgeber können nicht nur kartellmäßige Absprachen über das Lohnniveau treffen, sondern sich auch ohne Absprachen ziemlich gleichförmig verhalten und insbesondere die Unerfahrenheit, die eingeschränkte Information oder die räumliche Immobilität von Arbeitnehmern zur Vereinbarung von Löhnen unterhalb der Grenzproduktivität nutzen.

Stark positionierte Gewerkschaften können den Lohn auch über die Grenzproduktivität nach oben treiben. In der Theorie, aber manchmal auch in der Realität, kostet das Arbeitsplätze. Nehmen wir an, die fünf im Weinbaubetrieb beschäftigten Arbeitskräfte haben sich zu einer Gewerkschaft verbunden. Sie haben zudem einen Lohn ausgehandelt, der auf der Linie der Grenzproduktivität liegt, also bis maximal knapp

---

170 Smith (2008), I.VIII.12

171 Die vielfältigen Probleme, denen sich die Gewerkschaften in der Arbeitswelt und der Gesellschaft der Gegenwart gegenübersehen, übergehen wir in unserer auf die Untersuchung einiger Grundstrukturen beschränkten Darstellung. Dass die Gewerkschaften in Staaten, die sich nicht in einen Konkurrenzkampf manövriert haben, potenziell stärker wären, ist naheliegend. Aus der Perspektive der Wirtschaft besteht umgekehrt ein Anreiz, Staaten bewusst in einen Wettbewerb zu bringen und die Europäische Union als ein „Laboratorium der Globalisierung“ zu formen, um auf diesem Weg als zu mächtig empfundene Gewerkschaften zu „domestizieren“. Spätestens seit den 1980er Jahren spielt diese Intention in der EU eine von vielen Politikern akzeptierte Rolle.

unter 30 Einheiten, um ihre bestehenden Arbeitsplätze nicht zu gefährden. Ein sechster Arbeitnehmer, der sich nun bewirbt, wird keine Stelle bekommen, weil sich seine Beschäftigung für den Eigentümer zum Tariflohn nicht rentiert. Für die fünf beschäftigten Arbeitskräfte würde sich ihr Tariflohn dagegen selbst dann als vorteilhaft erweisen, wenn sie dem sechsten Bewerber aus eigener Tasche eine Arbeitslosenunterstützung zahlen müssten, wie sich leicht nachrechnen lässt.[172] Werden Löhne oberhalb der Grenzproduktivität vereinbart, wird einer Konstellation, in der die beschäftigten Arbeitnehmer „anständige" Löhne und die nicht beschäftigten Sozialleistungen erhalten, der Vorzug vor einer Entlohnung nach Marktmechanismen gegeben. Der Nachteil ist, dass nicht die größtmögliche Traubenernte eingefahren wird.[173]

Die Wirtschaftswelt erzeugt selten so klare Verhältnisse. Sie besteht nicht nur aus einem Betrieb. Die Arbeiter können zu einem anderen Arbeitgeber oder in eine andere Branche mit anderer Grenzproduktivität wechseln. Wie bereits gesagt: Ihre Qualifikation und ihre individuelle Produktivität sind unterschiedlich, und sie werden mit höchst unterschiedlichen Aufgaben betraut. In der Realität kann niemand – noch nicht einmal für eine Branche oder eine Qualifikationsstufe – präzise sagen, wo die Linie der Grenzproduktivität verläuft. Deshalb werden oft Unsicherheit und Streit darüber herrschen, ob die Gewerkschaften ihren beschäftigungsneutralen Spielraum unterschreiten, ausschöpfen oder überziehen. Trotzdem zeigt das Modell des Weinbaubetriebs eine verborgen wirkende Kraft. Und es zeigt, dass auch starke Gewerkschaften die Arbeitnehmer nicht aus der „Falle der Grenzproduktivität" befreien können. In unserem Modell gibt es keinen mit den Mitteln der Tarifpolitik begehbaren Weg, um beispielsweise einen Lohn von 32 Einheiten auszuhandeln und trotzdem Vollbeschäftigung zu erreichen. Das Ende aller Überlegungen bedeutet das freilich nicht.

---

172 Bei der Einstellung von Arbeitnehmer 6 fiele der Grenzlohn um 5 Einheiten, für die 5 bereits beschäftigten Arbeitnehmer also zusammen um 25 Einheiten. Aus dieser Summe ließe sich an Arbeitnehmer 6 eine Arbeitslosenunterstützung im üblichen Umfang zahlen, und die beschäftigten Arbeitnehmer stünden immer noch besser da als bei einer Senkung ihrer Löhne.

173 Die Minderproduktion verkürzt in unserem Modell allerdings ausschließlich den Wohlstand des Eigentümers.

d) Manches kann nur der Staat

aa) Mindestlöhne

Mindestlöhne sollen Beschäftigten in schlecht bezahlten Tätigkeiten ein Auskommen sichern, gleichzeitig aber nicht zu viele Arbeitsplätze kosten. Wenn der Staat Mindestlöhne festsetzt, steht er deshalb vor einem ähnlichen Dilemma wie die Gewerkschaften bei ihren Tarifforderungen. Mindestlöhne in Höhe bis zur – schwer definierbaren – Linie der Grenzproduktivität sind sinnvoll, wenn es den Gewerkschaften in manchen Branchen an Kraft fehlt, um ihren beschäftigungsneutralen Spielraum auszuschöpfen. Mit der Festsetzung von Mindestlöhnen hilft der Staat dann nicht nur den unterbezahlten Arbeitskräften, ihren Familien und dem Bäcker um die Ecke, bei dem sie einkaufen. Der Staat schützt auch sich selbst. Denn soweit er unzureichende Löhne durch Sozialleistungen aufstockt, verhindern richtig gesetzte Mindestlöhne die übermäßige Inanspruchnahme der Sozialkassen. Mindestlöhne sind deshalb in Europa inzwischen weit verbreitet. Mit dem Instrument der Mindestlöhne kann der Staat jedoch die Löhne nicht über gewisse Grenzen heben, ohne dabei einen Verlust an Beschäftigung zu riskieren.[174] Wegen der schwer erkennbaren Linien der Grenzproduktivitäten hilft nur ein pragmatisches Herantasten.

bb) Maßnahmen, die die Arbeit nicht verteuern

Der Staat hat freilich weitere Möglichkeiten, auch jenseits der Lohnfestsetzung. So könnte er Unternehmensgewinne (wieder) höher besteuern und aus dem Steuerertrag die Arbeitskräfte besserstellen. Das würde die Arbeit selbst nicht verteuern, und sie würde keinen Wettbewerbsnachteil gegenüber einem möglichen Maschineneinsatz erleiden. Der Lohn, den der Eigentümer seinen Arbeitskräften zahlt, würde sich weiter an der Logik der Grenzproduktivität orientieren. Es gäbe keinen Anreiz, auf Arbeitskräfte am Ende der Ertragskurve zu verzichten. Unternehmen, die sehr profitabel sind, würden zwar höher belastet, aber

174 Zu einem besseren Verständnis lohnt es sich aber, noch einmal festzuhalten, dass Löhne oberhalb der Grenzproduktivität nicht „die Arbeit" an sich unrentabel machen, sondern nur die Beschäftigung der arbeitslosen Spitze des Arbeitsangebots.

der Verzicht auf Arbeitskräfte wäre keine rationale Gegenmaßnahme. Die Einnahmen aus der Steuer könnten verwendet werden, um die Arbeitskräfte von Beiträgen zur Kranken-, Renten- und Arbeitslosenversicherung zu entlasten und öffentliche Leistungen, wie zum Beispiel die Betreuung in Kindergärten, höher zu bezuschussen.

Die Steuer und ihre entsprechende Verwendung könnte grundsätzlich die Netto-Unternehmensgewinne und spiegelbildlich die Nettoeinkommen der Arbeitnehmer zu jenen Werten führen, die bei einem weniger reichlichen Arbeitskräfteangebot gelten würden. Der staatlichen Politik steht damit ein Bereich offen, der für die Lohnpolitik der Gewerkschaften unzugänglich ist, wenn sie nicht gesamtwirtschaftliche Nachteile riskieren wollen. Die Netto-Verbesserung ihres Einkommens (zu Lasten der Netto-Unternehmensgewinne) wäre somit für die Arbeitnehmer in manchen Lagen vorteilhafter als Lohnerhöhungen, die die Arbeit verteuern.

Eine entsprechende staatliche Politik zum Schutz der Arbeit, wie sie genauso dem Gedanken zugrunde liegt, weniger die Arbeit und mehr die Wertschöpfung durch Maschinen zu besteuern, würde übrigens die Bedeutung der Gewerkschaften nicht vermindern und ihnen keine ihrer Aufgaben aus der Hand nehmen. Aufgabe der gewerkschaftlichen Tarifpolitik ist es, die Löhne an die Schwelle der Grenzproduktivität zu führen. Gerade staatliche Maßnahmen zur Verbesserungen der Nettolöhne könnten die Arbeitgeber herausfordern, Bruttolöhne unter die Grenzproduktivität zu drücken. Hier wären die Gewerkschaften tarifpolitisch gefordert, das zu verhindern. Sollte es den Gewerkschaften in einzelnen Bereichen, wegen der schwachen Stellung der dort beschäftigten Arbeitnehmer, jedoch nicht gelingen, den gegebenen Spielraum auszuschöpfen, könnte der Staat, wie erörtert, mit der Festsetzung von Mindestlöhnen eingreifen, wie er es in vielen Ländern und auch in Deutschland inzwischen tut.

Exkurs: Korrektur durch Konkurrenz?

Vielleicht fragen Sie sich, ob die hohen Ertragsanteile, die die Kapitalseite bei überreichlich angebotener Arbeit für sich behalten kann, nicht dadurch abgeschmolzen werden, dass Unternehmen miteinander konkurrieren und sich dabei preislich unterbieten. Eine solche Annahme basiert jedoch auf einem verführerischen Fehlschluss. Natürlich können die Unternehmen ihre hohen Gewinne zu Preissenkungen nutzen. Das aber würde Deflation bewirken, ohne dauerhaft das Verteilungsverhältnis zwischen Arbeit und Kapital zu ändern. Dazu folgender Exkurs, den Sie überspringen können, wenn Sie den Fehler bereits erkannt haben: Die hohen Kapitalrenditen ermöglichen es den Unternehmen, ihre Preise zu senken. Infolge von Wettbewerb geschieht das auch. Damit fallen nominal die Warenpreise, während das *Austauschverhältnis* zwischen den Produkten der Unternehmen konstant bleibt. Da das Geld nun aber mehr wert ist, sind die in den Unternehmen gezahlten Löhne, gemessen an der Grenzproduktivität, zu hoch. Sie müssen sinken, wenn nicht Arbeitslosigkeit entstehen soll. Sinken sie entsprechend nominal, bleiben sie real dennoch konstant, weil das Geld ja nun mehr wert ist. Deflation stellt sich ein, ohne dass sich an der Verteilung zwischen Arbeit und Kapital etwas ändert.

Mehrbelastung des Kapitals

Die erwogenen Maßnahmen, um unter Druck geratene Löhne zu unterstützen, laufen allerdings auf eine erhöhte Besteuerung des Faktors Kapital hinaus. Und eine Mehrbelastung der Kapitaleinkommen ist das Gegenteil dessen, was in vielen Ländern tatsächlich geschehen ist und weiter geschieht, nämlich Kapitaleinkünfte gegenüber den weniger mobilen Arbeitseinkünften zu privilegieren. In den Kapiteln 2 und 3 haben wir jedoch gesehen, dass eine Mehrbelastung von Einkünften aus Kapital und Unternehmen für souveräne Staaten mit eigener Währung und genügend inländischer Kapitalbildung weder zu Nachteilen im internationalen Handel noch zu einer Abwanderung des Kapitals führen muss. Dasselbe gilt in Staatenbünden, sofern sie wie ein Staat zu handeln vermögen. Eine Besserstellung der Arbeit bzw. ihre bessere Absicherung ist möglich, ohne Nachteile im internationalen Wettbewerb oder im Wettbewerb zwischen Arbeits- und Kapitaleinsatz hinnehmen zu müssen.

Staaten ohne das Korrektiv einer eigenen Währung, die sich zudem die Möglichkeit genommen haben, ggf. unterschiedliche Kapitalrenditen zwischen In- und Ausland durch Steuern auszugleichen, verfügen über diese Möglichkeiten nicht. Sollte sich künftig, etwa im Zuge wachsender Automatisierung und Digitalisierung, ein erhöhter Schutzbedarf der Arbeit zeigen, ergibt sich deshalb für die Staaten innerhalb einer nicht entsprechend handlungsfähigen Europäischen Union ein ernsthaftes Problem. Schon jetzt erweist sich diese Konstellation für die Arbeitnehmer und einen bedeutenden Teil der Gesellschaft als Handicap.

Und noch eine weitere Klarstellung erscheint sinnvoll: Bei funktionierendem Wettbewerb können die Unternehmen höhere *Gewinnsteuern* nicht auf die Kunden abwälzen, anders als das bei erhöhten Produktionskosten oft der Fall ist. Der Grund klingt ziemlich theoretisch, zählt aber ebenfalls zu den in der Wirtschaft verborgen wirkenden Kräften (auch wenn sie nicht jeden Einzelfall final entscheiden): Bei funktionierendem Wettbewerb wird der Preis eines Gutes durch den so genannten „Grenzanbieter" bestimmt. Das ist jener Anbieter, der zur Erzeugung der insgesamt nachgefragten Menge gerade noch gebraucht wird, sich aber wegen seiner im Vergleich zu anderen Anbietern ungünstigeren Kosten an der Grenze der Rentabilität bewegt; also jener Anbieter, der noch gerade so „über die Runden kommt". Dessen Preis werden die übrigen Anbieter nicht unterbieten, solange sie ihre ausgelasteten Kapazitäten nicht ausweiten können oder wollen. Muss dieser Grenzanbieter seinen Preis wegen allgemein steigender Kosten erhöhen, können die anderen mitziehen.[175] Die Erhebung einer *Gewinn*steuer hat auf die *Kosten*, und damit natürlich auch auf die Kosten des Grenzanbieters (der zudem wenig Gewinn zu versteuern hat), aber keinen Einfluss – und so grundsätzlich auch nicht auf das allgemeine Preisniveau.

e) Wenn die Arbeit wirklich ausgehen sollte ...

Die Befürchtungen über die Zukunft der Arbeit gehen in Richtungen, die einander widersprechen. Einerseits besteht die Sorge, dass die „digitale Revolution" mit ihren explodierenden Möglichkeiten nicht nur das Heer der LKW-Fahrer arbeitslos machen wird, das tagaus tagein

175 Würde der Grenzanbieter seinen Preis, ohne durch für alle steigende Kosten dazu gezwungen zu sein, erhöhen, würde er voraussichtlich einem anderen Grenzanbieter weichen müssen.

auf den Autobahnen unterwegs ist. Schon vorher könnte es viele administrative Tätigkeiten treffen, die bislang noch von Menschen erledigt werden. Warum soll eine Steuererklärung im Finanzamt von Menschen bearbeitet werden? Wo werden Menschen noch für die Abwicklung von Bestellungen gebraucht? Der ein Röntgenbild auswertende Mediziner könnte sich auf Spezialfälle beschränken, und die Kassiererin im Supermarkt wird zum Auslaufmodell. Manche Dienstleistung eines Rechtsanwalts könnte überwiegend aus dem Computer kommen (leider vor allem, sofern der Mandant unbedeutend ist). Kellner und Kellnerinnen werden vielleicht nur noch in der gehobenen Gastronomie anzutreffen sein, während andernorts Roboter mit gekonntem Augenaufschlag bedienen. Roboter in Japans Altenpflege sind zumindest im Testlauf schon zu sehen. Menschliche Partner werden dagegen zur Werbung und zur Kundenakquisition wahrscheinlich weiterhin gebraucht.

Unseren Befürchtungen steht andererseits die Sorge gegenüber, die demographische Entwicklung werde zu einem Mangel an Arbeitskräften führen. Die schrumpfende Zahl der Arbeitsfähigen werde die anschwellende Last der Alten kaum tragen können. Oder auch: Der wachsende Reparaturbetrieb im Kampf gegen ökologische Schäden und Gefahren werde Arbeitskraft in hohem Maße absorbieren.

Bislang sind durch die technische Entwicklung ausgelöste Arbeitsplatzverluste stets durch neue Chancen aufgewogen worden – wenn auch oft schmerzlich verzögert. Ob das so bleiben wird, ist schwer zu sagen. In vielen Mitgliedstaaten der Europäischen Union ist die Lage auf dem Arbeitsmarkt schon heute, noch ganz am Anfang der „digitalen Revolution", mehr als unbefriedigend, selbst für ordentlich ausgebildete junge Leute.

Wenn Arbeitslosigkeit bei einem gleichzeitigen generellen Mangel an Waren und Dienstleistungen besteht, muss man sich fragen, wie die Wirtschaftspolitik verbessert werden kann. Wenn Arbeitslosigkeit dagegen mit einem insgesamt hohen Wohlstand einhergeht, stellt sich die Frage nach Arbeitszeitverkürzungen. So wurde in den ersten Jahrzehnten der Bundesrepublik die stetig zunehmende Produktivität jeweils teilweise für die Steigerung des materiellen Wohlstands, also für Wirtschaftswachstum, zum anderen Teil aber auch für mehr Freizeit und längere Ausbildungszeiten genutzt. Die Verkürzung von Arbeitszeiten entspricht den Wünschen vieler Menschen, die ab einem gewissen Einkommen über mehr freie Zeit und damit über größere persönliche Autonomie verfügen möchten. Das gilt umso mehr, je fremdbestimmter sie ihre Arbeit empfinden. In den Familien würden Arbeitszeitverkürzungen es beiden Partnern erleichtern, Zeit für die sozialen und persönlichen Dinge zu behalten und dennoch mit dem oft privilegierten Status einer Vollzeitkraft zu arbeiten. Warum sollte in einer materiell so weit entwickelten Gesellschaft wie der unseren nicht auch in der „Rushhour des Lebens", zwischen 25 und 45, ein Engagement in Vereinen und Ehrenämtern möglich bleiben?[176]

Wie sich jedoch immer wieder zeigt, birgt der Wunsch nach Arbeitszeitverkürzungen Zündstoff, oft noch deutlich mehr als die Forderung nach Lohnerhöhungen. Da ist zum einen der Staat, der an steigenden Einkommen steuerlich partizipiert, an wachsender Freizeit dagegen nicht. Vor allem aber sind es die Unternehmen, die sich sträuben. Arbeitszeitverkürzung bedeutet tendenziell eine gleichmäßigere Verteilung der Arbeit. Dass also nicht einige Beschäftigte sehr viel arbeiten und andere – als Arbeitslose oder unfreiwillig geringfügig Beschäftigte – wenig oder gar nicht. Ein wesentlicher Aspekt des sich daraus ergebenden Konflikts lässt sich am Beispiel von Fußballmannschaften erklären: In einer Fußballmannschaft würde dieses Prinzip der Verteilung von Arbeit bedeuten, dass nicht einige Spieler immer spielen und andere ständig auf der Reservebank sitzen, sondern dass alle zu relativ gleichmäßigen Einsatzzeiten kommen. Die Trainer der miteinander konkurrierenden Mannschaften haben dagegen ein großes Interesse daran, jeweils die besten Spieler aufs Feld zu schicken und die Schwächeren auf der Bank zu lassen. Der eher gleichmäßige Einsatz von Spielern müsste deshalb in einem schwierigen Prozess mit einem möglichst wasserdichten Regelwerk durchgesetzt werden. Ebenso verhält es sich mit den Arbeitgebern, die ihre besten Kräfte so lange wie möglich arbeiten lassen wollen.

---

176 Im Anschluss an Feststellungen von *Schor* (1992) stellt *Streeck* (2013, S. 43) den Wunsch nach Arbeitszeitverkürzung ironisch einem „Neoprotestantismus" gegenüber, „dessen Anhänger stolz sind auf ihr im Dienste der ‚Vereinbarkeit von Familie und Beruf' minutiös durchgetaktetes Leben und die von ihm verursachte Dauererschöpfung".

Arbeitszeitverkürzungen sind als Reaktion auf die steigende Produktivität in der Vergangenheit häufig realisiert worden, ohne zu unlösbaren Problemen zu führen. Aber trotzdem sind sie alles andere als leicht erreichbar. Das gilt umso mehr in unserer Gegenwart, in der der Gedanke beherrschend geworden ist, dass nicht nur Unternehmen miteinander konkurrieren, sondern Volkswirtschaften insgesamt, mit all ihren Strukturen und Regelungen. Denn wenn die Vorstellung des zwischenstaatlichen Wettbewerbs zuträfe – oder wenn sie bewusst herbeigeführt wird – wären natürlich auch Arbeitszeitregelungen Teil des Wettbewerbs und müssten den Wünschen der Investoren möglichst weit entgegenkommen.

Wenn uns wirklich die Arbeit ausgehen sollte, weil intelligente Maschinen sie übernehmen, könnte technisch genauso viel produziert werden wie bisher oder noch deutlich mehr. Ob aber tatsächlich noch entsprechend produziert würde, hinge vom Absatz ab. Der könnte zurückgehen, wenn über den technischen Umwälzungen die Organisation der Gesellschaft zu Schaden käme. Ob die Gesellschaft noch reicher oder aber ärmer würde, ist deshalb keine Frage der Technik, sondern der Verfassung der Gesellschaft.

Was aber könnte die Eigentümer von Anlagen und Maschinen bewegen, den Nicht-Eigentümern einen Lebensstandard zu gewähren, der zumindest dem gegenwärtigen entspricht? – „Gewähren“ zeigt hier bereits ein Grundproblem; es klingt nach Spende oder Schenkung. Warum aber sollten die Eigentümer der Maschinen sich dazu herbeilassen?[177] Andererseits würden sie womöglich gar nicht besser leben, wenn sie ihren Mitmenschen den technisch möglichen Lebensstandard versagten und Absatz und Wirtschaft herunterführen. Es sei denn, es ginge zurück in eine feudale Welt auf begrenztem Wohlstandsniveau mit wenigen Herren und vielen Dienern, Wellness-Spezialisten und anderen Menschen in jenen Bereichen, in denen menschliche Bedie-

177 Hier gibt zu denken, dass gerade in Ländern, die von Rohstoffexporten leben, die sozialen Verhältnisse oft denkbar schlecht sind. In diesen Ländern sind die Eliten weniger abhängig von den Fähigkeiten der Bevölkerung als in Ländern mit anspruchsvollerer Produktion. Und wer nicht gebraucht wird, wird schlecht behandelt.

nung den Bedienten Freude macht. Das Heer der Domestiken dagegen würde in schlichter Form von den Automaten und Maschinen ernährt.

Lösungen, die bei ausgehender Arbeit einen gesellschaftlichen Niedergang vermeiden, sind vorstellbar, wenn Bürger, die gegenwärtig von ihrer Arbeit leben, künftig einen größeren Teil ihres Lebensunterhalts aus Kapitaleinkünften bestreiten können, also selbst Anteilseigner von Maschinen werden. Sie arbeiten weniger als heute und vieles, was jetzt noch von Abgaben auf Arbeitseinkommen getragen wird, wird künftig aus „Maschinensteuern" finanziert. Eine breitere Streuung des produktiven Kapitals und eine Entlastung der Arbeitseinkommen werden miteinander kombiniert.[178] Ob dagegen ein bedingungsloses Grundeinkommen eine Lösung wäre, ist ein vielschichtiges Problem und soll hier nicht vertieft werden. Es könnte mit seinem bescheidenen Niveau für die betroffenen Teile der Bevölkerung leicht zu einer kaum erstrebenswerten „Ruhigstellung 3. Klasse" führen.

Sollte die Gesellschaft von einschneidenden ökologischen oder automatisierungsbedingten Umwälzungen betroffen werden, braucht es einen starken Staat, um die Anpassungen in einem einigermaßen verträglich verlaufenden Prozess zu bewältigen. Der in einem Wettbewerb mit anderen Staaten gefangene Staat kann das nicht leisten. Alle denkbaren Maßnahmen erfordern eine höhere Inanspruchnahme des Kapitals. Wenn es sich dem entziehen kann, ist keine Lösung absehbar.

Für die Gegenwart jedoch ist festzustellen: Es fehlt vielerorts an Personal, das wir uns nicht leisten wollen oder glauben, nicht leisten zu können. Es fehlt an Pflegekräften, Lehrern, Sozialarbeitern, Polizisten, Richtern, Steuerfahndern, Sachbearbeitern für diverse Aufgaben… Der latente, finanziell bedingte Personalmangel[179] wirft die Frage auf,

---

178 Auch wer aus ökologischen Gründen über eine Reduzierung des materiellen Wohlstands nachdenkt und eine so genannte Post-Wachstums-Ökonomie anstrebt, sollte sich vorrangig mit der Frage beschäftigen, was aus der Arbeit wird. Werden Menschen als Ausgleich für einen in mancher Hinsicht bescheideneren Lebensstil mit weniger Arbeitsdruck belohnt? Oder wird der niedrigere Lebensstandard genauso viel Arbeit erfordern wie heute oder in der Vergangenheit? Kann die Dynamik der wissenschaftlichen und technischen Entwicklung beibehalten werden? Wie umgehen mit dem Bedürfnis, zu konkurrieren, das gerade die Stärkeren empfinden?

179 Im Fall Deutschlands wird der Personalmangel aktuell verstärkt durch die Erarbeitung eines Leistungsbilanzüberschusses von zweifelhaftem Wert.

ob wir der Tatsache nicht ins Auge sehen wollen, welchen unvermeidlichen Aufwand eine hochkomplexe und auseinanderdriftende Gesellschaft erfordert, um intakt zu bleiben. Wir schauen auf die hohe „Staatsquote" und stecken bei den Mängeln und Erosionserscheinungen unseres Gemeinwesens den Kopf in den Sand. Wir wollen nicht wahrhaben, dass das, was unsere Vorgänger und wir geschaffen haben, einen enormen Erhaltungsaufwand erfordert, der uns, bei einer zu kurz greifenden Betrachtung, erdrückend scheinen mag; der angesichts der Höhe unserer Produktivität allerdings durchaus verkraftbar ist. Wer 10.000 Euro verdient und davon 60 Prozent in allgemeine Töpfe geben muss, ist reicher als jemand, der 5.000 Euro verdient und 40 Prozent bezahlt. Das gilt nicht nur für Einzelpersonen, sondern auch für die Gesellschaft insgesamt, die über ihre Lasten stöhnt. Und dieser Wunsch, lieber wegzusehen, wird leider verstärkt durch unsere irrigen Annahmen über die internationale Wirtschaft und die Meinung, unsere Wettbewerbsfähigkeit lasse eine nachhaltige Bedienung der unser Land und unsere Gesellschaft stabilisierenden Aufgaben nicht zu.

Zusammenfassung:

- Der Preis der Arbeit ist für die meisten Menschen der wichtigste von allen Preisen.
- Auch auf einem freien Markt gebildet, reagiert er anders als fast alle anderen Preise. Ein sinkender Preis vermindert nicht das Arbeitsangebot, sondern erhöht es eher noch. Diese Besonderheit ist für die Anbieter von Arbeit äußerst ungünstig.
- Ein so genannter „markträumender" Preis der Arbeit, der der Grenzproduktivität der Arbeit folgt, kann die Empfänger von Arbeitslohn in den häufigen Phasen, in denen Arbeit überreichlich zur Verfügung steht, in große Bedrängnis bringen und andererseits Gewinne wachsen lassen, die nicht „wegkonkurriert" werden.
- Eine Korrektur zugunsten der Arbeitnehmer ist jenseits des durch die Grenzproduktivität definierten Bereichs nur durch staatliche Maßnahmen möglich, die nicht die Arbeit verteuern, sondern die Kapitalseite belasten. Die Ausschöpfung des Lohnspielraums bis zur Grenzproduktivität ist dagegen primär die Aufgabe der Gewerkschaften.
- Unregulierte Kapitalmobilität und Wettbewerbsdenken können es verhindern, dass Staaten zugunsten der Arbeit intervenieren. Umgekehrt werden dann Steuerlasten zum Nachteil der Arbeit verteilt.
- Sollte der Faktor Arbeit durch technische Entwicklungen zusätzlich unter Druck geraten, wird das Bedürfnis nach staatlichen Interventionen steigen, nicht zuletzt zur Stabilisierung der Gesellschaft.

7. Die Alterssicherung – Spielräume des Möglichen

Wenn wir den Ruhestand erreichen, sind Renten und Pensionen für die allermeisten der wesentliche Pfeiler des Lebensunterhalts. Aber schon in jüngeren Jahren spielen sie eine Rolle, wenn es darum geht, wieviel man zusätzlich zurücklegen muss, wenn die Jungen ihre Lage im Alter skeptisch sehen, vielleicht wenig sparen können, oder die Sicherheit der Ersparnisse zweifelhaft erscheint. Sorgen um die Alterssicherung nehmen bei Umfragen in der Bevölkerung immer wieder Spitzenplätze ein. Eine zentrale Frage lautet deshalb: Welche Renten und Pensionen sind künftig finanzierbar?

„Weil in Zukunft weniger junge Menschen mehr alte versorgen müssen, ist es nicht möglich, die Rente auf dem früher erreichten Niveau zu halten." Diese Behauptung liefert die Grundlage, um schrittweise sowohl die Lebensarbeitszeit zu verlängern als auch das Rentenniveau zu senken. Der erste Teil des ständig wiederholten Satzes – geänderte Zahlenverhältnisse zwischen Alt und Jung – trifft zu. Nach allem, was absehbar ist, müssen künftig weniger Erwerbstätige mehr Alte unterstützen. Zu folgern, dass deshalb die Altersversorgung eingeschränkt werden muss, ist jedoch nicht so schlüssig, wie es auf den ersten Blick erscheint. Politische Wertungen kommen hier ins Spiel, die auch anders ausfallen könnten, ohne die oft beschworene Generationengerechtigkeit zu verletzen. Und auch beim Thema Rente beanspruchen die Vorstellungen vom internationalen Wettbewerb eine dominante Rolle.

a) Demographische Veränderungen

Dass die Bevölkerung in Deutschland älter wird, ist hinlänglich bekannt. Bereits seit Anfang des 20. Jahrhunderts sinkt die Zahl der Kinder, die eine Frau durchschnittlich zur Welt bringt. Lag die Geburtenrate 1900 noch nahe bei 5, so erreichte sie bereits zwischen den Weltkriegen nur noch einen Wert von etwas über 2.[180] Die Kriegszeiten und die Weltwirtschaftskrise von 1929 verursachten darüberhinausgehende Einbrüche. Erst um 1950 wurde wieder eine Geburtenzahl von 2 erreicht. Sie stieg bis zur Mitte der 1960er Jahre sogar auf ungefähr 2,5 und brachte die Generation der „Babyboomer" hervor. Mit dem Siegeszug der Antibabypille eröffnete sich dann aber erstmals eine sichere und bequeme Methode der Empfängnisverhütung. Seither gehen vielfältige Gesichtspunkte in eine bewusste Familienplanung ein. Die Geburtenzahl fiel deutlich und landete in Westdeutschland schließlich bei knapp 1,4. Aktuell ist ein leichter Wiederanstieg auf 1,5 bis 1,6 zu verzeichnen. Um den Bestand zu halten, wären jedoch 2,1 Geburten erforderlich. Daraus folgt sowohl ein künftiger Rückgang der hier geborenen Bevölkerung als auch, kombiniert mit einer gestiegenen Lebenserwartung, ein erhöhter Anteil alter Menschen.

Der Rückgang der Geburtenzahlen betrifft alle entwickelten Länder. In- und ausländische Beispiele zeigen jedoch, dass Verlauf und Intensität dieses Prozesses differieren können und von politischen und kulturellen Einflüssen abhängig sind. Die Politik beeinflusst die Zahlen, ob sie es will oder nicht, und meistens eher mittelbar. In entwickelten Gesellschaften ist eine von den potenziellen Eltern als unsicher empfundene Situation schädlich, wie die Beispiele der Weltwirtschaftskrise, der ehemaligen Ostblockstaaten nach dem Umbruch oder der neuen Bundesländer zeigen. So bescherte die für viele Menschen mit existenziellen Unsicherheiten verbundene Wiedervereinigung dem Osten Deutschlands zeitweilig den einmalig niedrigen Wert von 0,8. Umgekehrt reicht soziale Sicherheit für höhere Geburtenraten allein nicht aus. Als Gründe, die die Elternschaft hinausschieben und am Ende vielleicht verhindern, werden nicht zuletzt Zeitmangel und Überforderung der beruflich engagierten Eltern genannt. Befristete Beschäftigungsverhältnisse und die Mobilität der Partner, unter Umständen in Wochenendehen, kommen hinzu. Außerdem ist es schwierig, in Kleinfamilien

180 Bei dieser Zahl handelt es sich um die sog. zusammengefasste Geburtenziffer. Sie gibt die Kinderzahl an – so die nicht ganz einfache, aber nötige Definition des Statistischen Bundesamtes –, die eine Frau im Durchschnitt hätte, wenn zwischen ihrem 15. und 45. Lebensjahr demographisch die Verhältnisse des Bezugsjahres herrschten.

besondere Situationen, zum Beispiel Krankheitsfälle, aufzufangen. Durch Ausbildung und Beruf öffnet sich das Zeitfenster für eine Elternschaft oft spät und kurz. Darüber hinaus spielt die mangelhafte Stabilität von Partnerschaften eine Rolle.

Politische Maßnahmen, um die Lage der Familien und die Rahmenbedingungen für stabile Partnerschaften zu verbessern, sind möglich. Das Zurückdrängen befristeter Arbeitsverhältnisse und die Förderung von Arbeitszeitmodellen, die die Vereinbarkeit von Beruf und Familie erleichtern, gehören dazu. Das Vertrauen der Bevölkerung, in einer Gesellschaft zu leben, die Probleme zu lösen vermag, steht nicht an letzter Stelle. Daneben ist es denkbar, dass der Kindermangel längerfristig die Wertschätzung des Nachwuchses wieder erhöht. Förderlich ist es auch, wenn Eltern weniger Probleme für ihre Kinder in Ausbildung und Beruf erwarten. Denn die Vorstellung, bei einem Überangebot an Arbeitskräften den eigenen Nachwuchs in die Gruppe der „Gewinner“ bringen zu müssen, belastet den Kinderwunsch zusätzlich. Es ist also nicht ausgeschlossen, die Schrumpfung der Bevölkerung zu bremsen oder gar anzuhalten. Doch selbst wenn das gelänge: Die Wirkungen träten so verzögert ein, dass sie für die Altersversorgung der meisten heute Lebenden kaum noch relevant wären.

Am anderen Ende der demographischen Entwicklung steht die zunehmende Lebenserwartung. Die Medizin und der gewachsene Wohlstand haben sie ermöglicht. Dabei spielt der soziale Fortschritt keine geringe Rolle. Das zeigt sich bereits bei Menschen, die derselben Generation angehören: Gebildete leben durchschnittlich länger als weniger Gebildete, Reiche länger als Arme. Der soziale Fortschritt hat den Menschen sowohl eine bessere Ausbildung als auch mehr Wohlstand und damit ein längeres Leben gebracht.

Unsere jüngere Vergangenheit bis in die Gegenwart ist aber keineswegs durch einen überproportional hohen Anteil alter Menschen geprägt. Bisher führten nämlich die ausgebliebenen Geburten während des Zweiten Weltkriegs dazu, dass weniger alte Menschen leben, als es bei einer friedlicheren Geschichte der Fall wäre. Soweit es in früheren Jahren dennoch Probleme in der Rentenversicherung gab, hatten diese mit der demographischen Entwicklung wenig zu tun. Sie waren bzw. sind vielmehr Folge des jahrelang ungünstigen Arbeitsmarkts, der Aufspaltung von Stellen in Minijobs und der verhaltenen Einkommensentwicklung bei den sozialversicherungspflichtig Beschäftigten, einschließlich der Stagnation und Verschlechterung im unteren Lohnsegment.

Zu betonen ist, dass bei den erwarteten demographischen Veränderungen weder eine künftig kleinere Bevölkerung das Problem darstellt, noch, aufs Ganze gesehen, eine verminderte Besiedlungsdichte des Landes. Zwar bringt die Entwicklung besonders in Ostdeutschland große regionale Probleme mit sich. Insgesamt aber lässt sich auch in dünner besiedelten Gebieten ein hoher Lebensstandard verwirklichen, wie Beispiele anderer Länder zeigen. Das Problem ist vielmehr der Prozess des Rückgangs und insbesondere dessen höheres oder niedrigeres Tempo. Denn ein schneller Bevölkerungsrückgang führt dazu, dass Anpassungen, beispielsweise bei der Infrastruktur, mit größerer Heftigkeit vonstattengehen.

b) Spielräume für Renten und Pensionen

Wenden wir uns vor diesem Hintergrund der Frage zu, wieviel Alterssicherung sich unsere Gesellschaft künftig leisten kann – und fügen hinzu: Soweit sie es denn will. Denn Fragen der Alterssicherung sind höchst politische Fragen. Maßgeblich sind drei Faktoren:

- Das Zahlenverhältnis zwischen dem arbeitenden Teil der Bevölkerung und dem zu versorgenden aus Kindern und Alten,
- die Entwicklung der Produktivität, wieviel Wert also mit jeder Arbeitsstunde erzeugt wird,
- und der Anteil, den die abhängig Beschäftigten und Rentenbezieher vom gesamten Wirtschaftsergebnis erhalten.

aa) Versorger und Versorgte

Um abzuschätzen, wie viele Menschen „im erwerbstätigen Alter" künftig wie viele Alte, Kinder und Jugendliche versorgen müssen, schauen wir uns die 14. Koordinierte Bevölkerungsvorausberechnung des Statistischen Bundesamtes aus dem Jahr 2019 an.[181] Sie führt bis in das Jahr 2060 und ist, man muss es leider so ausdrücken, die am wenigsten schlechte Erkenntnisquelle. Das Amt verschweigt nicht die Problematik entsprechender Prognosen. Was wäre beispielsweise eine Vorausberechnung für 1992 aus dem Jahr 1950 wert gewesen? Pillenknick, Gastarbeiterzuzug, Wiedervereinigung, Aussiedler – nichts von alledem hätte in ihr Niederschlag gefunden. Die Vorausberechnung kann also keine überraschenden Entwicklungen vorwegnehmen, sondern lediglich schon heute beobachtbare Trends in die Zukunft fortschreiben. Das Statistische Bundesamt legt aber auch in diesem eingeschränkten Sinn nicht nur *eine* Prognose vor, sondern ein ganzes System aus insgesamt 30 Varianten und Modellrechnungen. Dabei geht es um unterschiedliche Kombinationen der Annahmen zur Geburtenhäufigkeit, zur Lebenserwartung und zum Saldo aus Zu- und Abwanderungen. Das Kernstück bilden neun Hauptvarianten. Man muss sie als das nehmen, was sie sind: Bausteine, um mögliche Szenarien der Zukunft durchzuspielen. Sie sagen uns nicht, wie die Zukunft wirklich aussehen wird, aber sie lassen uns besser erkennen, wie das Zusammenspiel der maßgeblichen Faktoren funktioniert.

Für unsere Fragestellung ist zentral, wie sich das Verhältnis der erwerbstätigen Bevölkerung zur Gesamtbevölkerung und damit der Versorger zu den Versorgten entwickeln wird. Früher wurde der erwerbstätige Bevölkerungsteil als die Altersgruppe der 15- bis 65-jährigen definiert. Im Zuge längerer Ausbildungswege wird er heute realistischer Weise auf 20 bis 65 eingegrenzt. Das beinhaltet notwendigerweise Vergröberungen, denn Menschen treten individuell früher oder später ins Berufsleben ein, und dasselbe gilt für den Beginn des Ruhestands. Manche arbeiten – auch im Zuge der Verlängerung der Lebensarbeitszeit – über das 65. Lebensjahr hinaus, während andere wesentlich eher ausscheiden.

Der Abgrenzung „20 bis 65" folgend, liegt der Bevölkerungsanteil „im erwerbstätigen Alter" gegenwärtig bei knapp 60 Prozent. Damit ist er höher als noch 1980 in Westdeutschland, als er lediglich 58 Prozent betrug. Ursächlich sind die bereits in den 1990er Jahren erfolgte Zuwanderung und die verminderten Jahrgangsstärken von Kindern und

181 Statistisches Bundesamt (2019)

Jugendlichen. Wenn wir nun die Spannweite der 9 Hauptvarianten der Bevölkerungsvorausberechnung zugrunde legen, entwickelt sich der Anteil der Menschen im erwerbstätigen Alter wie folgt:

Tabelle 10

2020	2030	2040	2050	2060
59,7	55,1–55,4	53,0–54,1	52,8–54,3	50,6–53,2

Angaben in %

Wie zu erkennen ist, sind nach diesen Zahlen die vor uns liegenden 10 Jahre die kritischsten. Danach verlangsamt sich der Abstieg deutlich. Zwischen 2040 und 2050 passiert sogar sehr wenig.

bb) Eine überschlägige Berechnung

Um nun von einer demographischen Prognose zu einer Modellrechnung der künftigen Wirtschaftsleistung zu kommen, brauchen wir mindestens zwei zusätzliche Größen:

1. die künftige Ausschöpfung des Erwerbspersonenpotenzials, das heißt, wie viele Personen werden tatsächlich arbeiten, und wie viele Arbeitsstunden werden von ihnen geleistet,
2. die Entwicklung der Produktivität je Arbeitsstunde.

Wie stark das Potenzial an Arbeitskräften ausgeschöpft wird, hängt von unterschiedlichen Faktoren ab. Arbeitslosigkeit vermindert die Ausschöpfung. Zu einer geringeren Ausschöpfung kommt es aber auch durch die so genannte stille Reserve an Arbeitskräften. Dabei handelt es sich um Menschen, die arbeiten würden, wenn ihnen beispielsweise geeignete Arbeitszeitmodelle, eine Kinderbetreuung oder eine passende Umschulung angeboten würden, die sich aber unter den gegebenen Umständen nicht um Arbeit bemühen und nicht als Arbeitslose in Erscheinung treten. Und zusätzlich geht es um Menschen, die unter günstigeren Umständen den Umfang ihrer Arbeit aufstocken würden. Andererseits hat der Grad der Ausschöpfung durch die in den letzten Jahrzehnten gestiegene Erwerbsbeteiligung der Frauen deutlich zugenommen.

Die Arbeitsproduktivität je Stunde wird ermittelt, indem der Wert aller im Laufe eines Jahres produzierten Waren und Dienstleistungen durch die Zahl der dafür geleisteten Arbeitsstunden geteilt wird.

Wenn wir für eine überschlägige Rechnung einmal den Ausschöpfungsgrad des Arbeitskräftepotenzials im Basisjahr 2018 zugrunde legen, bedeutet das, anzunehmen, dass die Arbeitslosigkeit auf dem Stand von 2018 bleibt; ferner, dass die so genannte stille Reserve in Zukunft nicht häufiger als bisher den Weg in den Arbeitsmarkt findet. Und es bedeutet schließlich, das steigende durchschnittliche Eintrittsalter in den Ruhestand unberücksichtigt zu lassen.

Bei der Entwicklung der Produktivität je Arbeitsstunde sollten wir mit Blick auf das letzte Jahrzehnt von einem eher schwachen Anstieg von einem Prozent pro Jahr ausgehen. Auf die Umstände, die die Entwicklung der Produktivität beeinflussen, kommen wir aber noch einmal zurück.

Wir können nun rechnen, wie viele Arbeitsstunden jeweils geleistet werden, wie produktiv sie sein werden und welche Wertschöpfung daraus resultiert. Eine Rechnung auf dieser Basis ergibt, dass pro Kopf der Bevölkerung, vom Kind bis zur Seniorin, im Jahr 2030 inflationsbereinigt eine Wirtschaftsleistung erbracht wird, die jene des Basisjahres 2018 um etwa 3,5 Prozent übertrifft. 2040 läge sie um 10 bis 20 Prozent über der von 2018, 2050 um 21 bis 24 Prozent und 2060 um 28 bis 35 Prozent. Die Gegenwart bis 2030 ist damit die relativ ungünstigste Periode, weil in ihr gleichzeitig die Zahl der Personen im erwerbstätigen Alter abnimmt, während die Gesamtbevölkerung noch wächst. Anschließend jedoch nimmt nicht nur die Zahl der Erwerbstätigen weiter ab, sondern nun auch die Gesamtbevölkerung. Die Relation zwischen Versorgern und Versorgten ändert sich entsprechend weniger, und der Wohlstand pro Kopf steigt wieder deutlicher an. Er steigt allerdings in allen Perioden langsamer als bei einer neutralen demographischen Entwicklung. Hervorzuheben ist, dass zu keinem Zeitpunkt der Wohlstand abnimmt. Schon ein 1-prozentiges Produktivitätswachstum reicht aus, damit es in allen Perioden nicht zu einem Rückgang, sondern zu weiteren Zuwächsen pro Kopf der Bevölkerung kommt. Eine Reduktion der Renten ist aus dieser Entwicklung nicht begründbar.

Die Corona-Krise zeigt uns einmal mehr, wie unsicher Prognosen sind. Trotzdem stellt sich die Frage, ob die Annahmen unserer Rechnung längerfristig nicht zu pessimistisch sind. Das betrifft sowohl die Ausschöpfung des Arbeitskräftepotenzials als auch die Entwicklung der Produktivität je Stunde.

Der Gedanke liegt nahe, dass sich die Ausschöpfung verbessert, wenn das Angebot an Arbeitskräften abnimmt. So ist zu beobachten, dass sich Unternehmen in Mangellagen um die (Um-) Schulung von Bewerbern kümmern, die sie zu anderen Zeiten abgewiesen hätten. Und ebenso, dass ihr Interesse an Kinderbetreuung und flexiblen Arbeitsformen wächst. Staatliche Maßnahmen sollten das unterstützen. Ferner kann eine durchdachte Aufspaltung der Arbeit in Fach- und Hilfstätigkeiten zu einer besseren Nutzung des Angebots an Hilfskräften führen, während Firmen solche Tätigkeiten in anderen Zeiten von den Fachkräften einfach miterledigen lassen. Das steigende Eintrittsalter in den Ruhestand – wegen der schrittweisen Anhebung des Rentenalters und der Zunahme von Tätigkeiten, die noch jenseits der 60 ausgeübt werden können – kommt zur vermehrten Ausschöpfung hinzu.

Auch bei der Prognose der Produktivitätsentwicklung stehen wir vor Schwierigkeiten. Die weitere Entwicklung hängt von unterschiedlichen Faktoren ab und ist für die künftige Höhe der Altersversorgung von großer Bedeutung. Wir widmen ihr deshalb einen kleinen Exkurs.

cc) Zur Produktivitätsentwicklung

Zwischen 1980 und 1990 wuchs die Produktivität je Arbeitsstunde in Westdeutschland jährlich real um 2 Prozent. Im wiedervereinigten Deutschland waren es zwischen 1992 und 2002 durchschnittlich 2,2 Prozent. Danach hat sich der Zuwachs verlangsamt. Von 2003 bis 2008 und von 2010 bis 2018 stieg die Produktivität nur noch um 1 Prozent pro Jahr, und 2009 sackte sie, bedingt durch die mangelnde Auslastung vieler Betriebe in der Finanzkrise, sogar um 5,7 Prozent ab.[182]

Die Produktivität je Arbeitsstunde ist längerfristig betrachtet ein ansteigender Wert, der nichtsdestotrotz von Jahr zu Jahr schwankt. Der

182 Statistisches Bundesamt (Volkswirtschaftliche Gesamtrechnungen – Lange Reihen, Tabelle 2.14) und eigene Berechnung

langfristige Anstieg der Produktivität in einer Industriegesellschaft beruht einerseits auf dem im Laufe der Zeit wachsenden Kapitaleinsatz beim Produzieren. Die menschliche Arbeit wird immer mehr von Maschinen unterstützt und teilweise auch ersetzt. Die eingesetzten Werkzeuge werden wertvoller und wirkungsvoller. Damit wird die menschliche Arbeitskraft „gehebelt". Zum anderen steigt die Produktivität durch Erfindungen, sonstige Innovationen und Prozessoptimierungen. Dies ist ein sukzessiver Vorgang, bei dem Verbesserungen auf vorangegangenen Verbesserungen aufbauen. Fast jede realisierte Innovation eröffnet Möglichkeiten für weitere Schritte.

Die Schwankungen in der ansteigenden Linie der Produktivität sind nicht nur von Jahr zu Jahr zu beobachten. Veränderungen gibt es auch, wenn man längere Zeiträume betrachtet. Um dies zu verstehen, müssen wir uns ein wenig mehr mit der Produktivität und ihrer Messung beschäftigen. Die Produktivität je Arbeitsstunde wird, wie erwähnt, berechnet, indem man den gesamte Marktwert der produzierten Waren und Dienstleistungen durch die Zahl der dafür aufgewandten Arbeitsstunden teilt. Daraus folgt, dass die Produktivität sowohl steigt, wenn die mit einer bestimmten Stundenzahl produzierten Güter mehr und wertvoller werden, als auch, wenn eine gegebene Produktion mit weniger Arbeitsstunden realisiert wird. Besonders günstig entwickelt sich die Produktivität, wenn durch Innovationen wertvollere Produkte mit weniger Arbeitseinsatz hergestellt werden. Daneben gibt es aber auch andere, problematische Effekte. Die Arbeitsproduktivität je Stunde steigt, wenn Unternehmen Mitarbeiter entlassen, ohne die Produktion zu drosseln, und die Entlassenen keine neue Stelle finden. Denn die verbleibenden Arbeitsstunden werden ja produktiver. Umgekehrt sinkt die Produktivität, wenn Unternehmen auch bei verschlechterter Auslastung an ihren Belegschaften festhalten, wie das in Deutschland im Rahmen der Finanzkrise zu beobachten war. Und schließlich fällt die Produktivität je Arbeitsstunde nach den Gesetzen der Mathematik sogar höher aus, wenn entlassene, bislang sehr produktive Industriearbeiter gar keine Stelle finden, als wenn sie eine neue Arbeit bekommen, aber in wesentlich weniger produktiven Bereichen; wenn also zum Beispiel ein Industriearbeiter nur noch als Servicekraft in einem Schnellrestaurant beschäftigt wird. Denn bei der Produktivität je Arbeitsstunde geht es ja um den Durchschnittswert aller geleisteten Arbeitsstunden, nicht dagegen um die Zahl der Arbeitsstunden. Die Arbeitslosigkeit schlägt erst bei der Zahl der geleisteten Arbeitsstunden und damit beim Gesamtergebnis aus Stundenzahl mal Produktivität zu Buche.

Aus diesen Effekten ist auch ein großflächiger Trend ableitbar. Seit langem ist der industrielle Sektor der Wirtschaft produktiver als der Dienstleistungssektor. Der Grund liegt im höheren Kapitaleinsatz und den besseren Unterstützungsmöglichkeiten der Arbeit durch technisches Gerät. Wenn nun Arbeitskräfte aus dem personell schrumpfenden industriellen Sektor in den Dienstleistungssektor wechseln, senkt das die durchschnittliche Stundenproduktivität. Dieser Effekt dürfte sich in Zukunft allerdings nicht unverändert fortsetzen, denn die nächste Welle der Automatisierung betrifft besonders den Dienstleistungssektor. Er umfasst ja nicht nur Pflegeleistungen und Tätigkeiten mit persönlichem Bezug von Mensch zu Mensch, sondern ebenso viele Tätigkeiten im Transport- und Logistikgewerbe oder auch die Bearbeitung von Steuererklärungen oder andere massenhafte Verwaltungsarbeiten. Aber auch Bereiche der Versicherungs- und Rechtsberatung und sogar der ärztlichen Diagnose scheinen zumindest einer Teilautomatisierung zugänglich zu sein. Je mehr diese Entwicklung an Fahrt gewinnt, desto produktiver werden auch die danach noch im Dienstleistungsbereich verbleibenden Arbeitsstunden sein.

Weitere Großtrends der Produktivität entstehen daraus, dass es den Ersatz von Arbeit durch Kapital und damit die Produktivität fördert, wenn Arbeitskräfte knapp und teuer sind. Umgekehrt wird der Anstieg der Produktivität durch ein reichliches Angebot kostengünstiger Arbeitskräfte gebremst, weil sich Investitionen, die Arbeit einsparen, dann weniger lohnen. Wenn also Arbeitskräfte aus demographischen Gründen knapp werden sollten, dürfte das zu einer stärker wachsenden Arbeitsproduktivität beitragen.

Vor der Frage, wie sich die Produktivität entwickeln wird, standen auch zwei Kommissionen, die 2003 Berichte zur Zukunft der staatlichen Rente abgegeben haben. Beide Berichte hatten auf die Rentendiskussion erheblichen Einfluss. Die vom Bundesministerium für Gesundheit und Soziale Sicherung berufene „*Rürup-Kommission*“[183] ist

183 Bundesministerium für Gesundheit und Soziale Sicherung (2003), S. 62

davon ausgegangen, dass die Produktivität je Erwerbstätigenstunde bis 2040 um durchschnittlich 1,8 Prozent pro Jahr steigen wird. Die von der Christlich Demokratischen Union beauftragte *„Herzog-Kommission“*[184] hat dagegen vorsichtiger jährlich 1,25 Prozent bis 2050 zugrunde gelegt.

Diese Annahmen bewegen sich über dem, was in der Folgezeit passiert ist. Sie waren motiviert durch die Entwicklung bis 2003, und sie übertreffen eindeutig das eine Prozent unserer Überschlagsrechnung. Sie zeigen eines sehr deutlich: Wie sehr die Rentendiskussion auf die Entwicklung der Beitragssätze fixiert ist und nicht auf die Entwicklung der Verteilungsmasse abstellt. Denn die Annahmen der Gutachten führen unter Berücksichtigung der Zeiträume und des Zinseszinseffekts zu ganz erheblichen Wohlstandsgewinnen, die die Ergebnisse unserer Rechnung spürbar übertreffen. Und trotzdem befürworteten beide Gutachten deutliche Einschnitte bei den Renten. Der Umstand, dass gesamtwirtschaftlich mit steigenden Einkommen zu rechnen sei, wurde in ihnen zwar nicht verschwiegen. Die Hinweise auf das steigende Wohlstandsniveau waren freilich nicht gerade prominent platziert. Den Dreh- und Angelpunkt bildeten die Beitragssätze. Politisch und in den Medien wurden die Gutachten so aufgenommen, dass man sich bei einer kleiner werdenden Zahl von Erwerbstätigen das bisherige Rentenniveau einfach nicht mehr leisten könne.

Unter Inkaufnahme höherer Aufwendungen, sei es durch höhere Beiträge der Arbeitgeber, der Arbeitnehmer oder aus Steuermitteln, sind jedoch Altersversorgungssysteme finanzierbar, die den Abstieg beim Eintritt in die Rente bei weitem nicht so heftig werden lassen wie in Deutschland. Im Vergleich der Industrienationen weist Deutschland ein ausgesprochen niedriges Rentenniveau – unter dem Durchschnitt aller OECD-Länder – auf.[185] Die Stufe zwischen den Bezügen der Aktiven und den Renten fällt bei uns besonders drastisch aus und bedroht viele sogar mit Altersarmut. Ein Gegenbeispiel in unmittelbarer Nachbarschaft ist Österreich, wo mit höheren Beitragssätzen für die Versicherten, noch etwas höheren für die Unternehmen und auch vergleichsweise höheren Zuschüssen aus dem Steuertopf ein wesentlich

184 Christlich Demokratische Union Deutschlands (2003), S. 66

185 OECD (2019), S. 154ff., Figure 5.4

auskömmlicheres Rentenniveau als in Deutschland realisiert wird. Der österreichische Weg kommt in der „Pensionsformel 80/45/65" zum Ausdruck: 80 Prozent des durchschnittlichen monatlichen Einkommens über die gesamte Erwerbsbiographie sollen bei 45 Beitragsjahren und einem Renteneintritt mit 65 als Pension ausgezahlt werden.[186] Das ermöglicht es, den Lebensstandard im Alter weitestgehend zu sichern. Die deutschen Werte sind davon sehr entfernt.[187]

dd) Im Bann der Beitragssätze

In vielen deutschen Medien dominiert die Sicht, in Zukunft werde es knapp und die Jüngeren mit ihren künftigen Renten seien die Leidtragenden. Das Problem einer auskömmlichen Alterssicherung besteht aber nicht darin, dass eine von weniger Erwerbstätigen getragene Wirtschaft die Bevölkerung nicht mehr auf dem heutigem Niveau versorgen könnte. Sofern uns nicht Kriege, große Naturkatastrophen oder ein Niedergang des Staates treffen oder wir von wichtigen Rohstoffen abgeschnitten werden,[188] wird die Gesellschaft wohlhabend genug sein, um trotz der demographischen Veränderungen sowohl ihren erwerbstätigen als auch ihren im Ruhestand lebenden Mitgliedern einen Lebensstandard zu ermöglichen, der den heutigen noch etwas übertrifft. Je weiter zudem die in der industriellen Produktion ablaufende Automatisierung in den Dienstleistungssektor vordringt, sich zur künstlichen Intelligenz und zu selbstlernenden Systemen entwickelt, desto weniger werden die demographischen Veränderungen das Pro-

186 Ein Überblick über das österreichische Pensionssystem bieten Hülsewig/Hülsewig (2017), S. 32, Tabelle 1. Die in dem Beitrag geäußerten Zweifel an der Nachhaltigkeit basieren auf der so fragwürdigen wie verbreiteten Setzung, dass ein System mit steigenden Aufwendungen von vornherein nicht nachhaltig sei.

187 Nach der Feststellung der OECD kann bei der derzeitigen Gesetzeslage ein Vollzeitarbeitnehmer in Deutschland, der 2018 in den Arbeitsmarkt eintritt, mit einer Nettoersatzquote von 52 % rechnen, verglichen mit 59 % im OECD-Durchschnitt. Niedrigverdiener in Deutschland fallen sogar weiter zurück, bei halbem Durchschnittseinkommen mit einer Nettoersatzquote von 56 % gegenüber dem OECD-Durchschnitt von 68 %. Bei ungünstigem Erwerbsverlauf fallen die deutschen Zahlen noch deutlich schlechter aus.

188 Der Verlust des Zugangs zu Rohstoffen ist vor allem bedrohlich, wenn er abrupt erfolgt, ohne lange Zeiträume zur Anpassung und Substitution.

duktionspotenzial beschränken. Voraussetzung ist allerdings, dass diese Veränderungen sozial und politisch auch bewältigt werden.

Gleichwohl verläuft die Diskussion über die gesetzlichen Renten, geprägt von der Vorstellung einer volkswirtschaftlichen „Standortkonkurrenz", überwiegend beitragssatzfixiert. Daneben werden regelmäßig aber auch Fragen der so genannten Generationengerechtigkeit ins Spiel gebracht. Wer die Kosten der Renten „deckeln" will, argumentiert in der Regel:

- Steigende Aufwendungen für die Altersversorgung beeinträchtigen die Wettbewerbsfähigkeit der deutschen Wirtschaft.
- Sie führen selbst dann zu Arbeitslosigkeit, wenn die Arbeitskräfte aus demographischen Gründen knapper werden.
- Wegen des langfristigen Trends zu wachsenden Anteilen der Kapitaleinkommen am Bruttonationaleinkommen steht die behauptete Verteilungsmasse für Arbeitnehmer und Rentner gar nicht zur Verfügung. Arbeitnehmer und Rentner werden nur unterproportional vom Produktivitätsfortschritt profitieren.
- Steigende Rentenbeiträge verstoßen gegen die Generationengerechtigkeit, weil die Jüngeren viel mehr zahlen müssen als ihre Vorgänger. Und vielleicht sogar mehr ins System einzuzahlen haben, als sie herausbekommen werden.

Aus dieser Sicht sind steigende Finanzierungsquoten für die Altersversorgung inakzeptabel.

Die Frage der Wettbewerbsfähigkeit stellt sich übrigens weitgehend unabhängig davon, wie viele Alte und Junge es jeweils gibt. Denn falls von den Versorgungslasten die internationale Wettbewerbsfähigkeit abhinge, müsste das grundsätzlich immer gelten und nicht nur in Zeiten demographischer Veränderungen. Dann würde stets die Volkswirtschaft Vorteile erlangen, die ihre Alten am knappsten hält.

Mit den Aspekten der internationalen Wettbewerbsfähigkeit haben wir uns eingehend beschäftigt. Die Alterssicherung stellt einen Anwendungsfall dar. Volkswirtschaften müssen nicht in einen Wettbewerb eintreten, wer am wenigsten für die Alterssicherung aufwendet und wer die niedrigsten Lohnnebenkosten hat. Und selbst im Euro-System mit dem in seinem Innern ausgeschalteten Wechselkursmechanismus hat Deutschland Spielräume, mittels höherer Lohnnebenkosten gleichzeitig sowohl Spannungen aus der gemeinsamen Währung zu nehmen, die zum Bruch des Euro führen können, als auch sein Alterssicherungssystem zu verbessern. Ein wohlhabendes Land wie unseres, für das der Euro eine unterbewertete Währung darstellt und das deshalb seine Partner ständig unter Druck setzt, brauchte sich nicht mit einem vergleichsweise dürftigen Niveau der Renten zu begnügen.

Die Aufwendungen für die Alterssicherung als Problem für die internationale Wettbewerbsfähigkeit der Wirtschaft anzuprangern, hat gleichwohl eine lange und aufschlussreiche Tradition: Als 1889 im Zuge der Bismarck'schen Sozialgesetze die Invaliditäts- und Rentenversicherung eingeführt wurde – mit einem Leistungsumfang von 18 Prozent des damaligen Lohns, einem Renteneintrittsalter von 70 Jahren, bei einer nach heutigen Maßstäben niedrigen Lebenserwartung und fern jeglichen Geburtenmangels – wurde behauptet, mehr sei mit Blick auf den internationalen Wettbewerb der Wirtschaft nicht vertretbar.[189]

Auch von der Sorge um die internationaler Wettbewerbsfähigkeit abgesehen fürchten viele, dass steigende Aufwendungen für die Alterssicherung deshalb Arbeitsplätze kosten könnten, weil die Arbeit im Fall ihrer Verteuerung die Konkurrenz gegen die Automatisierung und den Einsatz von Kapital verliere. In der Tat treiben steigende Rentenbeiträge die Arbeitskosten in die Höhe, sofern sie nicht durch verminderte Löhne kompensiert werden. Steigende Arbeitskosten führen dazu, dass jener Teil der Arbeitsplätze nicht mehr profitabel ist, der sich bislang, verglichen mit einem alternativen Maschinen- und Computereinsatz, gerade noch gerechnet hat. Sofern die menschliche Arbeit in solchen Bereichen noch einen Kostenvorteil bietet, ist dieser freilich flüchtiger Natur und währt nur noch begrenzte Zeit. Denn die Automation schreitet voran, und sich ihr in den Weg zu stellen, nicht weil sie etwas Negatives wäre, sondern weil wir mit der Bewältigung der sozialen Folgen nicht schnell genug vorankommen, ist eher zweifelhaft als zukunftweisend.

Die Wettbewerbsposition der Arbeit gegenüber dem Kapitaleinsatz lässt sich verbessern, wenn die Altersversorgung stärker über eine Belastung der Kapitalerträge finanziert wird. In diese Richtung gehen hö-

189 Miegel (2006), S. 203; Frerich/Frey (1996), S. 100ff.

here steuerfinanzierte Zuschüsse zur Rentenversicherung. Sie werden bereits heute realisiert, wenn auch nicht über Steuern auf Kapital, sondern über eine erhöhte Mehrwert- und Tabaksteuer. An höhere Zuschüsse lässt sich insbesondere denken, wenn man daraus, dass immer größere Teile des Wohlstandes durch Kapitaleinsatz erwirtschaftet werden, den Schluss zieht, die Verteilung der Lasten dem anzupassen. Die Forderung nach einer „Maschinensteuer" ist eine griffige Formulierung dafür. In einer mehr und mehr von Maschinen, Automation und künstlicher Intelligenz geprägten Welt ist es naheliegend, die Alterssicherung zunehmend nicht mehr über eine Belastung der Arbeit, sondern der Produktion insgesamt zu finanzieren, unabhängig davon, wieviel Arbeit und wieviel Kapital zum Einsatz kommt. Soziale Lasten lassen sich dann durch Automatisierung nicht abschütteln. Auch eine so finanzierte Alterssicherung kann freilich weiterhin an die Lebensarbeitsleistung der Menschen anknüpfen, würde aber durch zusätzliche Finanzierungsinstrumente „gehebelt".

Allerdings drückt diese Finanzierung die Nettokapitalrenditen. Eine höhere Inanspruchnahme von Einkünften aus Kapital und Unternehmen für die Renten ist politisch leichter gesagt als getan. In den letzten Jahrzehnten hat das Kapital Belastungen mit wachsendem Erfolg abzuschütteln vermocht. Die Überlegung, dass Produktivitätsgewinne die Alterssicherung vor Einbußen aus demographischen Gründen bewahren können, greift nur, wenn sie bei Arbeitnehmern und Rentnern auch ankommen. Anders sieht es dagegen aus, wenn durch die Entwicklung der Unternehmens- und Kapitaleinkommen die Löhne und die Renten unter Druck geraten. Anlass zur Sorge gibt hier nicht zuletzt ein Blick in die USA, wo jene Bevölkerungsteile, die in Deutschland die Rentenversicherung tragen, schon seit dem Beginn der 1980er-Jahre an der wirtschaftlichen Aufwärtsentwicklung kaum noch beteiligt werden.

Wenn ein Land Unternehmens- und Kapitaleinkommen mehr belastet, während andere Länder ihre Altersversorgung und weitere Sozialausgaben herunterfahren, kann das zu Kapitalabflüssen führen, sofern nicht sonstige Rahmenbedingungen dagegen wirken. Damit kommen wir auf die Problematik der Kapitalmobilität zurück. Die Alterssicherung zeigt, dass in einer immer kapitalintensiver produzierenden Welt das Thema der Kapitalmobilität ein zentraler politischer Gegenstand ist, über den zu streiten sich lohnt. Zum Glück erzeugt Deutschland mehr Kapital, als es im Inland einsetzt. Eine Besteuerung von Kapitaltransfers, die falls erforderlich mögliche Renditedifferenzen zwischen dem In- und Ausland kompensiert, kann die Sozialpolitik schützen und demokratische Entscheidungsspielräume sichern. Davon könnten viele profitieren, während andere es als Verlust einer strategischen Bastion ihrer Interessen empfinden mögen.

Sowohl die demographische Entwicklung als auch die weiteren Fortschritte der Automation können Länder in die Lage bringen, sich zwischen einem funktionsfähigen Sozialsystem mit einer auskömmlichen Alterssicherung und der Gewährung unregulierter, vor allem nicht besteuerter Kapitalmobilität entscheiden zu müssen. Sollte es nicht gelingen, eine auskömmliche Altersversorgung für die Masse der Bevölkerung zu sichern, wäre das jedenfalls nicht der demographischen Entwicklung anzulasten.

ee) Was ist eigentlich Generationengerechtigkeit?

Einer auskömmlichen Alterssicherung kann die Weigerung der aktiven Generation entgegenstehen, sie zu bezahlen. Allerdings würde diese Generation damit zugleich die Maßstäbe für ihre eigene spätere Versorgung setzen. Zu fragen ist also, welche Belastungen die Erwerbstätigen als fair empfinden und zu finanzieren bereit sind. Ist es gerecht, wenn nachwachsende kleinere Alterskohorten mit deutlich höheren Beiträgen belastet werden als ihre Vorgänger? Wenn sie aus dem System vielleicht sogar weniger herausbekommen, als sie eingezahlt haben? Diese Fragen werden seit Jahren unter dem Schlagwort der Generationengerechtigkeit diskutiert. Häufig wird ein Altersversorgungssystem, das für die Nachwachsenden zum ‚Verlustgeschäft' zu werden droht, als so ungerecht gebrandmarkt, dass es langfristig gefährdet erscheint.

Wir wollen das Thema der Gerechtigkeit mit einem überschaubaren Modell angehen. Und um es vorwegzunehmen: Es wird sich zeigen, dass eine Alterskohorte, die in ein umlagefinanziertes Rentensystem mehr einzahlt, als sie später herausbekommt, trotzdem durchgängig – in ihrem Berufsleben und in ihrer Rentenphase – einen höheren Lebensstandard genießen kann als ihre Vorgänger. Ein „Verlustgeschäft" zu machen, muss also nicht damit verbunden sein, schlechter zu leben als die Vorgänger, die von diesem „Verlustgeschäft“ profitieren.

Mit einem überschaubaren Modell zu arbeiten bedeutet, dass aus Gründen der Übersichtlichkeit Komponenten des bestehenden Rentensystems ausgeblendet werden, die zwar wichtig sind, aber für die gestellte Grundsatzfrage keine oder nur eine untergeordnete Rolle spielen. So gibt es im Modell keine Witwen- und Waisenrenten, keine Renten wegen Berufsunfähigkeit, keine Finanzierung von Rehabilitationsmaßnahmen usw. Das führt dazu, dass sich das Verhältnis der Beitragssätze zum Rentenniveau scheinbar deutlich günstiger darstellt, als es der Realität entspricht. Aber nur scheinbar, denn all diese Komponenten erhöhen natürlich einerseits die Beiträge, fließen als Leistungen anderseits aber auch wieder den Versicherten zu.[190] Die Zahlen des Modells haben also keinen prognostischen, sondern einen verdeutlichenden Charakter. Und um letzteren noch zu verstärken, simulieren wir eine viel dramatischere Schrumpfung der Erwerbspersonenzahl, als sie tatsächlich erwartet wird.

Der Modellfall

Das Modell erfordert es, nun auf wenigen Seiten eine relativ technische Analyse von Zahlen vorzunehmen. Ihre Entwicklung zu verfolgen, vertieft jedoch den Eindruck von den ablaufenden und so vielleicht nicht vermuteten Prozessen. Wer das nicht mag, kann die Rechnungen überspringen, sich lediglich einen Eindruck des gewählten Modells verschaffen und dann zu den Schlussfolgerungen übergehen.

Nehmen wir ein Land, so klein, dass es noch überschaubar ist und in dem seine Bewohner fair miteinander umgehen. Im Laufe der von uns zu beobachtenden Entwicklung wird es noch kleiner werden, denn die Bevölkerung wird spürbar altern und schrumpfen. Anfangs leben dort 400 Erwachsene, die wir in vier Alterskohorten teilen: 100 junge Arbeitskräfte, 100 in mittleren Jahren, 100 ältere Arbeitskräfte und 100 Rentner. Jede dieser Lebensphasen soll 15 Jahre währen. Die zu versor-

190 Auch die Problematik von versicherungsfremden Leistungen und staatlichen Zuschüssen bleibt ausgeblendet und ebenso die Tatsache, dass nicht alle Einzahler das Rentenalter erreichen.

genden Kinder lassen wir zur Vereinfachung unberücksichtigt. Soweit es in unserem Land Inflation geben sollte, ist sie aus den Zahlen bereits herausgerechnet. Die 300 Aktiven verdienen monatlich je 2.500 Taler, von denen sie einen Teil in die bestehende Rentenversicherung einzuzahlen haben. Daraus erhalten die Rentner jeden Monat postwendend ihre Rente. Wir haben es also mit einem umlagefinanzierten Rentenversicherungssystem zu tun. Die Rentenhöhe soll nach dem Willen der Bewohner auch unter sich wandelnden demographischen Bedingungen stets rund 60 Prozent dessen betragen, was die Aktiven nach Abzug der Rentenversicherungsbeiträge erhalten. Am Anfang resultieren aus dieser Vorgabe Rentenversicherungsbeiträge von 16,7 Prozent oder 417 Talern.[191] Den Aktiven verbleiben also 2.083 Taler im Monat, während die Rentner 1.250 Taler beziehen. Diese und die Zahlen der weiteren Entwicklung finden Sie zusammengestellt noch einmal in der Ergebnisübersicht, also in der übernächsten Tabelle 12.

Um das Modell zu rechnen, könnten wir die Einzahlungen von monatlich 417 Talern mit 540 Einzahlungsmonaten (= 45 Jahre) und die Auszahlungen von monatlich 1.250 Talern mit 180 Auszahlungsmonaten multiplizieren. Wir können aber auch die Tatsache nutzen, dass eine Umlagefinanzierung Monat für Monat aufgehen sollte und uns die Sache einfacher machen. Dann betrachten wir für jede der vier Lebensphasen stellvertretend nur einen Monat, ohne damit das Ergebnis zu verfälschen. Einzahlungen von dreimal 417 Talern steht so in der Rentenphase eine Auszahlung von 1.250 Talern gegenüber. Solange die Bevölkerung stabil bleibt und jede Kohorte 100 Personen umfasst, erhält jeder, der das System durchläuft, im Ruhestand genau so viel ausgezahlt, wie er in seinen aktiven Phasen eingezahlt hat. Eine Verzinsung erfolgt nicht, weil kein Kapital angesammelt wird.[192]

Der demographische Abstieg beginnt

Diese Verhältnisse, in denen drei Erwerbstätige einen Rentner finanzieren, ändern sich nun. Erstens beginnt jetzt eine Alterskohorte ihr Arbeitsleben, die nur noch 80 Personen umfasst und damit 80 Prozent

191 Rundungsdifferenzen kommen hier und im Folgenden vor.

192 Dass das nicht nachteilig sein muss, sehen wir später, wenn es um die Unterschiede zwischen umlagefinanzierter und kapitalgedeckter Rente gehen wird.

der Größe der vorangegangenen Kohorten. Zweitens ist ein bescheidener Anstieg der Produktivität zu verzeichnen. Er soll je Arbeitskraft im Laufe einer 15-Jahres-Periode 15 Prozent betragen, unter Berücksichtigung des Zinseszinseffekts also circa 0,9 Prozent pro Jahr. Das Lebensschicksal dieser verkleinerten Kohorte und zusätzlich der nächstfolgenden, die um weitere 20 Prozent auf 64 Personen schrumpft, wollen wir verfolgen.

Der gewählte Schrumpfungsfaktor von 20 Prozent von Kohorte zu Kohorte ist sehr hoch gewählt. Er bewirkt einen viel deutlicheren Schrumpfungsprozess, als er sich aus einer Geburtenziffer von 1,5 Kindern je Frau und einer maßvollen Zuwanderung ergeben würde. In der 14. Bevölkerungsprognose des Statistischen Bundesamtes verringert sich der Anteil der Erwerbstätigen an der Gesamtbevölkerung in 42 Jahren – von 2018 bis 2060 – um 13 bis 17 Prozent. In unserem Modell, das nicht einer Prognose, sondern der Veranschaulichung von Zusammenhängen dient, sinkt die Anzahl der Erwerbstätigen an allen berücksichtigten Personen dagegen in 45 Jahren um ungefähr 34 Prozent. Im Gegenzug wird in unserem Modell allerdings zur Vereinfachung der Umstand ausgeblendet, dass in der Realität nicht nur die Kohorten kleiner werden, sondern auch die im Ruhestand verbrachten Lebensjahre zunehmen, weil die Menschen länger leben.

Insgesamt werden wir uns 6 Phasen anschauen, in denen jede neu ins System eintretende Kohorte 20 Prozent kleiner sein wird als die vorausgegangene. Natürlich ist das mit allerhand Rechnerei verbunden, die wir transparent machen werden. Sie haben wie gesagt die Wahl, die Rechnungen nachzuvollziehen – oder die Ergebnisse schlicht zu glauben. In jedem Fall finden Sie die Zahlen in der nachfolgenden Tabelle 11 dargestellt.

Die Rechnung: Nach dem Eintritt der ersten verkleinerten Kohorte in die Phase der jungen Erwerbstätigen gibt es weiterhin 100 Rentner, aber statt 300 nur noch 280 Arbeitskräfte. Die Arbeitskräfte sind freilich pro Kopf um 15 Prozent produktiver geworden als die Aktiven der vorausgegangenen Periode. Sie erwirtschaften pro Kopf statt 2.500 Taler 2.875 Taler, zusammen 805.000 statt 750.000 Taler, und es stellt sich die Frage nach der Verteilung. Bliebe es dabei, dass die Aktiven nach Abzug des Rentenbeitrags 2.083 Taler und die Rentner 1.250 Taler bekommen, würden insgesamt nur 708.240 Taler ausgeschüttet. Es blieben noch 96.760 Taler „im Topf". Entsprechend der Festlegung, dass die Rentner weiterhin 60 Prozent der Nettobezüge der Aktiven erhalten sollen, soll der Betrag „im Topf" dazu verwendet werden, die Nettobezüge der Aktiven und die Renten um denselben Satz steigen zu lassen, der mit 13 Prozent errechnet wird. Die Aktiven müssen demnach von ihrem Bruttoeinkommen von 2.875 Talern 507 Taler als Rentenbeitrag abführen und behalten 2.368 Taler für sich. Prozentual ist ihr Rentenbeitrag von 16,7 Prozent auf 17,6 Prozent gestiegen. Die Rentenhöhe in dieser Periode steigt auf 1.421 Euro und erfüllt die 60-Prozent-Vorgabe.

So geht es weiter. Die nächste jüngere Erwerbstätigenkohorte umfasst nur noch 64 Personen und die auf sie folgende noch 51, während die Zahl der Rentner bis einschließlich der Phase 4 bei 100 Personen verharrt und erst danach schrittweise ebenfalls sinkt.

Die Entwicklung wird in der nachfolgenden Übersicht deutlich:

Tabelle 11

Phase	Junge Erw.	Mittlere Erw.	Ältere Erw.	Rentner	Wirtschafts-ergebnis	Wirtschafts-ergebnis pro Kopf der Bevölkerung	Anstieg in 15 Jahren pro Kopf in %
1	100	100	100	100	750.000	1.875	- -
2	80	100	100	100	805.000	2.118	+ 13,0
3	64	80	100	100	806.664	2.329	+ 10,0
4	51	64	80	100	741.390	2.513	+ 7,9
5	41	51	64	80	682.188	2.891	+ 15,0
6	33	41	51	64	628.625	3.326	+ 15,0

Die erste kleinere Kohorte betritt in Phase 2 die Bühne. Sie ist in den Phasen 2 bis 4 erwerbstätig und bezieht in Phase 5 Rente (vollzählig, sie lebt in einem gesunden Land). Man sieht auch, dass das Gesamtergebnis der Wirtschaft zunächst, bis einschließlich Phase 3, trotz einer abnehmenden Zahl von Erwerbstätigen noch steigt. Ab Phase 4 fällt es dann, aber die Verteilungsmasse pro Kopf der Bevölkerung steigt trotzdem weiter, weil zugleich die Größe der Gesamtbevölkerung abnimmt. Dass das Pro-Kopf-Ergebnis am Ende sogar stärker steigt als in den Phasen zuvor, liegt daran, dass nun auch die Zahl der Rentner im Gleichschritt mit der Zahl der Erwerbstätigen abnimmt, sich das Verhältnis von Versorgern zu Versorgten also nicht mehr weiter verschlechtert.

Aus diesen Zahlen können wir nun in der beschriebenen Art die Höhe der Bruttoeinkommen, der Rentenbeiträge und der Renten errechnen.

Bilanz

Tabelle 12

Phase	Bruttolöhne	Renten-beiträge	Nettolöhne	Beitragssatz %	Renten
1	2.500	417	2.083	16,7	1.250
2	2.875	507	2.368	17,6	1.421
3	3.306	653	2.653	19,8	1.592
4	3.802	895	2.907	23,5	1.745
5	4.373	1.029	3.344	23,5	2.007
6	5.029	1.182	3.847	23,5	2.309

Wir können aus dieser Übersicht allerhand ablesen. So sehen wir einen deutlich, aber nicht uferlos ansteigenden Beitragssatz zur Rentenversicherung.[193] Ab Phase 4 stabilisiert er sich, weil zwar die Bevölkerungszahl weiter zurückgeht, sich aber das Verhältnis von Versorgern zu Versorgten nicht mehr weiter verschlechtert.

193 Wie einleitend gesagt: Stören Sie sich nicht an dem im Vergleich zur deutschen Realität günstigen Verhältnis von Beitragssatz und Rentenniveau. Es basiert auf den vereinfachten Annahmen des Modells, in dem es u.a. keine Hinterbliebenenversorgung, keine Erwerbsunfähigkeit und keine Rehabilitation gibt, die etwa ein Viertel der Kosten verursachen.

Vor allem können wir nun die Kohorte, die nur noch 80 Köpfe umfasst, Bilanz ziehen lassen – und die Bilanz wieder auf einen Monat je Periode reduzieren. Die Angehörigen dieser Gruppe haben 507 + 653 + 895 = 2.055 Taler an Beiträgen in das Rentensystem eingezahlt und dafür nur 2.007 Taler Rente herausbekommen.

Für die folgende, 64 Köpfe umfassende Kohorte sieht die Bilanz noch ungünstiger aus. Sie zahlt 2.577 Euro ein und bekommt nur 2.309 Euro heraus. Diese Zahlen signalisieren für die Jüngeren Verluste, die wir mit unseren dramatischen demographischen Annahmen erzeugt haben. Den Verlusten seht jedoch ein großes „*ABER*" gegenüber:

Die betrachteten Kohorten zahlen zwar mehr ein, als sie an Rente herausbekommen. Aber sie haben trotzdem finanziell einen erfreulichen Lebensweg beschritten. Sie sind insofern „benachteiligte" Kohorten, als sie den Ruhestand ihrer bedeutend stärkeren Vorgängerkohorten finanzieren mussten. Gleichwohl haben sie in allen Phasen ihres Arbeitslebens und anschließend als Rentner jeweils höhere Einkommen bezogen als ihre Vorgänger. Aus der Übersicht lässt sich das leicht ablesen. Natürlich wäre ihre Bilanz noch besser ausgefallen und sie hätten von dem – von Jahr zu Jahr betrachtet kleinen, insgesamt aber erheblichen – Produktivitätswachstum noch mehr profitiert, wenn es das demographische Problem nicht gegeben hätte. Und vielleicht sind die Vorgängerkohorten sogar „schuld daran", weil sie für zu wenig Nachwuchs gesorgt haben. Sind die Verluste, die unsere angeschauten Kohorten gemacht haben, deshalb aber ungerecht? Immerhin handelt es sich doch nur um Abstriche im Rahmen einer Verbesserung.

Dass der Lebensweg der kleineren Kohorten trotz der höheren Rentenlast stets von mehr Wohlstand begleitet war als das Leben ihrer Vorgänger, beruht auf der Tatsache, dass sie auf dem Wissen und Kapital aufbauen konnten, das ihre Vorgänger erst erarbeiten mussten. Ist es „gerecht", dass eine spätere Generation auf einen Bestand an Wissen und Kapital zurückgreifen kann, den die vorangegangene erst schaffen musste? Oder ist es vielleicht umgekehrt „ungerecht", dass die spätere Generation die Früchte der früheren ernten kann? Einfach so, aufgrund der Gnade der späteren Geburt... So ist der Lauf der Welt. Einen Verstoß gegen die Generationengerechtigkeit darin zu sehen, dass der Gewinn aus dem Wissenszuwachs und den Arbeitsergebnissen der vorangegangenen Generation durch demographische Veränderungen geschmälert wird – eigentlich ist das kein naheliegender Gedanke. Wer ihn ins Spiel bringt, sucht nach Gründen für Änderungen, die er aus anderen Gründen will.

Im Übrigen hat es neben Nachteilen auch ein paar Vorteile, einer Generation anzugehören, die kleiner ist als die vorangegangene: Im Durchschnitt sind die Erbschaften höher. Und die Arbeitsmarktprobleme sind tendenziell geringer, wenn zur Versorgung der Gesellschaft jeder gebraucht wird.

Das hier durchgespielte Beispiel richtet sich nicht gegen die grundsätzliche Berechtigung der Frage nach Generationengerechtigkeit. Der nachfolgenden Generation verseuchte Gewässer, ein gestörtes Klima oder geplünderte Rohstoffvorkommen zu hinterlassen oder ihr nicht die bestmögliche Ausbildung zu geben, ist nicht fair. Ein Rentensystem aber, das bei abnehmender Bevölkerungszahl für bestimmte Alterskohorten mehr Einzahlungen als Auszahlungen bedeuten kann, braucht dieses Verdikt nicht zu fürchten. Ein Verstoß gegen die Generationengerechtigkeit besteht eher dann, wenn die Jüngeren deutlich öfter als ihre Vorgänger befristete Arbeitsverhältnisse in Kauf nehmen müssen oder wenn der Anteil, den die Arbeitnehmer vom Wirtschaftsergebnis erhalten, gegenüber früheren Perioden sinkt. Aber das ist eine politische und keine demographische Frage.

Die positive Botschaft unseres Modells, dass in ihm jede Kohorte finanziell besser gestellt ist als die vorangegangene, kann man im Kampfgetümmel übrigens auch mit negativen Schlagzeilen überdecken. Getreu der Devise, dass sich schlechte Nachrichten gut verkaufen, könnte man auf den um 6,8 Prozentpunkte steigenden Beitragssatz hinweisen. Oder man macht gleich eine Tartarenmeldung daraus: „Rentenbeiträge steigen fast auf das Dreifache." Nämlich von 417 auf 1.182 Taler. Aber erstens spielt sich das in jahrzehntelangen Zeiträumen ab. Und zweitens schlägt sich hier nieder, dass der um 6,8 Prozentpunkte gestiegene Beitragssatz auf einen um mehr als das Doppelte gestiegenen Basisbetrag erhoben wird. – Kaum ein Bereich eignet sich so wie das Thema Alterssicherung und Demographie dazu, Zahlen alarmierend in Szene zu setzen, weil unsere Intuition und unser Bauchgefühl hier regelmäßig überfordert sind.

c) Umlage oder Kapitaldeckung?

Insbesondere vor der Finanzkrise von 2007 propagierten Vertreter der Banken und der Versicherungswirtschaft ebenso wie manche Ökonomen und Politiker, ein auf Kapitalbildung gestütztes Alterssicherungssystem sei deutlich vorteilhafter und „zukunftssicherer" als ein umlagefinanziertes wie die Deutsche Rentenversicherung. Die 2002 geschaffene „Riesterrente"[194] ist ein Kind dieser Zeit. Es ist auch nachzuvollziehen, dass die Angehörigen einer Generation, die kleiner als die vorangegangene ist, darüber nachdenken, ob ein kapitalgedecktes Rentensystem für sie nicht vorteilhafter wäre als ein umlagefinanziertes. Die beiden Systeme – Kapitalbildung und Umlageverfahren – sollen deshalb einander gegenübergestellt werden. Ist ein kapitalgedecktes System das bessere? Auch diese Frage berührt mehrere Aspekte – hat aber in vielen Lagen wohl eine eindeutige Antwort.

Im Gegensatz zu einem kapitalbildenden System, in dem die aktive Generation spart, um das angesammelte Kapital nebst Zinsen im Alter aufzubrauchen, geschieht das in einem umlagefinanzierten nicht. Hier werden die Beiträge der Aktiven sofort an die aktuellen Rentner ausgezahlt. Abgesehen von einer Mindestreserve bildet die Rentenversicherung kein Kapital. Die Einzahler erwerben somit kein Guthaben, sondern lediglich einen – allerdings von der Verfassung eigentumsgleich geschützten – Anspruch.[195] Aufgrund der Unterstützung, die sie ihren Vorgängern geleistet haben, gelten sie als berechtigt, im Alter selbst eine ähnliche Unterstützung zu beziehen.

Gäbe es eine umlagefinanzierte Rentenversicherung seit Anbeginn der Welt, hätten Adam und Eva ein Geschäft zu Lasten der letzten Menschen gemacht. Sie wären versorgt gewesen, ohne selbst Vorfahren versorgen zu müssen. Die letzten Menschen dagegen bleiben unversorgt,

194 Die auf Kapitalbildung gerichtete Riester-Rente ist eine durch staatliche Zulagen und Steuervergünstigungen geförderte, privat finanzierte Rente in Deutschland. Sie ist durch das Altersvermögensgesetz 2002 eingeführt worden und im Einkommensteuergesetz geregelt. Anlass war die Rentenreform 2000/2001, bei der das Niveau der gesetzlichen Renten reduziert wurde. Die Bezeichnung geht auf *Walter Riester* zurück, ehemals Bundesarbeitsminister im Kabinett *Schröder*.

195 Einen Überblick über die Rechtsprechung findet sich in den Standard-Kommentaren zum Grundgesetz, Art. 14.

trotz der Unterstützung, die sie selbst ihrer Elterngeneration geleistet haben. Für die Generationen dazwischen wäre die Frage des Altersversorgungssystems neutral, solange alle Generationen gleich groß sind. Eine Generation, die eine Elterngeneration versorgen muss, die größer ist als sie selbst, ist hingegen im Nachteil und mag sich ein kapitalgedecktes System wünschen. Im umgekehrten Fall, in dem eine größere auf eine kleinere Generation folgt, wird die nachfolgende mit dem umlagefinanzierten System sehr zufrieden sein, hat sie doch relativ weniger Vorfahren zu unterhalten. Ein kapitalgedecktes System ist in dieser Hinsicht ausbalancierter. Allerdings nur im Prinzip. Denn auch auf ein kapitalsammelndes System hat die Bevölkerungsentwicklung Einfluss. Eine schrumpfende Bevölkerung kann zu fallenden Immobilienpreisen und Aktienkursen führen. Und vor allem sollte das kapitalgedeckte System nicht, wie gegenwärtig, mit einem „Anlagenotstand" konfrontiert sein.

Ein Wechsel des Alterssicherungssystems ist schwierig. Eine Generation, die von einem umlagefinanzierten System auf ein kapitalbasiertes umsteigen wollte, müsste sowohl die eigene Altersversorgung ansparen, als auch ihre Elterngeneration weiter unterstützen und wäre doppelt belastet. Abgesehen von den Härten eines solchen Übergangs ist ein kapitalgedecktes System aber auch nicht so vorteilhaft, wie es auf den ersten Blick vielleicht erscheint. Warum? – Brot kann man nicht auf Vorrat backen, Dienstleistungen nicht vorauseilend erbringen. Und auch Autos oder Maschinen zu bauen, um sie einzumotten und erst viele Jahre später in Betrieb zu nehmen, wäre kein guter Gedanke. Ebenso unsinnig wäre es, jetzt Produktionshallen und Fließbänder zu bauen, die man zunächst nicht braucht. Die Leistungen, die die Alten künftig benötigen, können also weitgehend erst in der Zukunft erbracht werden. Und das bedeutet, sie müssen erbracht werden von den weniger gewordenen Jungen, die gleichzeitig all das zu produzieren haben, was sie für sich und ihre Kinder brauchen. Die Form des Alterssicherungssystems ändert daran nichts. Sie modifiziert letztlich nur die Begründung, mit der die Alten ihren Anteil am künftig zu backenden Kuchen verlangen. Im Falle der kapitalgedeckten Altersvorsorge treten die Alten als Inhaber von Guthaben auf, was nicht mehr heißt als von Forderungen: zum Beispiel in Form von Staats- oder Unternehmensanleihen, deren Einlösung sie verlangen. Im Falle eines umlagefinanzierten Alterssicherungssystems begründen sie ihre Ansprüche dagegen mit den Leistungen, die sie in ihrer aktiven Zeit für die vormals Alten erbracht haben. In beiden Fällen geht es um Forderungen; besonders beeindruckend ist dieser Unterschied im Grunde nicht. Die kapitalbasierten Forderungen mögen gegenüber den umlagebasierten den Vorteil haben, dass sie sich nicht auf den inländischen Nachwuchs beschränken müssen. Sie können sich auch gegen ausländischen Nachwuchs richten. Das macht jedoch nur einen Unterschied, soweit die Überalterung im Ausland nicht in gleicher Weise voranschreitet wie im Inland, also kaum gegenüber anderen Industrieländern, sondern eher gegenüber den Entwicklungsländern, in die jedoch nicht allzu viel Kapital fließt. Welchen Wert solche Forderungen aber haben werden, wenn es ernst wird, ist eine Frage der Entwicklung der Zahlungsfähigkeit und Zahlungswilligkeit der Schuldner sowie der Wechselkurse. Es ist vorstellbar, dass die Kinder in den Schuldnerländern die Schulden ihrer Eltern nicht unbedingt begeistert zurückzahlen werden.

Der Umstand, dass die Leistungen, die an die Rentner gehen, jeweils „just in time“ zu erbringen sind, hat den Sozialwissenschaftler *Gerhardt Mackenroth* schon um 1950 zu der These bewogen, kapitalgedeckte und umlagefinanzierte Rentensysteme seien wesensgleich, weil aller Sozialaufwand immer aus dem Volkseinkommen der laufenden Periode zu bestreiten sei. Deshalb sei es gleichgültig, wie man die Alterssicherung organisiere.[196]

Diese Betrachtungsweise vernachlässigt allerdings einen indirekten Aspekt: Zwar kann das Brot für die Alten erst dann gebacken werden, wenn es auch gebraucht wird. Aber man kann den Jungen, die es backen sollen, mehr und bessere Maschinen, also Kapital, an die Hand geben, um ihnen die Arbeit zu erleichtern. Im Zweifel wird es zwar wiederum keinen Sinn machen, die Maschinen, die das künftige Brot backen sollen, schon heute anzuschaffen, denn sie werden veraltet sein, bis sie zum Einsatz kommen. Aber wenn es gelingt, durch die Bildung von zusätzlichem Produktionskapital die heutige Leistung der Volkswirtschaft zu steigern und jetzt Maschinen anzuschaffen, die mit ihren Erträgen wiederum die Anschaffung der künftigen Brotbackmaschinen finanzieren – die Wirtschaftsleistung also insgesamt auf ein höhe-

196 Mackenroth (1952)

res Niveau zu heben – dann wird es den künftigen Aktiven leichter fallen, das Brot für die Alten mit zu backen. Sofern also ein kapitalgedecktes Alterssicherungssystem zu zusätzlichen Investitionen (und nicht nur zur Umdeklarierung von ohnehin erfolgenden Sparleistungen als Altersvorsorge) führt, hat ein kapitalgedecktes System tatsächlich produktive Vorteile.

Das gilt allerdings eher für Volkswirtschaften mit einem Mangel an Kapital. Umgekehrt kann übermäßiges Sparen auch nachteilig sein. Der mögliche Vorteil des kapitalgedeckten Rentensystems besteht – von Zinseffekten abgesehen – übrigens auch nur aus dem einmaligen Aufbau eines Kapitalstocks durch die erste Generation. Von der nächsten Generation wird der Kapitalstock nicht etwa verdoppelt. Nehmen wir an, die erste Generation erwirbt für ihre Alterssicherung ein Aktienvermögen, das sie nach dem Eintritt in den Ruhestand an die folgende Generation verkauft, um von dem Erlös zu leben. Die folgende Generation kauft die Aktien, um ihrerseits ihre Alterssicherung damit aufzubauen, und verkauft sie im Alter an die nächste. Durch den erstmaligen Aufbau dieses Vermögens, wenn es zusätzlich erfolgt, ist die Volkswirtschaft kapitalreicher und womöglich leistungsfähiger geworden. Auf diesem erhöhten Niveau spielen sich nun aber die Käufe und Verkäufe von Aktien durch die Generationen in einer Weise ab, die dem Funktionieren eines Umlagesystems nahe kommt.

Das Umlagesystem – ein Resultat aus Erfahrungen

Das Rentensystem geht bekanntlich nicht auf Adam und Eva zurück. Gleichwohl beruht es auf Erfahrungen, die seit Generationen immer wieder gemacht wurden. In der Geschichte ist Kapital immer wieder durch Kriege, wirtschaftliche Zusammenbrüche oder sonstige Katastrophen verloren gegangen. Zum Glück waren aber immer noch Nachkommen da. Die Sicherung durch die Leistungskraft der Nachkommen erwies sich stets als robuster als die Sicherung durch Kapital. Wenn das Kapital der Alten vernichtet war, blieb den Jungen kaum eine andere Wahl, als mit viel Arbeit und weniger Kapital die Alten mit zu ernähren. Wer sich also für eine kapitalgedeckte Alterssicherung entscheidet, müsste konsequenterweise auch in Krisenzeiten auf den finanziellen Beistand der Jungen verzichten. Das ist pure Theorie. In einem umlagefinanzierten Alterssicherungssystem steckt damit mehr Weisheit, als es auf den ersten Blick erscheint. Und es wäre frivol, zu behaupten, diese Erfahrungen gälten nicht mehr, da wir jetzt ein katastrophenfreies Zeitalter erreicht hätten...

Eine (teilweise) kapitalbasierte Altersversorgung kann jedoch eine vertretbare Maßnahme für ein Land sein, dessen Bürger zu viel konsumieren und zu wenig investieren. Wenn die Einzahlungen in einen Fonds erfolgen, der in die heimische Wirtschaft investiert, kann sich ein Land ein Instrument verschaffen, um von Kapitalimporten unabhängiger zu werden. Für Deutschland ist das freilich kein Thema. Deutschland ist mit einem Umlagesystem gut bedient.

„Die Rente ist sicher", hat der frühere Arbeits- und Sozialminister *Norbert Blüm* gesagt, und ist dafür vielfach verspottet worden. Politiker lieben kurze Formulierungen. Das kann sich rächen. „Die Rente ist sicher, sofern der politische Wille besteht, sie sicher zu halten", hätte er sagen müssen.

d) Zwei Nachbemerkungen

Manchmal wird behauptet, beim Thema Rentenversicherung sei die demographische Entwicklung lange Zeit verschlafen worden. Das trifft nicht zu. Seit der Rentenreform von 1957, die dem System bis heute seine Struktur gegeben hat, sind die demographischen Aspekte in den Debatten des Deutschen Bundestages immer wieder aufgegriffen worden. Das passierte allerdings regelmäßig dann, wenn das System in Engpässe geriet, die mit der demographischen Entwicklung nichts zu tun hatten. Der hässliche Begriff des „Rentnerbergs" wurde bereits Ende der 1960er Jahre kreiert. In die Rentenberatungen des Jahres 1978 wurde ein bis zum Jahr 2030 reichendes Prognos-Gutachten eingebracht.[197] Dem jeweiligen Stand der Rentenfinanzen folgend, setzte sich in den 1980er Jahren die Konjunktur der Warnungen fort. Später wurden gravierende Finanzierungsprobleme im Zuge der Wiedervereinigung teilweise auf die Demographie geschoben. Insgesamt: Eine jahrzehntelang immer wiederbelebte Debatte voller Windungen und

197 Bundestagsplenar-Protokoll vom 16.3.1978 – 8/81, S. 6392

Verschleierungen. *Marschallek* hat sie unter dem ironischen Titel „Die ‚schlichte Notwendigkeit' privater Altersvorsorge – Zur Wissenssoziologie der deutschen Rentenpolitik" eindrucksvoll beschrieben.[198]

Ruhestand und Alterssicherung sind nicht zuletzt ein Beispiel, wie schichtenspezifisch sich die Ansichten in der Bevölkerung unterscheiden. Die wirtschaftlichen, politischen und kulturellen Eliten möchten zumeist gern auf ihren Posten bleiben, die Durchschnittsbürger dagegen Werkhallen und Büros oft recht früh verlassen. In einer von der Europäischen Kommission noch vor den Beschlüssen zur Verlängerung der Lebensarbeitszeit geförderten und vom Bundesinstitut für Bevölkerungsforschung koordinierten Studie in 14 europäischen Ländern haben zwischen 1999 und 2003 mehr als 34.000 Menschen Fragen zu Ehe, Kinderwünschen und Rollenverteilung in der Familie, aber auch zum bevorzugten Ruhestandsalter beantwortet. In West-Deutschland äußerten 28,6 Prozent, am liebsten bis zum Alter von 55 Jahren in den Ruhestand zu treten, 49,8 Prozent gaben zwischen 56 und 60 Jahre an, 18,9 Prozent zwischen 61 und 65, und 2,7 Prozent wollten erst nach dem 65. Lebensjahr aufhören. Gefragt, wann man erwarte, tatsächlich ausscheiden zu können, wurden natürlich andere Zahlen genannt. International nahmen die Deutschen mit ihren Wünschen eine unauffällige Mittelstellung ein. In Österreich etwa wollten 86,3 Prozent spätestens mit 60 in den Ruhestand, ohne dass deshalb Österreich zum Spitzenreiter der Umfrage geworden wäre.[199] An diesen Bedürfnissen hat sich im Lauf der Zeit wohl nicht allzu viel geändert. Forscher der Bergischen Universität Wuppertal begleiten deutsche „Babyboomer" mit Befragungen seit 2011. Das betrifft die Jahrgänge von 1959 bis 1965. Aus einem 2019 vorgelegten Bericht ist zu entnehmen, dass fast alle erwerbstätigen Babyboomer dieses Alters noch im Arbeitsleben stehen. Gleichzeitig möchte aber über die Hälfte von ihnen so früh wie möglich aus dem Erwerbsleben ausscheiden, und nur jeder Zehnte würde gerne bis zum gesetzlich vorgesehenen Renteneintrittsalter arbeiten.[200]

198 Marschallek (2004), S. 285ff.

199 Bundesinstitut für Bevölkerungsforschung (2006)

200 Hasselhorn u.a. (2019)

Zusammenfassung:

- Auch bei vorsichtigen Annahmen wird das künftige Produktivitätswachstum die Folgen des Rückgangs der Bevölkerung im erwerbstätigen Alter mehr als kompensieren.
- Die Volkswirtschaft wird damit insgesamt leistungsfähig genug sein, um sowohl den Jungen wie den Alten einen Lebensstandard über dem heutigen zu ermöglichen.
- Die von der demographischen Entwicklung am stärksten betroffene Periode ist das begonnene Jahrzehnt bis 2030.
- Höhere Renten auf der Grundlage höherer Aufwendungen sind möglich, wie Beispiele anderer OECD-Staaten zeigen. Eine behutsame Verteuerung der deutschen Exporte infolge höherer Lohnnebenkosten könnte zudem Spannungen im Euroraum vermindern.
- Grundsätzlich müssen höhere Aufwendungen weder die so genannte Wettbewerbsfähigkeit eines Landes beschädigen, noch das Kapital außer Landes treiben.
- Die Behauptung, ein Rentensystem, in das eine Generation mehr einzahlt, als sie herausbekommt, stelle einen Verstoß gegen die Generationengerechtigkeit dar, ist nicht haltbar.
- Ein kapitalgedecktes System hat Vorteile gegenüber einem umlagefinanzierten, falls daraus in einer Volkswirtschaft mit knapper Kapitalausstattung ein höherer Kapitalstock resultiert. Weil aber Katastrophen die Geschichte begleiten, steckt in einem umlagefinanzierten System letztendlich die größere Weisheit.
- Ein Umstieg von einem umlagefinanzierten auf ein kapitalgedecktes System ist zudem äußerst belastend für die Generation, die den Umstieg auf sich nimmt.
- Wieweit die Leistungsfähigkeit der Volkswirtschaft für eine auskömmliche Alterssicherung genutzt wird, ist eine politische Entscheidung. Sie hängt, neben Verteilungsentscheidungen zwischen Jung und Alt, auch davon ab, in welchem Maß die Kapitalseite an den Lasten beteiligt wird und wie die demokratischen Entscheidungsprozesse gegen Exit-Drohungen des Kapitals abgesichert werden.

8. Wohlstand – Entwicklung und Verteilung

Blicken wir auf das letzte halbe Jahrhundert Frieden und Wohlstand zurück und fragen uns, wie sich unser Land ökonomisch entwickelt hat. Ein Ergebnis haben wir ja schon in der Einleitung vorweggenommen. Deutschland ist Anfang 2020, am Vorabend der Corona-Krise, pro Kopf der Bevölkerung und inflationsbereinigt, doppelt so einkommensreich wie jene westdeutsche Bundesrepublik des Jahres 1970, die die Früchte des gerade zu Ende gehenden Wirtschaftswunders genoss und von manchen als Überflussgesellschaft bezeichnet wurde. Die erstaunlichen Probleme, die trotz dieses verdoppelten Wohlstands bestehen – und die uns die Menschen des Jahres 1970 vielleicht gar nicht glauben würden – haben wir, ohne Anspruch auf Vollständigkeit, ebenfalls benannt. Bevor wir uns im Kapitel 10 damit beschäftigen, welche politischen Schlussfolgerungen wir aus den Erkenntnissen der vorangegangenen Kapitel ziehen können, sollten wir uns diese Entwicklung noch einmal ansehen.

a) Die Entwicklung des Bruttonationaleinkommens seit 1970

Was leistet unsere Volkswirtschaft? Die dazu nötigen Daten enthält die Volkswirtschaftliche Gesamtrechnung des Statistischen Bundesamtes. Das Amt veröffentlicht seine Ergebnisse regelmäßig im Statistischen Jahrbuch, in diversen Periodika und im Internet.[201] Um sowohl die zunehmende Leistung der Volkswirtschaft darzustellen als auch einen ersten Eindruck von der Verteilung des Erwirtschafteten zu bekommen, kann man sich einer Darstellung bedienen, die an ein Stück Sahnecremetorte mit mehreren Schichten erinnert. Eine entsprechende Graphik finden Sie für Westdeutschland und ab 1991 für das wiedervereinigte Deutschland in der folgenden Abbildung 2. Das Tortenstück

201 www.destatis.de

wird von 1970 bis zum aktuellen Rand immer mächtiger, und auch die Höhe der einzelnen Schichten ändert sich, wenngleich in unterschiedlichem Ausmaß.

Langfristige Darstellungen sind nur aussagekräftig, wenn sie nicht durch die Geldentwertung verzerrt werden. Deshalb ist eine Inflationsbereinigung erforderlich. Außerdem muss für die Zeit vor 2002 von Deutscher Mark in Euro umgerechnet werden. Aus diesem Grund werden alle Beträge auf einen einheitlichen Zeitpunkt bezogen. Die Wahl dieses Fixpunktes ist nebensächlich. Nachfolgend erfolgen alle Angaben in Euro zu Preisen von 2015.

Um die Wohlstandsentwicklung wiederzugeben, ist es ferner sinnvoll, die Beträge auch um die Bevölkerungsentwicklung zu bereinigen und beispielsweise Beträge je tausend Einwohner zu betrachten. So lässt sich die Tatsache berücksichtigen, dass im wiedervereinten Deutschland 83 Millionen Menschen leben und sich den Wohlstand teilen, und damit fast 22,5 Millionen mehr als in der Bundesrepublik des Jahres 1970. In unserer Tortenstück-Graphik erscheint die Wiedervereinigung deshalb logischerweise als eine Stufe nach unten, worin sich das zeitweilige Absinken der „Tortenmenge pro Kopf" widerspiegelt.

Die Torte als Ganzes wird in heutiger Terminologie als Bruttonationaleinkommen bezeichnet. Bis 1999 sprach man vom Bruttosozialprodukt. Diese Bezeichnung wurde zu Zeiten des „Wirtschaftswunders" ausgesprochen populär und drang bis in Schlagertexte vor. Das Bruttonationaleinkommen gibt an, wieviel Waren und Dienstleistungen im Inland produziert werden. Ausländische Vorleistungen, beispielsweise importierte Rohstoffe oder Halbfertigerzeugnisse, die in Deutschland weiterverarbeitet werden, sind herausgerechnet. Das Statistische Bundesamt erhebt die Daten so umfassend wie möglich. Deshalb berücksichtigt es z.B. auch fiktive Mieten für selbst genutzte Immobilien. Mit indirekten Methoden versucht es ferner, die Schwarzarbeit und die Schattenwirtschaft zu erfassen. Auch die aus dem Ausland bezogenen Einkommen, etwa Einnahmen von Inländern aus ausländischen Kapitalanlagen, werden einbezogen. Unberücksichtigt bleiben dagegen – das kann man als Mangel empfinden – die vielen nicht kommerziellen Leistungen, die in großem Umfang im eigenen Haushalt oder bei der Kindererziehung erbracht werden. Seine Kinder selbst zu betreuen wird nicht erfasst, wohl aber die Beschäftigung eines Kindermädchens. Und mit der Gartenarbeit oder mit Reparaturen als Heimwerker ist es dasselbe.

Abbildung 2

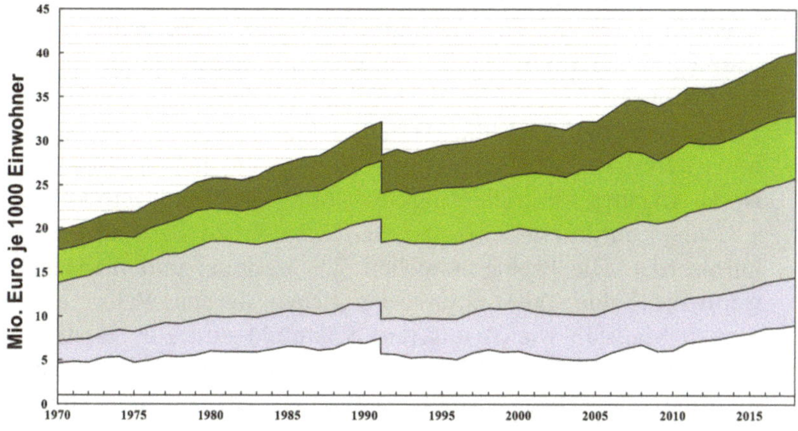

Quelle: Eigene Berechnungen auf Basis der Zahlen des Statistischen Bundesamts

Wenden wir uns nun den Schichten des Tortenstücks zu. Sie bilden die so genannte funktionale Einkommensverteilung ab.

– Die oberste Schicht zeigt die Abschreibungen, also den Teil des Erwirtschafteten, der benötigt wird, um verbrauchte oder veraltete Maschinen, Gebäude usw. rechtzeitig zu ersetzen. Diese Abschreibungen müssen vom konsumierbaren Teil der Torte abgezogen werden, um die Substanz des Landes nicht aufzuzehren. Will man nur den konsumierbaren Teil betrachten, könnte man auf diese Schicht verzichten. Es empfiehlt sich trotzdem, auch die Abschreibungen im Blick zu behalten: Nicht nur, weil sie mit steigender Kapitalintensität der Wirtschaft wachsen, sondern auch, weil sie nach unternehmensfreundlichen steuerlichen Vorschriften ermittelt werden und Maschinen teilweise länger laufen, als es die Abschreibungsregeln unterstellen, womit die wahren Kapitaleinkünfte noch etwas höher ausfallen.

Der gesamte Bereich der Torte unterhalb der obersten Schicht wird Nettonationaleinkommen genannt. Es ist jene Masse, aus der die materiellen Bedürfnisse aller Menschen im Land, teils individuell, teils staatlich, befriedigt werden müssen.

- Die zweite Schicht von oben umfasst die Einkommen, die die privaten Haushalte und die Kapitalgesellschaften aus unternehmerischer Tätigkeit und aus Vermögen beziehen. In sie gehen die Gewinne großer Firmen genauso ein wie die Zinsen vom Sparbuch eines Rentners.

  Diese Werte und auch die Werte der folgenden Schichten sind jeweils Netto-Angaben nach Abzug von Steuern und Abgaben. Mit Netto-Angaben sind allerdings Erhebungsprobleme verbunden – z.B. die Zuordnung von gezahlten Steuern zu bestimmten Einkunftsarten. Die Probleme stellen sich national und mehr noch, wenn die Zahlen international verglichen werden. Bei einem so großen Maßstab wie in unserem Schaubild und zur Darstellung einer nationalen Entwicklung im Zeitverlauf kann auf eine Vertiefung dieser im Detail vielfältigen Probleme jedoch verzichtet werden.
- Die dritte Schicht zeigt die Nettolöhne und -gehälter. Sie wird sowohl stärker, wenn die Reallöhne steigen, als auch, wenn der Anteil der abhängig Beschäftigten in der Gesellschaft zu- und die Zahl der Arbeitslosen abnimmt. Umgekehrt schrumpft sie, wenn die Nettolöhne inflationsbereinigt sinken oder die Arbeitslosigkeit zunimmt.
- Die vierte Schicht zeigt die so genannten monetären Sozialleistungen an inländische Haushalte nach Abzug der darauf entfallenden Steuern und Abgaben. Sie umfasst nicht nur die Sozialleistungen des Staates einschließlich der Sozialversicherungsträger – wie Renten, Krankenversicherungsleistungen, Arbeitslosengeld usw. – sondern auch die von den Unternehmen gezahlten Betriebsrenten und Pensionen. Und auch die staatlichen Pensionen, die die Beamten netto erhalten, finden sich hier.

– Die unterste Schicht ist eine Restposition mit begrenztem Aussagewert. Sie zeigt einen Teil der öffentlichen Einnahmen.[202] In ihr können sich bestimmte Steueränderungen widerspiegeln, allerdings vermischt mit anderen Effekten.

Unser Schaubild beginnt im Jahr 1970, an das sich ältere Leserinnen und Leser noch erinnern werden. Nach dem Wiederaufbau war die Bundesrepublik überraschend wohlhabend geworden, mit einer soliden, in weiten Teilen relativ neuen Infrastruktur, einer Arbeitslosenquote von nur 0,7 Prozent und einer breiten, nach damaligen Maßstäben gut ausgebildeten Mittelschicht. In der vorausgegangenen Dekade von 1960 bis 1970 war die Wirtschaft um fast 55 Prozent gewachsen. Wenn es in einigen Universitätsstädten trotzdem unruhig zuging, so nicht wegen materieller Probleme, sondern weil ein Teil der Jugend fand, die Elterngeneration habe sich zu sehr darauf konzentriert, diesen Wohlstand aufzubauen und darüber, wie der damalige Bundeskanzler *Willy Brandt* es formulierte, zu wenig „Demokratie gewagt". Bei den meisten Menschen, auch den protestierenden, herrschte gleichwohl Optimismus. Die epochale Leistung der Landung von Menschen auf dem Mond hatte doch gezeigt, was möglich war.

Wenn wir nun in unserem Schaubild auf der Zeitachse nach rechts in Richtung Gegenwart wandern, sehen wir, dass sich das Nettonationaleinkommen im ersten Jahrzehnt bis 1980 auf knapp 130 Prozent des Anfangswerts erhöht. Als eine Kerbe zu erkennen ist aber auch die erste „Ölkrise", die zu einer Stagnation von 1973 bis 1975 und einem Anstieg der Arbeitslosigkeit führte. Von einem wirklichen Wohlstandsverlust kann man im längerfristigen Zusammenhang indessen kaum sprechen; eher von den sozialen Folgeproblemen wie Arbeitslosigkeit, die am vergrößerten Bereich der monetären Sozialleistungen in dieser Zeit beteiligt sind. Von 1980 bis 1990 wächst die Volkswirtschaft weiter auf fast 160 Prozent des Ausgangswertes. Die zweite Ölkrise zum Wechsel des Jahrzehnts ist gut zu erkennen, und es zeigt sich, dass der

202 Sie umfasst den Teil der öffentlichen Haushalte, der aus Einkommen- und Vermögensteuern, Sozialabgaben, Einfuhr- und Produktionsabgaben gespeist wird, nicht dagegen aus Umsatz- und Verbrauchssteuern, vermindert vor allem um die Nettobeträge öffentlicher Personalausgaben und monetärer Sozialleistungen.

Anstieg dieser Dekade erst den hohen Zuwächsen ab 1987 zu danken ist.

1991 führt die Wiedervereinigung zu einer Zäsur. Bei der gewählten Darstellung pro tausend Einwohner bewirkt sie eine deutliche Wohlstandsstufe nach unten. Denn das Wirtschaftsergebnis wird nun auf eine vergrößerte Bevölkerung umgerechnet. Natürlich sackt der Wohlstand im wiedervereinigten Deutschland nicht wirklich ab. Die Westdeutschen müssen zwar Transferleistungen zugunsten des „Beitrittsgebiets" erbringen, aber wesentlich kommen die niedrigeren gesamtdeutschen Zahlen durch das viel niedrigere Wohlstandsniveau im Osten der wiedervereinigten Republik zustande. Und es fällt auf, dass der niedrigere Durchschnittswert nicht unter jenes Niveau fällt, das Westdeutschland erst vier Jahre zuvor erreicht hatte.

Bis das vereinigte Deutschland statistisch wieder das Niveau Westdeutschlands unmittelbar vor der Wiedervereinigung erreicht, dauert es allerdings bis zum Jahr 2004. In einem weltwirtschaftlich schwierigen Umfeld verläuft das Wachstum in diesem Zeitraum deutlich verhaltener als zuvor und danach. Wenn man die Investitionen in die Neuen Länder zugleich als Konjunkturprogramm ansieht, mag das auf den ersten Blick erstaunen.

Ab 2005 bis zum letzten Jahr des Schaubilds 2018 kehren, aufs Ganze gesehen, die vor der Wiedervereinigung beobachteten Anstiege zurück. Und sogar mit überraschend vergleichbaren Zuwächsen. Betrachtet man nämlich die durchschnittlichen jährlichen Zuwächse für die Perioden 1970 bis 1980, 1980 bis 1991 und 2005 bis 2017, so wächst die Wirtschaft ziemlich gleichförmig – in Preisen von 2015 um 590 bis 610 Euro je Einwohner und Jahr.[203] Auch wenn man solche Zahlenmuster nicht überbewerten sollte, ist diese Gleichförmigkeit doch bemerkenswert. Allerdings bedeutet ein solcher konstanter Betrag, der jeweils zu dem ansteigenden Basisbetrag hinzukommt, auch einen abnehmenden *prozentualen* Zuwachs. Das ist freilich kaum verwunderlich, denn ein konstanter prozentualer Zuwachs hätte die Wirtschaftsleistung im Laufe der Jahre als exponentielles Wachstum explodieren lassen.

203 Die Konsolidierungsphase des wiedervereinigten Deutschland bis 2004 bleibt hier ausgespart.

Von Gleichförmigkeit kann man allerdings nur reden, wenn man die *durchschnittlichen* Steigerungsbeträge der drei Perioden betrachtet. Denn die Zeit zwischen 2005 und 2017 ist ziemlich turbulent. In sie fällt die 2007 ausgebrochene Finanzkrise, die eine weltweite Rezession auslöst und in unser Schaubild die tiefste Kerbe zeichnet. Der Rückgang 2008/2009 ist die Folge. Allerdings beträgt er für Deutschland nur 2 Prozent – und ist damit doch der mit Abstand höchste des vor der Corona-Krise liegenden Beobachtungszeitraums. Deutschland kommt freilich schnell aus der Rezession heraus und macht den verlorenen Boden schon mit dem Zuwachs des Folgejahres wieder gut. Dass es die Krise besser als andere Länder meistert, hat mehr als einen Grund. Eine wesentliche Rolle spielt, dass die Wirtschaft kaum Personal entlässt und so bei wieder anziehender Konjunktur einen perfekten Start erwischt. Geholfen hat dabei ein sozialpolitisches Instrument: das aus öffentlichen Mitteln bezahlte Kurzarbeitergeld, das Arbeitgeber beantragen können, wenn sie an zeitweilig nicht ausgelasteten Mitarbeitern festhalten. Es erhält den Betrieben nicht nur ihre eingespielten Belegschaften, sondern stabilisiert darüber hinaus die Kaufkraft der Bevölkerung. In der aktuellen Corona-Krise versuchen einige andere Länder, aus diesem Beispiel zu lernen.

Der Blick auf die Wirtschaftsentwicklung des letzten halben Jahrhunderts wird noch instruktiver, wenn man die tatsächliche Entwicklung mit all den negativen feuilletonistischen, wirtschaftspolitischen und verbandspolitischen Kommentaren vergleicht, von denen sie im Laufe der Zeit begleitet wurde. Verständlicherweise kann dies hier nicht einmal ansatzweise geschehen. Und vielleicht ist es ja auch nicht besonders nett, die eine oder andere edle Feder mit ihren älteren Produkten zu behelligen. Eine kleine Erinnerung muss aber gestattet sein.

So hat der Historiker *Paul Nolte* 2006 eine ambitionierte Analyse der geistigen und politischen Strömungen der Bundesrepublik – die darauf hinausläuft, Deutschland verweigere die Wahrnehmung seiner Realität – wesentlich auf die Feststellung gegründet, Deutschlands Wohlstandsentwicklung sei bereits mit der ersten Ölkrise 1973 an ihr Ende gekommen.[204] Dass jene erste Ölkrise unsere Gesellschaft wie ein seismisches Beben erschüttert hat, kann nicht bestritten werden. Nur er-

204 Nolte (2006), siehe z.B. S. 28 und 52

weist sich *Noltes* Aussage als mit den Fakten nicht vereinbar, und das hätte auch 2006 schon auffallen können. Im selben Jahr beschwört der frühere Chefredakteur der *Welt*, *Herbert Kremp*, seine Zeit tremolierend als „das ungewohnte, unerbittliche Zeitalter der Wohlstandsrevision“.[205] Und zwei Jahre zuvor hat *Hans-Werner Sinn*, früherer Direktor des Münchner Ifo-Instituts, via Buchtitel gefragt „Ist Deutschland noch zu retten?“[206] – um händeringend zu konstatieren, Deutschland sei seit langem auf der schiefen Bahn, nur nähere es sich seit der Beteiligung der ex-kommunistischen Länder am Welthandel allmählich dem Punkt, wo es kein Halten mehr gebe.[207] Bereits im Klappentext zu *Meinhard Miegels* Bestseller „Die deformierte Gesellschaft – wie die Deutschen ihre Wirklichkeit verdrängen“ erfährt der Leser 2006: „Die außergewöhnliche Wohlstandsepoche, die die Bundesrepublik Deutschland seit den fünfziger Jahren erlebt hat, basierte auf einer einzigartigen Kombination von Bevölkerungsstruktur, Wirtschaftswachstum, Vollbeschäftigung und sozialer Absicherung. Diese Jahre des Überflusses sind endgültig vorbei!“[208] Diese Auswahl ist, wie gesagt, beliebig. Publizistisch ist Deutschland schon viele Tode gestorben.

b) Die Entwicklung der Nettolohn- und -kapitaleinkommen und der Sozialleistungen

Die erfreuliche Entwicklung der Mächtigkeit des Tortenstücks sagt noch nichts über die Änderungen in seinem Innern. Wie haben sich die Nettolöhne und -gehälter, die Nettokapitaleinkommen und die Sozialleistungen, zu denen auch die Renten und Pensionen zählen, im Verhältnis zur gesamten Wirtschaftsleistung entwickelt? Da die jeweilige Stärke der Schichten in unserer Tortenstück-Graphik nur mit etwas Mühe abzulesen ist, wollen wir uns die Entwicklung anhand von Balkendiagrammen für ausgewählte Jahre ansehen. Die Balken zeigen nicht die absoluten Werte, sondern die sich ändernden Relationen zwischen den drei Einkunftsarten. In den Dreiergruppen steht jeweils der

205 Kremp (2006)
206 Sinn (2004)
207 Sinn (2006)
208 Miegel (2006)

linke Balken für die Nettokapitaleinkommen, der mittlere für die Nettolöhne und der rechte für die Sozialleistungen.

Abbildung 3 ***Verteilung auf Kapitaleinkommen, Löhne und Sozialleistungen***

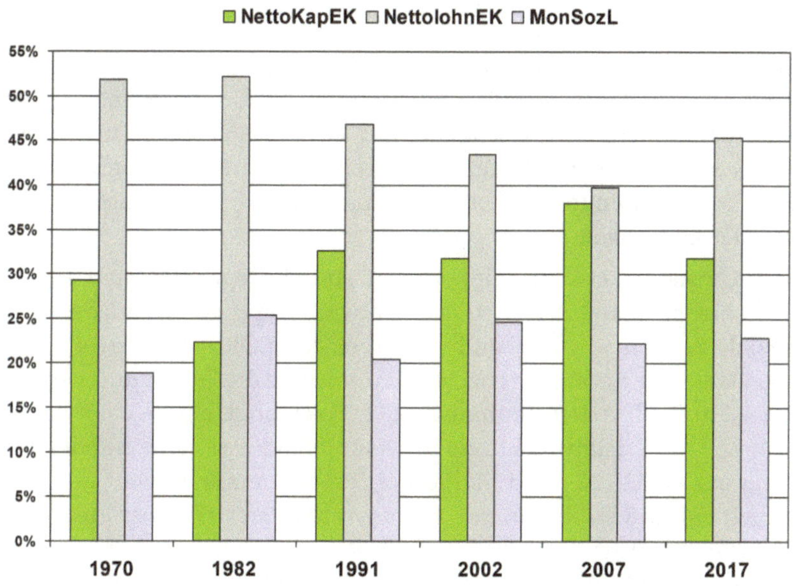

Funktionale Verteilung in Prozent

Quelle: Eigene Berechnungen auf Basis der Zahlen des Statistischen Bundesamts

Wir beginnen mit dem Balkentrio für unser Startjahr 1970. Das zweite Trio betrifft das Jahr 1982, als die sozialliberale Koalition aus SPD und FDP unter Bundeskanzler *Helmut Schmidt* endete. Das dritte Jahr ist 1991, das Jahr der Wiedervereinigung mit den letzten Zahlen für die alte Bundesrepublik. Es folgen 2002, als die rot-grüne Bundesregierung unter Bundeskanzler *Gerhard Schröder* ihre zweite Wahlperiode begann; 2007 mit den letzten Zahlen, bevor die Finanzkrise ihre Wirkung zeigte; und 2017 als jüngstes Jahr dieser Betrachtung. Die drei Einkunftsarten ergeben zusammen jeweils 100 Prozent, und die einzelnen Balken zeigen die Anteile daran.

Sowohl 1970 wie 1982 stechen die Nettolöhne und -gehälter hervor. Ihr Anteil lag jeweils um die 52 Prozent. Die Nettokapitaleinkommen dagegen hatten 1970 einen Anteil von unter 30 Prozent und fielen bis 1982 um fast 7 auf etwa 23 Prozent. Dieser Absturz war jedoch relativ. In absoluten Werten blieben die Kapitaleinkommen inflationsbereinigt ungefähr auf demselben Niveau, während die Volkswirtschaft als Ganzes deutlich wuchs. Die freiwerdenden Anteile der Kapitaleinkommen wurden nicht von den Arbeitseinkommen übernommen, sondern von den steigenden Sozialausgaben, die die Kapitaleinkommen überholten. Dies geschah infolge einer ungünstigen, unter anderem von den beiden Ölpreiskrisen beeinflussten Arbeitsmarktentwicklung bei wachsendem Arbeitskräfteangebot und wegen ausgeweiteter sozialer Leistungen.

Der Umstand, dass die Einkommen aus Unternehmen und Kapital nicht entsprechend der Wirtschaftsentwicklung stiegen, stattdessen die Sozialausgaben wuchsen und die Arbeitslosigkeit viel höher als 1970 lag, als sie nur 0,7 Prozent betrug, beunruhigte die Politik und empörte die Wirtschaft. Alarmstimmung machte sich breit; ein Wechsel bahnte sich an. 1982 nahm nicht nur in Deutschland eine neue Bundesregierung aus CDU/CSU und FDP unter Bundeskanzler *Helmut Kohl* ihre Arbeit auf. In Großbritannien war 1979 *Margaret Thatcher* Premierministerin geworden und in den USA *Ronald Reagan* seit 1981 der 40. Präsident der Vereinigten Staaten. Die Wende von der zuvor dominierenden keynesianischen Wirtschaftspolitik zum bald Neoliberalismus genannten Politikkonzept war im Gange.

Von 1982 bis 1991 wuchsen Löhne und Gehälter wesentlich bescheidener als in den Perioden zuvor und unterproportional im Verhältnis zum weiterhin ungebrochenen Wachstum der Gesamtwirtschaft. Das Gewicht der Arbeitseinkommen sackte ab auf 46,8 Prozent. Die Kapitaleinkommen dagegen holten sich ihren zweiten Platz nicht nur zurück. Über den Wert von 1970 hinaus konnten sie ihren Anteil bis 1991 auf 32,6 Prozent steigern. Neben dem Lohnanteil sank nun auch der Teil der monetären Sozialleistungen deutlich um 5 Prozentpunkte.

Im wiedervereinigten Deutschland konnten die Kapitaleinkommen 2002 ihren Anteil aus der westdeutschen Schlussphase ungefähr behaupten. Das ist bemerkenswert, weil mit der Wiedervereinigung viele Menschen hinzukamen, die abhängig beschäftigt waren oder auch arbeitslos wurden und über keine nennenswerten Unternehmens- und Kapitaleinkünfte verfügten. Entsprechend stagnierte die Entwicklung für die Bezieher von Kapitaleinkommen in Wahrheit nicht, sondern setzte ihren Aufwärtstrend bei denen, die über Kapital verfügten, fort. Die Arbeitseinkommen verloren dagegen an Boden und gaben Anteile an die Sozialleistungen ab.

Etwa 2004 überwand die deutsche Wirtschaft eine längere Phase schwächeren Wachstums und zog deutlich an. Die Kapitaleinkommen schnellten auch in der Anteilsbetrachtung deutlich nach oben. 2007 belief sich ihr Anteil auf 36,4 Prozent. Im Verhältnis zu den 28,7 Prozent des Jahres 1970 und den 21,6 Prozent des Jahres 1982 zeigt sich, dass wir uns nun in einer anderen Epoche befinden. Und entsprechend verloren bis 2007 die Sozialleistungen und noch stärker die Arbeitseinkommen an Boden. Letztere lagen nun kaum noch vor den Kapitaleinkommen.

2017 wirken teils die alten, teils aber auch sehr veränderte Faktoren. Die weltweite Finanzkrise hat die Volkswirtschaften durchgeschüttelt, ausgelöst durch die abenteuerliche Risikobereitschaft der maßgeblichen Akteure und die vorangegangene Deregulierung der Finanzmärkte. Aber ausgelöst wohl auch durch die enorme Zunahme des nach Anlagemöglichkeiten suchenden Kapitals. Nicht zuletzt brauchen viele gut verdienende Unternehmen jetzt kaum noch Kredite, sondern suchen umgekehrt nach Finanzanlagen für ihr nicht benötigtes Kapital. Umgekehrt nehmen viele Regierungen erhebliche Lasten zur Stabilisierung der Finanzmärkte in ihre Bücher und erhöhen ihre Verschuldung spürbar; im Falle Deutschlands allerdings, ohne nennenswerte Zinsen dafür zahlen zu müssen. Und die einfachen Sparer, aber auch die Lebensversicherer und andere Akteure geraten in eine unschöne neue Welt, in der es kaum noch Zinsen zu verdienen gibt. Die deutsche Volkswirtschaft jedoch leidet nur kurz und erwischt nach der Krise einen guten Start, von dem der Arbeitsmarkt profitiert.

Die Zahlen des Jahres 2017 scheinen ein Wiedererstarken des Gewichts der Lohneinkommen zu belegen, wenn auch weit unterhalb des Niveaus von 1970 oder 1980. In der Tat hat in Deutschland die Zahl der Arbeitslosen deutlich abgenommen, die der abhängig Beschäftigten ist gestiegen. In einigen Regionen und Berufen zeigt sich ein verknapptes Arbeitskräfteangebot. Tariflöhne steigen über die mäßige Inflation hinaus. Betrachtet man die Dekade zwischen 2007 und 2017, muss sich der Blick aber auch auf die Entwicklung der Einkommen aus Kapital und Unternehmen richten. Diese Einkommen sind im Vergleich zu 2007, auch in absoluten Zahlen, spürbar gesunken. Hier macht sich bemerkbar, dass die Einkunftsart höchst unterschiedliche Anlageformen in sich vereint. Neben den Einkünften aus dem Eigentum an Unternehmen, Aktien und Immobilien werden auch die Zinseinnahmen aus Sparbüchern, Bundesanleihen usw. dort verbucht. Seit der Finanzkrise werden aber kaum noch Zinsen gezahlt. Real, unter Berücksichtigung der Inflation, sind die Zinsen deutlich im negativen Bereich gelandet. Gleichzeitig verdienen die Unternehmen jedoch mehrheitlich sehr gut. Die Bezieher von Einkommen aus Kapital und Unternehmen sind vom Rückgang also sehr unterschiedlich betroffen.

Auch unabhängig von der gespaltenen Entwicklung der Kapitaleinkommen im Anschluss an die Finanzkrise zeigen vielfältige Beobachtungen, dass sich große Vermögen wesentlich besser rentieren als kleine. Das ist freilich normalerweise nicht einfach zu belegen. Denn die Eigentümer großer Vermögen lassen sich ungern in die Karten schauen, und die Möglichkeiten zur Verschleierung von Gewinnen sind vielfältig. Für die höhere Rentabilität großer Vermögen gegenüber nicht ganz so großen hat der französische Ökonom *Thomas Piketty* gleichwohl interessantes Material gefunden.[209] Viele Universitäten in den USA finanzieren sich in erheblichem Umfang aus den Erträgen ihrer Stiftungsvermögen. Und anders als andere Kapitalanleger unterliegen diese Stiftungen strengen Publizitätspflichten. Es ist also über lange Zeiträume nachvollbar, mit welchen Vermögen welche Gewinne erzielt werden. In den USA gibt es ungefähr 850 Universitäten, die über ein Stiftungsvermögen verfügen. Das Stiftungsvermögen der drei reichsten – Harvard, Yale und Princeton – belief sich 2010 auf 30, 20 und 15 Milliarden Dollar, während sich die „ärmsten" mit zweistelligen Millionenbeträgen begnügen mussten. *Piketty* zeigt, dass alle Universitäten von 1980 bis 2010 deutlich überdurchschnittliche Renditen erzielten.

209 Piketty (2015), S. 596ff.

Im Durchschnitt erreichten sie nach Abzug der Inflation und ihrer Verwaltungskosten eine Rendite von 8,2 Prozent. Aber die oben genannten reichsten drei erzielten 10,2 Prozent und die mit mehr als einer Milliarde Dollar 8,8 Prozent, während sich die etwa 500 Universitäten mit einem Stiftungsvermögen von unter 100 Millionen Dollar durchschnittlich mit 6,2 Prozent begnügen mussten. Das ist umso beachtlicher, weil ja auch die kleineren Stiftungsvermögen in der Regel professionell gemanagt werden.

Das 2017 geminderte Gewicht der Nettokapitaleinkommen steigert in unserer Darstellung das relative Gewicht der beiden anderen Einkunftsarten. So gewinnen die Sozialleistungen von 2007 bis 2017 in geringem Umfang an Boden. Ihr Anteil steigt von 22,2 auf 22,9 Prozent. Das steht jedoch nicht im Gegensatz zu der Tatsache, dass sie in diesem Zeitraum deutlich weniger wachsen als die Wirtschaft insgesamt. Während der Pro-Kopf-Ertrag der Volkswirtschaft 2017 um 14 Prozent über dem zehn Jahre zuvor erzielten liegt, steigen die Sozialleistungen nur um ungefähr 9,5 Prozent. Ihr leicht wachsender Anteil in dieser Dekade beruht somit auf der Schwäche der Kapitaleinkommen. Und der Sozialleistungsanteil von 22,9 Prozent liegt auch deutlich unter dem Wert von 1982, wo er 25,4 Prozent und 2002, wo er 24,7 Prozent betrug.

Der bis 2007 dramatisch steigende Anteil der Unternehmens- und Kapitaleinkommen, der 2017 eher für die kleinen Anleger und die regelgebunden anlegenden Lebensversicherer als für die großen Kapitaleigner eingebrochen ist (und trotzdem noch bei dem hohen Wert zum Zeitpunkt kurz vor der Wiedervereinigung liegt), ist nicht nur problematisch, weil Kapitaleinkommen seit jeher höchst ungleich verteilt sind, viel ungleicher als die Arbeitseinkommen, und diese Ungleichheit seit der Finanzkrise noch zugenommen hat. Sondern auch und gerade deshalb, weil die Kapitaleinkommen nur beschränkt zur Finanzierung der sozialen Sicherungssysteme beitragen und sich insbesondere die großen Vermögen vielen Belastungen unter den bestehenden Rahmenbedingungen erfolgreich entziehen können.

c) Die Einkommensentwicklung auf der Ebene der Haushalte

Nach diesen Eindrücken von der Verteilung nach Einkommensarten möchten wir natürlich wissen, wie sich die Einkommen in den verschiedenen Schichten der Gesellschaft entwickelt haben. Das ist aber gar nicht so leicht zu erfahren. Die drei Einkommensarten Lohn, Gewinn und Sozialleistungen sagen unmittelbar nichts über die tatsächlichen Einkommen von Personen und Haushalten aus. Manche Arbeitnehmer haben Geldanlagen, die Zinsen oder Dividenden bringen, manche Rentner, d.h. Bezieher von monetären Sozialleistungen, bewohnen ihr abbezahltes Haus, dessen Mietwert ihnen als Kapitaleinkommen zugerechnet wird.[210] Es ist sogar denkbar, dass jemand Einkommen aus allen drei Einkunftsarten bezieht: Eine Rentnerin hat neben ihrer Rente noch einen kleinen Job und bewohnt ihre abbezahlte Eigentumswohnung. Und was für Einzelpersonen gilt, gilt erst recht bei der Betrachtung von Haushalten, denen oft mehrere Verdiener angehören. Immerhin aber unterscheiden sich die meisten Haushalte deutlich danach, welche Einkunftsart überwiegt. Der Lohnempfängerhaushalt wird in der Regel nicht über ebenso hohe Kapitaleinkünfte verfügen und der Arbeitslosengeld II beziehende Haushalt, schon wegen der geltenden Anrechnungsvorschriften, kaum über größere Lohn- oder Kapitaleinkommen. Etwas häufiger sind Haushalte, in denen sich Einkünfte aus Lohn und Gehalt und aus unternehmerischer Tätigkeit ungefähr die Waage halten: Zum Beispiel eine Lehrerin, die mit einem selbständigen Versicherungsvertreter verheiratet ist.

Als Datenquellen für die Einkommensverteilung auf der Ebene der Haushalte stehen die Steuerstatistiken sowie auf freiwilliger Basis durchgeführte Bürgerbefragungen zur Verfügung. Beide Quellen, auch wenn man sie miteinander kombiniert, haben jedoch ihre Schwächen, die sich vor allem im Bereich der sehr hohen Einkommen zeigen. Bei den freiwilligen Befragungen handelt es sich im Wesentlichen um die „Einkommens- und Verbrauchsstichprobe" (EVS), die das Statistische Bundesamt seit 1962 in etwa fünfjährigem Abstand durchführt, und um die jährlichen Befragungen des „Sozioökonomischen Panels"

210 Ungefähr die Hälfte aller Haushalte besitzt eine eigene Immobilie, von deren (fiktiven) Erträgen ggf. die Schuldzinsen abzuziehen sind.

(SOEP)[211] des Deutschen Instituts für Wirtschaftsforschung in Berlin (DIW). Bei der EVS erfassen die Teilnehmer ihre Haushaltseinnahmen und -ausgaben mit detaillierten Aufzeichnungen. Zusätzlich werden Anfangs- und Schlussinterviews geführt. Manche Teilnehmer mögen das Verfahren als spannende Informationsquelle für sich selbst empfinden, beantwortet es doch die Frage, wo ihr Geld bleibt. Andere finden die Prozedur dagegen lästig, weshalb es schwierig ist, für alle Gruppen der Bevölkerung genügend Mitwirkende zu finden. Dass die geforderte Mühe nicht jedermanns Sache ist, gefährdet die Repräsentativität. Noch schwerer wiegt, dass viele, obwohl sie freiwillig mitmachen, gewollt oder ungewollt unzutreffende Angaben liefern. Insbesondere aber beim wohlhabendsten Teil der Bevölkerung stoßen akribische Aufzeichnungen und Interviews auf mäßige Begeisterung. Neben den Einnahmen und Ausgaben wird auch das Vermögen der Haushalte erfasst. Vergleiche ergeben jedoch regelmäßig erhebliche Abweichungen gegenüber den Statistiken der Deutschen Bundesbank. Zum Beispiel förderten in früheren Jahren die Befragungsergebnisse hochgerechnet nur etwa 65 Prozent aller festverzinslichen Wertpapiere und nur 25 Prozent aller Anlagen in Termingeldern zu Tage.

Die andere Informationsquelle, die Steuerstatistiken, werden durch die Steuerhinterziehung und Steuervermeidung verfälscht, bei der es um enorme Beträge geht, deren Schätzungen immer wieder nach oben korrigiert werden. Weitere Probleme treten durch einbehaltene Gewinne von Kapitalgesellschaften auf. Sie machen ihre Eigentümer noch wohlhabender, ohne als Einkommen der reichen Haushalte in Erscheinung zu treten. Es bleibt das ernüchternde Ergebnis, dass jede konservative Hochrechnung über die Haushaltseinkommen im obersten Einkommensbereich im Zweifel eine zu niedrige Annahme ergibt. Wie viel Einkommen auf das oberste Zehntel der Bevölkerung – und insbesondere auf das oberste Prozent – entfällt und wie es sich im Zeitverlauf entwickelt hat, muss in erheblichem Umfang als noch ungeklärt und unterschätzt betrachtet werden.[212]

---

211 Im Internet: www.diw.de/deutsch/sop

212 Auch der vielleicht einfallende Ansatz, die als zuverlässiger anzusehenden Einkommensdaten der unteren 90 Prozent der Bevölkerung zu nehmen, sie den Daten aus der Volkswirtschaftlichen Gesamtrechnung gegenüberzustellen und, nach diversen Modifikationen, aus der Differenz auf die Einkommen der obersten

Diese Einschränkungen vorausgeschickt, können wir uns einigen Befunden zur Entwicklung der Einkommen auf Haushaltsebene zuwenden, die in Deutschland insbesondere vom Deutschen Institut für Wirtschaftsforschung (DIW) publiziert, zum Teil aber auch auf europäischer Ebene gewonnen werden.

Für das Jahr 2017 hat Eurostat Zahlen vorgelegt, die die Verteilung der Haushaltseinkommen auf die Bevölkerungsschichten zeigen. Das Statistische Amt der Europäischen Union, kurz Eurostat oder ESTAT, ist die Verwaltungseinheit der Europäischen Union zur Erstellung amtlicher europäischer Statistiken und hat seinen Sitz in Luxemburg. Für die Auswertung wird die Bevölkerung in Zehntel (Dezile) oder auch Hundertstel (Perzentile) unterteilt und ermittelt, welche Teile des Gesamteinkommens auf die jeweiligen Gruppen entfallen. Logischerweise entfällt auf das einkommensreichste Zehntel ein wesentlich größerer Anteil als auf das einkommensschwächste.

Das hier und in den meisten wissenschaftlichen Darstellungen verwendete Einkommen ist ein Kunstprodukt und nennt sich „Netto-Äquivalenzeinkommen". Trotz seiner Künstlichkeit hat dieser Einkommensbegriff nicht von der Hand zu weisende Vorteile.

Zunächst einmal geht es um Nettoeinkommen, also um Arbeits- und Kapitaleinkommen und empfangene Sozialleistungen, abzüglich von Steuern und Sozialabgaben. Hinzugerechnet werden ggf. noch fiktive Mieten, die jemand spart, der in der eigenen abgezahlten Immobilie wohnt. Die ersparte Miete ist dann Teil seiner Kapitaleinkünfte.

Dieses Nettoeinkommen wird nun gewichtet, je nachdem, wie viele Menschen in einem Haushalt davon leben. Denn ein Alleinstehender mit 60.000 Euro netto ist natürlich wesentlich bessergestellt als eine Familie mit gleichhohem Einkommen und zwei Kindern. Um die Haushaltsgröße zu berücksichtigen, wird das Einkommen allerdings nicht einfach durch die Zahl der Haushaltsmitglieder geteilt. Vielmehr wird die erste erwachsende Person im Haushalt mit 1,0 bewertet und jede weitere erwachsene Person nur noch mit 0,5. Das soll der Tatsache Rechnung tragen, dass das Zusammenleben Kosten spart, etwa bei

zehn Prozent zu schließen, ist nicht praktikabel, weil dann alle Unsicherheiten der Erhebung der Spitzengruppe zugeschlagen würden.

der Wohnung, den Haushaltsgeräten oder beim Doppelzimmer im Urlaub. Kinder unter 14 Jahren werden nur mit dem Faktor 0,3 berücksichtigt.[213] Eine Familie mit Vater, Mutter und zwei kleinen Kindern kommt also insgesamt auf den Faktor 2,1. Ihr Einkommen von 60.000 Euro wird durch 2,1 geteilt, woraus sich ein Pro-Kopf-Wert von 28.571 Euro ergibt. Man geht also davon aus, dass die vier Familienmitglieder den selben materiellen Lebensstandard genießen wie ein Alleinstehender mit einem Nettoeinkommen von ungefähr 28.500 Euro.

Dass eine solche Betrachtung ihre Berechtigung hat, gleichzeitig aber auch eine künstliche ist, wird deutlich, wenn man sich ein doppelverdienendes Ehepaar vorstellt, bei dem jeder 30.000 Euro verdient, beide zusammen also 60.000 Euro. Nach der Äquivalenzberechnung hat dagegen jeder der beiden einen Lebensstandard von 60.000 : 1,5 = 40.000 Euro.

Schauen wir uns die Einkommensverteilung in der Bevölkerung nun auf dieser Basis an. Für Deutschland im Jahr 2017 hat Eurostat folgende Verteilung ermittelt:

Tabelle 13

1.-10.	11.-20.	21.-30.	31.-40.	41.-50.	51.-60.	61.-70.	71.-80.	81.-90.	91.-100
3,2 %	5,2 %	6,3 %	7,3 %	8,3 %	9,4 %	10,6 %	12,1 %	14,5 %	23,1 %

Quelle: Eurostat: Online-Datenbank: Einkommensverteilung nach Quantilen (Stand: 11/2018)

Zu lesen ist die Tabelle wie folgt: Im Jahr 2017 konnte z.B. das zweitwohlhabendste Zehntel der Bevölkerung (81. – 90. Prozent) 14,5 Prozent aller Einkommen für sich verbuchen.

Der Wert für das wohlhabendste Zehntel lag vor Ausbruch der Finanzkrise 2007 noch um gut einen Prozentpunkt höher als die angegebenen 23,1 Prozent und dürfte diesen Wert bei Fortsetzung des Trends, den wir noch zeigen werden, auch wieder erreichen.

213 Diese Gewichtungen sind Inhalt der üblicherweise verwendeten „Neuen OECD-Skala".

Das oberste Zehntel der Bevölkerung ist allerdings so unterschiedlich zusammengesetzt wie keines der anderen Zehntel. Es reicht vom gutsituierten Angestelltenhaushalt bis zum Milliardär. Und deshalb dürfte auch der für das oberste Zehntel angesetzte Wert deutlich zu niedrig sein. Denn in ihm spiegeln sich alle Probleme, die Einkommen des obersten Prozents zu erfassen. Zwar ist die Einkommensverteilung bei weitem nicht so ungleich wie die Verteilung der Vermögen. Aber wenn wir uns etwas später die Position des obersten Prozents bei der Vermögensverteilung ansehen, können wir erahnen, wie groß die Möglichkeiten dieser Spitzengruppe sind, Einkommen zu verschleiern. Ein höherer Wert für das oberste Prozent würde dann aber auch die Summe für die obersten zehn Prozent insgesamt erhöhen.

Wenn wir die Einkommensverteilung hier mit dem Maßstab der „Nettoäquivalenzeinkommen“ messen und z.B. das hohe Einkommen eines Industriellen auf ihn, seine Frau und seine Kinder verteilen, erhalten wir natürlich eine wesentlich flachere Einkommensverteilung, als wenn wir uns eine Verteilung der Nettoeinkommen ohne eine solche Umrechnung ansehen würden. In letzterem Fall, also bei ungewichteter Betrachtung, würde sich der Anteil der obersten 10 Prozent (wieder mit allen Erfassungsproblemen) gegen 40 Prozent an allen Nettoeinkommen bewegen. Und würden wir nicht auf die Netto-, sondern auf die Bruttoeinkommen abstellen, wäre der Anteil nochmals deutlich höher.[214]

Dass sich, unbeschadet erheblicher konjunktureller Schwankungen, der Trend zu einem überproportionalen Anstieg und wachsenden Gewicht der hohen Einkommen fortsetzt, lässt sich Untersuchungen des DIW von 2019 und 2020 entnehmen, die in Abbildung 6 dargestellt werden. Die Grafik zeigt nicht nur die Gewinne der oberen Einkommen, sondern außerdem die Einkommensverluste, die das unterste Zehntel, trotz der gesamtwirtschaftlich steigenden Einkommen, erlitten hat.

214 Dementsprechend ist bei den vielen zu diesem Thema veröffentlichten Zahlen immer zunächst zu klären, worauf sie sich beziehen.

Abbildung 4 ***Entwicklung der verfügbaren Haushaltseinkommen nach Dezilen***

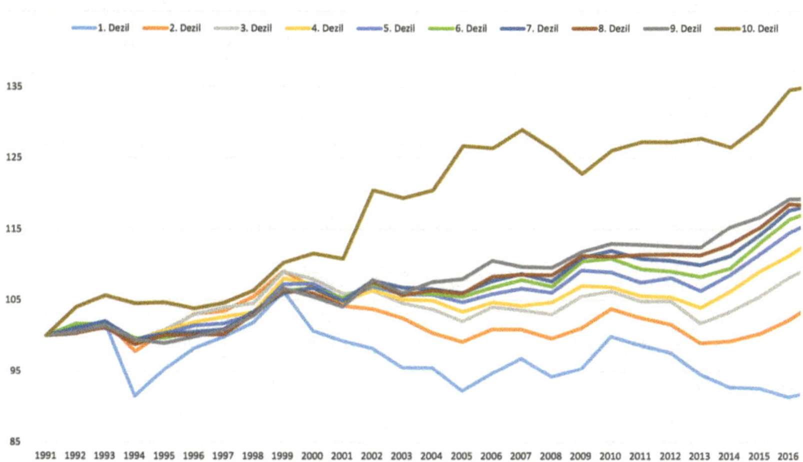

1991 bis 2017, 1991 = 100

Anmerkungen: Reale Einkommen in Preisen von 2010; Personen in Privathaushalten, bedarfsgewichtete Einkommen im Folgejahr erhoben, bedarfsgewichtet mit der modifizierten OECD-Äquivalenzskala; Quellen: SOEPv34; Berechnungen des DIW

Grafik auf der Grundlage von: Markus M. Grabka, Jan Goebel, Stefan Liebig (2019), „Wiederanstieg der Einkommensungleichheit – aber auch deutlich steigende Realeinkommen", in: DIW Wochenbericht 19/2019, S. 346; M. Grabka, J. Goebel (2020), „Realeinkommen steigen, Quote der Niedrigeinkommen sinkt in einzelnen Altersgruppen" in: DIW Wochenbericht 18/2020, S. 320

Während also die oberste Einkommensgruppe von 1991 bis 2017 real netto etwa 35 Prozent hinzugewonnen hat, sehen wir im Mittelfeld Zuwächse zwischen 10 und 19 Prozent und beim untersten Zehntel eine im Zeitverlauf schwankende, aber deutliche Einbuße, die nach den Annahmen des DIW auch mit Einkommenseffekten der Zuwanderung in Verbindung stehen könnte.

Vieles an sozialer Dynamik bleibt in solchen Globaldarstellungen freilich auch verborgen. Ein Beispiel sind die stark steigenden Wohnungsmieten in den Ballungsräumen. Sie treffen Menschen, die über kein Wohneigentum verfügen, und damit primär untere Einkommensschichten, in deren Budgets die Mieten eine besondere Rolle spielen. Aber die Mieten vermindern definitionsgemäß natürlich nicht die Nettoeinkommen, obwohl der Lebensstandard der Mieter sinkt,[215] und bleiben somit unsichtbar. Und ferner sagen die Übersichten auch nichts darüber, wie die Haushaltseinkommen verdient werden: ob in Familien beide Partner in Vollzeit arbeiten, wie viele Überstunden geleistet werden, oder ob zusätzlich Zweitjobs angenommen werden müssen.

d) Die steuerliche Umverteilung ist rückläufig

Dass die Bruttoeinkommen noch wesentlich ungleicher verteilt sind als die Nettoeinkommen, liegt an der Steuerprogression im Rahmen der Einkommensteuer. Die Progression ist ein wesentliches Element der Umverteilung. Sie geht nicht auf einen Sozialisten oder Sozialdemokraten zurück. Vielmehr war es der Zentrumspolitiker *Matthias Erzberger* (1875–1921), Reichsfinanzminister von 1919 bis 1920 und am Ende von rechtsradikalen Offizieren ermordet, der sie im Rahmen der so genannten Erzberger'schen Finanz- und Steuerreform durchsetzte.[216] Die Milderung der Ungleichheit der Bruttoeinkommen durch steuerliche Maßnahmen ist in den letzten Jahren aber rückläufig. Nicht nur die Bruttoeinkommen gehen weiter auseinander; gleichzeitig befindet sich die steuerliche Umverteilung auf dem Rückzug.[217] Die nachfolgende Grafik zeigt die Gewinne und Verluste, die die Bevölkerungsschichten durch steuerliche Maßnahmen der verschiedensten Art in den Jahren von 1998 bis 2015 zu verzeichnen haben. Prozentual am meisten profitiert hat das oberste Prozent. (Dass es auch in absoluten Beträgen am meisten gewonnen hat, versteht sich von selbst.) Am meisten verloren haben die untersten 10 Prozent der Bevölkerung; sie wurden 2015 gegenüber 1998 in Höhe von 5,4 Prozent ihres Bruttoeinkommens zusätzlich belastet.

215 Siehe dazu Dustmann/Fitzenberger/Zimmermann (2018)

216 Einen bescheidenen Vorläufer der Progression hatte es bereits im Kaiserreich gegeben.

217 Biesenbender/Leinker (2019); Bach/Beznoska/Steiner (2016a), S. 67

Abbildung 5 ***Besteuerung 2015 im Vergleich zu 1998***

Belastung (+) und Entlastung (-) in Prozent des Bruttoeinkommens

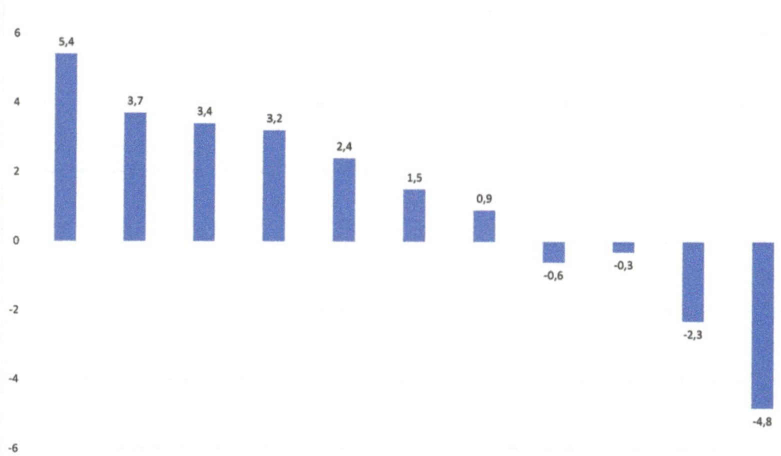

Quelle: Werte nach Bach, Bernozka, Steiner (2016a), S. 67

Gründe für diese Entwicklung sind z.B. die Absenkungen der Spitzensteuersätze zwischen 1999 und 2005 um insgesamt 11 Prozentpunkte[218] oder Änderungen, die die Kapitaleinkünfte aus der Steuerprogression herausgenommen haben. Im Gegenzug wurden der Mehrwertsteuersatz von 16 auf 19 Prozent (2007) sowie diverse Verbrauchssteuern angehoben. Die Umsatzsteuer (Mehrwertsteuer) ist die aufkommensstärkste unter allen Steuern mit einem Anteil von ungefähr einem Drittel am Gesamtaufkommen. Die Umschichtung der Steuerlast wurde überwiegend damit begründet, ein international wettbewerbsfähiges Steuersystem schaffen zu wollen und die Steuerhinterziehung einzudämmen.

Der Anstieg der Steuerbelastung von den niedrigen zu den hohen Einkommen wird oft deutlich überschätzt. Dies geschieht, wenn verengt nur die Einkommensteuer betrachtet wird. Zum Gesamtbild gehören

218 Zuvor war der Spitzensteuersatz ab 1990 von 56 auf 53 % gesenkt worden.

aber auch die Mehrwertsteuer, die Kraftfahrzeugsteuer, die Mineralölsteuer, die Versicherungssteuer, die auf die Mieter überwälzten Grundsteuern usw.[219] Alles zusammen ergibt, wie die nachfolgende Abbildung 6 deutlich macht, eine Belastung der Bevölkerungsschichten, die sich stark von dem unterscheidet, was ein Blick allein auf die Einkommensteuer suggeriert.[220]

Abbildung 6 ***Steuern in Prozent des Haushaltseinkommens (2015)***

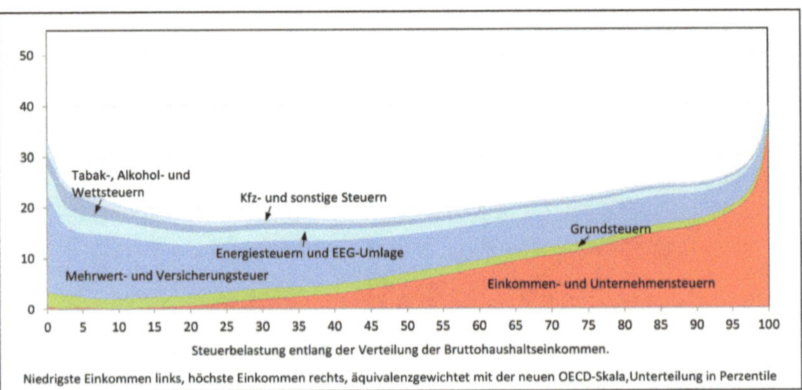

Grafik auf der Grundlage von: Stefan Bach, Martin Beznoska, Viktor Steiner (2016a), „Wer trägt die Steuerlast in Deutschland? Verteilungswirkungen des deutschen Steuer- und Transfersystems“, in: DIW Politikberatung kompakt, 114/2016, S. 61

Ein plakativer Satz wie „Die obere Hälfte der Bevölkerung trägt fast 95 Prozent der Last“ ist nur möglich, wenn man den Blick unzutreffend auf die Einkommensteuer reduziert und alles andere ausblendet.[221] Wer meint, seine Einkommensteuerbelastung sei höher als in der Graphik dargestellt, muss sich fragen, ob er sie nicht mit dem Grenzsteuersatz für den letzten verdienten Euro verwechselt. Die durchschnittliche

219 Menschen im untersten Dezil müssen z.B. allein für indirekte Steuern 23 Prozent ihres Bruttoeinkommens aufwenden, Menschen im obersten Dezil nur 7 Prozent.

220 Bach/Beznoska/Steiner (2016b), S. 1207ff. mit vielen Erläuterungen zur Systematik der Erhebung und Darstellung.

221 Dazu auch Walter-Borjans (2018), S. 238f.

Einkommensteuerbelastung der Bevölkerung liegt bei gut 13 Prozent des Bruttoeinkommens.

e) Ein Blick auf die Vermögensverteilung

Über die Vermögensverteilung in Deutschland, Europa und der Welt gibt es ein unüberschaubares Maß an Literatur. Wir wollen uns mit einem einzigen Schaubild für Deutschland begnügen. Es beruht auf Zahlen, die das DIW 2018 für das Jahr 2014 publiziert hat.[222] Ähnlich wie bei den Zahlen für die Einkommen gilt aber auch für die Vermögensverteilung, dass insbesondere die Zahlen für das oberste Prozent der Bevölkerung mit Vorsicht zu betrachten sind; sie könnten untertrieben sein. So haben Forscher des DIW zum Beispiel Zahlen, die 2012 mittels des sozioökonomischen Paneels ermittelt worden waren, 2015 aufgrund neuer Erhebungsmethoden um mehr als 45 Prozent nach oben korrigiert.[223] Und eine weitere Korrektur erfolgte 2020 in einer Untersuchung, die den Anteil des obersten Prozents mit 35 Prozent und der obersten 91 bis 99 Prozent mit 32 Prozent beziffert.[224]

222 Bach/Thiemann/Zucco (2018)
223 Freiberger (2015)
224 Schröder et al. (2020)

Abbildung 7

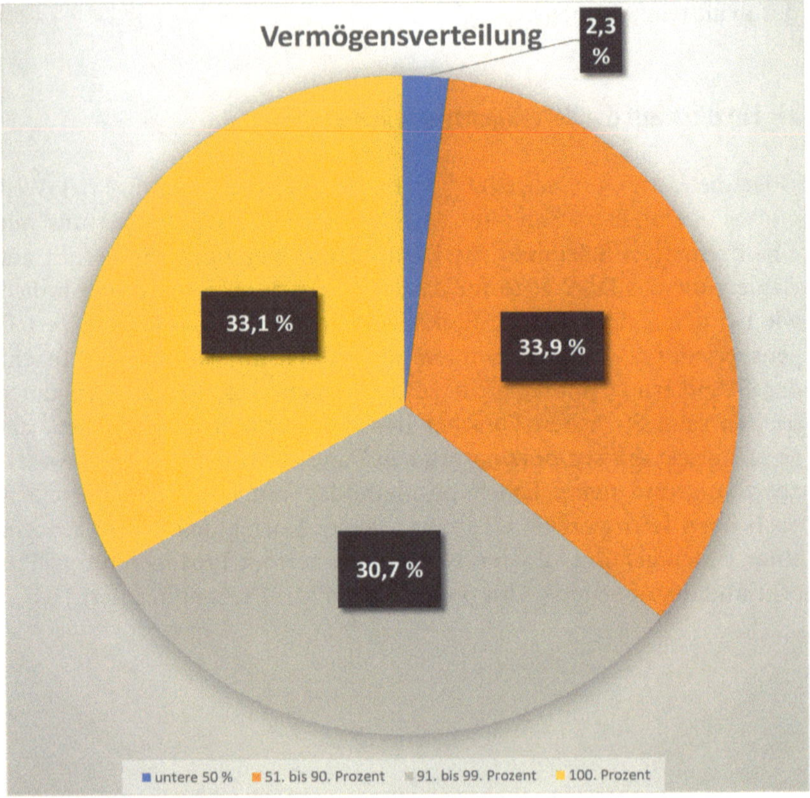

Quellen: Zahlen der DIW-Studie Bach/Thiemann/Zucco (2018)

Das gesamte Vermögen der unteren Hälfte der Bevölkerung beschränkt sich auf den blauen Sektor. Blau und Rot zusammen zeigen das Vermögen der unteren 90 Prozent, Gelb und Grau zusammen jenes der obersten 10 Prozent. Der gelbe Sektor allein gibt das Vermögen des obersten einen Prozents wieder.

Diese Vermögensverteilung ist nicht nur problematisch, weil sie die Verteilung der Einkommen lenkt. Sondern auch deshalb, weil große Vermögen privilegierte politische Einflussmöglichkeiten haben und, strategisch eingesetzt, Machtoptionen eröffnen. Und sie wird noch kritischer, je mehr die Produktion künftig anstelle von Arbeit durch Computer, künstliche Intelligenz und damit von Kapital getragen wird.

f) Die Staatseinnahmen

Schaut man sich an, welche *Anteile* des Erwirtschafteten der Staat – bestehend aus Bund, Ländern und Gemeinden – im Laufe der Jahre als Steuer beansprucht hat, so sind schwerlich durchgängige Entwicklungstendenzen ablesbar. Weder wurde es immer mehr, noch immer weniger. Die mittlere (blaue) Linie der folgenden Abbildung 8 zeigt es.[225]

225 Hier gilt es noch eine begriffliche Hürde zu nehmen. Unsere Bezugsgröße zur Betrachtung der Volkswirtschaft war in diesem Kapitel bislang das *Bruttonationaleinkommen.* Sobald es jedoch um den Anteil von Steuern und Abgaben geht, verwendet das Statistische Bundesamt nicht dieses als Bezugsgröße, sondern das *Bruttoinlandsprodukt.* Beide Werte unterscheiden sich allerdings für Deutschland nur geringfügig (<3%). Zum *Bruttonationaleinkommen* zählen auch die Auslandseinkommen, die Inländer beziehen (zum Beispiel als Kapitalerträge aus dem Ausland), nicht dagegen die Einkommen, die Ausländer bei uns verdienen (zum Beispiel als Pendler, die täglich zum Arbeiten nach Deutschland einreisen). Zum *Bruttoinlandsprodukt* dagegen zählen die Auslandseinkommen nicht, wohl aber die im Inland verdienten Einkommen von Ausländern. (Der Inländerstatus knüpft jeweils nicht an die Nationalität, sondern an den Lebensmittelpunkt eines Menschen an.) Es könnte verwirren, von der üblichen Darstellung des Statistischen Bundesamtes abzuweichen, und für das Vorgehen des Amtes sprechen auch vertretbare Gründe. Deshalb erscheint im Folgenden nun das *Bruttoinlandsprodukt* als Bezugsgröße, an der Steuern und Abgaben gemessen werden.

Abbildung 8 ***Steuern und Sozialabgaben***
in Prozent des Bruttoinlandsprodukts

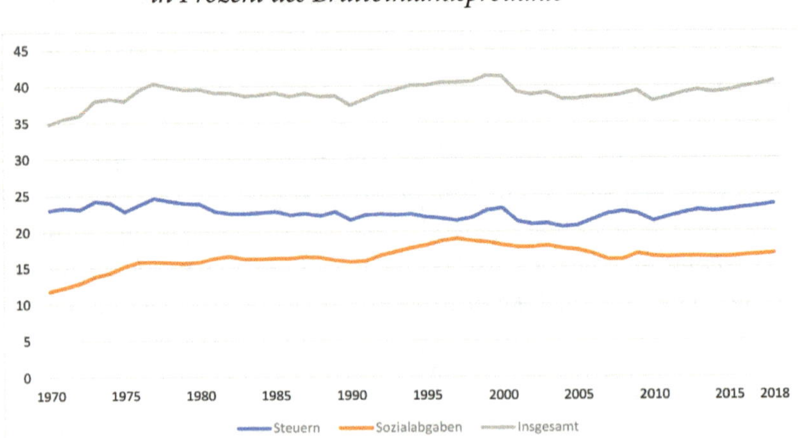

Quellen: Zahlen des statistischen Bundesamtes, Fachserie 18, Reihe 1.5., 2018

Die Bewegungen der blauen Linie entstehen nicht nur durch geänderte Steuersätze, sondern auch durch konjunkturelle Phasen mit unterschiedlich stark sprudelnden Steuerquellen.

Der Staat erzielte 2018 relativ hohe Steuereinnahmen, die sich auf 23,7 Prozent des Bruttoinlandsprodukts beliefen. Aber auch im Jahr 2000 gab es mit 23,2 Prozent eine ähnlich hohe Quote. Und zu Zeiten der alten Bundesrepublik gab es von 1977 bis 1980 einige Jahre mit noch höheren Anteilen. Die niedrigsten Sätze waren 1990 mit 21,6 Prozent und 2004 mit 20,6 Prozent zu verzeichnen.[226] Unter dieser mäßig bewegten Oberfläche haben sich jedoch gravierende Veränderungen abgespielt. Die stufenweise Absenkung des Spitzensteuersatzes auf hohe Einkommen, die Herausnahme der Zinseinkünfte aus der progressiven Besteuerung und umgekehrt die Anhebung der Mehrwertsteuer und einiger Verbrauchssteuern wurden bereits erwähnt. Vor allem wurden weltweit und auch in Deutschland die Steuerlasten, die die Unternehmen und besonders die Kapitalgesellschaften zu tragen haben, gravierend gesenkt. Die folgende Abbildung 9 des Instituts für Makroökono-

226 Statistisches Bundesamt, Fachserie 18, Reihe 1.5, 2018, Tabellen 1.11

mie und Konjunkturforschung (IMK) der Hans-Böckler-Stiftung macht das deutlich.

Abbildung 9 ***Effektive Besteuerung von Kapitalgesellschaften in Deutschland***

Einkommen- und Vermögensteuern von Kapitalgesellschaften als Anteil der Gewinne in %, vor 1991 früheres Bundesgebiet

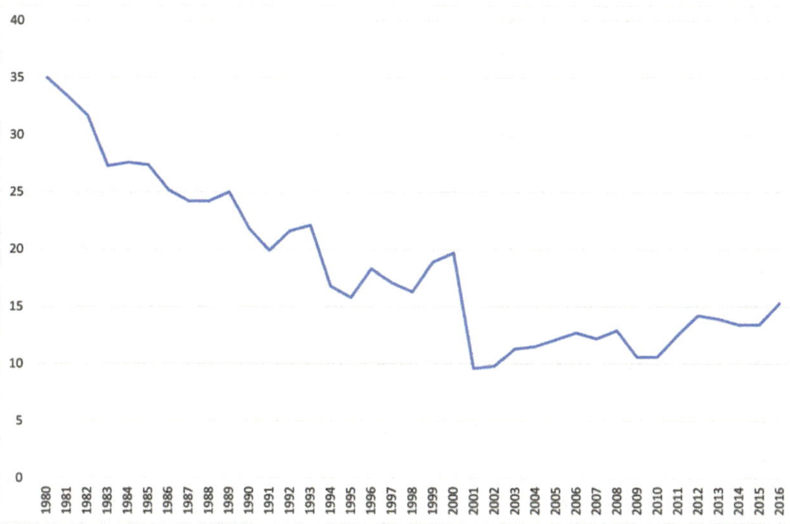

Grafik aus Gustav A. Horn, Jan Behringer, Sebastian Gechert, Katja Rietzler, Ulrike Stein (2017), „Was tun gegen die Ungleichheit? Wirtschaftspolitische Vorschläge für eine reduzierte Ungleichheit", IMK Report 129, S. 12

Die daraus herrührenden gravierenden Steuerausfälle wurden im Steuersystem an anderer Stelle – dort, wo es nach der Logik des internationalen Wettbewerbsdenkens unschädlich ist – ausgeglichen. Zu den Kompensationsmaßnahmen zählten neben einer höheren Mehrwertsteuer und höheren Verbrauchssteuern nicht zuletzt auch steigende Hebesätze der Grundsteuern, mit denen die Kommunen auf Steuerausfälle reagierten, die sie durch die Steuersenkungen erlitten.[227]

227 Walter-Borjans (2018), S. 214

Das alles wird als Folge der „Globalisierung“ und des Steuerwettbewerbs zwischen den Staaten angesehen. Mit dieser Problematik haben wir uns eingehend befasst. Die Staaten haben auf die Globalisierung und den so genannten Steuerwettbewerb per Saldo nicht mit einer Verminderung ihrer Steuereinnahmen reagiert, sondern mit Umschichtungen innerhalb des Steuersystems. Außerdem sind sie in eine höhere Verschuldung ausgewichen. Hinzu kommt in Deutschland die mangelnde Pflege der öffentlichen Infrastruktur, das jahrelange „Fahren auf Verschleiß“.

Wenn wir neben der Entwicklung der Steuerquote, die in den letzten Jahrzehnten keine ausgeprägte Richtung aufweist, zusätzlich einen Blick auf die Entwicklung des Anteils der gesetzlichen Sozialversicherung am Bruttoinlandsprodukt werfen (in unserer Abbildung 8 die untere Linie), sehen wir für die Zeit von 1970 bis 1982 einen deutlichen Anstieg von 11,8 auf 16,6 Prozent. Dieser setzt sich allerdings in den folgenden Jahren nicht fort. Die Quote sinkt bis zur Wiedervereinigung wieder etwas auf 15,9 Prozent. Im wiedervereinigten Deutschland steigt sie dann jedoch bis auf 19,0 Prozent im Jahr 1997, um danach erneut zu fallen. 2018 beläuft sie sich auf 16,9 Prozent.[228] Diese Kostendämpfung geht allerdings mit Einschränkungen auf der Leistungsseite einher, von Einschränkungen bei der Arbeitslosenunterstützung über Rentenabschläge bis zu notorischen Mängeln im Gesundheitssystem. Und außerdem werden die Sozialbeiträge seit der Jahrtausendwende mehr und mehr durch Zuschüsse aus Steuermitteln stabilisiert. Das bedeutet umgekehrt natürlich, dass für die traditionellen steuerfinanzierten Aufgaben entsprechend weniger Mittel zur Verfügung stehen – und also auch weniger, als es der Verlauf der mittleren Linie in den letzten zwei Jahrzehnten suggeriert.

In erheblichem Ausmaß sind die Steuereinnahmen von Steuerhinterziehung und ausgeklügelten Steuervermeidungsstrategien betroffen. Teilweise wird gegen solche Praktiken nur halbherzig vorgegangen.

228 Zahlen des Statistischen Bundesamts a.a.O. Zu beachten ist, dass es hier um die Entwicklung der Anteile am Bruttoinlandsprodukt und nicht um die Entwicklung von Beitragssätzen geht. Auch bei konstanten Anteilen am Bruttoinlandsprodukt können die Beitragssätze steigen, wenn in der Gesamtwirtschaft das Gewicht der Arbeitseinkommen, auf die sie erhoben werden, abnimmt.

Dahinter steht oft die Sorge, das Schließen von Schlupflöchern in den Steuergesetzen oder eine zu energische Steuerfahndung könnten den Abzug von Kapital, die Verlagerung von Gewinnen und die Abwanderung Unternehmen provozieren.

Norbert Walter-Borjans, inzwischen SPD-Vorsitzender, früherer Finanzminister des Landes Nordrhein-Westfalen und besonders bekannt geworden durch den spektakulären Ankauf von CD's mit Informationen über die Steuerhinterziehung deutscher Bürger mittels Schweizer Banken, hat dazu, gestützt auf Angaben der EU, bemerkenswerte Ausführungen gemacht: „Vermögens- und Gewinnverschiebungen in Steueroasen und illegale Steuerflucht", so schreibt er 2018,[229] „sorgen nach Schätzungen der Brüsseler EU-Kommission[230] EU-weit jedes Jahr für Steuerausfälle von einer Billion Euro. Vorsichtige Schätzungen kommen für Deutschland auf einen Schaden von 160 Milliarden Euro pro Jahr. Vielleicht helfen ein paar Zahlenspiele, diese Größenordnung zu verdeutlichen: Mit 160 Milliarden Euro könnte der Staat alle Einkommen bis zu 50.000 Euro für Singles und 100.000 Euro für Verheiratete vollständig von der Lohn- und Einkommensteuer befreien. Dazu wären 120 Milliarden Euro im Jahr nötig. Mit den restlichen 40 Milliarden Euro aus einem einzigen Jahr könnte der Staat nebenbei noch die gesamte Verkehrsinfrastruktur auf Vordermann bringen." Und er fügt hinzu: „Jeder weiß, dass es illusionär wäre zu glauben, Steuerflucht vollständig verhindern zu kommen. ... Aber schon ein Teilerfolg würde vieles ermöglichen."[231]

g) Gläubigerland Deutschland

Immer einmal wieder kommt der Vorwurf auf, Deutschland lebe finanziell über seine Verhältnisse. In der Zeit nach der Jahrtausendwen-

229 Walter-Borjans (2018), S. 217

230 Publik gemacht von Steuerkommissar Algirdas Šemeta. Zur Historie der Schätzung siehe Süddeutsche Zeitung online vom 10.3.2014, „Schätzung zur Steuerhinterziehung im Jahr 2013. Experte fordert schärfere Regeln für Firmen"

231 160 Mrd. Euro sind mehr als 20 Prozent des Gesamtsteueraufkommens. Bei Angaben zur Steuervermeidung tritt neben das Schätzproblem allerdings zusätzlich ein Definitionsproblem.

de wurde daraus regelrecht eine politische Kampagne. Der Vorwurf zielt vor allem auf die Schulden und die absehbaren künftigen Lasten der öffentlichen Haushalte. Für „Deutschland insgesamt" trifft er aber gewiss nicht zu. Deutschland ist gegenüber dem Ausland per Saldo nicht verschuldet. Deutschland und Japan sind im Gegenteil die beiden größten Gläubigerländer der Welt. Deutschland als Ganzes – Staat und Privat – lebt nicht über, sondern unter seinen Verhältnissen und beschert damit sich selbst und anderen erhebliche Probleme. Unter ihren Verhältnissen zu leben, mag für Privatpersonen tugendhaft erscheinen, auf Volkswirtschaften wirkt es destabilisierend. Doch selbst ein Privatmann sollte nicht sein Haus verfallen lassen, um das Geld zur Bank zu tragen.

aa) Großgläubiger mit rekordverdächtigen Leistungsbilanzüberschüssen

Seit 2002 exportiert Deutschland Jahr für Jahr mehr, als es aus dem Ausland importiert. Und das in erheblichem Umfang. Zwischen 2002 und 2012 betrugen die jährlichen deutschen Leistungsbilanzüberschüsse durchschnittlich gut 5 Prozent des Bruttoinlandsprodukts. Danach stiegen sie weiter und erreichten 2017 knapp 8 Prozent oder 230 Milliarden Euro im Jahr. Lediglich im Jahrzehnt nach der Wiedervereinigung hatte es, bedingt durch den Aufbau in den neuen Ländern, negative Raten gegeben. Deutschland ermöglicht anderen den Kauf seiner Produkte durch immer höhere Kredite. Und bei der riskanten Kreditvergabe mit dabei ist jeder deutsche Sparer, der sein Geld zur Bank bringt.

Aus diesen anhaltend hohen Leistungsbilanzüberschüssen hat sich ein beträchtliches deutsches Netto-Auslandsvermögen entwickelt. Ende des Jahres 2018 belief es sich nach den Zahlen der Deutschen Bundesbank auf über 2 Billionen Euro.[232] 2 Billionen Euro – das sind 2.000 Milliarden.

---

232 Als Auslandsvermögen bezeichnet man den Gesamtbestand des Finanzvermögens, das der Staat, Unternehmen und Privatpersonen in anderen Ländern hält. Dazu gehören gewährte Darlehen genauso wie Beteiligungen an ausländischen Unternehmen und alle anderen Finanzanlagen. Das Gegenstück zum Auslandsvermögen eines Landes sind seine Auslandsschulden. Der positive Saldo zwischen beiden Größen wird als Nettoauslandsvermögen bezeichnet.

Ländern mit hohem Auslandsvermögen stehen spiegelbildlich andere Länder mit Schulden gegenüber. Abgesehen von Messungenauigkeiten müssen sich Guthaben und Schulden auf der Welt immer entsprechen. Die Welt als Ganzes kann sich weder verschulden noch Guthaben aufbauen. Denn bei wem sollte sie sie haben? Guthaben gibt es nur in dem Umfang, in dem es auf der Gegenseite Schulden gibt. Je höher die deutschen Guthaben werden, desto mehr wachsen die Schulden anderer Länder. Hoch verschuldet sind nicht nur einige südliche EU-Länder und Entwicklungsländer, sondern beispielsweise auch die USA.

Die deutschen Auslandsguthaben sind kein Quell reiner Freude. Volkswirtschaftlich sind sie ein Problem. Deutschland fährt mit seinem Auslandsvermögen riesige Verluste ein. An Gewinn ist nicht zu denken. Natürlich gibt es im Einzelnen viele einträgliche Auslandsanlagen. Aber die verlustreichen dominieren per Saldo. Gewinne und Verluste zusammengerechnet, ging in der jüngeren Vergangenheit mehr als jeder fünfte im Ausland investierte Euro verloren. Das ist umso schmerzlicher, als umgekehrt Ausländer, die in Deutschland investierten, positive Renditen erzielten. Gründe für die Verluste sind zum Beispiel Wechselkursänderungen, Kursverluste von Wertpapieren oder die Zahlungsunfähigkeit von Kreditnehmern. *Marcel Fratzscher*, Präsident des Deutschen Instituts für Wirtschaftsforschung (DIW) in Berlin, hat das bereits 2014 plastisch dargestellt. Deutschland habe in den Jahren von 1991 bis 2012 fast 400 Milliarden Euro seiner Wirtschaftsleistung zunichte gemacht. Dies entspreche „einem Verlust von 5.000 Euro für jeden deutschen Bürger oder 20.000 Euro für eine vierköpfige Familie.“[233] Vom Weg wachsender Leistungsbilanzüberschüsse ist Deutschland gleichwohl nicht abgewichen; es hat ihn im Gegenteil noch forciert.

Häufig wird vorgebracht, die Bildung hoher Auslandsguthaben sei angesichts einer alternden Bevölkerung eine gute Sache. Denn sie ermögliche es, in Zukunft mehr zu konsumieren, als Deutschland produzie-

233 Fratzscher (2014), S. 85; noch eingehender: Klär/Lindner/Sehovic (2013) Deren Fazit: „Die Anhäufung finanzieller Forderungen gegenüber dem Rest der Welt im Zuge von Leistungsbilanzüberschüssen stellt somit im Rückblick auf die vergangenen vier Jahrzehnte – vor allem aber auf das letzte – aus gesamtwirtschaftlicher Sicht eine beträchtliche Fehlallokation dar.“

ren werde. In einer Welt, in der nicht nur die deutsche Bevölkerung altert, sondern auch in vielen Schuldnerländern, und wo gerade in den Ländern mit hohen Geburtenraten die Verhältnisse oft politisch instabil und wirtschaftlich prekär sind, vermag dieses theoretische Argument nicht zu überzeugen.

Überbordende Schulden schwächen den Schuldner und gefährden damit die Ansprüche des Gläubigers und die Stabilität des Finanzsystems. Notorische Leistungsbilanzüberschüsse führen zu einem Export von Arbeitslosigkeit in die Defizitländer. Die Überschüsse sind aber gegenwärtig noch aus einem weiteren Grund für Deutschland ein Problem: Hohe Leistungsbilanzüberschüsse bedeuten, dass viele Menschen, die mit der Herstellung von Exportprodukten beschäftigt sind, zwar ihr Gehalt bekommen, aber volkswirtschaftlich nicht für eine reale Gegenleistung arbeiten, sondern lediglich für eine Erhöhung deutscher Kontostände. Das mag in Zeiten hoher Arbeitslosigkeit nicht so sehr als Problem empfunden werden. Bei einem Mangel an Arbeitskräften fällt es aber ins Gewicht, dass diese Menschen nicht gleichzeitig im Inland als Handwerker verfügbar sind, Lokomotiven führen, Alte und Kranke pflegen, Polizisten werden oder andere Aufgaben übernehmen. Ob sich die volkswirtschaftlich auf Vorrat erbrachten Leistungen der Exportarbeiter und Exportarbeiterinnen aber jemals in erhöhte Importe verwandeln werden, ist unsicher. Und das nicht nur wegen möglicher Forderungsausfälle. Denn um die Guthaben abzuschmelzen und damit von ihnen zu profitieren, wäre es unvermeidlich, dass sich Deutschland von einem Land mit Leistungsbilanzüberschüssen in ein Defizitland verwandelt. Führt man sich vor Augen, aus wieviel geringeren Anlässen schon ein Niedergang der deutschen Wirtschaft an die Wand gemalt worden ist, würde Deutschlands Übergang zu einem langfristigen Leistungsbilanzdefizit ein ökonomisch-politisches Erdbeben auslösen. Politik und Wirtschaft werden sich mit aller Kraft dagegen stemmen. Damit steht aber zu befürchten: Eine stattliche Zahl von Menschen arbeitet nicht für künftige reale Gegenleistungen, sondern für Buch-Positionen, von denen sich nicht absehen lässt, ob und wann sie sich je in Gegenleistungen verwandeln werden.[234] Es

234 Klein (2019)

ist auch möglich, dass sich die Guthaben, bildlich ausgedrückt, im Dickicht der Geschichte verflüchtigen.

Von einer Verschuldung ist Deutschland also weit entfernt. Und dass es unter seinen Verhältnissen lebt, ist für es selbst wie für seine Handelspartner und seine Partner in der Währungsunion ein Problem. Ist Deutschland einfach dumm genug, diesen Weg zu gehen? Natürlich ist der Weg nicht allein das Ergebnis strategischer Entscheidungen. Aber er beruht doch wesentlich auf deutscher Politik. Zum Beispiel darauf, mit einer Dämpfung und Senkung der Lohnnebenkosten einen als „innere Abwertung" bezeichneten Kurs zu steuern. In Zeiten drohender Arbeitslosigkeit hält das Menschen in Beschäftigung. Davon profitieren die Arbeitnehmer. Ansonsten aber wirkt die Politik der Leistungsbilanzüberschüsse in den Verteilungskämpfen zugunsten der Kapitalseite.

bb) Die Verschuldung des Staates bei seinen Bürgern

Der deutsche Staat hat Schulden, seit der Wiedervereinigung und der Finanzkrise noch wesentlich mehr als zuvor. Die Folgen der Corona-Krise werden hinzukommen. Da Deutschland aber gegenüber dem Ausland nicht verschuldet ist, besteht die Staatsverschuldung per Saldo nur den eigenen Bürgern gegenüber, auch wenn natürlich viele Ausländer deutsche Staatsanleihen halten. Wieviel Schulden ein Staat ohne Schaden zu tragen vermag, ist umstritten und hängt von den jeweiligen Umständen ab, zum Beispiel, ob er in seiner eigenen oder in fremder Währung verschuldet ist, wie hoch die Zinsen sind, wieweit die Schulden sinnvolle Investitionen finanzieren und wie robust die Wirtschaft dasteht.

Irreführend ist die Behauptung, die Staatsverschuldung bestünde gegenüber *der* nachfolgenden Generation. Was eine Generation der nächsten hinterlässt, umfasst Soll und Haben. Auf die nachfolgende Generation gehen nicht nur die Schulden des Staates über, die, sofern sie nicht endlos fortgeschrieben werden, aus künftigen Steuern bezahlt werden müssen, sondern im Wege der Erbschaften auch die entsprechend hohen Gläubigerpositionen, die die Bürger halten. Ein Beispiel sind vererbte Bundesanleihen. Hätte der Staat weniger Schulden aufgenommen und stattdessen mehr Steuern erhoben, würden die Erbschaften der nachwachsenden Generation entsprechend niedriger ausfallen. (Es sei denn, die Erblasser hätten die höheren Steuern zum Anlass genommen, ihren Konsum einzuschränken, um ihre Vermögensbildung nicht zu reduzieren.) Das Problem ist allerdings, dass in der nachfolgenden Generation diejenigen, die die Forderungen erben, nicht unbedingt mit jenen identisch sind, die ggf. über höhere Steuern die Kredite zurückzahlen müssen. Die Staatsverschuldung kann deshalb innerhalb der nachfolgenden Generation zu Umverteilungseffekten führen. Immerhin könnte man sagen, dass diejenigen, die mehr erben, im Zweifel auch mehr (Einkommen-)Steuern zahlen und also durch die alten Staatsschulden höher belastet werden. Denn die hohen Erbschaften gehen meist an Menschen, die selbst gut verdienen. Benachteiligt sind aber jene Jüngeren, die viel verdienen, ohne größere Erbschaften zu machen. Betrachtet man jedoch die Generationen als Ganzes, ist die Staatsverschuldung zwischen ihnen ein Nullsummenspiel. Dies gilt, um es noch einmal zu betonen, solange sich eine Volkswirtschaft nicht gegenüber dem Ausland verschuldet, und das ist in Deutschland nicht der Fall. Viele Erben können sich im Gegenteil über erhebliche, wenn auch nicht immer sichere Guthaben freuen.

Zusammenfassung:

- Deutschland ist 2019 so wohlhabend wie niemals zuvor. Das Einkommen pro Kopf der Bevölkerung ist inflationsbereinigt doppelt so hoch wie das Pro-Kopf-Einkommen in der alten Bundesrepublik im Jahr 1970, als der Begriff der Überflussgesellschaft geboren wurde.
- Allerdings sind die Einkommen sehr ungleich verteilt. Noch mehr gilt das für die Vermögen. Die obersten 10 Prozent der Bevölkerung vergrößern zunehmend ihren Abstand zur übrigen Gesellschaft. Gleichwohl bilden sie eine sehr inhomogene Gruppe. Während die untere Hälfte der Gruppe den nachfolgenden Gruppen noch recht nahe ist, nimmt das oberste Prozent eine absolute Sonderstellung ein und vereinigt z.B. ungefähr ein Drittel des gesamten Vermögens auf sich.
- Das Gewicht der Arbeitseinkommen am Gesamteinkommen ist im Laufe der Jahrzehnte deutlich gesunken. Das ist nicht zuletzt für die Sozialsysteme problematisch, deren Finanzierung ganz überwiegend auf den Arbeitseinkommen aufbaut.
- Die steuerliche Korrektur der ungleichen Verteilung ist rückläufig. Insbesondere Unternehmen und Kapitaleigentümer haben sich deutliche Besserstellungen erkämpft.
- Überwiegend verringern Staaten, die sich einem Steuerwettbewerb ausgesetzt sehen, nicht ihre Ausgaben, sondern verteilen Steuern zulasten von Arbeitnehmern, Verbrauchern und Immobilienbesitzern um und weichen zudem oft in eine höhere Verschuldung aus.
- Durch Steuerbetrug und grenzwertige Steuervermeidungspraktiken entstehen dem Staat jährlich Steuerausfälle im dreistelligen Milliardenbereich. Dass der Staat hiergegen nicht offensiver vorgeht, hat neben Lobbyismus auch mit der Befürchtung zu tun, Kapital und Unternehmen außer Landes zu treiben.
- Deutschland lebt finanziell nicht über, sondern unter seinen Verhältnissen. Neben Japan ist es das größte Gläubigerland der Welt – und als solches großen Risiken von Kapitalverlusten ausgesetzt.
- Der deutsche Staat ist gegenüber seinen Bürgern verschuldet. In welcher Höhe Staatsschulden tragbar sind, ist umstritten und von vielen Faktoren abhängig. Die deutsche Staatsverschuldung ist aber kein Problem zwischen den Generationen. Denn die Schulden des deutschen Staates erhöhen spiegelbildlich die Vermögen und Erbschaften der Privaten. Innerhalb der nachfolgenden Generation stellt die Staatsverschuldung aber ein Problem zwischen Erben und Nicht-Erben da.

9. Wachstum – ein Puzzle aus Angebot und Nachfrage

Möglicherweise kennen Sie die folgende Fabel:

Es lebten einmal fünf Gelehrte, die alle blind waren. Von ihrem König wurden sie auf eine Reise geschickt, um herauszufinden, was ein Elefant sei. Also begaben sie sich auf den Weg nach Indien. Dort wurden sie zu einem Elefant geführt. Sie standen um das Tier herum und versuchten, sich durch Ertasten ein Bild von ihm zu machen.

Zurück bei ihrem König, sollten sie über den Elefanten berichten.

Der erste Gelehrte hatte am Kopf des Tieres gestanden und den Rüssel betastet. Er sagte: „Ein Elefant ist wie ein langer Arm." Der zweite hatte das Ohr des Elefanten abgetastet und sprach: „Nein, ein Elefant ist wie ein großer Fächer." Der dritte sagte: „Aber nein, ein Elefant ist wie eine dicke Säule", denn er hatte ein Bein umfasst. Der vierte meinte: „Ein Elefant ist wie ein Tau mit ein paar Haaren am Ende." Er hatte den Schwanz untersucht. Und der fünfte Weise berichtete seinem König: „Also, ein Elefant ist wie eine riesige Masse mit Rundungen und ein paar Borsten darauf." Dieser Gelehrte hatte den Rumpf des Tieres berührt.

Nach diesen widersprüchlichen Äußerungen fürchteten die Gelehrten den Zorn des Königs, konnten sie sich doch nicht darauf einigen, was ein Elefant wirklich sei. Doch der König lächelte weise: „Ich danke Euch, denn ich weiß nun, was ein Elefant ist: Ein Elefant ist ein Tier mit einem Rüssel, der wie ein langer Arm ist, mit Ohren, die wie Fächer sind, mit Beinen wie starke Säulen, mit einem Schwanz, der einem Tau mit ein paar Haaren daran gleicht und einem Rumpf, der wie eine große Masse mit Rundungen und ein paar Borsten ist."

Die Gelehrten senkten beschämt die Köpfe, nachdem sie erkannten, dass jeder von ihnen nur einen Teil des Elefanten ertastet hatte.

Dass Ökonomen beschämt die Köpfe senken, kommt selten vor. Aber im Übrigen trifft die Parabel recht gut die Probleme der Volkswirtschaftslehre, nicht zuletzt bei der Beschäftigung mit der Frage, wie Wirtschaftswachstum funktioniert. Und gerade beim Wachstum ist das doch einigermaßen verblüffend. Schließlich spielt es sich seit Jahrzehnten vor unseren Augen ab.

a) Wachstum wollen fast alle

Wirtschaftswachstum ist in allen Ländern ein zentrales Thema. Trotzdem sind die Vorstellungen, wie Wachstum entsteht und wie es sich womöglich beeinflussen lässt, in Politik und Medien oft sehr schlicht. Die politische Formel: Wir verbessern die Bedingungen für die Unternehmen, sie investieren und die Wirtschaft wächst, ist leider viel zu simpel. Das Rezept kann in bestimmten Fällen aufgehen, wenn in einem Land beispielsweise keine Rechtssicherheit herrscht und allmählich hergestellt wird. Wenn Häfen und Verkehrswege gebaut werden, die bislang fehlten. Oder wenn erdrosselnde Steuern gesenkt werden, die 80 Prozent betrugen. Aber in vielen anderen Fällen funktioniert es nicht, jedenfalls nicht in nachweisbaren Größenordnungen. Oder es funktioniert allenfalls wie ein Strohfeuer – über die Förderung optimistischer Stimmungen, wenn im Sinne einer Spekulation positive Erwartungen darüber geweckt werden, welche erfreulichen Entwicklungen andere Wirtschaftsteilnehmer erwarten. In diesem Kapitel wollen wir uns deshalb mit dem nicht ganz trivialen Prozess des Wirtschaftswachstums beschäftigen. Einem Prozess, der oft politisch versprochen, aber selten aktiv eingelöst wird und sich trotzdem immer wieder einstellt.[235]

235 Und weil er sich oft einstellt, bietet sich Politikern hier ein machiavellistisches Rezept an: Unternimm wirtschaftspolitisch irgendetwas, was nicht ganz unplausibel ist, und erkläre den nächsten Aufschwung zu deinem Verdienst.

b) Wozu eigentlich Wachstum?

Zum heutigen Wohlstand hat das Wirtschaftswachstum der vergangenen Jahrzehnte geführt. Kaum jemand wird die Früchte dieser Entwicklung missen wollen. Wirtschaftswachstum ist der Motor zur Steigerung des materiellen Wohlstands. Was für uns und unser Land gilt, gilt entsprechend auch für andere. Arme Länder können nur über Wachstum zu Wohlstand kommen. Ihre Wirtschaft muss wachsen, um die Ernährung der Bevölkerung sicherzustellen, ein ordentliches Gesundheits- und Bildungssystem und eine funktionierende Infrastruktur zu schaffen. Und auch Länder in Europa, die im Weltmaßstab nicht arm zu nennen sind, setzen auf Wachstum, um ihre Verschuldung in den Griff zu bekommen. Überall auf der Welt streben Politiker nach Wachstum, um bezahlte Arbeit zu schaffen, Einkommen zu steigern und soziale Probleme zu mildern.

Am Sinn der Strategie, aus Problemen „herauszuwachsen", kann man allerdings auch zweifeln, jedenfalls in hoch entwickelten Ländern. Wäre es hier nicht besser, das Erreichte mit Umsicht und Fairness für das Wohl der Menschen einzusetzen, als weiter zu wachsen? Verbraucht das Wachstum nicht Ressourcen, die später fehlen werden? Zerstört es nicht die Umwelt? Heizt es nicht die Atmosphäre auf? Diese Fragen sind berechtigt. Andererseits wäre es blauäugig, auf eine Politik zu hoffen, die mit missionarischem Eifer eine grundlegende Selbstbeschränkung der Menschen durchsetzen und dabei viele wirkungsvolle Triebkräfte in Wirtschaft und Gesellschaft einfach ignorieren wollte. Solche Versuche enden leicht in einem autoritären Fiasko.

Und aller Skepsis zum Trotz gibt es gegenüber den Besorgnissen, die weiteres Wachstum gerade in manchen hoch industrialisierten Ländern wie Deutschland auslöst, auch relativierende und konkurrierende Aspekte. Wachstum in fortgeschrittenen Industrialisierungsphasen muss nicht wie eine Dampfwalze daherkommen. Es kann sich auch im Bereich Ressourcen schonender Tätigkeiten abspielen, bei Unterricht, Beratung und Pflege ebenso wie in industrienahen Dienstleistungen. Es kann durch Produktionsoptimierungen und Fortschritte in der Datenverarbeitung entstehen. Es kann, auf Forschung basierend, von Miniaturisierung und Rohstoffrecycling begleitet werden. Es kann die Notwendigkeit von Mobilität vermindern, beispielsweise Geschäftsreisen durch Videokonferenzen ersetzen und hochwertige Technik zum Schutz der Umwelt bereitstellen. In der Landwirtschaft kann Dünger, auf der Basis der letzten Erntedaten, GPS-gesteuert quadratmetergenau ausgebracht werden. Und Schädlingsbekämpfungsmittel können durch ein System ausgewählt und dosiert werden, das Unkräuter erkennt. Im Bereich der Rohstoffversorgung können seltene Stoffe nach und nach durch reichlicher vorhandene ersetzt oder chemisch nachgebaut werden, insbesondere, wenn die dafür nötige Energie regenerativ erzeugt wird. Dies leuchtet umso mehr ein, wenn man sich klarmacht, dass wir einen Stoff nie um seiner selbst willen brauchen, sondern immer nur wegen bestimmter Nutzungsmöglichkeiten, die sich aus ihm ziehen lassen – im Laufe der Zeit aber auch aus anderen, weniger raren Stoffen.

Wachstum ist ein Mittel gegen Arbeitslosigkeit. Steigende Arbeitsproduktivität ist die typische und erwünschte Folge wettbewerblich organisierter Volkswirtschaften. In Wettbewerbswirtschaften machen sich viele Menschen beständig darüber Gedanken, wie sie Produkte verbessern, Abläufe optimieren und Aufwand einsparen können. Das ist grundsätzlich ein ebenso begrüßenswerter wie uferloser Prozess. Jede Verbesserung fußt auf früheren Entwicklungen, ist ohne ihre Vorläufer nicht möglich und trägt schon den Keim weiterer Entwicklungen in sich. Hinzu kommt, dass mit wachsendem Wohlstand kapitalintensiver produziert wird; das heißt, dass die eingesetzten Werkzeuge immer zahlreicher und wertvoller werden und die Resultate der menschlichen Arbeit multiplizieren.

Wenn die Produktivität je Arbeitsstunde wächst, muss aber entweder der Wert der produzierten Waren und Dienstleistungen zunehmen, also Wirtschaftswachstum stattfinden, oder der Arbeitseinsatz abnehmen. Wächst bei steigender Arbeitsproduktivität die Wirtschaftsleistung nicht entsprechend mit, wird Arbeitslosigkeit die Folge sein. Alternativ kann die steigende Produktivität zu Arbeitszeitverkürzungen genutzt werden, wie es sich viele Menschen, insbesondere in der „Rushhour des Lebens", wünschen.[236] Ferner kann die Steigerung auch ein aus demographischen Gründen sinkendes Arbeitskräfteangebot

236 Die Widerstände gegen Arbeitszeitverkürzungen wurden bereits im Kapitel 6 über die Arbeit dargestellt.

ausgleichen, ein Gesichtspunkt, der bei der Frage nach der Stabilität unserer Alterssicherungssysteme in Kapitel 7 eine Rolle gespielt hat.

Nicht zuletzt: Wirtschaftswachstum ist in der Regel friedenstiftend. Zwar können Maßnahmen, um Wachstum zu fördern, im Einzelfall Unfrieden hervorrufen: Wenn beispielsweise ein Stausee gebaut wird, dem Menschen weichen müssen. Oder wenn Industrien angesiedelt werden, die ihre Abgase in die Nachbarschaft entlassen. Grundsätzlich jedoch ermöglicht es Wachstum, ärmere Teile einer Bevölkerung besser zu stellen, ohne den wohlhabenderen etwas zu nehmen. Wegnehmen dagegen destabilisiert. Es erzeugt in jeder Gruppe und jeder Gesellschaft ein hohes Maß an Beunruhigung, und zwar auch über den Kreis der unmittelbar Betroffenen hinaus. Die Verlustaversion des Menschen ist psychologisch gut erforscht. Sie bewirkt, dass ich den Verlust von 500 Euro viel heftiger erlebe als den Gewinn derselben Summe. Verlust bedeutet Niederlage und erzeugt manchmal sogar Zukunftsangst: Wenn ich heute etwas verliere, wer sagt mir, dass ich morgen nicht noch mehr verliere? Wenn es anderen möglich ist, mir etwas zu nehmen, werden sie sich dann damit begnügen, das nur einmal zu tun? Und wenn zwar nicht mir, aber anderen etwas genommen wird, wer garantiert, dass ich nicht nächstens selbst betroffen bin? Werden die, die „den Reichen" etwas nehmen wollen und mich heute noch verschonen, mich nicht vielleicht schon morgen zu den Reichen zählen? Eine mit rabiaten Maßnahmen umverteilende Politik erzeugt Widerstände weit über den Kreis der unmittelbar Betroffenen hinaus.

Dagegen gibt Wirtschaftswachstum im politischen Alltag die Möglichkeit, zum Beispiel die Infrastruktur eines Landes zu verbessern, ohne Steuern zu erhöhen oder zusätzliche Schulden aufzunehmen. Ob die Vermeidung höherer Steuern wirtschaftspolitisch jeweils so wichtig ist wie behauptet, sei hier dahingestellt. Aber wenn die Steuern nicht steigen, erfreut das die Bürger und die um ihre Wiederwahl besorgten Politiker. Der hohe Stellenwert des Wirtschaftswachstums liegt somit auf der Hand.

Mehr Wohlstand steigert das Glück allerdings nicht proportional. Wenn ein gewisses Niveau der Bedürfnisbefriedigung erreicht ist, nimmt der Effekt von „noch mehr" in der Regel ab. Wirtschaftswissenschaftler sprechen hier vom Prinzip des abnehmenden Grenznutzens.

Das erste Stück Schokolade schmeckt besser als das zehnte. Dieses Prinzip des abnehmenden Nutzens gilt zum Beispiel für die Ausstattung mit noch mehr Unterhaltungselektronik. Es gibt aber andere Zuwächse, die diesem Sättigungseffekt nicht unterliegen, zum Beispiel, wenn aufwändige medizinische Behandlungen für seltene Krankheiten entwickelt werden. Dass in der Heilkunst jetzt schon ein hohes Niveau erreicht ist, mindert hier nicht den Wert eines weiteren Zugewinns. Und mit einigem Nachdenken lassen sich weitere Felder finden, wo, abhängig von den Präferenzen des Einzelnen, substantielle Verbesserungen Sättigungstendenzen überspringen. So könnte zum Beispiel die Entwicklung sich selbst steuernder Fahrzeuge die Mobilität alter Menschen verbessern. Im Endeffekt sind es die qualitativen Sprünge, die die Sättigungstendenzen immer wieder aufheben. Wäre dem nicht so, hätten wir – aus der Sicht der Menschen des 18. oder 19. Jahrhunderts beispielsweise – schon vor sehr langer Zeit einen Zustand kompletter Sättigung erreichen müssen.

Und natürlich geht es nicht nur um den Bedarf derer, die jetzt schon gut versorgt sind. Zusätzlich gibt es die Bedürfnisse derjenigen, die, zum Beispiel wegen Arbeitslosigkeit, vom allgemeinen Wohlstand ausgeschlossen sind und selbstverständlich ebenfalls dieses Niveau (wieder) erreichen wollen. Und zum Thema Wachstum gehört am Ende auch der Wiederaufwuchs nach Rückschlägen durch Krisen.

Ein Teil des Misstrauens gegenüber dem Wachstum ist schließlich auch der unbestreitbaren Unzulänglichkeit seiner Messung zuzuschreiben. So wirkt sich ein schwerer Verkehrsunfall in der Messung des Bruttoinlandsprodukts tatsächlich als Wachstumsimpuls aus, weil er zusätzliche Leistungen in Krankenhäusern, Autowerkstätten, bei Zulieferern und Versicherungen bewirkt. Es erscheint hier etwas als Gewinn, was doch nur einen eingetretenen Schaden ausgleicht. Dementsprechend gibt es Bestrebungen, solche Messungen von unsinnigen Effekten zu befreien oder sogar statt des Bruttoinlandsprodukts eine Art „Glücksprodukt“ oder ähnliches zu konstruieren. Dabei stellt sich jedoch das Problem, die Messungen nicht mit einer Vielzahl subjektiver und umstrittener Wertungen zu befrachten.

Auch wenn man das Wachstum in den reichen Ländern kritisch sieht und durch andere Entwicklungspfade ersetzen möchte, sollte man wissen, wie es funktioniert. Denn manche, für Teile der Bevölkerung „bittere Pillen“ werden politisch mit ihrer wachstumsfördernden Wirkung begründet. Dann aber sollte wenigstens einschätzbar sein, ob die behaupteten Zusammenhänge plausibel sind.

c) Ein Streit mit Patina – oder: das Wirtschaftswachstum als abgetasteter Elefant

Da für unsere Gesellschaftsform Wirtschaftswachstum so bedeutend ist und uns so lange schon begleitet, erstaunt es umso mehr, dass über die Zusammenhänge, die Wachstum erzeugen, in Wissenschaft und Politik Unsicherheit und Halbwissen herrschen. Der Vorsatz oder gar das Versprechen: ‚Wir krempeln die Ärmel hoch und schaffen Wachstum' funktioniert offenbar nicht so ohne weiteres. Stattdessen durchzieht ein Streit die Wirtschaftswissenschaften, der sich über Jahrzehnte, im Grunde sogar über mehr als 200 Jahre, verfestigt hat und für Außenstehende kaum nachvollziehbar ist. Er dreht sich darum, ob für die Wirtschaftsentwicklung das Angebot oder die Nachfrage nach diesem Angebot entscheidend ist. Theoretisch unverbildet, werden die meisten Menschen sagen, dass Angebot und Nachfrage für eine positive Wirtschaftsentwicklung wie die Zähne eines Reißverschlusses ineinandergreifen müssen und daher gleich wichtig sind. Anders dagegen die Mehrheit der Wissenschaftler: Sie betont die Schlüsselstellung des Angebots; und viele glauben sogar, die Nachfrage ganz vernachlässigen zu können, jedenfalls bei nicht nur kurzfristiger Betrachtung.

Die Auseinandersetzung damit erfordert noch einmal eine theoretische Anstrengung, ist aber praktisch höchst relevant. Denn mit dem Argument, Wachstum zu fördern, werden politische Forderungen verbunden, zum Beispiel nach niedrigeren Steuern für die Wirtschaft. Wenn es allein auf das Angebot ankommt, was liegt dann näher, als „der Wirtschaft“ in jeder Hinsicht den roten Teppich auszurollen?

Der Parteinahme für die zentrale Bedeutung des Angebots liegt ein – auf den ersten Blick – bestechender Gedanke zugrunde, den der französische Ökonom *Jean-Baptist Say* schon 1803 entwickelt hat. Nach *Say* kann die Nachfrage gar nicht nennenswert hinter dem Angebot zurückbleiben, denn niemand bringe ja eine Ware auf den Markt, der nicht die Absicht habe, im Gegenzug eine andere dafür zu erwerben. Damit finanziere das Angebot seine Nachfrage selbst. Eine allgemein hinter dem Angebot zurückbleibende Nachfrage sei folglich ausgeschlossen. Natürlich könne es vorkommen, dass die Struktur des Angebots nicht exakt mit der Struktur der Nachfrage zusammenpasse und Angebote liegen blieben. Aber das sei ein Problem, dass der Markt mit seinem Preismechanismus – die Preise knapper Güter steigen, während die Preise der Ladenhüter fallen – jeweils schnell lösen werde.

Hier tritt uns ein für die klassischen Wirtschaftstheorien typischer Optimismus entgegen. Es wird nämlich davon ausgegangen, dass die erfolglosen Anbieter, ungeachtet ihrer erlittenen Verluste, sogleich mit einem besser nachgefragten Produkt auf den Markt zurückkehren. Es wird auch unterstellt, dass sie keine Schwierigkeiten haben, ein Produkt ausfindig zu machen, nach dem Nachfrage besteht und dass sie konkurrenzfähig herstellen können. Die Erfahrung vieler Produzenten und Geschäftsleute sagt uns aber, dass die Realität anders aussieht. Dass das *erfolgreich absetzbare* Produkt grundsätzlich seine Nachfrage selbst finanziert, ist richtig, aber fast schon eine Binsenweisheit ohne große Aussagekraft. Dass aber die Nachfrage nicht hinter dem, was produziert werden könnte, zurückbleiben kann, lässt sich daraus nicht ableiten. Das nach *Say* benannte *Say'sche Theorem* hat trotzdem in der Wirtschaftswissenschaft eine enorme Karriere gemacht, die bis heute fortwirkt. Der in ihm steckende Optimismus fasziniert, und für eine Politik, die der Wirtschaft Gutes tun will, stellt es einen willkommenen Hintergrund dar.

Gegen die Behauptung, dass niemand eine Ware auf den Markt bringt, der nicht die Absicht hat, im Gegenzug eine andere zu erwerben, richtet sich noch ein weiterer grundsätzlicher Einwand. In einer Geldwirtschaft beschicken auch Anbieter den Markt, die aktuell keine Gegenleistung erwerben wollen. Sie möchten zwar verkaufen, aber nichts kaufen, sondern zunächst nur mehr Geld auf ihrem Konto haben und also ihre Gläubigerposition ausbauen. Das kann zum Problem werden, wenn es den Banken nicht gelingt, im Gleichgewicht mit den Ersparnissen Kredite zu vergeben und damit die Nachfrage des Sparers durch die Nachfrage eines Kreditnehmers zu ersetzen.[237]

Widerstand gegen *Say's* Idealbild regte sich nachdrücklich in den 1930er Jahren, vor allem durch den englischen Wirtschaftswissenschaftler *John Maynard Keynes,* der einer ganzen Richtung, dem Keynesianismus, den Namen gab. 1936, unter dem Eindruck der 1929 ausgebrochenen Weltwirtschaftskrise, verfasste er sein wichtigstes Werk, die *„General Theorie of Employment, Interest and Money"*, in der er die gesamte klassische Lehre als falsch zurückwies. *Keynes* war bereits zuvor ein sehr bekannter Mann gewesen, der zum Beispiel die im Versailler Friedensvertrag Deutschland auferlegten Bedingungen als wirtschaftlich unsinnig kritisiert hatte. 1944 verhandelte er für England über das System von *Bretton Woods.*[238] Seine in der *„General Theorie"* entwickelten Gedanken hatten einen gewaltigen Einfluss nicht nur auf die Wissenschaft, sondern auch auf die praktische Politik bis in die 1970er Jahre, und sie spalten teilweise bis heute die Wirtschaftswissenschaft.

Keynes sah die Möglichkeit, dass die Nachfrage hinter dem Angebot zurückbleibt, und konnte dabei auf die dramatischen Nachfrageeinbrüche der Weltwirtschaftskrise verweisen. Anders als *Say* und die Neoklassik argumentierte er nicht auf der Tauschebene, sondern unter den Bedingungen einer Geldwirtschaft. Sein Blick richtete sich auf die Hortung von Geld, wenn Anbieter zwar Waren auf den Markt bringen, aber die Erlöse bis auf weiteres nicht für den Erwerb anderer Waren ausgeben. Dazu müssen sie ihr Geld gar nicht unter der Matratze oder im Banksafe aufbewahren. Derselbe Effekt tritt ein, wenn sie ihr Geld zwar zur Bank tragen, die Bank aber nicht genug vertrauenswürdige Kunden findet, die Kredite in entsprechendem Umfang in Anspruch nehmen wollen. Es entsteht dann nach *Keynes* ein Nachfrageausfall, den der Staat durch eigene kreditfinanzierte Nachfrage kompensieren sollte.

237 Das gilt unbeschadet der Tatsache, dass Bankkredite nicht aus Spareinlagen vergeben werden. Siehe die entsprechende Darstellung der Deutschen Bundesbank (2017)

238 Siehe dazu Kapitel 2.2 c) und 3.4 b)

Gerade aus der Perspektive des aktuellen Anlagenotstands, wo Sparer auch ohne Zinsen sparen und Kredite auch zu günstigsten Bedingungen nicht in ausreichender Zahl vertrauenswürdige Nachfrager finden, haben solche Überlegungen Gewicht. Um dem festgefahrenen und aufgeladenen Streit zwischen Keynesianern und Neoklassikern jedoch ein Stück weit zu entgehen, wollen wir versuchen, uns dem Problem eines durch schwache Nachfrage gehemmten Wachstums auf einem anderen Weg zu nähern. Dabei setzen wir nicht, wie die Keynesianer, erst auf der Ebene der Geldwirtschaft an, sondern wir werden uns, wie die Neoklassiker, auf die Tauschebene begeben. Das Verfahren, ein Problem von der Wurzel an auf der Tauschebene zu untersuchen, kennen wir ja bereits aus Kapitel 2 über den internationalen Wettbewerb. Es wird sich zeigen, dass man für die Bedeutung der Nachfrage schon auf der Tauschebene gute Gründe finden kann – sozusagen also bereits auf dem Spielfeld der die Bedeutung der Nachfrage abstreitenden Neoklassiker.[239] Und das Tauschmodell lässt sich anschließend problemlos wieder in die Geldwirtschaft zurückübertragen.

d) Wachstum erzeugende Tauschprozesse

Eine wachsende Wirtschaft besteht aus wachsenden Einkommen.[240] Um sie zu erzielen, reicht es nicht, Güter nur zu produzieren. Sie müssen auch abgesetzt werden, denn in einer arbeitsteiligen Wirtschaft haben Produzenten kaum selbst Verwendung für ihre hergestellten Güter. Wie wertlos ein Produkt ist, wenn es nicht den Weg zu einem Kunden findet, zeigt sich zum Beispiel bei einem behördlichen Verkaufsverbot, wenn das Produkt auch zu einem reduzierten Preis nicht abzusetzen ist. Vom Sonderfall der Selbstversorgung abgesehen erlangt ein Produkt erst Wert durch den Tausch, und dazu muss sich ein Abnehmer finden, der zu einer Gegenleistung fähig und bereit ist.

Dass das nicht absetzbare Produkt volkswirtschaftlich kein Einkommen erzeugt, gilt übrigens nicht nur für Produkte, die der Unternehmer, z. B.

239 Die Ausführungen folgen der Argumentation in Klein (2011).

240 Einkommen gibt es natürlich auch in der Tauschwirtschaft. Einkommen ist schlicht das, was man für seine Leistung bekommt, gleichgültig, ob in Naturalien oder Geld.

als Handwerker, eigenhändig herstellt, sondern auch für solche Produkte, zu deren Herstellung er Mitarbeiter beschäftigt und dafür Löhne bezahlt. Der Unternehmer zahlt die Löhne aus seinem Vermögen oder seinem Kredit in der Erwartung, die Vermögensminderung durch den Verkaufserlös wieder auszugleichen und Gewinn zu machen. Bleiben die Erlöse jedoch aus, steht dem positiven Einkommen der Arbeitnehmer negatives Einkommen des Unternehmers gegenüber. Ein überhaupt nicht absetzbares Produkt ist allerdings die Ausnahme. Meistens wird es, wenn es anders nicht geht, doch noch zu einem reduzierten Preis, vielleicht zu einem „Schleuderpreis", einen Abnehmer finden. Dieser Preis wird die Herstellungskosten nicht decken, die Produktion unrentabel machen und schnell enden lassen. Aber er mindert den Verlust des Unternehmers und lässt auf der Ebene der Gesamtwirtschaft zusätzliches Einkommen in Höhe dieses Schleuderpreises entstehen.

Ein wachsendes Handelsvolumen setzt selbstverständlich ein wachsendes Angebot voraus. Doch nicht jeder Zuwachs des Angebots wird das Handelsvolumen dauerhaft steigern, denn solche Produkte, die nicht auskömmlich absetzbar sind, werden bald wieder vom Markt verschwinden. Davon abgesehen geht es für das Wachstum der Wirtschaft aber auch nicht allein darum, ob sich ein hinzukommendes Angebot durchsetzt oder scheitert. Denn manche Angebote, ob sie nun als neue Produkte auftreten oder nur als größere Menge bereits eingeführter, sind zwar erfolgreich, verdrängen aber andere vom Markt, während sie in anderen Fällen zu den eingeführten dazukommen, ohne deren Absatz zu schmälern. Damit stellt sich die für die Wirtschaftsentwicklung spannende Frage, welcher Prozess denn im Fall einer Ergänzung abläuft und wie er sich vom Fall des Verdrängens unterscheidet.

Wie bedeutsam diese Frage werden kann, hat ein Fall gezeigt, an den Sie sich möglicherweise noch erinnern. In der wegen der Bankenkrise bedrohlichen wirtschaftlichen Lage des Jahres 2008 hatte die deutsche Bundesregierung eine Abwrackprämie für Altautos beschlossen. Sie hatte das aus bestimmten Gründen als Umweltmaßnahme deklariert, aber vor allem ging es um eine Stützung der Konjunktur. Die Aktion löste heftige Diskussionen aus. Das Frühjahrsgutachten 2009 der führenden deutschen Wirtschaftsforschungsinstitute wandte dagegen ein, die durch die Prämie bewirkten Ausgaben der Verbraucher für Neuwagen würden voraussichtlich zu Lasten anderer Konsumausgaben gehen. Das

Programm werde die erhoffte Wirkung deshalb wohl verfehlen.[241] Dem lag der verständliche Gedanke zugrunde, dass die Verbraucher jeden Euro nur einmal ausgeben können, entweder für Neuwagen oder für etwas Anderes.

Das nachfolgende, auf das Wesentliche reduzierte Beispiel zeigt jedoch, dass der Markterfolg eines zusätzlichen Angebots, also zum Beispiel eines zusätzlich produzierten Neuwagens, nicht notwendig zu Lasten anderer Angebote gehen muss. Dabei machen wir uns, wie angekündigt, die größere Anschaulichkeit des Tauschhandels zunutze.

A und B sind Produzenten zweier Güter. Zugleich sind sie auch Konsumenten. A und B stellen jeweils 100 Einheiten ihres Produkts her und tauschen sie gegeneinander. Das Handelsvolumen umfasst damit 200 Einheiten. Nach einiger Zeit kommt jedoch Akteur C hinzu und bietet ebenfalls ein Produkt an.

Abbildung 10

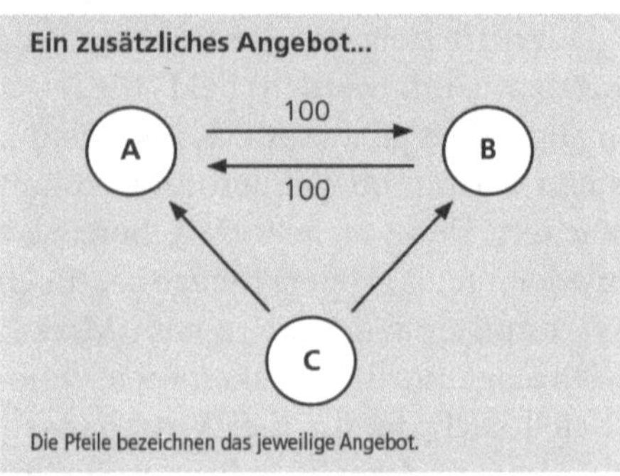

A ist am Erwerb der Ware des C interessiert. Zunächst müssen wir klären, ob A seine Produktion nun ausweiten wird, um sich die Ware des C zu leisten, oder ob er stattdessen seine Nachfrage gegenüber B einschränkt.

Wenn A in der Lage ist, seine Produktion zu steigern, wird er vielleicht diesen Weg beschreiten, weil er so das Angebot des C erwerben kann, ohne sich bei den Produkten des B einzuschränken. Diese Option besteht allerdings nur im Tauschhandel. Hier beinhaltet ein Angebot notwendigerweise, die Ware des Tauschpartners als Gegenleistung zu akzeptieren.

241 Projektgruppe Gemeinschaftsdiagnose (2009), S. 90

In einer Geldwirtschaft ist es dagegen nahezu ausgeschlossen, durch den Erwerb einer Ware den Absatz des eigenen Produkts zu fördern. Da wir später vom Tausch zur Geldwirtschaft übergehen wollen, nehmen wir an, dass A die Nachfrage bei B einschränkt, um sich den Einkauf bei C leisten zu können. Damit tragen wir dem begrenzten Budget des A Rechnung. Selbstverständlich bedeutet das nicht, dass sich Budgets nicht vergrößern ließen. Allerdings lassen sie sich nur durch Absatzerfolge erweitern, die nicht durch den vermehrten eigenen Konsum herbeigeführt werden können.

Genauso wie A soll sich auch B für den Erwerb der Ware des C interessieren und seine Nachfrage bei A einschränken, um mit C tauschen zu können. Zur Vereinfachung dieses Ausgangsbeispiels lassen wir A und B damit spiegelbildlich handeln, um Spannungen zwischen ihren Tauschabsichten zu vermeiden. Auf Divergenzen zwischen solchen Absichten und damit zwischen Angebot und Nachfrage gehen wir dann im nächsten Schritt ein.

Nehmen wir also an, A und B erwerben je 25 Einheiten von C im Tausch gegen ihr eigenes Produkt und verzichten dafür auf die entsprechenden Mengen des jeweils anderen Gutes. Es ergeben sich dann die folgenden Transaktionen:

Abbildung 11

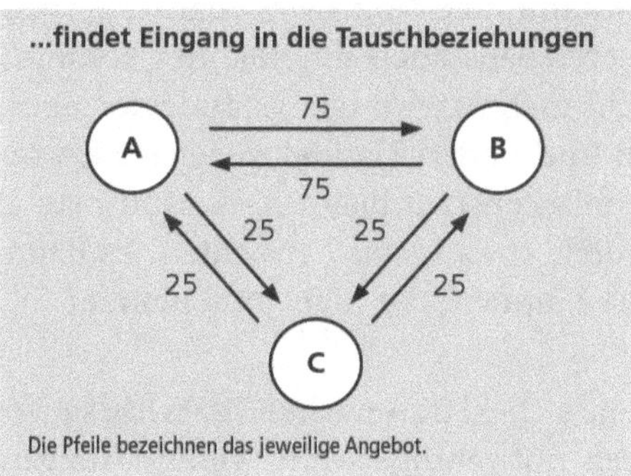

Wenn man die Transaktionen zusammenrechnet, ergibt sich, dass das Handelsvolumen von 200 auf 250 Einheiten gewachsen ist; mit 50 Einheiten also komplett um die Menge, die C absetzt. Was A an Absatz gegenüber B einbüßt, gleicht er durch den Absatz an C aus. Entsprechendes gilt für B. Angebot und Nachfrage befinden sich im Gleichgewicht. Der Markt hat das Angebot des C aufgenommen, ohne dass andere Anbieter zurückstecken müssen.

Dieser Vorgang ist auch in der Gegenrichtung, von Abbildung 11 zu Abbildung 10, und damit als Schrumpfungsprozess möglich. A und B beenden den Handel mit C und tauschen wieder entsprechend mehr miteinander. C bleibt auf seiner Ware sitzen, muss die Produktion einstellen, und das Handelsvolumen sinkt auf 200 Einheiten.

Es zeigt sich also: Eine Gruppe von Marktteilnehmern, in unserem Minimalmodell A und B, in anderen Fällen ist es die gesamte Volkswirtschaft, kann zusätzliche Angebote aufnehmen, ohne dafür andere Angebote auszuschließen. Produktion und Handel steigen. Umgekehrt kann sie aber auch bestimmte Angebote nicht länger nachfragen, ohne dass irgendwo andere Anbieter davon profitieren. Einsparungen können Produktions- und Handelsmengen schrumpfen lassen, ohne dass es zu positiven Gegeneffekten kommt. Das entsprechende Volumen fällt schlicht weg – auch in einer Tauschwirtschaft, in der niemand Geld unter das Kopfkissen oder aufs Sparbuch legen kann. Dieser Effekt kann, wie wir noch sehen werden, äußerstenfalls dazu führen, dass eine Regierung, die Ausgaben kürzt und im selben Umfang die Steuern senkt, damit die Wirtschaftsleistung reduziert.

Selbstverständlich kann eine Volkswirtschaft die Vorgänge des Einbeziehens und Ausschließens auch miteinander kombinieren, das Angebot des C also nicht mehr nachfragen, stattdessen aber das Angebot eines D akzeptieren und in den Handel integrieren, womit das Handelsvolumen im Ergebnis konstant bleibt. Das kann man als Verdrängung eines Angebots durch ein anderes betrachten. Es kann sich aber auch um zwei Vorgänge handeln, die nicht miteinander in Verbindung stehen.

Wichtig ist es nun, sich klarzumachen, dass diese Vorgänge bei den einzelnen Akteuren notwendigerweise Veränderungen in der Zusammensetzung ihrer Ausgaben, ihres Budgets,[242] zur Folge haben. Im gezeigten Wachstumsfall befinden sich im Budget des A jetzt weniger

242 Der Begriff des Budgets könnte dem Einen oder Anderen Schwierigkeiten bereiten. Budget bedeutet: die Ausgaben in einer bestimmten Zeitspanne. Um es sich in einfacher Weise klar zu machen, stellen Sie sich vor, ein Mensch kaufe jeden

von B erworbene Waren, dafür aber zusätzlich Waren aus dem Angebot des C. Ursache und Wirkung sind allerdings umgekehrt: Primär ändert nicht das Wachstum die Zusammensetzung der Nachfrage (das tut es höchstens in einem zweiten Schritt), sondern die Änderung der Nachfrage erzeugt das Wachstum. Denn es sind die Wünsche der Nachfrager, den Inhalt ihrer Budgets zu ändern, die die gezeigten Effekte und damit Wachsen oder Schrumpfen des Gesamtsystems bewirken. Das zu verstehen bedeutet aber, eine grundlegende, wenn auch im täglichen Leben nicht ohne weiteres ins Auge springende Tatsache des Wirtschaftswachstums zu verstehen: Ohne die Bereitschaft der Nachfrager, die Zusammensetzung ihrer Nachfrage zu ändern, ist keine Integration zusätzlicher Angebote (seien es neue Produkte oder größere Mengen von bewährten Produkten) und damit kein Wachstum möglich. Folglich kommt der Veränderungsbereitschaft der Nachfrager ausschlaggebende Bedeutung zu. Das lässt sich später auch historisch zeigen.

Nachfolgend wollen wir uns aber zunächst, wie angekündigt, mit möglichen Divergenzen zwischen Angebot und Nachfrage beschäftigen. Das ist nötig, um das komplette Bild des Wachstumsmusters zu verstehen. Die entscheidende Erkenntnis haben wir allerdings bereits gewonnen.

e) Divergenzen zwischen Angebot und Nachfrage

Beim Ausgleich zwischen Angebot und Nachfrage entstehen Spannungen. In der Schrumpfungsvariante unseres Ausgangsfalls zum Beispiel wollen A und B nicht länger die Waren des C eintauschen. Dagegen will C wahrscheinlich den Handel fortsetzen. Genauso ist eine umgekehrte Spannung möglich, wenn A und B mehr Einheiten von C erwerben wollen, C jedoch sein Angebot nicht ausweitet und stattdessen lieber einen höheren Preis (ein besseres Tauschverhältnis) kassiert.

Monat Milch und Müsli. Er ändert die Zusammensetzung seines Budgets, wenn er im Folgemonat auf ein wenig Milch und Müsli verzichtet und dafür zusätzlich Nüsse erwirbt. – So konstant wird kein Mensch agieren. Aber bei großen Gruppen gleichen sich individuelle Abweichungen aus.

Wer wird sich durchsetzen? Falls Sie die kleinen Modelle nachvollzogen haben, ist ihnen diese Frage womöglich bereits gekommen. Wir werden sie im Folgenden kurz theoretisch klären. In der Realität sind die Dinge allerdings meist auf den ersten Blick entschieden. Denn es steht ein Anbieter dann nicht gegen A und B, sondern gegen „den Rest der Welt". Und es ist klar, dass die nötige Anpassung nicht erfolgt, indem sich „der Rest der Welt" bewegt.

Doch nun zur theoriegerechten Ableitung: Wenn im zuletzt genannten Fall A und B um das knappe Angebot des C konkurrieren und deshalb höhere Gegenleistungen anbieten, C aber sein Angebot konstant hält, bedeutet das, dass sich das Austauschverhältnis für ihn verbessert und für die anderen verschlechtert. Damit wird die Produktion des C rentabler, für A und B jedoch unrentabler. A und B geraten damit theoretisch unter Druck, ihre Angebotsmengen zu reduzieren und insbesondere Produktionen, die sich bislang noch gerade so gerechnet haben, einzustellen. Für C dagegen herrscht unter den Bedingungen eines funktionierenden Wettbewerbs ein umgekehrter Anpassungsdruck: Wenn er selbst die Menge nicht erhöht, werden sich andere Anbieter finden, die die erhöhten Renditen erkennen, die Chance nutzen und die Lücke schließen. Es werden, wie die Volkswirte sagen, Produktionsfaktoren in diesen Sektor zuwandern. Die alten Rentabilitätsverhältnisse, bei denen Produktionsfaktoren weder zu- noch abwandern, stellen sich jedoch wieder ein, wenn entweder C seine Angebotsmenge erhöht (oder andere an seiner Stelle), oder A und B ihre Angebotsmengen reduzieren. Soweit eine Seite Anpassungen vornimmt, entfällt der Anpassungsdruck für die Gegenseite. Grundsätzlich sind somit unterschiedliche neue Gleichgewichtszustände möglich.

Auch wenn der Anpassungsdruck beiderseits wirkt, ist er jedoch in der Regel, wie angesprochen, sehr ungleich verteilt. Wenn das Angebot des C in unserem Ausgangsfall die Nachfrage von A und B übertreffen sollte und er ungünstigere Tauschrelationen akzeptieren muss, um seine Produktion abzusetzen, betrifft das für ihn alle mit seiner Produktion getätigten Geschäfte. Für seine Kunden A und B, die ihre Produkte nicht nur gegen seine, sondern auch gegen viele andere ihres geschäftlichen und privaten Bedarfs tauschen, verbessert sich dagegen nur eine einzige Tauschrelation. Während sich die Rentabilität der Produktion des C also deutlich ändert, ändert sich die Rentabilität bei seinen Partnern nur geringfügig, im Alltag meist gar nicht wahrnehmbar. Es ist also möglich, es ist sogar der Regelfall, dass die relativen Preise (Tauschrelationen) für bestimmte Güter steigen, ohne dass die Preise an anderer Stelle wahrnehmbar zurückgehen. Und umgekehrt, dass die relativen Preise einzelner Güter sinken, ohne dass andere wahrnehmbar steigen. Sofern in unserem Fall dem C eine Mengenanpassung möglich ist, wird er deshalb reagieren und damit wieder ein Gleichgewicht herstellen. Sollte er es aber, aus welchen Gründen auch immer, unterlassen, können seine Partner die sie betreffenden minimalen Rentabilitätsänderungen problemlos aushalten.

In den Beispielsfällen sind wir davon ausgegangen, dass Waren in den Tauschmarkt integriert wurden, die schon produziert sind. Jetzt, nachdem wir betrachtet haben, wie Divergenzen zwischen Angebot und Nachfrage aufgelöst werden, können wir das Bild vervollständigen. Eine gewandelte Nachfrage kann nicht nur Angebote zusätzlich in den Markt hineinlassen, sondern über steigende Preise auch eine Erhöhung von Angebotsmengen anstoßen, ohne dass es an anderer Stelle zu Reduktionen kommt. Und natürlich gilt dies auch wieder umgekehrt, wenn Preise, die wegen geänderter Nachfrage fallen, zu Produktionskürzungen führen, denen kein Aufwuchs an anderer Stelle gegenübersteht.

Einmal mehr erweisen sich die Kräfte, die ökonomischen Prozessen zugrunde liegen, einerseits als schlicht, andererseits jedoch auch als scheinbar ziemlich abstrakt. Manchen von Ihnen, liebe Leserin, lieber Leser, wurde hier sicherlich etwas zugemutet. Wenn Sie wollen, vollziehen Sie die dargestellten Konstellationen bei Gelegenheit noch einmal nach. Es folgen aber noch Beispiele, die die Vorgänge in alltäglicher Umgebung zeigen.

f) Individuelle Budgets und die gesamte Volkswirtschaft

Betrachten wir jetzt den Markteintritt eines neuen Produkts an einem dem täglichen Leben nahen Beispiel, um besser zu verstehen, wie sich Veränderungen innerhalb der individuellen Budgets der Verbraucher auf das aggregierte, also zusammengerechnete Budget der gesamten Volkswirtschaft und damit auf das Wachstum auswirken. Dabei bekommen wir es allerdings mit einem System zu tun, das aus einer Vielzahl von Akteuren besteht, die in einem Netzwerk miteinander agieren.

In den letzten Jahren sind vermehrt E-Books auf den Markt gekommen. Vielleicht werden sie die gedruckten Bücher irgendwann (teilweise) verdrängen. Vielleicht werden sie aber auch mehr oder weniger neben sie treten, ohne deren Absatz oder den Absatz anderer Waren zu schmälern. Dass das möglich ist, haben wir gesehen. Die Wachstumsvariante, in der die E-Books zu all den anderen Angeboten hinzukommen, ohne jemand das Wasser abzugraben, führen die Nachfrager herbei, indem sie die E-Books in ihre Budgets aufnehmen und, um noch für einen Augenblick in der Tauschwelt zu bleiben, trotzdem einen kompletten Tausch – nennen wir es mit einem in der Ökonomie geläufigen Anglizismus: ein Matching – zwischen allen anderen bisher gehandelten Angeboten, vom Brötchen bis zur Waschmaschine, herstellen, sodass jedes Angebot weiterhin einen Tauschpartner findet. Es bildet sich damit ein neues Muster unter Einschluss des zusätzlichen Angebots, und die Wirtschaft wächst um den Betrag dieses zusätzlichen Angebots.

Wenn die Akteure so handeln, ergibt sich jedoch, wie wir bereits in unserem Modell gesehen haben, eine veränderte Struktur ihrer Budgets. Wenn man einmal annähme, alle Budgets entsprächen in ihrer Zusammensetzung dem statistischen Mittel, würde das bedeuten, dass sich nun in jedem Einzelbudget ein E-Book befände, von allen anderen Gütern dagegen einige Einheiten weniger. Dass die Wirtschaft gleichwohl gewachsen ist, liegt an der gestiegenen Anzahl der Budgets bzw. Einkommen, zu denen jetzt auch die Einkommen der erfolgreichen E-Book-Anbieter gehören.

Möglicherweise stellt diese Budgetkomposition die Akteure jedoch nicht zufrieden. Zwar freuen sie sich nun an ihren E-Books, verzeichnen aber gleichmäßig verteilte Einsparungen bei vielen anderen Gütern, was sie in dieser Form nicht wollen. Um diese Einsparungen zu vermeiden, könnten sie gezielter einsparen, zum Beispiel bei Restaurantbesuchen. Damit würden sie ein Matching unter Ausschluss von Restaurantleistungen herstellen, und diese würden entsprechend weniger nachgefragt. Die Verbraucher genössen also die E-Books und alle anderen Güter in der bisherigen Menge, nur weniger Restaurantbesuche. So würde die Wirtschaft zwar um den E-Book-Umsatz wachsen, aber um die entsprechenden Restaurantumsätze schrumpfen und in der Summe eher konstant bleiben.

Wenn der Markt zusätzliche Angebote aufnimmt, verändern sich die Tauschbeziehungen. Was passiert, können wir uns vielleicht mit dem Bild eines Tanzkurses deutlich machen: Zu einem bestehenden Kurs kommen einige neue Mitglieder hinzu. Diese neuen Mitglieder haben überwiegend leider nicht die Neigung, miteinander zu tanzen. Da sie attraktiv sind, finden sie jedoch Tanzpartner innerhalb der bestehenden Gruppe. Das führt dazu, dass es in der bestehenden Gruppe nun Mitglieder gibt, die keinen Tanzpartner mehr haben. Die „verwaisten" Mitglieder haben allerdings die Möglichkeit, mit anderen „verwaisten" Mitgliedern neue Paare zu bilden. Je größer und vielfältiger die Gruppe der „verwaisten" Mitglieder ist, desto größer ist die Wahrscheinlichkeit, dass am Ende wieder jeder einen Tanzpartner findet und niemand mangels Partner aus der Gruppe ausscheidet.

Ähnlich geht es mit den Tauschgeschäften auf einem Markt. Und es passiert genauso und noch wesentlich einfacher in einer Wirtschaft, in der die Geschäfte mit Geld erledigt werden. Das Geld ermöglicht eine wesentlich größere Flexibilität und gestattet eine Vielzahl einander ausgleichender Vorgänge, mit der Angebote bzw. Anbieter, die zunächst durch das Auftreten neuer Angebote ins Hintertreffen geraten sind, „entschädigt" werden. Häufig wird die Entschädigung so erfolgen, dass die von der Nachfrageverlagerung begünstigten Akteure ihre hinzugewonnenen Einnahmen dafür verwenden, Angebote zu kaufen, auf die die Einsparenden gerade verzichtet haben. Ein extrem vereinfachtes Beispiel: Menschen sparen ein wenig an Brot und Butter, um sich einen Tanzkurs zu leisten. Der Tanzlehrer verwendet sein Honorar – Sie ahnen es – um Brot und Butter zu kaufen. In der Geldwirtschaft können einander kompensierende Vorgänge aber auch über Kreuz erfolgen, was absolut die Regel ist: Die Gewinner einer Nachfrageveränderung, also zum Beispiel die Anbieter von E-Books, entschädigen die Verlierer einer anderen Veränderung. Und die Gewinner jener anderen Veränderung, zum Beispiel die Anbieter eines gerade vermehrt nachgefragten Genussmittels, wieder andere Verlierer. Eine Wirtschaft mit vielfältigen Austauschbeziehungen wird durch diese über Kreuz verlaufenden Kompensationen geprägt.

Wo trotzdem kein komplettes neues Matching zustande kommt, treten die besprochenen Spannungen zwischen Angebot und Nachfrage auf, die der Preismechanismus löst: Weniger nachgefragte Angebote werden reduziert oder eingestellt, knappe Angebote ausgeweitet.

Unter Wachstumsgesichtspunkten erfreulich, zieht die Aufnahme eines Angebots in den Markt häufig die Aufnahme weiterer Angebote nach sich. Wenn Menschen E-Books kaufen, werden sie im nächsten Schritt auch den damit kompatiblen Lesestoff benötigen und vielleicht noch eine Hülle fürs Gerät. Ähnliche Beispiele lassen sich leicht finden. Güter formen Güternachfragesysteme.[243] Welche Waren und Dienstleistungen z. B. setzen nicht alle die Existenz des Automobils voraus…

Wachstum bedeutet also vermehrte Nachfrage nach bestimmten Angeboten, die durch steigende Produktion befriedigt wird, finanziert aus Einsparungen, aus denen sich ein neues Matching ergibt. Wann dürfen wir ein solches Matching erwarten? Wir können davon ausgehen, dass Marktteilnehmer, die Einnahmen erzielen, diese Einnahmen für eine breite Palette von Angeboten ausgeben werden und ihre Nachfrage also entsprechend streuen. Umso mehr gilt das, wenn wir nicht nur einen einzelnen Akteur betrachten, sondern eine ganze Gruppe. Wenn nun auf der anderen Seite Einsparungen mit ähnlich breiter Streuung vorgenommen werden, führt das mit hoher Wahrscheinlichkeit zu einem weitgehenden neuen Matching, an den Rändern möglicherweise begleitet von einigen Mengenanpassungen, die sich aber oft neutralisieren werden.

Eine von den Akteuren fokussiert vorgenommene Einsparung – alle E-Book-Käufer sparen an Restaurantbesuchen – bewirkt dagegen, dass ein Ausgleich für das fokussiert eingesparte Angebot ausbleibt und dieser Rückgang den durch das neue Angebot zu verzeichnenden Zugewinn vermindert oder aufzehrt. Für Wachstum kann man damit – im Sinne einer Faustformel – die Bedingung formulieren: Steigerung der Nachfrage nach bestimmten Angeboten, die in genügender Menge verfügbar sind, finanziert durch breit gestreute Einsparungen.

Diese Sicht auf den Prozess des Wachstums ist zugegebenermaßen etwas verwickelter als die klassische Ansicht, die bis auf *Adam Smith* zu-

243 Knottenbauer (2000), S. 189

rückgeht. Jene klassische Standarderklärung des Wachstums läuft darauf hinaus, dass durch technische oder organisatorische Verbesserungen die Produktivität steigt, die Preise der effizienter produzierten Güter fallen und die Konsumenten nun mehr Güter kaufen können. Sie trifft aber nur einen Teil des Marktgeschehens, denn sie blendet all jene ebenfalls möglichen Fälle aus, in denen es zu Wachstum kommt, ohne dass Preise fallen.[244]

g) Wie veränderungsbereit sind die Nachfrager?

Wie wir gesehen haben, ist die Bereitschaft der Konsumenten, die Zusammensetzung ihrer Nachfrage im Laufe der Zeit immer wieder zu verändern, eine wesentliche Voraussetzung für Wachstum.[245] Umgekehrt ist sie damit aber auch ein limitierender Faktor des Wachstums. Ob neue Angebote angenommen werden, entscheiden die Konsumenten durch einen Vergleich mit der gewohnten Zusammensetzung ihrer Budgets. Da diese Zusammensetzung bereits ein bestimmtes Maß an Optimierung erreicht hat, also relativ gut an die Bedürfnisse der Budgetinhaber angepasst ist, hängen Änderungen davon ab, dass die Budgetinhaber mögliche Veränderungen als Verbesserung betrachten. Werden von ihnen nur wenige Änderungen und diese eher zögerlich

244 Im wirtschaftswissenschaftlichen Schrifttum ist – außerhalb des keynesianischen Ansatzes – die Bedeutung der Nachfrage für den Prozess des Wachstums unterbelichtet. Bereits vor einem halben Jahrhundert hat *Redl* (1963)/(1964) „Die Zusammenhänge zwischen Veränderungen der Nachfrage und dem wirtschaftlichen Wachstum" als Prozess gegenseitiger Beeinflussung beschrieben, der die Aufnahme immer wieder neuer Güter in das Verbrauchsschema der Nachfrager voraussetzt. Unter denen, die in jüngerer Zeit die Bedeutung des strukturellen Wandels für das Wachstum untersuchen, betonen einige die Wirkungen von Änderungen der Nachfrage besonders. So haben *Nell* (2002) und *Argyrous* (2002) versucht, „economic growth through changes in the composition of demand" anhand wirtschaftsgeschichtlich beobachteter Entwicklungen nachzuweisen. Sie zeigen historisch-deskriptiv die nachfrageverändernden Wirkungen gesellschaftlicher Umbrüche und die davon ausgehenden Wachstumsimpulse. In der Literatur werden solche Ansätze unter dem Begriff „demand-led growth" zusammengefasst (*Setterfield* 2002).

245 Ohne Veränderungen innerhalb der bereits bestehenden Nachfrage ginge es nur, wenn viele Akteure gleichzeitig ihre Angebote erweiterten. Das ist denkbar, wenn ein Aufschwung schon eine gewisse Dynamik erreicht hat.

akzeptiert, hat die Einführung neuer Produkte oder der Absatz vergrößerter Mengen geringe Erfolgsaussichten. Auch der vielbeschworene *Schumpeter'sche* Pionierunternehmer,[246] zu dessen wesentlichen Leistungen es gehört, die Konsumenten zu einer Veränderung ihrer Präferenzen zu bewegen, stößt dann an seine Grenzen. Erst recht gehen in einer solchen Situation von der Verbraucherseite keine Signale aus, die die Unternehmer nur aufgreifen und bedienen müssen.

Ob neue Angebote zügig oder nur zögerlich in die gewohnten Budgetkompositionen aufgenommen werden, hängt von den gesellschaftlichen, technologischen und ökonomischen Rahmenbedingungen der jeweiligen Zeit ab. Unternehmer sind leichter erfolgreich, wenn die Optimierungsmöglichkeiten der Verbraucherbudgets nicht allzu schwer zu finden sind. Dabei spielt der oft schubweise verlaufende technische Fortschritt eine Rolle. Günstigstenfalls ermöglicht er gerade attraktive neue Produkte, deren Nutzen die Verbraucher schnell erkennen. Die daraus entstehenden Nachfragetrends liefern den Unternehmen die Grundlage für ihre weiteren Entscheidungen. In etwas kleinerem Maßstab können neue Moden ähnliches bewirken. Entsprechende Wirkungen entfalten auch staatliche Vorschriften, beispielsweise zum Umweltschutz oder zum Einsparen von Energie, die neue Anlagen erfordern.

Die Wirtschaftsgeschichte zeigt, dass gesellschaftliche Veränderungen, die zu gewandelten Bedürfnissen führten, bei der Integration neuer Angebote in die Märkte immer eine bedeutende Rolle gespielt haben. Im 19. Jahrhundert war der Zuzug vieler Menschen vom Land in die Städte eine solche Veränderung. Selbstversorgung wurde durch Fremdversorgung ersetzt, es wuchsen nicht zuletzt die Transportbedürfnisse, und die Städte boten einen neuen Rahmen, um vielfältige Waren- und Dienstleistungsangebote an die Menschen heranzubringen. Die Zunahme der Einpersonenhaushalte in jüngerer Zeit ist ebenfalls ein Trend, der Nachfrageeffekte erzeugt.

Als starker Wachstumsmotor haben sich Situationen erwiesen, in denen Länder oder Regionen – nachdem bestimmte Hemmnisse weggefallen sind – zu einem andernorts bereits erreichten Niveau an Tech-

246 Schumpeter (1911), Kap. 2 II

nologie und Wohlstand aufschließen. Das gilt für Entwicklungsländer, sobald sie mit ihrem Bildungssystem, mit Rechtssicherheit und öffentlicher Infrastruktur die Basis für einen Aufholprozess geschaffen haben. Es gilt oft noch ausgeprägter für den Wiederaufbau von zuvor bereits entwickelten Ländern nach Kriegen oder Naturkatastrophen. Die hohen Wachstumsraten nach dem zweiten Weltkrieg bis zum Beginn der 1970er Jahre sind ein eindrucksvolles Beispiel. In diesen Fällen wissen die Produzenten ziemlich genau, was die Konsumenten als Optimierung ihrer Budgets akzeptieren werden, anders als in eher statischen Phasen. Wenn dann auch auf der Angebotsseite die Bedingungen günstig sind, ist ausgeprägtes Wachstum zu erwarten.

In einer Welt vielfältiger internationaler Handelsbeziehungen wird das Nadelöhr begrenzter Budgets oft auch durch den Export überwunden, wenn dem einheimischen Hersteller auf weniger gesättigten fremden Märkten die Optimierung ausländischer Budgets gelingt. Neben der von *David Ricardo* analysierten grenzüberschreitenden Arbeitsteilung wirkt der internationale Handel auch auf diesem Wege oft wohlstandsmehrend.

h) Förderung des Wachstums

Aus der Tatsache, dass die Wirtschaftsentwicklung erheblich von Strukturveränderungen der Nachfrage abhängt, folgt logischerweise, dass die Nachfrager das Wachstum beeinflussen. Sie tun es unbewusst und in einem schwer durchschaubaren Beziehungsgeflecht. Damit drängt sich jedoch die Frage auf, ob das Wirtschaftswachstum auch zielgerichtet über Veränderungen in der Zusammensetzung der Nachfrage beeinflusst werden kann. Für einen einzelnen Nachfrager von begrenztem Gewicht ist der Gedanke müßig; anders aber für den Staat, der ökonomisches Wachstum anstrebt, unbeschadet davon, ob er mehr an der Angebots- oder der Nachfrageseite ansetzt. Besonders in Krisenzeiten wird die Frage nach staatlichen Einwirkungsmöglichkeiten nachdrücklich gestellt.[247]

Staaten wirken auf die Nachfrageseite spürbar ein, sowohl durch die Art und Höhe ihrer Ausgaben, als auch durch Vorschriften, die die Ausgaben ihrer Bürger beeinflussen, zum Beispiel im Fall von Umweltschutzauflagen. Natürlich sind staatliche Ge- und Verbote nicht dazu da, um über ihre Änderung das Wirtschaftswachstum anzukurbeln. Und vor zu großem Optimismus, was die Fähigkeiten bereits hoch entwickelter Staaten zur nachhaltigen Förderung des Wachstums betrifft, ist auch grundsätzlich zu warnen. Der französische Ökonom *Thomas Piketty* hat das reale Wirtschaftswachstum führender Industrienationen in den 40 Jahren zwischen 1970 und 2010 ausgerechnet, wobei er pro Kopf der Bevölkerung gerechnet und damit Änderungen, die auf Veränderungen der Einwohnerzahl zurückgehen, eliminiert hat. So berechnet betrug das Wachstum in den USA und der Bundesrepublik Deutschland 1,8 Prozent pro Jahr, Italien erzielte 1,6 Prozent, und Frankreich und Kanada lagen mit 1,7 Prozent dazwischen.[248] Das spricht nicht gerade für hohe politische Einflussmöglichkeiten.[249] Natürlich ist ein langfristiger Unterschied der Wachstumsrate von 0,2 Prozent nicht völlig zu vernachlässigen. Aber nach 40 Jahren summiert er sich auf einen Vorsprung von gerade einmal 8 Prozent, was über eine so lange Strecke auch nicht atemberaubend ist.

Dass Politik, zeitweilig zumindest, Wirkung zeigt, lässt sich beispielsweise daran ablesen, wie Deutschland nach der Finanzkrise von 2007 schneller als andere Länder wieder Tritt fasste. Anders als im Ausland hielten in Deutschland viele Unternehmen, trotz zurückgehender Aufträge, an ihren Belegschaften fest, begünstigt durch das Kurzarbeitergeld, das der deutsche Staat gewährte. So hatten sie einen Vorsprung, als die Wirtschaft wieder anzog. Langfristig dagegen scheint es eine Tendenz zur Nivellierung zeitweiliger Vorsprünge zu geben.

---

247 In Deutschland verpflichtet § 1 des Gesetzes zur Förderung der Stabilität und des Wachstums der Wirtschaft vom 8.6.1967 den Staat ausdrücklich auf das Ziel eines stetigen und angemessenen Wirtschaftswachstums.

248 Piketty (2014, S. 230) Angesichts der Unsicherheit der Messungen zweifelt *Piketty* daran, in wieweit die Unterschiede überhaupt signifikant sind.

249 Instruktiv in diesem Sinne Obinger (2003)

Einzelne Maßnahmen

Um zu überlegen, was der staatliche Einfluss auf die Nachfrage gesamtwirtschaftlich bewirken kann, beginnen wir mit einem negativen Fall. Nehmen wir an, der Staat reduziert das Personal vom Kindergarten bis zur Jugendhilfe, um mit dem eingesparten Geld die Steuern zu senken. Natürlich könnten wir auch jeden anderen Aufgabenbereich auswählen. Die Leistungen, die die Kindergärtnerinnen und die Jugendsozialarbeiter bislang erbracht haben, werden gestrichen. Die Steuerzahler freuen sich über ihre Entlastung und geben das Geld anderweitig aus, jeder nach seinen Präferenzen, für vielfältige Zwecke. Wir haben es hier einerseits mit einer fokussierten Einsparung zu tun: bestimmte Dienstleistungen fallen weg. Die Mehrausgaben der entlasteten Steuerzahler verteilen sich dagegen auf eine riesige Palette von Waren- und Dienstleistungsangeboten. Fast alle Menschen gehen spontan davon aus, dass das, was den nun arbeitslosen Kindergärtnerinnen und Sozialarbeitern genommen wird, in anderen Bereichen der Wirtschaft als Mehrnachfrage ankommt, wenn auch wie mit einem Zerstäuber verteilt. Aus unseren vorangegangenen Überlegungen wissen wir jedoch, dass dem nicht so ist. Die öffentlich finanzierten Leistungen fallen weg, aber die durch die Entlastung der Steuerzahler ermöglichten privaten Mehrausgaben kommen per Saldo nirgends an. Mit einem stark vereinfachten Bild können wir uns den Prozess nochmals so klarmachen: Die Kindergärtnerinnen kaufen nun weniger Brot, Butter und Kinokarten. Die Steuerzahlerinnen und Steuerzahler kaufen wegen ihrer abgesenkten Belastung dagegen nun zusätzlich die Mengen an Brot, Butter und Kinokarten, die die Kindergärtnerinnen nicht mehr kaufen. Das Netz der Austauschbeziehungen schließt sich, es zieht sich zu, und die Leistungen der Kinderbetreuung fallen ersatzlos weg. Die Wirtschaft (privater und öffentlicher Sektor) schrumpft insgesamt um diese Leistungen, trotz der Steuersenkung und wegen der mit ihr einhergehenden staatlichen Einsparungen.

Die Steuerzahler können sich in einer Hinsicht aber trotzdem freuen, denn sie haben an Souveränität über die Verwendung ihrer Budgets gewonnen. Mussten sie zuvor zwangsweise bestimmte staatliche Dienste finanzieren, so können sie nun mit dem ersparten Geld machen, was sie wollen.

Doch vielleicht stehen den unmittelbar negativen Auswirkungen auf die Wirtschaftsleistung ja mittelbare gegenüber, die positiver sind? Oft wird propagiert, dass eine sinkende Steuerbelastung und also eine steigende Souveränität bei der Verwendung des eigenen Budgets zu höheren Leistungen anspornt und damit die Wirtschaft stärkt. Auszuschließen ist das nicht, aber doch sehr zu relativieren. Zunächst einmal müssen die größeren individuellen Anstrengungen entsprechend der beschriebenen Mechanismen zu größeren Absatzerfolgen führen. Das kann gelingen, ist aber nicht selbstverständlich. Zum anderen lohnt ein Blick auf das allgemeine Problem von Anreizsystemen.

Ob ein höher bemessener Anreiz zu noch höheren Anstrengungen als den bereits erbrachten führt, ist fraglich. Ein linearer Zusammenhang besteht sicher nicht. Zudem wissen wir aus Studien wie aus unmittelbarer Anschauung, wie schnell der Ansporn einer erreichten Gratifikation verpufft. Sie war erfreulich, nun ist sie aber abgehakt und als Status quo verbucht. Ähnliches dürfte auch für Steuersenkungen zutreffen, sofern diese denn überhaupt als Gratifikation wirken. Denn mit ihnen ist keine individuelle Anerkennung verbunden. Ihre Wirkung ist sehr begrenzt. Anderes mag nur gelten, wenn Steuern tatsächlich in erdrosselnder Höhe auf Wirtschaft und Gesellschaft lasten.

Das ist kein Plädoyer gegen staatliche Aufgabenkritik und gegen jegliche Steuersenkungen. Es ist sinnvoll, die von vielfältigen Interessen und Kompromissen beeinflussten und in die Höhe getriebenen staatlichen Ausgaben immer wieder auf ihren Nutzen zu prüfen. Aber das Beispiel zeigt doch, dass die Hoffnungen auf nachhaltige gesamtwirtschaftliche Wirkungen oft nicht berechtigt sind.

Es wird Sie nicht wundern, dass man das Beispiel der Jugendhelfer auch in die umgekehrte Richtung spielen kann: Der Staat beschließt ein Jugendhilfeprogramm und nimmt dafür in Kauf, die Steuern zu erhöhen. Auf dem Arbeitsmarkt sind Menschen verfügbar, die die entsprechenden Aufgaben unmittelbar oder nach Umschulungen übernehmen können. Die Einsparungen, die die Steuerzahler vornehmen, werden durch die vermehrte Nachfrage der in Lohn und Brot gebrachten Jugendhelfer aufgewogen und bleiben gesamtwirtschaftlich folgenlos. Es kommt deshalb zu einem gesamtwirtschaftlichen Zugewinn in Höhe der Leistung der zusätzlich beschäftigten Jugendhelfer. Dieser

Zugewinn ist im Grunde eine Selbstverständlichkeit, denn nun arbeiten ja mehr Menschen als zuvor. Der „Pferdefuß“ besteht in der Tatsache, dass die Souveränität der Steuerzahler bei der Verwendung ihrer Budgets vermindert wurde.

Für den Staat bedeutet das, dass er nicht unbedingt auf kreditfinanzierte Programme setzen muss, um die Wirtschaftsleistung auszuweiten. Auch gezielte Ausgaben auf der Basis von Steuererhöhungen können die Wirtschaftsleistung steigern. Insbesondere ein Staat, der sich aus den Fesseln des Wettbewerbsdenkens gelöst hat, kann hier die Vor- und Nachteile verschiedener Strategien für seine inneren Verhältnisse abwägen.

Der Staat muss gleichwohl beachten, dass nicht jede Steuererhöhung gesamtwirtschaftlich ohne negative Folgen bleibt. Abgesehen vom Bereich konfiskatorischer Steuersätze betrifft das vor allem thematisch begrenzte Steuern. Wird zum Beispiel statt der Einkommensteuer oder der Mehrwertsteuer die Tabaksteuer angehoben, werden einige Raucher nicht „diffus“ einsparen, um weiter zu rauchen, sondern (sinnvollerweise) das Rauchen aufgeben. Damit käme es zu auf Rauchwaren fokussierten Einsparungen, denen womöglich keine ähnlich fokussierten Mehrausgaben an anderer Stelle gegenüberstünden. Eine Schrumpfung der Wirtschaftsleistung um die eingesparten Tabakwaren wäre die Folge. Dass das in diesem Fall kein Nachteil wäre, ist ein anderes Thema.

Ein Mehr an staatlichen Leistungen muss bei unterbeschäftigten Produktionsfaktoren also insgesamt nicht mit weniger privatem Konsum erkauft werden. Aber für den einzelnen Steuerzahler bewirken höhere Steuern natürlich eine Verminderung seines verfügbaren Budgets. Die zusätzlichen Jugendhilfeleistungen in unserem Beispiel bekommt er aufoktroyiert, obwohl er an ihnen möglicherweise kein Interesse hat. Das Stück Kuchen, auf das er verzichten muss, isst nun an seiner Stelle die zusätzlich eingestellte Sozialpädagogin.

i) Keynesianische Wirtschaftssteuerung

Über das Für und Wider keynesianischer Wirtschaftspolitik sind ganze Bibliotheken verfasst worden. Ist es möglich, durch staatliche Maßnahmen, insbesondere kreditfinanzierte Ausgaben und Maßnahmen der Notenbanken, die Wirtschaft so zu steuern, dass Rezessionen – und die mit ihnen einhergehende Arbeitslosigkeit – vermieden werden?

1936 hat *John Maynard Keynes* seine bereits angesprochene *„Allgemeine Theorie der Beschäftigung, des Zinses und des Geldes"* veröffentlicht.[250] Darin trat er der traditionellen Annahme klassischer Ökonomen entgegen, dass die Marktwirtschaft nach Störungen stets von allein in ein optimales Gleichgewicht zurückfinde. Im Gegenteil könnten sich stabile Zustände einstellen, die mit hoher Arbeitslosigkeit verbunden sind, und dem sei mit Lohnsenkungen nicht beizukommen. Die Nachfrage habe, dem als irrelevant verworfenen Say'schen Theorem zuwider, eine eigenständige Bedeutung. Eine besondere Bedeutung kommt in *Keynes'* Überlegungen dem Auftreten von Nachfragelücken zu. Sie entstünden, wenn Geld gespart und nicht in vergleichbarem Umfang Kredit vergeben werde. Das gehortete Geld fehle als Nachfrage und führe zu Anpassungen nach unten. In bestimmten Fällen könne nur der Staat diesen Trend durchbrechen, indem er die ausfallende Nachfrage der privaten Akteure durch eigene ersetze; am wirkungsvollsten kreditfinanziert, damit die Privaten sonst fällige Steuererhöhungen nicht zum Anlass für weitere Einschränkungen ihrer Nachfrage nähmen.

Einige traditionelle Einwände, die gegen die Relevanz von Nachfragelücken vorgebracht worden sind, können als widerlegt betrachtet werden: Die Annahme, der Zins sorge stets dafür, dass Ersparnisse und Kredite im Gleichgewicht blieben, trifft nicht zu. Die Gegenwart zeigt das noch deutlicher, als es schon zuvor erkennbar war. Gespart wird auch dann, wenn gar kein Zins bezahlt wird. Die Wirtschaftswissenschaften haben demgegenüber die sogenannte „Gegenwartspräferenz" der Menschen in einer wohlhabenden Gesellschaft deutlich überschätzt.[251] Die Gegenwartspräferenz besagt, dass Menschen den heuti-

250 Keynes (1936/2017)

251 v. Weizäcker/Krämer (2019)

gen Konsum dem künftigen Konsum vorziehen und ihn nur aufschieben, wenn ihnen der Aufschub – über Zinsen – vergütet wird. Viele, die gegenwärtig gut versorgt sind, wollen jedoch für die eigene Zukunft oder die Zukunft ihrer Kinder vorsorgen. Ein Absicherung für die Zukunft ist ihnen wichtiger, als ihren gegenwärtigen Konsum zu steigern. Sie würden eine aktuelle Steigerung – mehr Reisen, mehr Elektronik, mehr „Events" – eher als Überforderung oder gar als Verschwendung empfinden. Dabei spielen auch kulturelle Traditionen eine Rolle: Man „verprasst" nichts, weil das ein schlechtes Gefühl erzeugt. Aus diesem Grund wird – zu manchen Zeiten und an manchen Orten – mehr gespart, als an für seriös befundene Kreditnehmer ausgeliehen wird. Eher nimmt man kleine Verluste in Kauf, als ein größeres Risiko einzugehen. Damit aber verliert der erhoffte Ausgleichsmechanismus des Zinses seine Kraft.

Es bleibt also Geld längerfristig ungenutzt. Die zweite klassische Argumentation lautet nun, selbst das sei unschädlich, weil jede Gütermenge mit jeder Geldmenge gehandelt werden könne. Verdoppele sich die Geldmenge, verdoppelten sich die Preise. Halbiere sie sich, halbierten sich halt auch die Preise. Eine durch Hortung sinkende aktive Geldmenge müsse durch Preissenkungen aufgefangen werden. Das aber bedeutet Deflation. Und die kann leicht ins Chaos führen.[252]

Nicht zuletzt wird der klassische Gleichgewichtsoptimismus durch die immer wieder anders verlaufende Realität zerstört. Er wurde ehedem – in der Konkurrenz zwischen Marktwirtschaft und Planwirtschaft – benutzt, um die Überlegenheit des marktwirtschaftlichen Systems zu überhöhen. Die Erfolge der Marktwirtschaft bei der Koordination komplexer Wirtschaftsaktivitäten machen eine solche Überhöhung jedoch entbehrlich. Auch wenn es den Schutzengel, der die Marktwirtschaft immer wieder ins rechte Gleichgewicht zurückführt, nicht gibt, erzeugt die Marktwirtschaft Wohlstand wie keine andere bekannte Wirtschaftsform. Für die Frage aber, welche Gestaltung der Marktwirtschaft die beste ist, ist eine Illusion unerschütterlichen Gleichgewichts nicht hilfreich.

252 Siehe Kapitel 5 a)

Nach dem zweiten Weltkrieg wurde die keynesianische Theorie zur Grundlage der Wirtschaftspolitik. In Deutschland verbindet sich mit ihr der Name *Karl Schiller*, Wirtschaftsminister von 1966 bis 1972.[253] Der später, ab Ende der 1970er Jahre erfolgte Niedergang der keynesianischer Wirtschaftspolitik (die aber in der Praxis nie ganz aufgegeben wurde) hat weniger mit der Theorie zu tun als vielmehr mit den Problemen ihrer Anwendung und den Verführungen, sich mit ihr nur kurzfristige politische Vorteile zu verschaffen. Die keynesianische Theorie legt eine Erhöhung der Staatsverschuldung in Konjunkturabschwüngen und eine Reduzierung der Verschuldung in guten Zeiten nahe. Da die zur Bekämpfung von Wirtschaftsabschwüngen aufgenommenen Kredite in guten Zeiten aber regelmäßig nicht getilgt wurden, wuchs die Staatsverschuldung. Die Finanzierung staatlicher Ausgaben über wachsende Schulden kam vielen Politikern sehr gelegen, ermöglichte sie doch die Ausweitung staatlicher Leistungen, ohne damit unpopuläre Steuererhöhungen verbinden zu müssen. Für eine antizyklische keynesianische Politik ergeben sich insbesondere Probleme, wenn Krisen in dichter Folge auftreten, wenn zu den periodischen Abschwüngen der Konjunktur besondere Ereignisse wie beispielsweise die Ölpreisschocks von 1973 und 1980 hinzutreten und wenn man sich der Rückführung von Schulden erst stellt, wenn die nächste Krise schon herannaht. Mit Maßnahmen zur Haushaltskonsolidierung die nächste Wahl zu verlieren und dazu noch den Nachfolgern verbesserte Bedingungen für deren Politik zu hinterlassen, kommt für Politiker einer Katastrophe gleich.

Heute gibt es in der praktischen Wirtschaftspolitik einen gewissen Konsens, dass keynesianische Maßnahmen kurzfristig durchaus hilfreich sein können, sofern denn Staaten noch Verschuldungsspielräume haben, dass entsprechende Maßnahmen längerfristig aber oft wenig nachhaltig sind. Ihr Einsatz erfordert neben Disziplin ein hohes Maß an Fingerspitzengefühl, was Art, Umfang und Zeitpunkt betrifft.

Unproblematischer wirken die so genannten „automatischen Stabilisatoren“ des Sozialstaats: Hier handelt es sich um staatliche Ausgaben, die sich in Krisenlagen, den gesetzlichen Regelungen entsprechend „automatisch“, d.h. ohne gesonderte politische Entscheidungen, erhö-

253 Von 1971 bis 1972 zusätzlich Bundesminister der Finanzen

hen. Beispiele sind vermehrt ausbezahltes Kurzarbeitergeld oder Leistungen an Arbeitslose. Umgekehrt sinken bei einem progressiven Steuertarif die Steuerlasten der Bürger überproportional, sofern sie nun weniger verdienen. Abschwünge werden so gedämpft und verzögert, bis sich hoffentlich wieder eine Besserung einstellt. Während des Wirtschaftsabschwungs nach der Finanzkrise von 2007 haben sich diese Instrumente in Deutschland bewährt.

Es ist ein Problem, dass manche Ökonomen, die die Interessen von Arbeitnehmern vertreten, glauben, allein auf keynesianischer Basis argumentieren zu können. Damit geraten sie in einen festgefahrenen Dauerkonflikt und erreichen nur jene, die sich diese Theorie zu eigen machen.[254] Es wäre schön, wenn die Kapitel dieses Buches verdeutlicht hätten, dass man für die wirtschaftlichen und politischen Interessen breiter Kreise der Bevölkerung auf verschiedenen Wegen eintreten kann, die einander nicht ausschließen. Neben keynesianischen Ansätzen können auch aus der (Neo-)Klassik stammende Einsichten hilfreich sein – jedenfalls, wenn man sie nicht ideologisch befrachtet und zu allgemeinen Gleichgewichtsmodellen überhöht. Überhöht werden sie freilich gerne, um sie anschließend zur Abwehr sozialer Intentionen und staatlicher Interventionen in Stellung zu bringen – so wie die Stachel eines Igels. Und damit sind wir zurück im Tierreich, bei unserer Fabel von den Gelehrten und dem Elefanten: Der abzutastende Elefant hat eben mehr als Schwanz und Rüssel.

254 Auf die im Laufe der Zeit entwickelten unterschiedlichen Zweige und Facetten der keynesianischen Theorie einzugehen, ist hier nicht der Raum.

Zusammenfassung:

- Wachstum ist ein möglicher Weg, um steigende Produktivität nicht zu wachsender Arbeitslosigkeit werden zu lassen und um Verteilungskonflikte zu entschärfen.
- Nachdenklich stimmt allerdings die Tatsache, dass Wachstum in hoch entwickelten Industriegesellschaften oft weniger wegen des Bedürfnisses nach zusätzlichen Waren und Dienstleistungen angestrebt wird, sondern eher zur Lösung sozialer Probleme, für die andere Rezepte fehlen.
- Veränderungen der Nachfragestruktur können die Wirtschaft wachsen oder schrumpfen lassen.
- Jedes zusätzliche Angebot muss durch das Nadelöhr der bestehenden Budgets. Ohne eine Änderung der Präferenzen der zahlungsfähigen Nachfrager kommt Wachstum nicht in Gang.
- Das Verhalten der Nachfrager beeinflusst die Wirtschaftsentwicklung. Steigerungen der Nachfrage nach bestimmten Gütern, die durch breit gestreute (diffuse) und damit am Ende kompensierte Einsparungen finanziert werden, erzeugen Wachstum. Umgekehrt bewirken fokussierte Einsparungen, die zu diffus verteilten Ausgaben des Ersparten führen, eine Minderung des Handelsvolumens und damit volkswirtschaftlich eine Minderung des Wohlstands.
- Um einzuschätzen, ob politische Maßnahmen, technische Innovationen oder gesellschaftliche Veränderungen Wachstum fördern, ist zu fragen, ob mit ihnen per Saldo die Integration zusätzlicher Angebote in die Budgets der Bürger gefördert wird.
- Damit spielt die Nachfrage nicht nur in der keynesianischen Theorie ein Rolle. Überhöht man die der (Neo-)Klassik zuzuordnenden Einsichten nicht zu allgemeinen Gleichgewichtsmodellen, können beide „Schulen“ grundsätzlich miteinander kooperieren.

10. Eine Politik für die unteren 90 Prozent – Gestaltungsmacht zurückgewinnen

a) Keine ökonomische Zwangslage, sondern ein kultureller Konflikt

Unser Weg durch verschiedene Bereiche und Funktionsweisen der Volkswirtschaft hat gezeigt: Die Zwangslage, in der sich demokratische Politik befindet, ist nicht naturwüchsig und unvermeidlich. Auch als Teilnehmer am Welthandel müssen sich demokratische Staaten nicht dem dominanten Einfluss von Eigentümern und Verwaltern großer Vermögen fügen. Diese üben ihren Einfluss auf Parteien und Politiker auf unterschiedlichen Kanälen aus. Einen ökonomischen Imperativ, dass demokratische Politik auf einem von internationalen Investoren beherrschten Spielfeld zu agieren hat, gibt es jedoch nicht. Es existieren keine „Gesetze der Ökonomie", die das erfordern. Insbesondere ist eine Entmachtung von Wählern kein notwendiger Preis des Wohlstands. Wohlstand und ein starker demokratischer Staat, der sich auch als Sozialstaat bewährt, sind keine Alternativen, zwischen denen die Bürger sich entscheiden müssten. Die teilweise Fesselung des demokratischen Staates wurde über Jahrzehnte politisch – teils vorsätzlich, teils fahrlässig – herbeigeführt. Sie bedroht nicht nur die politischen Rechte und Freiheiten der Bürger. Sie schnürt die unteren 90 Prozent auch ökonomisch ein.

Ein starker, auch sozialpolitisch ambitionierter Staat ist mit internationaler Arbeitsteilung gut vereinbar. Denn wenn die Logik des komparativen Vorteils gewahrt bleibt, währungspolitisch wie auch hinsichtlich der Mobilität des Kapitals, können unterschiedlich „teure" politische und soziale Systeme nebeneinander ohne weiteres bestehen. Sie betreffen dann nur die interne Verteilung des Erwirtschafteten. Ein allgemeiner Wettbewerb souveräner Staaten auf dem Feld des Handels existiert nicht. Es gibt freilich einen Wettbewerb um produktive, entwicklungsfördernde Spezialisierungsmuster. Dieser kann jedoch nicht mit allgemeinen Kostensenkungen gewonnen werden.

Der Wohlstand der entwickelten Industrieländer beruht auf ihrer hohen Produktivität. Die Produktivität wird durch freien Handel spürbar gesteigert. Denn Export ist Selbstversorgung über einen produktiven Umweg. Handelsprotektionismus ist, zumindest für ein entwickeltes Land und auf Dauer, nicht sinnvoll. Es besteht jedoch eine Versuchung zu staatlichen Währungsmanipulationen, die den Handel stören und Produktionsstrukturen verfälschen können. Sie durch internationale Abkommen zu erschweren, hat mindestens ebenso viel Gewicht wie etwa Zollschranken abzubauen. Dasselbe gilt für die Eindämmung schädlicher Währungsspekulationen.

Zwischen der Freiheit des Handels und der Freiheit des Kapitalverkehrs ist zu unterscheiden. Regulierung des Kapitalverkehrs ist kein Protektionismus. Unregulierte Kapitalmobilität kann sowohl die Wirkung der komparativen Vorteile aushebeln als auch am Ende die Demokratie gefährden. Sie bringt der breiten Mehrheit der Bevölkerung keinen Gewinn, der die Einbuße an demokratischer Gestaltungsmacht rechtfertigen könnte. Im Gegenteil ist davon auszugehen, dass eine von jeder Regulierung befreite Kapitalmobilität der Mehrheit – selbst bei einer rein monetären Betrachtung – schadet, weil mögliche bescheidene Gewinne durch Verluste auf der Verteilungsebene mehr als aufgewogen werden. Eine im Bedarfsfall einsetzbare Besteuerung von Kapitalausfuhren ist eine angemessene Antwort. Und sie ist technisch realisierbar.

Will ein Land seinen politischen Gestaltungsspielraum wahren, muss es allerdings in der Lage sein, seinen Kapitalbedarf per Saldo im Inland zu decken. Deutschland hat damit kein Problem. Es exportiert Jahr für Jahr Kapital, ohne dass ersichtlich ist, wann die Masse dieses Kapitals dem Inland wieder zufließt. Länder, die trotz einer gesunden wirtschaftlichen Basis Kapital importieren müssen, könnten darüber nachdenken, Maßnahmen mit dem Ziel zu ergreifen, mehr heimische Mittel in Investitionen fließen zu lassen.

Auf der Basis eines stetig gewachsenen Wissens und Könnens und eines immer höheren Kapitaleinsatzes produziert Deutschland zum Ende der zweiten Dekade des einundzwanzigsten Jahrhunderts pro Kopf doppelt so viel wie die „Überflussgesellschaft“ des Jahres 1970. Das sollte eine solide Basis bilden, um viele unserer gesellschaftlichen Herausforderungen zu bewältigen.

Das erreichte Produktionsniveau sollte es ermöglichen, der Schutzbedürftigkeit und dem besonderen Charakter des Faktors Arbeit Rechnung zu tragen. Die Arbeit benötigt – den neoklassischen Annahmen zum Trotz – besondere politische Aufmerksamkeit, denn der Arbeitsmarkt weist Besonderheiten auf und seine Entwicklung ist für die Gesellschaft existenziell. Die Belastung der Arbeit mit Steuern und Abgaben und die Entlastung von Kapitaleinkommen sind umkehrbar. Die Belastungen, die die komplexer werdende Gesellschaft mit sich bringt, können nicht im Schwerpunkt vom Faktor Arbeit getragen werden. Je mehr sich das Kapital vom Werkzeug arbeitender Menschen zum Träger der Produktion verselbständigt, desto mehr muss es die Lasten der Erhaltung des Gemeinwesens und der sozialen Ordnung übernehmen.

Ein wohlhabendes Land kann sich eine auskömmliche Alterssicherung leisten, auch wenn die Zahl der Erwerbstätigen zurückgeht. Ein (überwiegend) umlagefinanziertes System ist dafür letztlich das krisenfestere, sofern nur der politische Wille zu seiner Erhaltung besteht. Das erfordert allerdings eine gewisse Autonomie in Verteilungsfragen, die durch das Konstrukt des zwischenstaatlichen Wettbewerbs bedroht wird. Dagegen verhandeln die Bürger eines Landes ohne ökonomischen Staatenwettbewerb politisch relativ frei darüber, welche Anteile des Erwirtschafteten sie für welche Zwecke ausgeben wollen: welche Teile für den privaten Konsum, welche Teile für die Krankenversorgung, für die Alterssicherung, für die Pflege der Infrastruktur; wie Kapital und Arbeit netto entlohnt werden, über welche Teile der Staat und die sozialen Sicherungssysteme verfügen sollen. Die Bürger müssen zwar darauf achten, dass sie keine Verteilungsmuster wählen, die die Produktivität gefährden. Aber der Spielraum, den sie haben, ist größer als der, den ein zwischenstaatlicher Wettbewerb ihnen lässt, bei dem wesentliche Verteilungsfragen den innerstaatlichen Aushandlungsprozessen entzogen werden.

Wachstum funktioniert als ein Puzzle von Angebot und Nachfrage. Es kann nicht allein über Verbesserungen für die Angebotsseite stimuliert werden. Es wird durch technische und gesellschaftliche Neuerungen verschiedener Art getrieben, an denen oft auch der Staat beteiligt ist. Ein jüngeres Beispiel ist die Erfindung des Internets. Die Kreativität, die unsere Gesellschaft freisetzt, erfordert entweder Wachstum oder ein sinkendes Arbeitsangebot, wenn es nicht zu Arbeitslosigkeit kommen soll. Zu einem sinkenden Arbeitsangebot führt die demographische Entwicklung. Aber auch eine Entlastung von Menschen im Druck zwischen Erwerbsarbeit und Familienpflichten ist denkbar. Und damit eine Stabilisierung der Gesellschaft, in der zudem mehr Spielraum für nicht erwerbsorientiertes Engagement verbleibt. Eine Bekämpfung von Arbeitslosigkeit über eine allgemeine Senkungen von Arbeitskosten ist nicht erfolgreich.

Bei unterausgelasteten Kapazitäten kann der Staat expandieren, ohne dass die übrige Wirtschaft beeinträchtigt wird. Die Expansion kann über Steuern und muss nicht über Schulden finanziert werden. Bei ausgelasteten Produktionskapazitäten ist dagegen eine politische Abwägung zwischen individuellen und kollektiven Bedürfnissen erforderlich.

Wirtschaftswachstum wird in einem reichen Land oft gar nicht so sehr gewünscht, um ein mit noch mehr Gütern versorgtes Leben zu führen, sondern zur Lösung struktureller Probleme und sozialer Konflikte. Es wird eher indirekt benötigt: zur Bekämpfung von Arbeitslosigkeit, zur Begrenzung von staatlicher Verschuldung, um sozial Schwache besser zu stellen, ohne mit anderen Gruppierungen aneinander zu geraten. Für das scheinbare „Herauswachsen aus Problemen“ wurde und wird dabei ein hohes Maß an Arbeitsverdichtung und sozialer Ungleichheit in Kauf genommen. In hoch entwickelten Industriegesellschaften geht es weniger darum, das letzte Prozent an möglicher Wirtschaftsleistung herauszuholen, als vielmehr Krisen und destabilisierende Fehlentwicklungen zu vermeiden. Damit ändern sich wesentliche Prämissen, mit denen die klassische Volkswirtschaftslehre betrieben wird.

Die Aufgaben, die technologisch und ökonomisch hoch entwickelte Gesellschaften zu lösen haben, werden nicht weniger, sondern mehr. Sie entstehen, weil die Gesellschaften inzwischen über jedes früher vorstellbare Maß hinaus komplex und für gravierende Störungen entsprechend anfälliger geworden sind. Die gewachsenen technischen Möglichkeiten und die industrielle Massenproduktion gefährden die ökologische Stabilität und eine menschenfreundliche Umwelt. Die gleichzeitig gewachsene soziale, kulturelle und ethnische Heterogenität vieler Bevölkerungen führt zu Konflikten und einer auseinanderstrebenden Gesellschaft. Die hohe Mobilität verstärkt die Gefahr von Pandemien. Die weitere Entwicklung der Arbeit ist ungewiss. Ob diese Komplexität auf Dauer beherrschbar bleibt, ist offen. Klar ist aber, dass Gesellschaften über keine anderen Handlungsoptionen als ihre staatliche Organisation verfügen. Staatsfreie gesellschaftliche Selbstorganisation, so wünschenswert sie auf manchen Feldern des Zusammenlebens ist, stößt hier schnell an ihre Grenzen. Der Staat sollte die Kräfte der „Zivilgesellschaft" und des Marktes so weit wie möglich nutzen; aus seiner tragenden Rolle entlassen können sie ihn nicht. Und auch überstaatliche Organisationen beruhen auf der Basis funktionierender Staaten – und sind wie diese verwundbarer denn je.

Je weiter sich die Gesellschaft entwickelt und je wohlhabender sie wird, desto mehr wächst ihr Erhaltungsaufwand. Sie muss sich damit abfinden, dass die Anteile ihrer Wirtschaftskraft überproportional steigen, die zur Erhaltung des Bestehenden aufzuwenden sind, während die für „Neues" verfügbaren zurückgehen. Sie muss das als notwendigen Teil des ihr zugefallenen Glücks und als Gesetzmäßigkeit in einer endlichen Welt akzeptieren. Das mag früheren Erfolgsstrategien widersprechen, vermeidbar ist es nicht.

Die höchst anspruchsvoll entwickelte, auf ausgeprägten Wettbewerb setzende Gesellschaft erzeugt bei ihren Mitgliedern ein hohes Stressniveau, das sich in einigen Bereichen in Gewalt und Regellosigkeit entlädt. Oft erscheint jene Gewalt als irrational, während die Regellosigkeit vielfach in Form rational kalkulierter Verstöße auftritt, bei denen (betriebswirtschaftlich) das Verhältnis zwischen Gewinn und drohender Sanktion bewertet wird. Manche empfinden ihre Regelverstöße auch als eher defensiv, weil sie fürchten, andernfalls ihre ökonomische Basis zu verlieren. Demokratische Politik ist gut beraten, eine Verminderung von Stressfaktoren zu einem eigenständigen Ziel zu machen. Einer positiven gesellschaftlichen Dynamik muss das nicht entgegen stehen. Bilder, wie das vom früheren Bundeskanzler *Helmut Kohl* geprägte, von Deutschland als kollektivem Freizeitpark, versperren den Zugang zu einem für den Fortbestand hoch entwickelter Gesellschaften zentralen Thema.

Steigender Erhaltungsaufwand bedeutet entsprechenden staatlichen Aufwand. Das gilt umso mehr, wenn zum Erhaltungsaufwand auch der Ausbau von integrationsfördernden Bildungsangeboten, des Sicherheitsapparats, der Justiz und einer weniger verwundbaren Infrastruktur gerechnet wird.

Das Kapital ist nicht der Schiedsrichter über gute oder schlechte Politik. Die Frage des angemessenen Umfangs staatlicher Aktivitäten wird weder von „den Märkten", noch von „ökonomischen Gesetzen" vorentschieden. Der Umfang staatlicher Aktivitäten ist eine im weitesten Sinne kulturelle Frage, die demokratisch verhandelt werden muss. Dabei geht es um unser Selbstverständnis, um das angestrebte Bild unserer Gesellschaft und den Stellenwert ihrer Glieder und Bereiche. Das einzusehen ist ein wesentlicher Ertrag unserer eingehenden Beschäftigung mit jenen ökonomischen Funktionszusammenhängen. Es reicht nicht, entsprechendes nur zu ahnen; man muss es auch „ökonomisch buchstabieren können".

b) Noch mehr Verantwortung für Politiker?

Für den Wunsch nach weniger Staat statt mehr kann man spontan Verständnis haben. Staaten haben das Potenzial, die Freiheit ihrer Bürger zu bedrohen. Zahlreiche Staaten auf der Welt machten und machen von ihren repressiven Möglichkeiten ausufernd Gebrauch. Hinzu kommen vielfältige weitere Möglichkeiten des Staatsversagens: durch Korruption, Begünstigung der Klientel der Regierenden und Inkompetenz des Führungspersonals. Verstärkt wird der Wunsch nach weniger Staat durch die allgegenwärtigen, entnervenden Dissonanzen demokratischer Gesellschaften, die größer zu werden scheinen, je mehr sich die Gesellschaften von ihren traditionellen Prägungen entfernen. Das erzeugt ein Bedürfnis, wichtige gesellschaftliche und wirtschaftliche Bereiche gegen politische Auseinandersetzungen zu immunisieren.

Die Sehnsucht nach dem reduzierten Staat verkennt jedoch, dass die Freiheit der Bürger nie nur aus einer Richtung bedroht wird. Sie ist durch staatliche Institutionen ebenso gefährdet wie durch mächtige private Akteure, durch einflussreiche Gruppen ebenso wie durch auswärtige Mächte, durch Verschärfungen des Rechts ebenso wie durch dürftige materielle Lebensgrundlagen. Jedes Machtvakuum wird gefüllt. Die Verteidigung der Freiheit gleicht einer Gratwanderung. Der Absturz droht immer mindestens in zwei Richtungen. Eine sichere Seite gibt es nicht.

Die Sehnsucht nach dem reduzierten Staat ist oft verbunden mit dem Wunsch nach reduzierter Komplexität. Das ist eine Illusion. Unser Lebensstandard ist mit einer durchgreifend verringerten Komplexität nicht kombinierbar – auch wenn sich bei jedem Thema in Politik, Wirtschaft und Gesellschaft die Frage lohnt, ob es nicht auch einfacher, zuverlässiger und dafür vielleicht ein wenig langsamer und vordergründig weniger kosteneffizient geht. (Eine Bahn mit etwas längeren Fahrzeiten, aber höherer Zuverlässigkeit und Pünktlichkeit, auch beim Umsteigen, und mit mehr Betreuung der Fahrgäste wäre ein Anfang.) Sofern die Gesellschaft das Glück haben sollte, sich friedlich weiterzuentwickeln und nicht durch globale Katastrophen zurückgeworfen zu werden, ist eine geringere Komplexität nicht in Sicht. Zu befürchten sind dagegen Politikmodelle, in denen sich der dominante politische Einfluss wirtschaftlicher Macht mit einem autoritären Staat verbindet, der sich der Klaviatur wachsender technischer Überwachungsmöglichkeiten hemmungslos bedient.

Ob Politik mehr Gestaltungsmöglichkeit – und damit mehr Macht – haben sollte, ist eine der großen Fragen. Viel spricht dafür, demokratische Politik in den Stand zu setzen, ihrer ohnehin vorhandenen Verantwortung gerecht zu werden. Eine andere Frage ist freilich, ob demokratische Politiker auch mehr Verantwortung tragen wollen. Dies zu fragen mag verwundern, wird ihnen doch oft ein geradezu sinnliches Verhältnis zur Macht nachgesagt. Was sonst lässt sie im Laufe der Zeit einen immer größeren Anteil ihres Lebens den angestrebten Positionen opfern? Aber richtig ist auch: Wenig fürchten Politiker aller Schattierungen mehr, als zwischen widerstreitenden Interessen zerrieben zu werden. Da sind einerseits die Wähler, deren Interessen selbst dann unterschiedlich sind, wenn sie am Ende dieselbe Partei wählen. Auf der anderen Seite stehen einflussreiche Gruppen, von denen viele zum Block der Wirtschaft zählen. Politiker versichern sich gern der Unterstützung einflussreicher Lobbyisten. Und auch ein Politiker, der keiner Lobby nahesteht, wird in vielen Fällen in seiner Partei auf die Unterstützung von Parteifreunden angewiesen sein, die ihrerseits mit der einen oder anderen Interessengruppe im Bunde stehen. Ist es angesichts solcher Pressionen nicht von Vorteil, darauf verweisen zu können, dass vieles durch die Finanzmärkte, die Europäische Union oder wen auch immer vorbestimmt ist? Das ausgleichende Spiel der Politik besteht häufig gerade darin, den Lobbyisten zu sagen, dass dieses und jenes den Wählern nicht vermittelbar sei, und den Wählern, dass vieles gegen das Interesse der Wirtschaft nicht möglich ist. Manche Politiker, auch außerhalb Deutschlands und im Spektrum der linken Parteien, haben die Abgabe von Befugnissen „an Europa" auch deshalb begrüßt, weil sie glaubten, sich anders der vielfältigen Ansprüche an die Politik nicht erwehren zu können. Die Inthronisierung der uneingeschränkten Mobilität des Kapitals ging nicht nur von Verfechtern eines von staatlichen Fesseln befreiten Kapitalismus aus, sondern in den 1980er und 1990er Jahren auch von französischen Technokraten wie *Jacques Delors* in der Europäischen Kommission und *Henri Chavranski* in der OECD, die der Sozialistischen Partei Frankreichs verbunden waren.[255] Beileibe nicht jeder Politiker wäre über einen Zuwachs an Verantwortung und die damit verbundenen Kämpfe erfreut, auch außerhalb des wirtschaftsliberalen Spektrums.

c) Chancen für einen anderen Weg

Auch wenn sich ohne ökonomischen Schaden ein „billigeres" Land in ein „teureres" verwandeln kann, setzt das doch einen Transformationsprozess voraus. Solche Prozesse müssen gemanagt werden, wobei mit mehr oder weniger Geschick vorgegangen werden kann. Nicht zuletzt muss eine entsprechende Politik erläutert werden, sowohl zur Vorbereitung, als auch während ihres Verlaufs.

Es macht einen erheblichen Unterschied, ob diejenigen, die die Staaten in einem Wettbewerb gefangen halten wollen, argumentieren können, eine andere politische Gestaltung verstoße gegen ökonomische Gesetze und sei ohne erhebliche Wohlstandsverluste nicht zu haben. Oder ob sie nur erklären können, jene andere Gestaltung verstoße gegen ihre

255 Rodrik (2016) mit Bezug auf Abdelal (2006)

Interessen und würde von ihnen nicht akzeptiert. Die Frage ist, wer die Deutungshoheit erringt.

Die wirtschaftspolitischen Grundlagen, mit denen demokratische Gestaltungsmacht gesichert werden kann, sind nicht leicht vermittelbar. Wie wir gesehen haben, verhalten sich Volkswirtschaften oft abweichend von unserer Intuition. Das damit verbundene Kommunikationsproblem kann so groß erscheinen, dass Politiker oder Journalisten lieber die Finger davon lassen. Die wirtschaftspolitisch gängigen „Hausrezepte", erläutert am Beispiel eines Unternehmens und gekrönt durch das Statement eines Aktienanalysten, sind erheblich leichter anzubringen. Wer ist schon in der Lage, in einer aufgeheizten Talkshow-Atmosphäre so verwickelte Zusammenhänge darzustellen und gegen Polemik zu verteidigen? So bietet sich denen, die eine Änderung nicht wollen, die unwiderstehliche Möglichkeit, sich mit denen zusammenzutun, denen das alles schlicht zu kompliziert ist.

Völlig aussichtslos ist das Unterfangen gleichwohl nicht. Wie wir aus historischen Beispielen ebenso wie aus Alltagsbegebenheiten wissen, ist die Wahrnehmung und die Deutung einer Situation entscheidend für die Lösungsmuster, die überhaupt in Erwägung gezogen werden.[256] Und es gibt Situationen, in denen Menschen – auch sehr pragmatische – nach neuen Lösungen suchen. Da sind zum einen die Krisen, die ein „weiter so" nicht erlauben oder zumindest unattraktiv erscheinen lassen. Und zum anderen gibt es immer wieder Akteure, die nach neuen Konzepten suchen, um sich von den ihnen im Wege stehenden etablierten Kräften abzuheben. Sie brauchen Ideen, um glaubwürdig vermitteln zu können, dass mit ihnen ein anderer und besserer Weg möglich ist. Sie setzen darauf, dass auch von vielen Menschen nur halb verstandene Ideen Schneeballeffekte auslösen können. Ab einem gewissen Punkt der Entwicklung ist dann an dem Trend folgenden Unterstützern kein Mangel mehr. Allerdings sind solche Prozesse, die immer wieder vorkommen, nach Zeit und Ort kaum vorherzusagen. Sie laufen zu guten wie zu schlechten Zielen ab. Wichtig ist, dass geeignete Konzepte in jenen Zeitfenstern verfügbar sind, in denen Bedarf danach besteht. *Jürgen Habermas* gibt zu bedenken: „Aber soziale Bewegungen kristallisieren sich erst, wenn sich für die Bearbeitung von

256 Borchert (1997), S. 26

Konflikten, die als ausweglos empfunden werden, normativ befriedigende Perspektiven öffnen."[257] Und vom französischen Philosophen *Louis Pasteur* stammt der Satz: „Le hasard ne profite qu'aux esprits préparés." (Der Zufall nutzt nur dem vorbereiteten Geist).

Ein Beispiel für die längerfristige Gestaltbarkeit der Politik durch Deutungsmuster liefert der Wirtschafts- und Gesellschaftstheoretiker *Friedrich-August von Hayek*, der mit seinen partiell scharfsinnigen, aber der Wertordnung des Grundgesetzes fernen Vorstellungen die Politik seit den 1970er Jahren spürbar beeinflusst hat. Er schrieb: „Was für Politiker eine gegebene Grenze der Machbarkeit darstellt, welche ihnen die öffentliche Meinung aufzwingt, muss für uns keine solche Grenze darstellen. Die öffentliche Meinung … ist das Werk von Menschen wie uns, den Ökonomen und Philosophen der letzten Generationen, die das politische Klima geschaffen haben, in dem sich die Politiker unserer Zeit bewegen müssen. (…) Es ist diese langfristige Sicht der Dinge, mit der wir unsere Aufgabe betrachten müssen. Es sind die Überzeugungen und der Glaube, die sich ausbreiten müssen."[258]

d) Die Europäische Union

Die Staaten, die zur Europäischen Union und darüber hinaus zur Währungsunion gehören, befinden sich, wie man es so ausdrückt, zwischen Baum und Borke. Sie haben nicht die Handlungsmöglichkeiten eines autonomen Nationalstaats. Und die Europäische Union ist nicht in der Lage, das Defizit zu füllen.

Mit dem Euro als gemeinsamer Währung entfällt zwischen den beteiligten Ländern das Wechselkurskorrektiv und damit weitestgehend der Mechanismus der komparativen Vorteile. Und auch im Verhältnis zur übrigen Welt ist der Euro angesichts der sehr unterschiedlichen Produktivität der beteiligten Länder für einige, wie Deutschland, eine zu billige Währung, während er für andere zu teuer ist und sich wie Mehltau über ihre Wirtschaft legt. Eine gemeinsame Währung für einen sehr heterogenen Wirtschaftsraum macht, je länger desto mehr, zu-

257 Habermas (1998)
258 Hayek (1948), S. 108

gunsten der schwachen Regionen Transferleistungen erforderlich, die die Anstrengungen Westdeutschlands nach der Wiedervereinigung bei weitem übertreffen müssten. Das erscheint jedoch kaum realisierbar. Hohe Transfers erzeugen in den gebenden Regionen starken Unmut und in den nehmenden ein Gefühl der Demütigung, insbesondere, wenn die Transfers mit politischen Auflagen verbunden werden.

Hinzu kommt der vertraglich vollzogene Verzicht auf eine Regulierung des Kapitalverkehrs. Im Innenverhältnis der Union ist eine solche Regelung nachvollziehbar. Im Verhältnis zur übrigen Welt ist das Verbot dagegen ein Stück festgeschriebene Weltanschauung, das nicht nur die Mitgliedstaaten, sondern die Souveränität der Europäischen Union insgesamt behindert. Dem entspricht die Gestaltung der Europäischen Verträge auch im Übrigen, indem sie der Deregulierung staatlicher Normen eine hohe Eigendynamik verleiht, während sie Bestrebungen einer gemeinsamen Re-Regulierung massive Hindernisse in den Weg legt.

Wie sich die Mitglieder der Europäischen Union aus dieser Zwangslage befreien können, ist schwer erkennbar. Ein „Augen zu und durch" zu substanziell mehr Gemeinschaftlichkeit, wenn sie denn realisierbar sein sollte, würde für unabsehbare Zeit innere Kämpfe in der Gemeinschaft nach sich ziehen. Eine Alternative wäre ein Umbau der Gemeinschaft: hin zu gemeinsamen Streitkräften, mehr gemeinschaftlicher Außenpolitik, gemeinsamen Standards auf vielen Gebieten, aber auch zu weniger ökonomischer Vergemeinschaftung. Auch das würde auf harte Widerstände treffen. Grundsätzliche Antworten auf wachsende Fliehkräfte werden aber so oder so vonnöten sein.

Jedenfalls wären Maßnahmen der leistungsfähigsten Mitgliedstaaten denkbar, die die Dramatik ein Stück entschärfen könnten. Dafür müsste Deutschland auf die Ausnutzung des Euro als – wenn man seine Produktivität betrachtet – unterbewertete Währung verzichten und ein weiteres Anwachsen seiner Gläubigerpositionen verhindern. Seine Exporte müssten in einem vorsichtig betriebenen Veränderungsprozess teurer werden, während Deutschland zugleich mehr reale Gegenleistungen – Importe – in Anspruch nähme, statt Auslandsguthaben anzuhäufen. Dahin sind verschiedene Wege möglich. Deutschland könnte in einer gemeinsamen Strategie der Regierung und der Tarifparteien schrittweise eine großzügigere Lohnentwicklung zulassen. Gesetzliche Regelungen könnten zudem das Gewicht der Tarifparteien stärken, sowohl der Gewerkschaften als auch der Arbeitgeberverbände gegenüber Tarifverweigerern. Die Lohnnebenkosten könnten weniger gebremst werden. Steuern, die die Wirtschaft treffen, könnten mit dem Ziel erhöht werden, mehr öffentliche Investitionen zu fördern. Davon würden auch ausländische Anbieter profitieren, die in Deutschland Ausschreibungen gewinnen und so eine Basis für die Rückführung der Verschuldung ihrer Länder schaffen. Für die deutsche Gesellschaft insgesamt wäre dies attraktiver, als steigende Transfers ins Ausland zu leisten. Allerdings könnte es die Position der ökonomischen Oberschicht in den Verteilungskämpfen schwächen und somit Widerstand herausfordern.

Die nationale Strategie, fortgesetzt zu Kampfpreisen und auf Kredit zu exportieren und die Ausfuhren damit teilweise selbst zu finanzieren, auch wenn nicht klar ist, wann und wie die wachsende Verschuldung des Auslands wieder zurückgefahren werden kann, schafft in Zeiten von Arbeitslosigkeit inländische Beschäftigung. Das Inland verzichtet auf Wohlstand bzw. gibt sich teilweise mit einem Scheinwohlstand zufrieden, der nur durch Kontostände suggeriert wird. Es bekommt dafür eine im Grunde immaterielle Gegenleistung in Form eines höheren Beschäftigungsstands, der soziale Probleme mildert, ohne dass grundlegend politisch gehandelt werden muss.

Phasen eines hohen Beschäftigungsstands dagegen sind zeitlich und räumlich erfahrungsgemäß oft die Ausnahme. Nicht zuletzt aufgrund des für Deutschland vorteilhaften Eurokurses hat unser Land jedoch gerade eine solche Phase erlebt, während andere europäische Partner unter hoher Arbeitslosigkeit leiden. Aber auch in einer für Deutschland so günstigen Lage ist sein spezieller Weg in vieler Hinsicht problematisch. Eine der negativen Folgen in den Zeiten guter Beschäftigung ist die Fehlleitung von Arbeitskraft. Deutschland bindet für die Herstellung von Exportprodukten, die zum Teil nicht mehr als wachsende Schuldscheinstapel einbringen, Arbeitskraft, die im Inland für konkret benötigte Dienstleistungen fehlt, zum Beispiel im Handwerk oder in der Pflege, und nicht ohne weiteres im Ausland eingekauft werden kann. Und wenn Arbeitskräfte doch dort angeworben werden, entstehen gesellschaftliche Integrationslasten, die nicht linear, sondern überproportional anwachsen.

e) Niederungen

Die Verwundbarkeit der Demokratie würde es verdienen, in einem mehrbändigen Werk analysiert zu werden. Hier soll es mit einem einzigen zugespitzten Beispiel genug sein, das Sie vielleicht als „Räuberpistole" empfinden oder bei dem Sie sich womöglich fragen, ob es in ein Wirtschaftsbuch gehört:

Staat A will gegenüber Staat B ein gewisses Verhalten erzwingen. Vielleicht geht es darum, dass dieser andere Staat eine Steuergesetzgebung unterlassen soll, die für ausländische Großunternehmen nachteilig ist. A könnte B vielleicht mit Sanktionen drohen, aber das ist erstens aufwändig und vielleicht auch ineffizient und ließe Staat A zweitens womöglich als Schurken erscheinen. Es gibt bessere Wege, wenn man über das strategisch vielleicht wichtigste Gut der Gegenwart verfügt: Informationen.

In Staat B hat sich ein stellvertretender Fraktionsgeschäftsführer der Regierungspartei bestechen lassen.[259] Er ist kein großer Stern am politischen Himmel, aber auch kein Niemand. Wenige Wochen vor der Wahl erfährt sein Parteivorsitzender davon. Um die Wahl nicht zu verlieren oder im Fall einer Niederlage von seiner Partei hinter verschlossenen Türen kritisiert zu werden, schaut er weg und sorgt dafür, dass die Angelegenheit nicht bekannt wird. Ab diesem Moment ist er ebenso verwundbar, als habe er sich selbst bestechen lassen. Denn die Frage, seit wann er von der Angelegenheit wusste, gehört zum politischen und journalistischen Standardrepertoire.

Dank seiner Informationskanäle weiß Staat A von diesem Vorgang. Natürlich droht er nicht selbst mit seinem Wissen. Er sucht sich einen geeigneten unscheinbareren Akteur, der diskret zu erkennen gibt, dass er etwas weiß. Wenn der Parteivorsitzende vor dieser Drohung ein-

259 Von 1953 bis 1994, teilweise bis 2014, war die Abgeordnetenbestechung in Deutschland übrigens straflos. 1979 hat der Verfasser das satirisch aufgegriffen. (Klein, 1979)

knickt, werden ihm viele Parteifreunde aus Loyalität oder Eigeninteresse folgen, auch wenn sie anderer Meinung sind und die Lage nicht komplett durchschauen. So reichen kleine Anlässe für erhebliche Einflussnahmen, in einer „vernetzten" und entsprechend ausforschbaren Welt mehr denn je. Es kann genügen, einen kleinen Teil eines Systems unter seinen Einfluss zu bringen, um das gesamte System in die Hand zu bekommen. Zwar halten solche Machenschaften Großtrends selten auf. Aber möglich ist auch das, wenn das kriminelle Manöver zu einem historisch entscheidenden Zeitpunkt glückt.

Unsere Demokratie durch kluge Vorkehrungen soweit als möglich gegen Angriffe und schädliche Einwirkungen zu schützen – auch das muss ein vorrangiges Thema wissenschaftlicher Erforschung sein. So anrüchig die Niederungen sind, vernachlässigen dürfen wir sie nicht. Die Auseinandersetzung mit ihnen braucht nicht den Treibsatz von Skandalen, sondern beharrliche Arbeit. Die Beschäftigung der Spieltheorie (ein neuerer Zweig der Wirtschaftswissenschaften, in dem Deutschland mit *Reinhard Selten* seinen bislang einzigen Wirtschaftsnobelpreisträger hervorgebracht hat) mit der Korruption könnte ein Anfang sein. Interdisziplinäres Arbeiten ist unerlässlich.

Unsere Vorfahren haben uns die Demokratie geschenkt, die Grundrechte, den Rechtsstaat, die sozialen Sicherungssysteme. – Was tragen wir selber bei?

f) Eine Bergtour geht zu Ende

Bei einer spannenden Tour macht man sich erst kurz vor dem Ziel Gedanken, dass sie sich nun in Windeseile dem Ende zuneigt. Wir sind gemeinsam unbequeme, manchmal steile und schmale Pfade gewandert. Viele Ausblicke haben sich eröffnet, die sicher nicht jedem bekannt waren, Einsichten sind herangereift. Der Weg ist nun abgeschritten, wobei manches noch intensiver hätte erkundet werden können und zu einer Wiederbegegnung reizt. Die Strecke ist bewältigt, der Respekt vor ihren Schwierigkeiten ist geblieben.

Vor dem Hintergrund all der naturwissenschaftlichen und technischen Errungenschaften der letzten 200 Jahre macht eine besser verstandene Wirtschaft und Wirtschaftspolitik es möglich,

- das erreichte Wohlstandsniveau für eine stabilere, ausbalanciertere Gesellschaft zu nutzen,
- die nötigen oder mehrheitlich erwünschten öffentlichen Leistungen auskömmlich zu finanzieren und personell auszustatten,
- auch bei abnehmender Bevölkerungszahl eine zufriedenstellende Alterssicherung zu gewährleisten,
- auf die Umwälzungen in der Arbeitswelt zu reagieren,
- die Privilegierung von Kapitaleinkommen gegenüber Arbeitseinkommen zurückzufahren oder sogar umzukehren,
- dabei Leistung und Erfolg im Wettbewerb weiterhin zu honorieren,
- die Gestaltungsspielräume demokratischer Politik zu verteidigen und wo nötig wiederherzustellen,
- ohne den Wohlstand der Volkswirtschaft und ihren Platz in der internationalen Arbeitsteilung aufs Spiel zu setzen.

Dieses Buch soll mit einem Wunsch an die Wirtschaftswissenschaften schließen. Wobei Wünsche an „die Wirtschaftswissenschaften" problematisch sind, denn es gibt in ihnen einerseits ausgeprägte herrschende Strömungen, andererseits aber auch fast nichts, was sich nicht irgendwo finden ließe. Trotzdem: Die Wirtschaftswissenschaften sollten sich nicht als wissenschaftliche Speerspitze eines bestimmten Weltbilds begreifen. Sie sind eine Erkenntnisquelle, die sich für viele, zum Teil höchst unterschiedliche Ziele nutzen lässt. Aus ihren – immer nur partiellen – Einsichten lassen sich Werkzeuge zusammenstellen, für die dasselbe gilt.

Die Unzulänglichkeiten der Wirtschaftswissenschaften, insbesondere bei der Vorhersage wirtschaftlicher Entwicklungen, sollten nicht schrecken. Die wirtschaftlichen Aktivitäten der Menschen insgesamt bilden ein ähnlich chaotisches System wie das Wettergeschehen. Auch die Prognosen der Meteorologen und die ihnen zugrundeliegenden Modelle verbessern sich nur langsam. Wegen der Unzuverlässigkeit längerfristiger Wetterprognosen käme gleichwohl kaum jemand auf die Idee, man könne auf Wettervorhersagen auch verzichten oder vielleicht sogar auf die Kenntnisse, die ihnen zugrunde liegen.

Der Neoklassik zugeordnete Erkenntnisse zu nutzen, bedeutet nicht, den kompletten Gleichgewichtsoptimismus einer dogmatischen Neoklassik zu übernehmen. Es bedeutet nicht, in der Neoklassik ein Totalmodell der Wirtschaft zu sehen. Es bedeutet nicht, all ihre Grundannahmen zu teilen. Es bedeutet nicht, davon auszugehen, dass jedes Angebot seine Nachfrage selbst schafft; oder dass der Zins Sparen und Investieren immer zum Ausgleich bringt. Nicht, die Besonderheit des Arbeitsmarktes gegenüber anderen Märkten zu ignorieren. Und ebenso nicht, die Augen vor den vielfachen Ablenkungen der „unsichtbaren Hand" des Marktes zu verschließen, die durch Machtverhältnisse, Herdentrieb, Client-Agent-Problematiken und vieles mehr entstehen. Es wäre umgekehrt aber eine schwere Hypothek, wenn eine den demokratischen und sozialen Staat stabilisierende Politik davon abhinge, dass alle Ökonominnen und Ökonomen zunächst einmal Keynesianer, radikale Post-Wachstumsökonomen oder was auch immer werden.

Der sogenannte Mainstream der Wirtschaftswissenschaften sollte sich vermehrt die Perspektive der unteren 90 Prozent der Bevölkerung zu eigen machen. Die Wohlfahrt der unteren 90 Prozent ist für die Wohlfahrt einer Gesellschaft und für ein stabiles Gemeinwesen entscheidend. Die oberen 10 Prozent werden nicht darben, denn sie besetzen alle Schlüsselpositionen, von den Führungsspitzen bis zur Expertenebene. Die traditionelle Wirtschaftswissenschaft hält es dagegen für sinnvoll, allein der Frage nachzugehen, wie eine Volkswirtschaft ein Maximum an Produktion erreichen kann und ist darauf bedacht, sich nicht in Verteilungsfragen hineinziehen zu lassen. Sie blendet dabei aus, dass die Rahmenbedingungen, unter denen Volkswirtschaften produzieren, großen und manchmal nicht mehr reversiblen Einfluss auf die Verteilung des Erwirtschafteten haben. Und wer wollte bestreiten, dass eine Volkswirtschaft mit ausgewogenen Verteilungsergebnissen besser funktioniert. Die Wirtschaftswissenschaft ist entstanden aus der Frage, wie Menschen am besten mit knappen Gütern umgehen. In Regionen, in denen möglicherweise weder Arbeit noch Kapital grundsätzlich knapp sind und doch keine paradiesische Ordnung herrscht, in der nur noch bestimmte Qualifikationen, Rohstoffe und Umweltressourcen Engpässe bilden, sind gegebenenfalls andere und neue Überlegungen erforderlich.

Noch immer gilt, was der deutsche Nationalökonom *Walter Eucken* – gemessen an unserer schnelllebigen Zeit vor einer kleinen Ewigkeit – in den 1950er Jahre geschrieben hat:

> „Aber so großartig die Leistungen der Naturwissenschaften und der Technik sind; noch sind zu den neuartigen Lebensumständen die entsprechenden Ordnungen nicht gefunden."[260]

260 Eucken (1952/1960), Erstes Buch, vor I.1

Literatur

Abdelal, Rawi (2006), „Writing the rules of global finance: France, Europe, and capital liberalization", in: *Review of International Political Economy* 13/1, February 2006: S. 1–27

Admati, Anat, Martin Hellwig (2013), *Des Bankers neue Kleider*, München

Ahlers, Elke, Fikret Oez, Astrid Ziegler (2007), *Standortverlagerungen in Deutschland: Einige empirische und politische Befunde*, Hans-Böckler-Stiftung, Düsseldorf

Apolte, Thomas (1999), Chancen und Risiken nationaler Wirtschaftspolitik bei hoher Kapitalmobilität, in: *Standortwettbewerb, wirtschaftspolitische Rationalität und internationale Ordnungspolitik; Dieter Cassel zum 60. Geburtstag gewidmet*, S. 21ff., Baden-Baden

Argyrous, George (2002), Endogenous Demand in the Theory of Transformational Growth, in: Setterfield, Mark. (Hg.): *The Economics of Demand-led Growth*, Cheltenham, S. 237ff.

Bach, Stefan, Martin Beznoska, Viktor Steiner (2016a), „Wer trägt die Steuerlast in Deutschland? – Verteilungswirkungen des deutschen Steuer- und Transfersystems", *DIW Politikberatung kompakt 114*

Bach, Stefan, Martin Beznoska, Viktor Steiner (2016b), „Wer trägt die Steuerlast in Deutschland? Steuerbelastung nur schwach progressiv", *DIW-Wochenbericht* 51+52 / 2016

Bach, Stefan, Andreas Thiemann, Aline Zucco (2017), „Looking for the Missing Rich: Tracing the Top Tail of the Wealth Distribution", *DIW Discussion Papers 1717*

Benda, Ernst (1995), „Der soziale Rechtsstaat", in: Benda, Ernst, Werner Maihofer, Hans-Jochen Vogel, *Handbuch des Verfassungsrechts*, 2. Auflage, Berlin

Biesenbender, Kristin, Timm Leinker (2019), *Einkommens- und Vermögensungleichheit – Empirischer Befund und politische Handlungsoptionen*, Friedrich-Ebert-Stiftung, Berlin

Bofinger, Peter (2010), *Ist der Markt noch zu retten? – Warum wir jetzt einen starken Staat brauchen*, Berlin

Bohley, Peter (2004), „Euro, eine Bremse für das deutsche und europäische Wirtschaftswachstum?", *Wirtschaftsdienst* 2004 (9), S. 568ff.

Borchert, Jens (1997), „Von Malaysia lernen? Zum Verfall der politischen Logik im Standortwettbewerb", in: Borchert, Jens, Stephan Lessenich, Peter Lösche (Hg.), *Standortrisiko Wohlfahrtsstaat? Jahrbuch für Europa- und Nordamerika-Studien 1*, Opladen, S. 9ff.

Brennan, Geoffrey, James M. Buchanan (1985), *The Reason of Rules: Constitutional Political Economy*, Cambridge

Buchanan, James M. (1984), *Die Grenzen der Freiheit. Zwischen Anarchie und Leviathan*, Tübingen

Bundesinstitut für Bevölkerungsforschung (2006), *People, Population Change and Policies*, Wiesbaden

Bundesministerium für Gesundheit und Soziale Sicherung (Hg.) (2003), *Nachhaltigkeit in der Finanzierung der sozialen Sicherungssysteme – Bericht der Kommission*, Bonn

Chang, Ha-Joon (2011), *23 Things They don't tell you about Capitalism*, London

Christlich Demokratische Union Deutschlands (Hg.) (2003), *Bericht der Kommission „Soziale Sicherheit" zur Reform der sozialen Sicherungssysteme*, Berlin

Cooper, Richard N. (1965), „The Interest Equalization Tax: An Experiment in the Separation of Capital Markets", *Finanz Archiv*, Bd. 24, S. 447ff.

Deutsche Bundesbank (2017), „Die Rolle von Banken, Nichtbanken und Zentralbank im Geldschöpfungsprozess", Monatsbericht April 2017, S. 15ff.

Deutsche Bundesbank (2020), Mitteilung vom 23.3.2020 „Deutscher Leistungsbilanzüberschuss 2019 auf 245½ Milliarden Euro zurückgegangen", https://www.bundesbank.de/de/aufgaben/themen/deutscher-leistungsbilanzueberschuss-2019-auf-245 %C2 %BD-milliarden-euro-zurueckgegangen-829026 (zuletzt recherchiert am 18.10.2020)

Donges, Jürgen, Kai Menzel, Philipp Paulus (2003), *Globalisierungskritik auf dem Prüfstand – ein Almanach aus ökonomischer Sicht*, Stuttgart

Dustmann, Christian, Bernd Fitzenberger, Markus Zimmermann (2018), „Housing Expenditures and Income Inequality", *CReAM Discussion Paper 16/2018*, https://cream-migration.org/publ_uploads/CDP_16_18.pdf (zuletzt recherchiert am 18.10.2020)

Eucken, Walter (1952/1990), *Grundsätze der Wirtschaftspolitik*, 6. Auflage, Tübingen

Fratzscher, Marcel (2014), *Die Deutschlandillusion – Warum wir unsere Wirtschaft überschätzen und Europa brauchen*, München

Freiberger, Harald (2015), „Sehr viel reicher als gedacht", *Süddeutsche Zeitung* vom 11.2.2015

Frerich, Johannes, Martin Frey (1996), *Handbuch der Geschichte der Sozialpolitik in Deutschland*, Band 1, München/Wien

Geppert, Dominik (2013), *Ein Europa, das es nicht gibt. Die fatale Sprengkraft des Euro*, Berlin

Grabka, Markus M., Jan Goebel, Stefan Liebig (2019), „Wiederanstieg der Einkommensungleichheit – aber auch deutlich steigende Realeinkommen", *DIW-Wochenbericht* 19 / 2019

Grabka, Markus M., Jan Goebel (2020), „Realeinkommen steigen, Quote der Niedrigeinkommen sinkt in einzelnen Altersgruppen", *DIW Wochenbericht* 18 / 2020

Grimm, Dieter (1995), „Verbände" in: Benda, Ernst, Werner Maihofer, Hans-Jochen Vogel, *Handbuch des Verfassungsrechts*, 2. Auflage, Berlin

Grimm, Dieter (2012), *Die Zukunft der Verfassung II – Auswirkungen von Europäisierung und Globalisierung*, Berlin

Großekettler, Heinz (1998), „Öffentliche Finanzen" in Bender, Dieter et al (Hrsg.), *Vahlens Kompendium der Wirtschaftstheorie und Wirtschaftspolitik*, 7. Auflage, Band 1, München, S. 519ff.

Grözinger, Gerd (2006), *Zur Gewinnsteuerbelastung von Kapitalgesellschaften. Ein internationaler Vergleich auf der Grundlage faktischer Steuerzahlungen*, Discussion Paper Nr. 13, ISSN 1618–0798, Europa-Universität Flensburg

Habermas, Jürgen (1998), *Die postnationale Konstellation. Politische Essays*, Frankfurt a.M.

Hasse, Rolf, Horst Werner, Hans Willgerodt (1975), *Außenwirtschaftliche Absicherung zwischen Markt und Interventionismus*, Frankfurt a.M.

Hasselhorn, Hans Martin et al. (2019), *LidA – Idee, Studie, Ergebnisse – eine Kohortenstudie zu Arbeit, Alter, Gesundheit und Erwerbsteilhabe bei älteren Erwerbstätigen in Deutschland*, Wuppertal, http://www.lida-studie.de (zuletzt recherchiert am 18.10.2020)

Häuser, Karl (1970), „Steuern und Steuerung des internationalen Kapitalverkehrs" in: *Festschrift für Fritz Neumark*, Tübingen

v. Hayek, Friedrich August (1948), *Individualism and Economic Order*, Chicago

v. Hayek, Friedrich August (1969), „Die Verfassung eines freien Staates", *Freiburger Studien*, Tübingen

v. Hayek, Friedrich August (1977), *Drei Vorlesungen über Demokratie, Gerechtigkeit und Sozialismus*, Tübingen

v. Hayek, Friedrich August (1980), *Recht, Gesetzgebung und Freiheit, Band 1: Regeln und Ordnung*, München

v. Hayek, Friedrich August (1981), *Recht, Gesetzgebung und Freiheit, Band 3: Die Verfassung einer Gesellschaft freier Menschen*, Landsberg am Lech

Herrmann, Ulrike (2016), *Kein Kapitalismus ist auch keine Lösung*, Frankfurt a.M.

Herzog, Lisa (2013), *Freiheit gehört nicht nur den Reichen – Plädoyer für einen zeitgemäßen Liberalismus*, München

Hirschman, Albert O. (1970), *Exit, Voice and Loyalty – Responses to Decline in Firms, Organizations and States*, Cambridge

Hobbes, Thomas (1651/1990), *Leviathan*, Faksimile-Ausgabe der 1651 erschienen Erstausgabe, Düsseldorf

Höpner, Martin (2017), „Mogelpackung – Warum soziale Individualrechte die Europäische Union nicht sozialer machen", *IPG – Internationale Politik und Gesellschaft* vom 25.5.2017

Horn, Gustav A., Jan Behringer, Sebastian Gechert, Katja Rietzler, Ulrike Stein (2017), „Was tun gegen die Ungleichheit? Wirtschaftspolitische Vorschläge für eine reduzierte Ungleichheit", *IMK Report* 129

Hülsewig, Anja, Oliver Hülsewig (2017), „Das österreichische Rentensystem im Blickpunkt: Rentenparadies oder eine Belastung für zukünftige Generationen?" *ifo Schnelldienst* 70 (7), S. 31ff.

Hünnekes, Franziska, Moritz Schularick, Christoph Trebesch (2019), „Kapitalexport ist ein Milliardengrab", IfW, *Kiel Focus* 12/2019; am 6.9.2019 auch erschienen als Gastkommentar in der *Frankfurter Allgemeinen Zeitung*

Jarass, Lorenz, Gustav M. Obermair (2006), *Unternehmenssteuerreform 2008: Kosten und Nutzen der Reformvorschläge*, Münster

Jessen, Jens (2006), „Hauptstadt der Unterschicht", *Die Zeit*, 26.10.2006

Keynes, John Maynard (1936/2017), *„Allgemeine Theorie der Beschäftigung, des Zinses und des Geldes"*, Berlin

Kirchhof, Paul (2005), „Freiheitlicher Wettbewerb und staatliche Autonomie – Solidarität", *ORDO – Jahrbuch für die Ordnung von Wirtschaft und Gesellschaft*, Bd. 56, S. 39ff.

Klär, Erik, Fabian Lindner, Kenen Sehovic (2013), „Investition in die Zukunft? Zur Entwicklung des deutschen Auslandsvermögens", *Wirtschaftsdienst* 2013, S. 189ff.

Klein, Rolf (1979), „Straflosigkeit der Abgeordnetenbestechung – Einer Strafrechtslücke zum 25jährigen Bestehen", *Zeitschrift für Rechtspolitik* 1979, S. 174

Klein, Rolf (2011), „Wachstum durch das Nadelöhr begrenzter Budgets", *WISO-Diskurs – Expertisen und Dokumentationen zur Wirtschafts- und Sozialpolitik*, Friedrich-Ebert-Stiftung, November 2011

Klein, Rolf (2019), „Die Leistungsbilanzüberschüsse, der Beirat und der Arbeitsmarkt", *Ökonomenstimme*, 15.4.2019, http://www.oekonomenstimme.org/artikel/2019/04/die-leistungsbilanzueberschuesse-der-beirat-und-der-arbeitsmarkt/ (zuletzt recherchiert am 18.10.2020)

Klingholz, Reiner, Wolfgang Lutz (2016), *Wer überlebt? Bildung entscheidet über die Zukunft der Menschheit*, Frankfurt a.M.

Knottenbauer, Karin (2000), „Sorting von Sektoren – eine evolutorisch-systemische Erklärung des sektoralen Strukturwandels", in: Walter, Helmut (Hg.): *Wachstum, Strukturwandel und Wettbewerb, Festschrift für Klaus Herdzina*, Stuttgart, S. 175ff.

Kreile, Michael (1999), „Globalisierung und europäische Integration" in: Merkel, Wolfgang, Andreas Busch, *Demokratie in Ost und West*, Frankfurt a.M., S. 605ff.

Kremp, Herbert (2006), „Einsamer Liberalismus", *Die Welt* vom 29.3.2006

Kriele, Martin (1980), *Befreiung und politische Aufklärung, Plädoyer für die Würde des Menschen*, Freiburg

Krugman, Paul (1994), „Competitiveness: A Dangerous Obsession", *Foreign Affairs*, Vol. 73, No. 2 (Mar. – Apr., 1994), S. 28ff.

Mackenroth, Gerhardt (1952), „Die Reform der Sozialpolitik durch einen deutschen Sozialplan", in: Albrecht, Gerhard (Hg.) *Verhandlungen auf der Sondertagung des Vereins für Socialpolitik*, Berlin, S. 39ff.

Maihofer, Werner (1995), „Prinzipien freiheitlicher Demokratie" in: Benda, Ernst, Werner Maihofer, Hans-Jochen Vogel, *Handbuch des Verfassungsrechts*, 2. Auflage, Berlin

Marschallek, Christian (2004), „Die ‚schlichte Notwenigkeit' privater Altersvorsorge – Zur Wissenssoziologie der deutschen Rentenpolitik", in: *Zeitschrift für Soziologie*, August 2004, S. 285ff.

Mayntz, Renate, Fritz W. Scharpf (2005), "Politische Steuerung – Heute?" in: *Zeitschrift für Soziologie*, Juni 2005, S. 236ff.

Mazzucato, Mariana (2014), *The Entrepreneurial State. Debunking Public vs. Private Sector Myths*, London/New York

Miegel, Meinhard (2006), *Die deformierte Gesellschaft*, Berlin/München

Nell, Edward J. (2002), „Notes on the Transformational Growth of Demand", in: Setterfield, Mark (Hg.): *The Economics of Demand-led Growth*, Cheltenham, S. 251ff.

Nida-Rümelin, Julian (2018), „Afrika braucht nicht noch mehr Auswanderung nach Europa", *IPG – Internationale Politik und Gesellschaft* vom 10.07.2018

Nolte, Paul (2006), *Riskante Moderne – Die Deutschen und der neue Kapitalismus*, München

Obinger, Herbert (2003), Die Politische Ökonomie des Wirtschaftswachstums, in: Obinger, Herbert, Uwe Wagschal, Bernhard Kittel, *Politische Ökonomie*, Opladen, S. 113ff.

OECD (2019), *Pensions at a Glance 2019: OECD and G 20 Indicators*, Paris

Ossenbühl, Fritz (1996), „Vorrang und Vorbehalt des Gesetzes", in: Isensee, Josef, Paul Kirchhof, *Handbuch des Staatsrechts, Band III*, 2. Auflage, Heidelberg

Ostry, Jonathan D. et al. (2010), *Capital Inflows: The Role of Controls*, IMF Staff Position Note, February 19, 2010

Oxfam (2002), „*Rigged Rules and Double Standards: Trade, Globalisation, and the Fight against Poverty*", verfügbar unter: https://oxfamilibrary.openrepository.com/bitstream/handle/10546/112391/cr-rigged-rules-double-standards-010502-summ-en.pdf;jsessionid=5F849A9CA6330D2D1E1D7E4369C121FF?sequence=19 (zuletzt recherchiert am 18.10.2020)

Papier, Hans-Jürgen (1995), „Grundgesetz und Wirtschaftsordnung", in: Benda, Ernst, Werner Maihofer, Hans-Jochen Vogel, *Handbuch des Verfassungsrechts*, 2. Auflage, Berlin

Piketty, Thomas (2015), *Das Kapital im 21. Jahrhundert*, 6. Auflage, München

Projektgruppe Gemeinschaftsdiagnose (2009), *Gemeinschaftsdiagnose Frühjahr 2009: Im Sog der Weltrezession*, 21.4.2009, Essen

Rau, Johannes (2004), *Vertrauen in Deutschland – eine Ermutigung*, Berliner Rede des Bundespräsidenten vom 12. 5. 2004, https://www.bundespraesident.de/SharedDocs/Reden/DE/Johannes-Rau/Reden/2004/05/20040512_Rede_Bild.html (zuletzt recherchiert am 18.10.2020)

Redl, Franz (1963), „Die Zusammenhänge zwischen Veränderungen der Nachfragestruktur und dem wirtschaftlichen Wachstum, Teil 1", in: *Zeitschrift für Nationalökonomie (Journal of Economics)*, Band XXIII, S. 330ff.

Redl, Franz (1964), „Die Zusammenhänge zwischen Veränderungen der Nachfragestruktur und dem wirtschaftlichen Wachstum, Teil 2", in: *Zeitschrift für Nationalökonomie (Journal of Economics)*, Band XXIV, S. 61ff.

Ricardo, David (1817/1959), *Über die Grundsätze der politischen Ökonomie und der Besteuerung*, Berlin

Rodrik, Dani (2016), „Das Monster Globalisierung – Wie man die Globalisierung bändigt und linke Wähler zurück- gewinnt", in: *Internationale Politik und Gesellschaft*, 25.07.2016

Sachverständigenrat zur Begutachtung der gesamtwirtschaftlichen Entwicklung (2012), *Jahresgutachten 2012/2013*, Wiesbaden

Samuelson, Paul A., William D. Nordhaus (1998), *Volkswirtschaftslehre*, 15. Auflage, Frankfurt/Wien

Sauber, Martin (2012), *Komparativer Vorteil, Währungskonkurrenz und Entwicklung: Eine monetärkeynesianische Perspektive*, Berlin

Schäfer, Wolf (2005), „Exit-Option, Staat und Steuern" *ORDO – Jahrbuch für die Ordnung von Wirtschaft und Gesellschaft*, Band 56, Stuttgart, S. 141ff.

Scharpf, Fritz W. (1998), „Globalisierung als Beschränkung der Handlungsmöglichkeiten nationalstaatlicher Politik", *Jahrbuch für Neue Politische Ökonomie*, Band 17, Tübingen

Scharpf, Fritz W. (1999), *Regieren in Europa, Effektiv und demokratisch?*, Frankfurt/Main, New York

Scharpf, Fritz W. (2008), Negative und positive Integration. In: Höpner, Martin, Armin Schäfer, *Die politische Ökonomie der europäischen Integration*, Frankfurt a. M., S. 49ff.

Schirm, Stefan A. (2006), „Analytischer Überblick: Stand und Perspektiven der Globalisierungsforschung" in: Schirm, Stefan A.; *Globalisierung – Forschungsstand und Perspektiven*, Bundeszentrale für politische Bildung, Bonn

Schmale, Holger (2010), „Politik versus Märkte", *Berliner Zeitung* vom 19.5.2010

Schmelzer, Matthias (2014), „Organisierter Kapitalismus und US-Hegemonie: Das Währungssystem von Bretton Woods", in: *Zeitgeschichte-online*, Juni 2014, https://zeitgeschichte-online.de/kommentar/organisierter-kapitalismus-und-us-hegemonie-das-waehrungssystem-von-bretton-woods (zuletzt recherchiert am 18.10.2020)

Schnabel, Isabell (2019), „Ein Sozialausgleich ist unverzichtbar", Interview mit dem *Bonner Generalanzeiger* vom 13.7.2019

Schor, Juliet (1992), *The Overworked American. The unexpected decline of Leisure*, New York

Schröder, Carsten et al. (2020), „MillionärInnen unter dem Mikroskop: Datenlücke bei sehr hohen Vermögen geschlossen – Konzentration höher als bisher ausgewiesen", *DIW-Wochenbericht* 29 / 2020

Schumpeter, Joseph A. (1911/1997), *Theorie der wirtschaftlichen Entwicklung. Eine Untersuchung über Unternehmergewinn, Kapital, Kredit, Zins und den Konjunkturzyklus*, 9. Auflage, Berlin

Setterfield, Mark (2003), „Supply and Demand in the Theory of Long-run Growth: Introduction to a Symposium on Demand-led Growth", in: *Review of Political Economy*, Bd. 15 (1), S. 23ff.

Sinn, Hans-Werner (2002), „Der neue Systemwettbewerb", *Perspektiven der Wirtschaftspolitik* 3 (4), S. 391ff.

Sinn, Hans-Werner (2004), *Ist Deutschland noch zu retten?* 7. Auflage, Berlin

Sinn, Hans-Werner (2006), „Das deutsche Rätsel: Warum wir Exportweltmeister und Schlusslicht zugleich sind", *Perspektiven der Wirtschaftspolitik* 7/2006, S. 1ff.

Smith, Adam (1776 / 2008), *An Inquiry into the Nature and Causes of the Wealth of Nations*, Oxford

Statistisches Bundesamt (2019), *14. koordinierte Bevölkerungsvorausberechnung – Basis 2018*, Wiesbaden

Straubhaar, Thomas (1994), „Internationale Wettbewerbsfähigkeit einer Volkswirtschaft: Was ist das? *Wirtschaftsdienst* 74 (10), S. 534ff.

Streeck, Wolfgang (2013), *Gekaufte Zeit – die vertagte Krise des demokratischen Kapitalismus*, Berlin

Suranovic, Steve (2007), *International Trade Theory and Policy. The Theory of Comparative Advantage*, http://internationalecon.com/Trade/Tch40/T40-0.php (zuletzt recherchiert am 18.10.2020)

Thomasi, John (2012), *Free Market Fairness*, Princeton/Oxford

Torrens, Robert (1815/2008), *Essay on the External Corn Trade*, Charleston, South Carolina

Trabold, Harald (1995), Die internationale Wettbewerbsfähigkeit einer Volkswirtschaft, *Vierteljahreshefte zur Wirtschaftsforschung*, 64 (2), S. 169ff.

Vanberg, Viktor (2005), „Auch Staaten tut der Wettbewerb gut", *ORDO – Jahrbuch für die Ordnung von Wirtschaft und Gesellschaft*, Band 56, Stuttgart

Vaubel, Roland (2007), „Der Schutz der Leistungseliten in der Demokratie", *Wirtschaftliche Freiheit*, 1.2.2007

Walter-Borjans, Nobert (2018), *Steuern – Der große Bluff*, Köln

v. Weizäcker, Carl Christian, Hagen Krämer (2019), *Sparen und Investieren im 21. Jahrhundert – Die große Divergenz*, Wiesbaden

Wicksell, Knut (1896), *Finanztheoretische Untersuchungen: Über ein neues Prinzip der gerechten Besteuerung*, Jena

Wissenschaftlicher Beirat beim Bundesministerium für Wirtschaft und Energie (2019), *Wirtschaftspolitische Probleme der deutschen Leistungsbilanz*, https://www.bmwi.de/Redaktion/DE/Publikationen/Ministerium/Veroeffentlichung-Wissenschaftlicher-Beirat/gutachten-wissenschaftlicher-beirat-wirtschaftspolitische-probleme-der-deutschen-leistungsbilanz.pdf?__blob=publicationFile&v=6 (zuletzt recherchiert am 18.10.2020)

Register

Zum Autor

Rolf Klein leitete verschiedene Referate im Bundesministerium für Bildung und Forschung. Über viele Jahre hat er politische Entscheidungsprozesse vorbereitet und begleitet. Recht und Ökonomie, das Zusammenspiel von Staat und Wirtschaft, die Finanzierung staatlicher Aufgaben, Arbeitsmarkt und Ausbildung sind sein Arbeitsgebiet.

Zeitfracht Medien GmbH
Ferdinand-Jühlke-Straße 7
99095 Erfurt, Deutschland
produktsicherheit@kolibri360.de